iCourse·教材

《教师教育课程标准（试行）》教材大系

教师教育国家级精品资源共享课配套教材

U0771628

小学语文课程与教学

（第2版）

主　编　任运昌

编写者　（按姓氏笔画排序）

王小毅　任运昌　李启琼

李　斌　徐　颖　郭　蕾

程明敏　谭仕政

中国教育出版传媒集团

高等教育出版社·北京

内容提要

　　本教材以教师教育国家级精品资源共享课"小学语文课程与教学"建设为基础,
紧扣《义务教育语文课程标准(2022 年版)》和统编教材编写。本教材模拟在岗小学
语文教师校本教研活动创设学习情境,参考小学语义课程目标及性质设计学习目
标,借鉴小学语文知识教学规律安排理论学习,积极倡导自主、合作、探究的学习方
式,全面对接小学语文教学与教研工作。同时,深度整合教育部《教师教育课程标准
(试行)》所列"学科课程标准与教材研究""学科教学设计"两个课程模块,高效实现
1+1≥2 的课程功能,帮助学习者快速提升教学实践能力与教育理论智慧。

　　本教材坚持实践理性哲学观,创新编写体例和呈现方式,系统构建类似于小学
语文学习任务群的学习单元、主题与活动,循序渐进地设计支架式学习任务,全面增
强课程实施的情境性和实践性,有利于学习者"做什么,就学什么;怎么做,就怎么
学"。全书结构新颖、视野开阔、案例典型、互动性与开放性强,可作高等院校小学语
文教师职前培养的专业课程教材,也可作在职小学语文教师研修用书。

　　本教材的 11 个单元内含 38 个主题、百余个活动,学习者可扫描书中二维码,系
统学习与这些内容紧密相关的数字化配套资源;还可登录"爱课程"网,在资源共享
课页面搜索本课程,拓展学习本课程教学视频、多媒体课件和系列案例。

图书在版编目（CIP）数据

小学语文课程与教学 / 任运昌主编. -- 2 版.
北京 : 高等教育出版社, 2025. 3. -- ISBN 978-7-04
-062780-0

Ⅰ. G623.202

中国国家版本馆CIP数据核字第2024VX6934号

小学语文课程与教学(第 2 版)
Xiaoxue Yuwen Kecheng yu Jiaoxue

策划编辑	王雅君	责任编辑	王雅君	封面设计	张雨微	版式设计　徐艳妮
责任绘图	杨伟露	责任校对	张 薇	责任印制	刘思涵	

出版发行	高等教育出版社	网　　址	http://www.hep.edu.cn	
社　　址	北京市西城区德外大街 4 号		http://www.hep.com.cn	
邮政编码	100120	网上订购	http://www.hepmall.com.cn	
印　　刷	三河市华骏印务包装有限公司		http://www.hepmall.com	
开　　本	787 mm×1092 mm　1/16		http://www.hepmall.cn	
印　　张	19.5	版　　次	2016 年 5 月第 1 版	
字　　数	360 千字		2025 年 3 月第 2 版	
购书热线	010-58581118	印　　次	2025 年 3 月第 1 次印刷	
咨询电话	400-810-0598	定　　价	42.00 元	

前　言

一、教材修订背景

本教材第一版是教师教育国家级精品资源共享课"小学语文课程与教学"的配套教材,自正式出版发行以来,受到了全国各地多所高等院校相关专业学生和广大在职小学语文教师的欢迎,也得到了众多同行专家的肯定。在重庆第二师范学院相关专业学生中进行使用,取得了非常满意的教学效果。同学们表示:"学习这门课是我人生中很重要的经历。""每个教学细节,都灵动而有生命。""切身体会到了翻转课堂的魅力!""师生对话愉悦。""实践演练真有收获。""变革学习方式,快乐充实!""我掌握了该领域的学习与研究方法。""我真正爱上了小学语文教学!"

以第一版为基础建设完成的"小学语文课程与教学"教师教育国家级精品资源共享课,2016 年 2 月在"爱课程网"上线,学习者可在"资源共享课"页面找到这门课程并免费学习。该课程接受中期建设验收时,评审专家指出:"课程能以学习者为中心进行设计,互动性强,体现新课程理念,符合教师教育课程改革精神和课程建设要求;教学过程能体现启发式、交互式学习的要求。"课程接受终期建设验收时,评审专家指出:"该课程能积极变革学习方式、践行课改理念、提升教学技能、涵养教育智慧,全面对接小学语文教学与教研工作;课程视野开阔、结构新颖、案例典型,互动性与开放性强。"

广大学习者和同行专家的肯定,鼓励我们对本教材第一版进行了持续深入的修改和补充。《义务教育语文课程标准(2022 年版)》①颁布以后,我们全力以赴,只争朝夕,系统优化全书结构框架并对所有内容进行了改编与重写。

二、教材内容编排

在修订过程中,我们深入调研了广大城乡小学语文教师职前、职后专业发展需

---

① 为行文方便,本书简称为课标。

要,以及多所师范院校相关课程的教学需要。调研发现,近年来教师教育"老三门"课程格局已被打破,高等院校师范生所学课程门类较多。为了学生发展综合素质和多渠道就业,很多师范院校加开了较多拓展专业方向的课程。如,专科小学语文教育专业加开小学艺体等专业课程;本科汉语言文学(师范)专业加开小学语文和文秘、传媒等专业课程;本科小学教育(全科教师培养)专业开设小学多数甚至所有学科的教学设计类课程。鉴于以上情况,我们严格按照教育部《教师教育课程标准(试行)》要求,深度整合小学语文"课程标准与教材研究"和"教学设计"两个课程模块,创新课程结构、教学内容与学习方式,充分利用教师教育国家级精品资源共享课"小学语文课程与教学"的建设成果完成本教材的编写。全书所有单元内容都重视"课程标准与教材研究",但不止于"研究",更重视合理使用;都重视"教学设计",但不止于设计,更重视高效实施。我们认为,对于大多数职前、在职小学语文教师而言,这种安排可实现 $1+1 \geqslant 2$[①] 的课程功能,充分满足其专业发展需要。

同时,为了大力培养卓越小学语文教师,积极推动以学生为中心的教学方法变革,本教材秉持实践理性哲学观,按照"理实一体化""做什么,就学什么""怎么做,就怎么学"原则,模拟在岗小学语文教师校本教研活动创设学习情境,循序渐进地设计支架式学习任务,系统构建类似于小学语文学习任务群的系列学习单元、主题与活动。

本教材共有 11 个单元、38 个主题、百余个活动,以二维码方式链接大量数字化配套资源。前 5 个单元侧重"小学语文课程",主要引导学习者系统研读课标和统编教材,准确理解和践行义务教育语文课程基本理念;后 6 个单元侧重"小学语文教学",主要引导学习者研读课标和教材,深入学习如何设计和实施基于学习任务群的小学语文教学。全书一半内容属于"小学语文课标与教材研究"课程模块,另一半则属于"小学语文教学设计"课程模块,所有内容力求全面对接小学语文教学与教研工作,快速提升学习者教学实践技能与教育理论智慧。

三、教材特色

基于学习者"怎么做,就怎么学"的设计思路,全书每一个活动都参照小学语文教学工作"教"的思路和小学语文教研工作"研"的程序编排设计。各单元与主题框架之下的系列活动,既有比较严密的逻辑体系,又可自由拆分,每个活动的步骤与内容也有较大灵活性与弹性空间。

本教材内容及其呈现方式不但积极回应当前高等院校师范教育现实和职前、在职小学语文教师专业发展需要,而且始终坚守"小学语文课程与教学"这门课程

---

① 　"1+1"指小学语文"课程标准与教材研究"和"教学设计"两个课程模块的有机融合;"2"指根据两个课程模块独立分设 2 门课程。

应有的理论立场,积极引领小学语文教学实践的发展创新,力求体现四个方面的特色。

第一,参照小学语文教材编写要求创新体例内容。体例方面,课标"教材编写建议"要求语文教材围绕学生生活实际和认知需求创设学习情境,以问题探究为导向,有机组合选文及辅助性学习资源,循序渐进地设计支架式的学习任务和活动。本教材模拟在岗小学语文教师日常教研活动创设学习情境,以问题探究为导向,有机组合"研读材料""教学一线"学习及二维码资源,每个活动步骤都为学习者循序渐进地设计学习支架,显著改变高校传统教材注重系统知识传授而不够鲜活生动的样态。内容方面,课标要求语文教材设计有意义的学习任务,落实学习任务群要求,具有开放性和选择性。本教材这些学习任务群的构建,系统参考了课标对语文教材编写的要求,有利于学习者深度认知小学语文统编教材的体例与内容,对学习者依据统编教材设计语文学习任务群也有较大启发作用。

第二,参考小学语文课程目标、性质设计学习目标。课标明确指出,语文课程围绕立德树人根本任务,综合构建素养型课程目标体系,整体发展学生的文化自信、语言运用、思维能力、审美创造。本教材围绕卓越小学语文教师培养,同样强调"综合构建素养型课程目标体系"。根据《小学教师专业标准(试行)》,全书每个单元、主题和活动的学习目标,都以素养立意,积极引导学习者在师德规范、教育情怀、学科素养、教学能力、探究与反思、沟通与合作等方面整体提升,并同步提升语文教育专业理论水平,增强教育理论与实践智慧,增强对小学语文教学的热爱,全面提高"专业理念与师德""专业知识""专业能力"。[①] 这种设计,有助于学习者深刻体认小学语文"素养型课程目标体系"的价值、意义、科学内涵与完整结构,并通过持续深入的专业研修活动,把这种认识内化为思想与文化自觉,进而知行合一,自然而然地做出小学语文教学的科学决策,并采取有效行动。

第三,借鉴小学语文知识教学规律安排理论学习。课标指出,小学生学习语音、文字、词汇、语法、修辞等方面知识是为了运用,"在教学中应根据语言文字运用的实际需要,从遇到的具体语言实例出发进行指导","要避免脱离实际运用,围绕相关知识的概念、定义进行系统完整的讲授与操练"。我们认为,小学语文教师在职前教育和在职研修中学习语文课程与教学理论知识的目的是改进教学实践,提高教学能力和专业素养。其最便捷的路径是通过互动研讨和深度合作,系统剖析并尝试模仿典型课例,积极内化并主动运用教学情境性知识。这与小学生学习语文知识的规律极为相似。据此,本教材高度关注理论知识的动态应用,弱化其静态传递,引导学习者主动探究、深度互动,大量研讨典型课例,并通过穿插必要的理论学习,帮助学习者完成所谓的"有用知识"或"活知识"的系统建构。全书

---

① 教育部. 关于印发《幼儿园教师专业标准(试行)》《小学教师专业标准(试行)》和《中学教师专业标准(试行)》的通知(教师〔2012〕1号)。

这种彰显"理实一体化"特色的设计,有利于学习者加强实践反思,自主提高理论素养。

第四,践行义务教育语文课程理念,深度变革学习方式。课标要求,"义务教育语文课程实施从学生语文生活实际出发,创设丰富多样的学习情境,设计富有挑战性的学习任务,激发学生的好奇心、想象力、求知欲,促进学生自主、合作、探究学习"。这是小学语文课程"促进学习方式变革"的核心理念。为了加强学习者对这一核心理念的理解、认同与自觉践行,本教材积极倡导"知之、行知、好之、乐之"的基本理念,模拟在岗小学语文教师日常教研活动创设学习情境,设计系列学习任务群,大力推动学习方式深度变革。全书的活动与小学语文学习任务群理念相通,形式相近。其中,自主研读、小组讨论、课例剖析、质疑答辩、模拟演练、头脑风暴等活动任务,为学习者提供了学习支架及自主、合作、探究学习的动力。各单元末"单元梳理与提升"栏目,引导学习者自主拓展阅读、探究、实践、反思,主动积累教育教学理论,增强实践智慧。学习者完成这些富有挑战性的学习任务,有利于高度认同并有效引导小学生变革语文学习方式,全面提高核心素养。

四、教材使用建议

高等院校小学语文教师职前培养各专业的师范生①,可在任课教师指导下选择学习相应内容。在职小学语文教师可以根据自己的需求与兴趣,选择相应单元和主题独立自学,也可借助本教材与同事合作开展校本研修。

小学语文教育是母语教育,小学生的语文学习绝非零起点,与此类似,师范生学习如何组织实施小学母语教育也具备良好基础。他们经历了中小学十余年的母语教育,大学阶段又系统学习了中文专业方向课程和教育学、心理学等教师教育类专业课程。在此基础上,师范生可突破本教材结构体系,根据教师的指导意见和自己的兴趣特长选择性地学习教材内容。与小学语文学习重在积累一样,本教材学习的关键也在积累。学习积累到一定程度,教材内容或许并未学完,但所获知识与能力已渐成体系,教学实践技能与教育理论智慧,乃至教育情怀、理念等也会同步提升。

高等院校师范专业相应课程的师生使用本教材时,建议开课一学期。若每周2学时,课堂教学可主要选择单元一、二、六、七、八、九等 6 个单元内容,其余则由学生自学。若每周 3 学时,可增选单元三和四;若每周 4 学时,则可全选。每单元、主题的活动,不必全部开展,师生可参考其重要程度与学习难度,自行取舍、合并。这样安排,可较好地契合教育部相关文件"开设模块化、选择性和实践性的教师教育课程"②的要求。

---

① 主要指普通本科小学教育专业、汉语言文学(师范)专业,及高职高专小学语文教育专业等。
② 教育部《关于实施卓越教师培养计划的意见》(教师[2014]5 号)。

教师使用本教材授课,可联系王编辑获取课件资源(wangyj@ hep.com.cn)。由于时间紧张,编者水平有限,加之学术界对课标及该版课标指导下的小学语文教学的研究尚在不断深化,所以本版教材存在缺点与错漏在所难免。敬请各位学习者和专家不吝赐教!

任运昌

2024 年 12 月 26 日

目　录

课程目标：在语文实践活动中发展学生核心素养

 课标要点

　　义务教育语文课程围绕立德树人根本任务，充分发挥其独特的育人功能和奠基作用，以促进学生核心素养发展为目的，以识字与写字、阅读与鉴赏、表达与交流、梳理与探究等语文实践活动为主线，综合构建素养型课程目标体系。

　　核心素养是学生通过课程学习逐步形成的正确价值观、必备品格和关键能力，是课程育人价值的集中体现。义务教育语文课程培养的核心素养，是学生在积极的语文实践活动中积累、建构并在真实的语言运用情境中表现出来的，是文化自信和语言运用、思维能力、审美创造的综合体现。

　　核心素养的四个方面是一个整体。语言是重要的交际工具和思维工具，语言发展的过程也是思维发展的过程，二者相互促进。语言文字及作品是重要的审美对象，语言学习与运用也是培养审美能力和提升审美品位的重要途径。语言文字既是文化的载体，又是文化的重要组成部分，学习语言文字的过程也是学生文化积淀与发展的过程。在语文课程中，学生的思维能力、审美创造、文化自信都以语言运用为基础，并在学生个体语言经验发展过程中得以实现。

 学习目标

□ 了解义务教育语文课程性质、理念，研习小学语文实践活动课例，感悟促进学生核心素养发展的策略与方法。

□ 理解小学语文课程目标，掌握语文课程培养的学生核心素养的内涵、结构，及在语文实践活动中促进学生核心素养发展的基本要求。

□ 模仿课例，设计语文实践活动。

主题一   课例研习:发展学生核心素养的语文实践活动

本主题共三个活动,各活动的目标、内容、重要程度、学习难度见表 1-1-1。

表 1-1-1   本主题活动概览

活动名称	活动目标	活动内容	重要程度	学习难度
1. 低段语文实践活动课例研习	了解义务教育语文课程性质与理念、"识字与写字"教学目标要求,感悟低段语文实践活动促进学生核心素养发展的教学智慧	1. 初步学习义务教育语文课程性质与理念。 2. 了解小学各学段"识字与写字"教学目标要求。 3. 研习低段"识字与写字"教学 4. 研习课例:《大象的耳朵》	★★★★	★★★
2. 中段语文实践活动课例研习	了解"表达与交流"教学目标要求,感悟中段语文实践活动促进学生核心素养发展的教学智慧	1. 了解小学各学段"表达与交流"教学目标要求。 2. 研习中段"表达与交流"教学 3. 研习课例:《故事新编》	★★★★	★★★
3. 高段语文实践活动课例研习	了解"阅读与鉴赏""梳理与探究"教学目标要求,感悟高段语文实践活动促进学生核心素养发展的教学智慧	1. 了解小学各学段"阅读与鉴赏""梳理与探究"教学目标要求。 2. 研习高段"阅读与鉴赏""梳理与探究"教学课例:《十六年前的回忆》	★★★★	★★★★

活动1: 低段语文实践活动课例研习

活动步骤

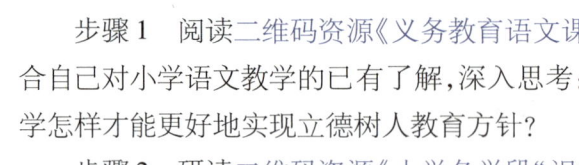

步骤 1   阅读二维码资源《义务教育语文课程性质与理念》,结合自己对小学语文教学的已有了解,深入思考:小学语文课程与教学怎样才能更好地实现立德树人教育方针?

步骤 2   研读二维码资源《小学各学段"识字与写字"教学目标要求》,自主探究:"识字与写字"这一语文实践活动与学生核心素养发展有何关系?

步骤 3   研习二维码资源《大象的耳朵》教学设计、《大象的耳朵》教学录像片段①(二年级下册),重点关注其中的识字与写字教学,并尝试探究:"识字与写字"

———————————

① 设计与执教者:重庆市渝中区人和街小学董庭菲老师。

这一语文实践活动对发展学生核心素养有何价值与意义？

步骤4　小组深入讨论前三个步骤的问题。

步骤5　小组代表在全班分享、交流，教师点评、小结。

分享驿站

　　语文课程与教学要更好地实现立德树人的教育方针，教师必须准确把握其性质与理念。课标明确指出，语文课程是一门学习国家通用语言文字运用的综合性、实践性课程。工具性与人文性的统一，是语文课程的基本特点。综合性与实践性、工具性与人文性，是阐释义务教育语文课程性质的四个关键词。综合性表现在课程功能、课程目标、课程内容、课程实施、课程评价、课程资源等诸多方面。比如，在课程功能方面，课标明确指出，"语文课程致力于全体学生核心素养的形成与发展，为学生学好其他课程打下基础；为学生形成正确的世界观、人生观、价值观，形成良好个性和健全人格打下基础；为培养学生求真创新的精神、实践能力和合作交流能力，促进德智体美劳全面发展及学生的终身发展打下基础"。实践性主要体现在课程实施方面，如语文课程应帮助学生在真实的语言运用情境中，通过积极的语言实践，积累语言经验，体会语言文字的特点和运用规律，培养语言文字运用能力；同时，发展思维能力，体验审美创造，强化文化自信。工具性要求学生学习运用国家通用语言文字这个工具并不断提高语言文字能力、思维能力、审美创造能力。人文性要求语文课程"以文化人"，引导学生在语言实践活动中得到健康持续与全面和谐的发展，铸牢中华民族共同体意识，建立文化自信，成为能够担当中华民族伟大复兴重任的时代新人。

　　课标指出"语言文字是人类社会最重要的交际工具和信息载体，是人类文化的重要组成部分"。语文实践活动包括识字与写字、阅读与鉴赏、表达与交流、梳理与探究等。语言文字的特征和语文实践活动的内涵，决定了小学语文课程与教学要更好地立德树人，必须具有高度的综合性与实践性，在课程的功能、目标、内容、教学、评价、资源等诸多方面充分体现工具性与人文性的统一，充分发挥其独特的育人功能和奠基作用，大力促进学生核心素养发展。在《大象的耳朵》一课的识字与写字教学中，学生随文识字，与阅读与鉴赏、表达与交流、梳理与探究等语言实践活动结合进行，听、说、读、写有序整合。仅就学习内容的综合与教学方式的实践而言，该课例就充分体现了语文课程的综合性与实践性。在这个综合性与实践性兼具的教学过程中，培养学生的观察力、思维能力、好奇心与探究精神，以及引导学生掌握汉字音形义，感悟汉字之美，认同热爱汉字文化等，又充分体现了语文课程工具性与人文性的统一。

　　义务教育语文课程必须以促进学生核心素养发展为根本目的。课标指出，语文课程培养的核心素养是学生在积极的语文实践活动中积累、建构并在真实的语言运用情境中表现出来的,是文化自信和语言运用、思维能力、审美创造的综合体现。对于小学生而言,识字与写字是极为重要的语文实践活动,引导学生积极主动地识字与写字,并在其过程中积淀、建构和表现文化自信、语言运用、思维能力、审美创造等核心素养,是小学低段语文教学最为重要的目标与内容。文字是文化的一种载体,其本身也是一种文化。汉字是世界上最古老、使用人数最多的方块形语素文字,凝聚着中国文化,延续着中国精神,是中华民族宝贵的文化遗产。汉字是汉文化的根,古人早就认识到"人生聪明识字始"。积极主动的识字与写字活动,对小学生而言,不仅是为终身学习奠基,还在过程中浸染中华文化,涵养其精神生命。汉字不只是文字符号,应该成为祖国母亲镌刻在中华子孙心灵深处的美丽印记。

教师用丰富的智慧和饱满的热情组织识字与写字活动,可高效促进学生核心素养发展。低段识字与写字教学,教师必须遵循汉字的特点和儿童的认知规律,结合学生生活情境进行。课例《大象的耳朵》为引导学生读好并理解"咦",教师联系生活情境,帮助学生更好感受问句中的"奇怪",打通知识学习和现实世界的壁垒,学语言、用语言真实自然。低段学生以形象思维为主,而汉字中象形字很多,会意字、形声字、指事字也富有"形象"。课例巧妙借助生动形象的图画,教学效果很好。课例随文识字教学方法的运用,为学生提供了较好的情境,避免了机械重复记忆给学生带来枯燥乏味的感受,保护和激发了学生学习汉字的兴趣。生字的识、写与新词的学习往往同步进行,课例中音形义一体化的教学,有利于最大限度丰富学生的词语积累。有专家认为,结合课文语境教学生字新词,不仅可以帮助学生扫除阅读障碍,还可以扩大词汇量,有效提高阅读能力,这是贯穿整个小学阶段阅读教学的重要任务。[①]

识字与写字教学中的音、形、义一体化,以及识字与写字同阅读与鉴赏、表达与交流等语文实践活动的结合实施,可以促进学生核心素养,尤其是审美创造素养快速提高。识字与写字教学同引导学生探索与发现美、欣赏与创造美往往是同步的。郭沫若先生曾说识字是一切探求的第一步。汉字结构严谨,方正有序,蕴含着丰富的艺术美,可以很好开启和激发学生的艺术想象。课标也明确要求学生感受汉字的形体美,教师要通过漂亮的书写板书等方式,为学生做好示范,引导他们直观、深刻地感受汉字之美,进而启迪、鼓励他们感悟、研习汉字书法之美,热爱汉字文化,增强文化自信,打好生命底色。

---

① 吴忠豪. 吴忠豪与小学语文名师磨课[M]. 北京:高等教育出版社,2018:21.

活动2: 中段语文实践活动课例研习

活动步骤

步骤1　仔细阅读二维码资源《小学各学段"表达与交流"教学目标要求》,深入思考:"表达与交流"这一语文实践活动与学生核心素养的发展有何关系?

步骤2　尝试探究:在中段"表达与交流"教学中,如何提高学生的口头和书面表达能力? 这对于发展学生核心素养有何作用?

步骤3　研习二维码资源《故事新编》教学设计、《故事新编》教学录像片段①(四年级下册,习作),进一步思考步骤2的两个问题。

步骤4　小组讨论前三个步骤的问题。

步骤5　各小组代表在全班分享学习收获和感悟,教师小结。

分享驿站

"表达与交流"这一语文实践活动与学生核心素养的发展具有极为密切的关系。课标"表达与交流"教学目标要求主要包括口头和书面两个方面。口头表达主要聚焦在表达习惯、倾听、与人交流、参与讨论、口语能力等方面;书面表达主要聚焦在习作素材积累、习作速度、习作修改、课内习作量等方面。无论是口头还是书面表达,三个学段的具体要求步步提升,有明确层次性。小学语文教学落实了课标各学段"表达与交流"教学目标,学生的核心素养就可得到较好发展。

口头表达要求从培养学生的表达兴趣开始,引导他们在有意愿表达的基础上讲清楚,讲自己真实的感受和想法。低段教学对表达能力的要求不高,听故事、看影视作品后能够复述,讲述自己感兴趣的见闻、小故事,比较完整即可。中段教学要求乐于表达,增强表达的自信心。表达能力要求有所提高,不但要求主动参与日常生活中的文化活动,根据不同的场合与人交流,还要能清楚讲述见闻,说出自己的感受和想法,力求具体生动。高段教学仍然要求乐于表达,强调表达兴趣的培养。在表达能力方面,课标要求有条理,语气、语调适当,能根据对象和场合,稍作准备,作简单的即兴发言。课标要求学生口头表达能力随着学段升高而步步进阶。教师必须从学生入学开始,一以贯之,为学生创设真实的口语交际情境,循序渐进地提升学生兴趣,引导学生乐于开口,自信表达。

书面表达在第一学段被称为"写话",第二、三学段都被称为"习作"。课标如此措辞,是为了降低小学生写作的难度。书面表达高度重视学生习作兴趣的培养,这与降低难度一脉相承。课标有"乐于运用""留心观察""不拘形式""富有创意

_____

① 设计与执教者:重庆市沙坪坝区儿童艺术学校刘刚老师。

地表达""养成留心观察周围事物的习惯,有意识地丰富自己的见闻,珍视个人的独特感受"等表述。这些文字也是在强调学生习作兴趣的激发、培养和强化,要求教师引导学生从生活出发,涉猎广泛的知识,积累丰富的见闻,并顺应兴趣与心性,写实话,"我手写我心"。书面表达教学还高度重视习作修改,要求在修改过程中注重标点符号的正确使用。课标"修改自己明显的错误""主动与他人交换修改"等措辞,都在强调通过修改提高习作能力。

"表达与交流"直接丰富学生个体语言经验,提升语言运用等方面核心素养。课标要求学生通过积极的语言实践,积累语言经验,了解国家通用语言文字的特点和运用规律,形成个体语言经验。课标高度重视的语言经验,是学生在语言实践中形成的具有个性特征的语用智慧,是"人对语言和世界的主体性能力和创造性能力",是"以言语为对象同时又是以言语为本体的心智个性"。① 学生个体语言经验形成与发展主要依靠两个方面:一是语言积累,这是学生语言经验形成的逻辑前提。课标所列"识字与写字""阅读与鉴赏""梳理与探究"等语文实践活动,可以直接丰富学生的语言积累。二是语言实践,课标所列语文实践活动,要求学生将语言积累与语言实践有机融合,互相促进。语文教学必须引导学生不断运用自己积累的语言知识、策略及规律等,积极主动地开展语言实践,丰富语言积累,提高语用能力与智慧,发展核心素养。课例《故事新编》,按照课标要求,引导学生"愿意与他人分享""尝试在习作中运用自己平时积累的语言材料,特别是有新鲜感的词句""根据对象和场合,稍作准备,做简单的发言",这是对学生语言积累与运用的高效指导。学生通过《龟兔赛跑》的学习,积累习作方法,内化寓言故事的创编策略;再在"新特点""新人物"等表达情境中,分享、交流,形成个体语言经验,提升创编寓言故事的语用能力,为核心素养发展打下坚实基础。

课例呈现的"表达与交流"这一语言实践活动对学生思维能力发展也有积极促进作用。思维能力是语文课程必须培养的重要核心素养,通常表现在联想想象、分析比较、归纳判断等认知活动中,涉及直觉思维、形象思维、逻辑思维、辩证思维和创造思维等类型。优秀思维品质包括敏捷性、灵活性、深刻性、独创性、批判性等,良好的思维习惯是具有好奇心、求知欲,崇尚真知,主动探索创新,乐于积极思考。② 思维能力在学生核心素养发展中的地位和作用不可替代,"表达与交流"这一语文实践活动则为学生思维能力的发展提供了重要契机与路径。课标专门设置"思辨性阅读与交流"学习任务群,强化培养学生的理性思维和理性精神。第一学段要求"思辨性表达""说出自己的想法""大胆提出生活和学习中遇到的问题";第二学段要求"依据事实与细节,运用口头和图文结合的方法,表达自己的观点与

———————————

① 吴勇. 基于核心素养的小学写作教学重构:2022 年版《义务教育语文课程标准》表达层面的热词解读及实施建议[J]. 语文教学通讯,2022(18):11-18.

② 吴勇. 基于核心素养的小学写作教学重构:2022 年版《义务教育语文课程标准》表达层面的热词解读及实施建议[J]. 语文教学通讯,2022(18):11-18.

思考";第三学段要求"学习有理有据地口头或书面表达自己的观点"。系列要求集中关注两点:一是表达态度,要勇敢、诚恳、落落大方;二是表达能力,要依据事实与细节,有理有据地表达观点。课例《故事新编》在思辨性表达教学方面有较好尝试,可提升学生逻辑思维、辩证思维水平,培养学生积极思考的良好习惯,促进学生核心素养发展。

活动 3:　高段语文实践活动课例研习

　　步骤 1　仔细阅读二维码资源《小学各学段"阅读与鉴赏""梳理与探究"教学目标要求》,深入思考:"阅读与鉴赏""梳理与探究"两类语文实践活动与学生核心素养的发展有何关系?
　　步骤 2　尝试探究:在高段"阅读与鉴赏""梳理与探究"教学中,如何引导学生阅读文学作品,梳理知识经验,进行探究学习? 这对于发展学生核心素养有何作用?
　　步骤 3　研习二维码资源《十六年前的回忆》教学设计、《十六年前的回忆》教学录像片段①(六年级下册),进一步思考步骤 2 中探究的问题。
　　步骤 4　小组讨论前三个步骤的问题,同时交流各自对小学语文教学艺术的初步感悟。
　　步骤 5　各小组代表在全班分享自己的学习成果,教师点拨、指导。

课标对"阅读与鉴赏"主要从朗读、默读、整本书阅读等方面提出了一系列目标要求,各学段难度依次递增。朗读方面,第一学段要求"学习用普通话正确、流利、有感情地朗读";第二学段要求"用普通话正确、流利、有感情地朗读";第三学段要求"熟练地用普通话正确、流利、有感情地朗读"。默读方面,第一学段要求"学习默读";第二学段要求"初步学会默读";第三学段要求"默读有一定速度,默读一般读物每分钟不少于 300 字"。整本书阅读方面,第一学段要求"尝试整本书阅读";第二学段要求"阅读整本书,初步理解主要内容";第三学段要求"阅读整本书,把握主要内容"。对于课外阅读与背诵积累等,课标也有明确要求:第一学段要求课外阅读积累,积累的对象为成语和格言警句,阅读能力的培养要置于广阔的文化背景之中;第二学段强调在课内外阅读过程中积累优美的词语、精彩语段,并独立思考,主动发现问题,提出疑问,同时将阅读与口语交际结合起来,要求与别人分享自己的阅读感受,强化语文课程的实践性;第三学段要求学生扩展自己的阅读

---

　　①　设计与执教者:重庆市渝中区中华路小学黄斌老师。

面,课外阅读总量不少于 100 万字。三个学段的目标要求,形成了进阶序列。

课标对"梳理与探究"主要从知识整理、活动体验、问题解决等方面提出一系列目标要求,各学段的难度也是依次递增。知识整理方面,第一学段要求"观察字形,体会汉字部件之间的关系,梳理学过的字";第二学段要求"按照一定的分类标准整理学过的字词";第三学段要求"初步运用多种方法整理和呈现信息"。活动体验方面,第一学段要求"参加校园、社区等活动,用口头或图文方式表达活动体验";第二学段要求"学习组织语文活动,尝试用多种媒介呈现观察与探究所得";第三学段要求"策划简单的校园和社会活动,学写活动计划和活动总结"。问题解决方面,第一学段要求"对周围事物有好奇心,能提出相关问题并参与交流讨论";第二学段要求"能提出学习和生活中的问题,有目的地搜集资料,共同讨论";第三学段要求"利用图书馆、网络等渠道获取资料,解决与学习和生活相关的问题,尝试写简单的研究报告"。

"阅读与鉴赏""梳理与探究"两类语文实践活动与学生核心素养的发展息息相关。在《十六年前的回忆》教学中,教师有效组织学生"阅读与鉴赏""梳理与探究"。在语文实践活动中,学生了解文章结构脉络、思想情感,感受语言文字的魅力,在潜移默化中丰富语言文化认识,积累个体语言经验,发展思维能力与审美创造等方面核心素养。

在思维能力发展方面,课例引导学生通过"阅读与鉴赏""梳理与探究",提升思维的敏捷性、灵活性、深刻性、独创性与批判性。师生共同构建真实的语文实践活动情境,学生发现问题、思考问题、解决问题并有所拓展,实施"有用语文知识"的积累和思维能力训练。比如,围绕"李大钊为什么对革命事业充满信心"这个问题,学生基于对课文的深度学习,再了解相关背景材料,就可以有目的地积累语言经验,并分类整理,综合运用比较、分析、概括、分类等思维方式,从语言文字中找到某种个性现象,再从个性现象中发现这类现象的共性规律,形成自己的认识,再用语言有理有据、负责任地表达出来。这个过程,就是学生发展思维能力、掌握语言运用规律的过程。

在审美创造素养发展方面,课例通过多元评价和灵活多样的教学方法,引导学生品味语言,深入理解课文内容和作者情感,在感悟李大钊光辉形象与高贵品质并进行声情并茂、有理有据表达分享的过程中提高文学审美能力。语言文字是审美的对象,也是审美的工具,课例抓住语言文字,发展学生审美创造素养的同时,也在"以文化人"。课标指出,语言文字既是文化的载体,又是文化的重要组成部分,学习语言文字的过程也是学生文化积淀与发展的过程。《十六年前的回忆》这篇课文蕴含着非常丰富的革命文化与中华优秀传统文化,在"阅读与鉴赏""梳理与探究"等语文实践活动中,学生对语言文字进行审美鉴赏与内涵探究,也汲取其中的文化养料,深化对中国共产党及革命先驱的崇敬之情,增强文化自信。

"梳理与探究"过程本身就是学生掌握语言运用规律的过程。[①] 课标指出,梳理的内容对象,既有"学过的字词""句篇""语文学习经验""标点符号""语法、修辞应用实例""积累的词语、名句、诗文"等,也有学习、生活中"发现的问题""观点、事实与材料及其关系",还有"作品的基本内容""阅读生活""作品的行文思路""阅读过程",以及各种"信息和资料"等。课例《十六年前的回忆》较好地促进了学生以上各方面内容的梳理。探究作为一种学习方式,往往与交流、合作等学习方式结合实施、探究也往往与规律、特点、思路、方法等搭配构成动宾短语,强调探究学习的目的。课例既高度关注学生探究学习方式的合理选择与运用,又明确指导学生紧扣语言运用能力提升这一目的展开探究,学生在掌握语言运用规律的同时,也会增强文化自信、思维能力和审美创造等核心素养。

主题二 内涵探究:语文课程培养的学生核心素养

本主题共三个活动,各活动的目标、内容、重要程度、学习难度见表 1-2-1。

表 1-2-1 本主题活动概览

活动名称	活动目标	活动内容	重要程度	学习难度
1. 文化自信	准确理解语文课程培养学生"文化自信"素养的内涵,初步了解小学语文课程目标	1. 头脑风暴:谈谈对"文化自信"的理解。 2. 研读课标对"文化自信"内涵的描述。 3. 探究"文化自信"的内涵	★★★★	★★★
2. 语言运用	准确理解语文课程培养学生"语言运用"素养的内涵,进一步了解小学语文课程目标	1. 头脑风暴:谈谈对"语言运用"的理解。 2. 研读课标对"语言运用"内涵的描述。 3. 探究"语言运用"的内涵	★★★★★	★★★
3. 思维能力	准确理解语文课程培养学生"思维能力"素养的内涵,加深对小学语文课程目标的了解	1. 头脑风暴:谈谈对"思维能力"的理解。 2. 研读课标对"思维能力"内涵的描述。 3. 探究"思维能力"的内涵	★★★★	★★★

[①] 吕俐敏,王珺然."梳理与探究"的意义、价值及实践[J]. 小学教学(语文版),2022(Z1):18-22.

续表

活动名称	活动目标	活动内容	重要程度	学习难度
4. 审美创造	准确理解语文课程培养学生"审美创造"素养的内涵,全面了解小学语文课程目标	1. 头脑风暴:谈谈对"审美创造"的理解。 2. 研读课标对"审美创造"内涵的描述。 3. 探究"审美创造"的内涵	★★★★	★★★

活动1:文化自信

活动步骤

步骤1　头脑风暴。"关乎人文,以化成天下。"《周易》文化对国家与民族发展具有极为重要的作用。请谈谈各自对"文化自信"的理解。

步骤2　结合专业所学和自己的成长历程,尝试探究语文课程与文化自信的关系。

步骤3　仔细阅读下面的"研读材料:课标解释'文化自信'",深入讨论:如何理解语文课程培养学生"文化自信"素养的内涵?

步骤4　各小组代表分享学习收获和感悟,教师小结、指导。

研读材料:课标解释"文化自信"

文化自信是指学生认同中华文化,对中华文化的生命力有坚定信心。通过语文学习,热爱国家通用语言文字,热爱中华文化,继承和弘扬中华优秀传统文化、革命文化、社会主义先进文化,关注和参与当代文化生活,初步了解和借鉴人类文明优秀成果,具有比较开阔的文化视野和一定的文化底蕴。

分享驿站

全国著名特级教师、杭州师范大学王崧舟教授较好地揭示了文化自信的内涵结构(见图1-2-1)。他根据课标表述,抓取了文化自信的四个关键要素:文化认同、文化积淀、文化理解、文化参与。其中,文化认同是文化自信的出发点,也是最终归宿;文化积淀是文化自信的有力证明;文化理解是文化自信的关键所在;文化参与则是文化自信的实践表达与行动证明。①

---

① 王崧舟.秉纲而目自张　执本而末自从:《义务教育语文课程标准(2022年版)》"核心素养"解读[J].教学月刊小学版(语文),2022(6):8-18.

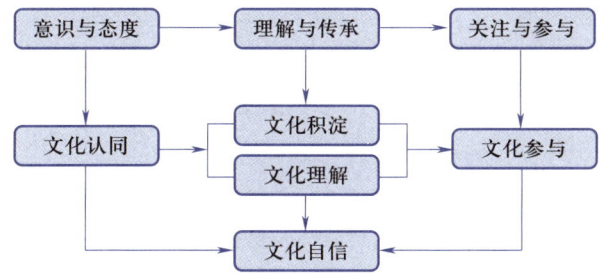

图 1-2-1　文化自信的内涵与结构①

　　义务教育语文课程培养的学生核心素养是文化自信、语言运用、思维能力、审美创造的综合体现。四个方面"整体交融",这是四者的基本关系。其中,文化自信位列第一,是因为"文化自信具有极其重要的当代价值,它是增强中华民族文化软实力的源泉与动力,是应对世界异质文化冲突与融合的心理支撑,也是实现中华民族伟大复兴的精神支柱"②。语文课程是一门综合性、实践性课程,工具性与人文性的统一是其基本特征。语文教学必须积极引导学生继承和弘扬中华优秀文化,关注和参与当代文化,了解和借鉴人类文明优秀成果,培养开阔的文化视野,积淀丰厚的文化底蕴。没有"文化自信",语文课程就没有灵魂,语文教学就没有方向。所以,将文化自信放在语文课程培养的学生核心素养的首位,是语文课程建设和发展的必然要求。

　　文化自信的基础是文化认同与坚信。一般意义上的文化自信,是指文化主体对身处其中作为客体的文化,通过对象性的文化认知、反思、批判、比较及认同等系列过程,形成对自身文化价值和文化生命力的确信和肯定的稳定性心理特征。③课标提出的"文化自信"专指对中华文化的自信,对中华文化的认同,对中华文化生命力的坚定信心。结合一般意义上"文化自信"的内涵可知,语文课程强调的对中华文化的自信也是一种稳定的心理特征,其形成不可能一蹴而就,需历经认知、反思、批判、比较等过程,最终确信和肯定中华文化的价值和生命力,坚信和认同中华文化是全世界最优秀的文化之一,是中华民族永远屹立于世界民族之林的强大精神力量。

　　文化自信的关键是文化继承与弘扬。课标特别强调对中华优秀传统文化、革命文化、社会主义先进文化的热爱、继承和弘扬。中华优秀传统文化是根,革命文化是枝干,社会主义先进文化是繁茂的枝叶,这三种文化之间具有极其密切的关系。中华优秀传统文化孕育于中华民族源远流长的文化传统之中,承继了中华民族的精神基因,具有厚重的历史优势,与革命文化一脉相承,是我国社会主义伟大

---

　　①　王崧舟.秉纲而目自张　执本而末自从:《义务教育语文课程标准(2022 年版)》"核心素养"解读[J].教学月刊小学版(语文),2022(6):8-18.
　　②　刘林涛.文化自信的概念、本质特征及其当代价值[J].思想教育研究,2016(4):21-24.
　　③　刘林涛.文化自信的概念、本质特征及其当代价值[J].思想教育研究,2016(4):21-24.

实践成果的支撑。① 没有中华优秀传统文化,革命文化和社会主义先进文化便丧失了基础,容易迷失方向。革命文化是我们国家的精神支柱,也托举起社会主义先进文化,让其枝繁叶茂。社会主义先进文化向阳而生,与时俱进,让中华传统优秀文化和革命文化及自身充满生机与活力。

文化自信的一个重要行为表征是积极主动地关注与参与、借鉴与吸收文化。中华文化具有极强的开放性和包容性特征,昂扬着绵延五千多年的自信之姿。中国是世界上唯一一个文明没有中断的国家,中国文明的特点是聚合和连续。② 这与中华文化的特质息息相关。比如,大唐文化,博雅正大,具有极强的开放性和包容性,借鉴、吸纳、融合了当时全世界的优秀文化,其繁荣灿烂、蔚为壮观的气度一直延续至今。开放和包容是中华文化自信的资本,也是实现文化自信的路径与表现。课标指出:"初步了解和借鉴人类文明优秀成果,具有比较开阔的文化视野和一定的文化底蕴。"强调文化自信不是夜郎自大,故步自封。中华文化必须学习吸收、传承创新人类优秀文明成果,主动参与当代文化生活,实现自身的不断丰富和发展。

语文课程必须努力开阔学生文化视野,丰厚学生文化底蕴。不同学科课程都肩负着提高学生文化素质的重任,而对于培养学生的中华文化自信,语文课程有着天然优势。从语文课程的基本特点审视,"工具性和人文性的统一"强调了文化自信,并为增强文化自信提供了足够空间。有学者指出:"学语文的价值不仅仅是掌握一种工具,更是一种民族文化的认同,民族精神的塑造,民族印记的烙刻。"③另有学者指出:"国家通用语言文字是中华民族的精神家园,语文课程对继承和弘扬中华优秀传统文化、革命文化、社会主义先进文化,推动文化的创新发展,具有不可替代的优势。"④可见,在语文实践活动中发展学生核心素养,强化学生文化自信是语文课程的基本目标之一。

活动 2: 语 言 运 用

活动步骤

步骤 1　头脑风暴。叶圣陶曾说:"语文"一名,始用于一九四九年华北人民政府教科书编审委员会选用中小学课本之时。前此中学称"国文",小学称"国语",至是乃统而一之。彼时同人之意,以为口头为"语",书面为"文",文本于语,不可

---

①　范晓峰,郭凤志. 关于中国特色社会主义文化自信的几点思考[J]. 思想教育研究,2016(7):33-37.

②　斯塔夫里阿诺斯. 全球通史:从史前史到21世纪[M]. 董书慧,王昶,徐正源,译. 北京:北京大学出版社,2005:128.

③　吴忠豪. 语文到底教什么[M]. 武汉:长江文艺出版社,2022:153.

④　王崧舟. 秉纲而目自张　执本而末自从:《义务教育语文课程标准(2022年版)》"核心素养"解读[J]. 教学月刊小学版(语文),2022(6):8-18.

偏指,故合言之。亦见此学科"听""说""读""写"宜并重。① 请结合叶圣陶所言,自由交流对"语言运用"的理解。

步骤 2 尝试探究:语言运用对于语文课程具有怎样的价值?

步骤 3 仔细阅读下文"研读材料:课标解释'语言运用'",深入讨论:如何理解语文课程培养学生"语言运用"素养的内涵?

步骤 4 各小组代表分享学习成果,教师点评、指导。

研读材料:课标解释"语言运用"

语言运用是指学生在丰富的语言实践中,通过主动的积累、梳理和整合,初步具有良好语感;了解国家通用语言文字的特点和运用规律,形成个体语言经验;具有正确、规范运用语言文字的意识和能力,能在具体语言情境中有效交流沟通;感受语言文字的丰富内涵,对国家通用语言文字具有深厚感情。

分享驿站

王崧舟教授准确揭示了语言运用的内涵结构(见图1-2-2)。语言运用主要包括口头和书面的语料积累、语感建构、语理习得、语言表现等方面素养,它们之间相互作用,互相促进。其中,语料积累是语言运用的基础;语言表现则是语言运用的最终目的;语感建构是语言运用的核心;语理习得是对语感的理性认识,往往以隐性的方式影响并提升语感品质。②

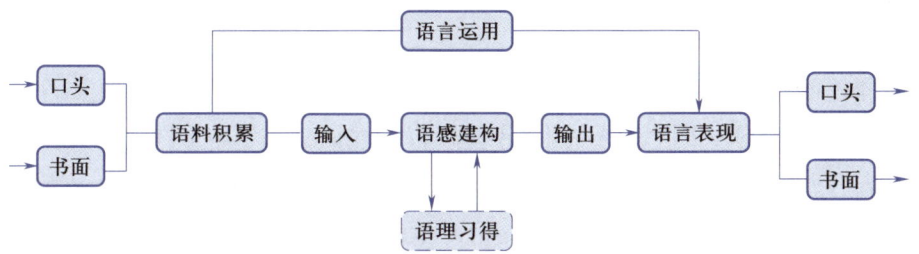

图 1-2-2 语言运用的内涵与结构

"语言运用"是语文课程着重培养的学生核心素养之一。语言运用能力是一个人文化素养的综合体现,培养语言运用能力是语文教学的一项基本任务。人民教育出版社编审刘国正先生曾说:"语文教学要教会学生正确理解和运用祖国的语言文字,获得读写听说的合格能力,这是语文教学的基本任务……过去、现在和将来都不会有所变动。"③课标则明确指出"语文课程应引导学生热爱国家通用语

---

① 叶圣陶.叶圣陶教育文集:第三卷[M].北京:人民教育出版社,2008:506.
② 王崧舟.秉纲而目自张 执本而末自从:《义务教育语文课程标准(2022年版)》"核心素养"解读[J].教学月刊小学版(语文),2022(6):8-18.
③ 刘国正.老调重弹尚可听:关于语文教学改革也说两句[J].小学语文,2007(2):1-2.

言文字，在真实的语言语用情境中，通过积极的语言实践，积累语言经验，体会语言文字的特点和运用规律，培养语言文字运用能力"。

语言运用能力的培养应该以发现能力与语言感知的培养为切入点。语文教学必须培养学生"发现的目光"。发现什么？发现表面上平淡无奇的字里行间所蕴含着的真善美，发现汉语之美、文章之美、人性之美以及大自然之美。① 高明的语文教师会带领学生走进文本，细细揣摩文字的魅力，学生沉浸到作者的思想感情世界，在语言文字构筑的意境中得到陶冶和启迪。

语文课程中语言文字运用能力教学极其重要，但最后落脚点如果仅仅停留在"写了什么""怎么写的""为什么写""这样写的好处"上，就必然进入语文教育的误区。任何语言形式离开了内容就是没有生命的空壳，忽略言语精神、思想与情感等丰富意蕴的语言文字训练如果走向极端，必然是工具主义的回头。语文教学如果背离了儿童的天性，放弃了语文的灵性，就会把儿童套在语文的牢笼中，受尽文字的折磨。

培养学生的语言运用能力，应该教导他们学习必要的语文知识。但是，要避免脱离实际运用，仅仅围绕语言知识的概念、定义进行系统、完整的讲授、操练和考试。华东师范大学方智范教授曾说，语言知识的功能究竟是什么？其实语言知识既有"功"，也有"能"。在学科系统里，语言知识的"功"可以序列化，但是我们反对把中文的知识，那种静态的格式化的东西代代相传，那样不能真正提高学生的语言运用能力。我们特别要关注知识的"能"。这个"能"，更多地是动态的、活化的，学生不必知晓许多道理，记住概念定义，但是会在实际中使用，就行了。②

语文课程要求学生学习的是母语，语文学习有别于其他语言学习。语文教学关注语言知识、语言形式固然重要，但绝不能仅仅关注语言知识与形式。语文教学不管是从内容入手，还是从形式入手，都必须基于语文实践活动，促进学生语言运用能力与精神人格的发展。语言文字这一工具始终承载着人文内涵，语文教学应将思想感情的教育融入语文能力的培养过程。正如有的专家所言："语文课程必须关注学生精神方面的成长，将知识、能力的教育与立人教育融为一体。语文课程中工具性与人文性的统一，实际上可以解读为语文课程对于工具价值最大化与人文价值最大化相统一的追求。这应该是当下语文课程建设的价值取向和战略取向。"③

---

① 陈平原."发现"的乐趣[J]. 语文建设.2013(16):4-5.
② 方智范. 关于当前小学语文教学若干问题的浅见[J]. 小学语文研究,2008(9):12-14.
③ 巢宗祺. 关于语文课程性质、基本理念和设计思路的对话[J]. 语文建设,2012(5):4-11.

活动 3: 思 维 能 力

活动步骤

步骤 1　头脑风暴。"学而不思则罔,思而不学则殆。"(《论语》)引导语言实践,提高思维能力,是语文课程发展学生核心素养的重要途径。请谈谈你对"思维能力"的理解。

步骤 2　结合专业所学,尝试探究:语文课程强调的思维能力的内涵。

步骤 3　仔细阅读下文"研读材料:课标解释'思维能力'",深入讨论:语文课程培养的学生思维能力素养,与语文课程目标有何联系?

步骤 4　各小组代表在全班分享学习收获和感悟,教师小结、指导。

研读材料:课标解释"思维能力"

思维能力是指学生在语文学习过程中的联想想象、分析比较、归纳判断等认知表现,主要包括直觉思维、形象思维、逻辑思维、辩证思维和创造思维。思维具有一定的敏捷性、灵活性、深刻性、独创性、批判性。有好奇心、求知欲,崇尚真知,勇于探索创新,养成积极思考的习惯。

分享驿站

课标指出:思维能力主要包括直觉思维、形象思维、逻辑思维、辩证思维和创造思维,良好的思维品质主要体现为具有一定的敏捷性、灵活性、深刻性、独创性、批判性,如图 1-2-3 所示。良好的思维习惯主要体现为具有好奇心、求知欲,崇尚真知,勇于探索创新,积极思考。

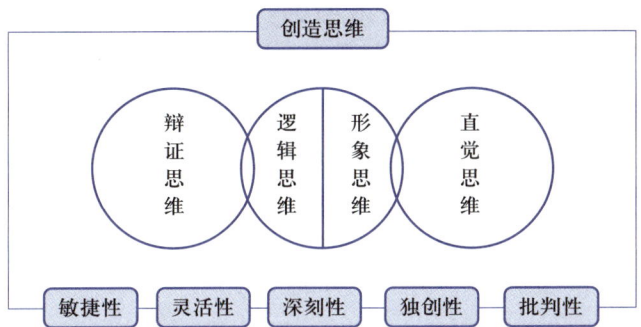

图 1-2-3　思维能力的内涵与结构①

①　王崧舟. 秉纲而目自张　执本而末自从:《义务教育语文课程标准(2022 年版)》"核心素养"解读[J]. 教学月刊小学版(语文),2022(6):8-18.

一般意义的思维,与人类认知活动密切相关,它探索和发现事物的内部本质联系和规律,是认识过程的高级阶段。思维能力是学生核心素养所谓"正确价值观、必备品格、关键能力"中"关键能力"的关键。语文课程培养的学生思维能力素养,主要表现在语文学习的联想想象、分析比较、归纳判断等认知活动中,也在这些活动中得以培养和提高。

语言是思维的物质外壳,也是思维的基本工具。语文教学发展学生思维能力,必须以语言运用为基础,使二者融为一体,同时有助于促进学生文化自信和审美创造素养的提升。语文课程目标强调在语言实践活动中发展感性思维,强调语言的直觉经验与想象创造,其核心是提升形象思维能力;同时强调在语言实践活动中发展理性思维,强调思维过程中的思辨特性,以及崇尚真知的思维态度,其核心是提升逻辑思维能力。

在语文教学着重培养的诸多思维中,直觉思维可以为其他思维提供基础,具有激发和促进其他思维的功能。比较而言,直觉思维与形象思维的联系更为密切,主要由人的右脑负责。而逻辑思维与辩证思维的联系更为密切,两者具有鲜明的理性思维特征,主要由人的左脑负责。创造思维则是以上所有思维类型的综合与融通,是一切创造活动的灵魂与核心。

当前小学语文教学,必须高度重视学生各类思维能力的强化培养,引导学生深入体会语言文字表达的人文、情感内涵与科技、逻辑规律,有效锻炼学生语言组织的逻辑能力与联想、想象的灵敏性、丰富性,提高口头与书面表达能力的同时,最大限度优化学生的思维品质与习惯,保护和激发学生的好奇心、求知欲,培养其崇尚真知、勇于探索创新的人格特征。

比如,引导学生想象习作,具有发展学生创造思维的独特优势,可以满足学生乐于想象、追求新奇、凭借自己创造的形象与虚构的事件来表达真实情感的愿望。激发学生创新意识,培养想象能力,是想象习作教学最重要的目标之一。教师要顺应学生思维发展的特点,鼓励学生根据已有的生活经验和知识,借助智慧与激情的双翅,展开大胆的想象,尤其是创造性想象,构思出从未见过的或者根本不曾出现的生活图景,抒发自己的情感。教师要为学生的自主写作提供有利条件和广阔空间,减少对学生写作的束缚,为他们展示自己的创造才能、进行有创意的表达提供更多的机会,使学生创造思维能力得到更好的发展。

活动 4:审 美 创 造

活动步骤

步骤 1   头脑风暴。"美,甘也。"(《说文解字》)美是一种重要的精神文化,审美是人类认识和改造世界的重要方式。请谈谈你对"审美创造"的理解。

步骤 2 结合专业所学,尝试探究:语文课程与审美创造的关系。

步骤 3 仔细阅读下文"研读材料:课标解释'审美创造'",深入讨论:如何理解语文课程培养的学生审美创造素养?

步骤 4 各小组代表在全班分享学习成果,教师点评、小结。

研读材料:课标解释"审美创造"

审美创造是指学生通过感受、理解、欣赏、评价语言文字及作品,获得较为丰富的审美经验,具有初步的感受美、发现美和运用语言文字表现美、创造美的能力;涵养高雅情趣,具备健康的审美意识和正确的审美观念。

审美是人类的高级认知活动,义务教育阶段所有课程都担负着提高学生审美素养的任务。语文课程强调的审美,首先是对语言文字和口头、书面语言表达活动与作品的审美,其次是以识字与写字、阅读与鉴赏、表达与交流、梳理与探究等语文实践活动的方式进行审美。王崧舟教授根据课标,指出审美创造主要包括审美感受、审美理解、审美鉴赏、审美欲望、审美表现等,并较好地揭示了审美创造的内涵结构(见图 1-2-4)。其中,准备阶段,主要是呈现审美对象——语言文字及作品;观照阶段,是对语言文字及作品进行审美感受与理解,形成直接的审美经验;效应阶段,是在脱离了具体的语言文字及作品之后,对审美经验进行理性鉴赏与认识,并形成持续的审美欲望;外化阶段,则是指审美表现,也就是运用语言文字表达美、创造美。[1]

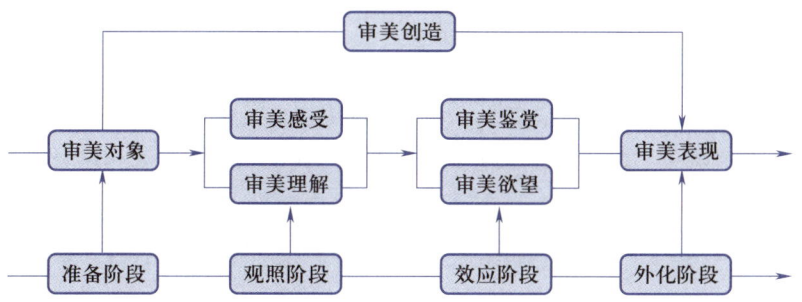

图 1-2-4 审美创造的内涵与结构[2]

王崧舟教授基于课标阐释的审美创造是相对广义的审美创造。这种审美创造是语文课程培养的学生核心素养的重要组成部分,也是语文学习的基本目标

---

① 王崧舟. 秉纲而目自张 执本而末自从:《义务教育语文课程标准(2022 年版)》"核心素养"解读[J]. 教学月刊小学版(语文),2022(6):8-18.

② 王崧舟. 秉纲而目自张 执本而末自从:《义务教育语文课程标准(2022 年版)》"核心素养"解读[J]. 教学月刊小学版(语文),2022(6):8-18.

与内容。① 而相对狭义的审美创造是审美过程的高级阶段,是审美素养的高层次表现,主要表现为学生在语言运用过程中,以语言文字及作品为审美对象,在进行初步感受美、发现美、鉴赏美之后,能够运用语言文字表现美、创造美,提高对美的创新表现能力,树立健康的审美意识和正确的审美观念,形成高雅的审美情趣与人格修养。无论从广义还是从狭义上讲,语文教学培养学生的审美创造核心素养能力,都有助于学生树立文化自信,发展语言运用和思维能力②,是语文课程高效实施和创新发展的必经之路。

审美创造的主要内涵还可以从以下三个方面理解:一是审美经验,指审美主体经过对美的感知、理解、想象、共情等后产生的愉悦体验,在持续不断的审美活动中审美经验可以得到丰富和发展。二是审美能力,审美主体在感受、理解、欣赏、评价语言文字及作品之美的过程中,不仅能够感受美、发现美,还能够表现美和创造美,能够自主把握审美鉴赏活动深度、高度、灵敏度和创新程度。三是审美观念,它在审美经验的基础上产生,是审美经验的提炼和升华,也是审美能力的综合表现,在很大程度上决定着一个人审美情趣、审美意识水平的高低。审美经验、审美能力、审美观念三个方面密切关联,相互促进。审美经验和审美能力在正确的审美观念指导下得以发展和提升,而丰富的审美经验和良好的审美能力又有助于树立和强化正确的审美观念。

审美创造对学生终身发展有着极为重要的影响。小学生是祖国的未来,应该呈现出踔厉奋发、勇毅前行、朴素大方、乐观向上、永葆活力的精神风貌,而这种精神风貌的形成,必须依靠审美创造素养的全面提高。朱光潜先生在《谈美书简》中说:"我坚信情感比理智重要,要洗刷人心,并非几句道德家言所可了事,一定要从'怡情养性'做起,一定要于饱食暖衣,高官厚禄等等之外,别有较高尚、较纯洁的企求。要求人心净化,先要求人生美化。"美的事物无处不在,但并不是每个人都能感受和欣赏美,更不是每个人都能用以美化人生与世界。语文教学如果致力于引导学生认识美、发现美、鉴赏美,不断提高学生发现美、欣赏美、创造美的能力,实在是善莫大焉。

课标对审美创造的强调,彰显了新时代语文课程应有的特征和内涵,也为教师高效利用语文课程本身蕴含的丰富的审美教育资源发展学生核心素养提供了方向。比如,每一个汉字呈现的结构美、意境美,不仅能培养学生的审美创造素养,也能激发其对中华文化的热爱。鲁迅先生曾说,中国文字有三美:"意美以感心,一也;音美以感耳,二也;形美以感目,三也。"③儿童心性向美,识字教学必须遵循儿童审美认知规律,充分发掘利用汉字音、形、义之美,加强对汉字审美特质的把握,引导学生循序渐进地感悟汉字所蕴含的审美内涵,积极培养提高学生对汉字之美

---

① 吴永军. 关于语文核心素养的理性思考[J]. 教育研究与评论,2022(10):13-18.
② 杨再隋. 以语育人 以文化人:《义务教育语文课程标准(2022年版)》学习心得[J]. 小学语文教学,2022(6):7-9.
③ 鲁迅. 汉文学史纲要[M]. 北京:人民文学出版社,2006:3.

的发现、感受、理解、内化、利用能力,充分彰显汉字教学的大智慧。

　　语文课程中的文学作品也蕴藏着极其丰富的审美教育资源,作品具有的语言美、意象美、情感美等,都能直接引发和持续丰富学生愉悦的审美经验。学生通过阅读优秀作品感受语言文字独特的美,感受和体验语言作品所表现的形象美和内涵美,逐步学会运用口头语言和书面语言来表达自己的审美体验,及对美好事物的情感、态度和观念,表现和创造自己心中的美好形象,进而自觉形成审美意识和审美能力,养成高雅的审美情趣和文化品位。正所谓百年树人,这个过程需要长久之功,功到自然成。为此,教师要大力引导学生亲近经典、走进经典,在阅读经典中提高审美创造素养,为其终身发展打好精神底子。“腹有诗书气自华”,教师必须引导学生精读几本“看家的书”。曾国藩说:“古今书籍,浩如烟海,而本根之书,不过数十种。”[①]让学生潜心阅读几种“本根之书”,有助于学生搭建起思考积累、审美创造的平台,助力精神成长。此后不断延续,学生较高水平的审美创造素养便会不断累积、发酵、升华,形成深厚的文化积淀,并不断美化人生与世界。

　　在操作层面,语文课程利用各方面美育资源培养学生审美创造素养,必须基于生活组织开展生动有趣的听、说、读、写活动。教师要指导学生在阅读与鉴赏活动中养成圈点勾画、摘录和写读书笔记的习惯,以终身受用;要鼓励学生主动诵读,用心用情诵读,在有声阅读活动中整体感知,在读中感悟,在读中培养语感,在读中熏陶情感,全面提高审美创造素养。其他语文实践活动如,听说写每样都不可忽视。尤其是写,教师要指导学生勤动笔,多练笔,做生活的有心人,处处留心观察,认真思考,时时动笔记录,不断修改提炼。久久为功,功夫做到家,审美创造素养及其关联的文化自信、语言运用、思维能力等自然会发展。

主题三　策略学习:语文课程如何发展学生核心素养

　　本主题共三个活动,各活动的目标、内容、重要程度、学习难度见表 1-3-1。

表 1-3-1　本主题活动概览

活动名称	活动目标	活动内容	重要程度	学习难度
1. 文化自信的提升	学习语文课程发展学生文化自信素养的策略和方法	1. 研习课例:感悟、探究提升小学生文化自信的策略与方法。 2. 合作探究:梳理、小结提升小学生文化自信的策略和方法	★★★★	★★★

---

① 曾国藩. 曾国藩文集[M]. 梧桐,整理. 北京:海潮出版社,1998:478.

续表

活动名称	活动目标	活动内容	重要程度	学习难度
2. 语言运用的指导	学习语文课程发展学生语言运用素养的策略和方法	1. 课例研习：感悟、探究指导语言运用的策略与方法。 2. 合作探究：梳理、小结指导语言运用的策略与方法	★★★★★	★★★
3. 思维能力的培养	学习语文课程发展学生思维能力素养的策略和方法	1. 课例研习：感悟、探究培养思维能力的策略和方法。 2. 合作探究：梳理、小结培养思维能力的策略与方法	★★★★	★★★★
4. 审美创造的促进	学习语文课程发展学生审美创造素养的策略和方法	1. 课例研习：感悟、探究促进审美创造的策略和方法。 2. 合作探究：梳理、小结促进审美创造的策略与方法	★★★★	★★★

活动1：文化自信的提升

步骤1　阅读下文"研读材料:立足核心素养,彰显教学目标以文化人的育人导向",自主探究:你认为语文教学应该怎样引导学生继承和弘扬中华文化,提升其文化自信?

步骤2　研习二维码资源《枫桥夜泊》教学设计及全课教学实录①(五年级上册),尝试探究:在语文教学中,运用哪些策略与方法能够提升学生文化自信?

步骤3　小组合作:梳理、小结语文课程提升学生文化自信素养的策略和方法。

步骤4　各小组代表交流、分享,教师点评、指导。

研读材料:课标提出立足核心素养,彰显教学目标以文化人的育人导向

教师应理解核心素养的内涵,全面把握语文教学的育人价值,突出文以载道、以文化人。把立德树人作为语文教学的根本任务,清晰、明确地体现教学目标的育人立意。引导学生在学习语言文字运用的过程中,逐步树立正确的世界观、人生

---

①　设计与执教者:杭州师范大学教育学院王崧舟教授。

观、价值观,体认和传承中华优秀传统文化、革命文化、社会主义先进文化,积累深厚的文化底蕴,增强文化自信。

　　教师应充分认识语文课程工具性与人文性是统一的,从培养核心素养出发,把握四个方面整体交融的特点,设定教学目标时既有所侧重,又融为一体。注意在识字与写字、阅读与鉴赏、表达与交流、梳理与探究的过程中,整体提升学生的核心素养。注意教学目标之间的关联,避免将核心素养四个方面简单罗列。

分享驿站

　　文化自信是国家、民族和个人发展最本源、最深沉、最持久的力量。语文教学必须以课标为基本遵循,帮助学生认识、认同中华文化,对中华文化的优越性与生命力树立坚定信心。就其相对微观、细化的操作策略与方法而言,学生文化自信的提升可从以下几方面考虑。

　　(1)深挖教材内容,在诵读中提升文化理解力。语文教材蕴含的中华文化元素非常丰富,教师应将课文作为提升中华文化自信的主要资源进行深挖,充分利用这些经典课文,引导学生反复诵读,在日积月累中培养文化自信。这并非强制性灌输和植入,而是语言浸润的过程能带给学生柔性的教化、隐性的濡染。此过程让学生深度感受经典作品的文字之美、韵律之美、意境之美、情感之美逐渐提升学生对文化内涵的理解能力。例如,王崧舟教授执教《枫桥夜泊》,带领学生对文本进行不同层次的反复诵读,无声的文字被还原为动人的吟诵,诗的节奏和韵律弥漫于课堂。学生情感也随之被唤起,情韵起伏、有滋有味的诵读让学生逐步感受祖国语言文字的独特价值与巨大魅力,使其文化理解力与文化底蕴得到同步优化。

　　(2)丰富教学素材,在拓展中提升文化认同感。语文教材收录的作品是很有限的,教师可以找准切入点,深挖课文内涵,丰富阅读素材,适度拓展延伸。课例《枫桥夜泊》,按照艺术创作"启、承、转、合"的结构主线推进,其本身就是一首完美的语文教学之诗,也是王崧舟教授诗意语文的代表之作。开课之"启",紧紧抓住"千年钟声"这一核心意象,沿着时间的纵轴,引导学生充分感受、深度理解千年钟声厚重而悠远的文化意蕴,为整堂课铺描基调、确立灵魂。歌曲《涛声依旧》是起点,接着师生逆时间之流而上,逐一学习清代王士祯的《夜雨题寒山寺》、明代高启的《泊枫桥》、宋代陆游的《宿枫桥》等作品的名句,学生沉浸在钟声弥漫的文化语境中,畅游在中华诗文灿烂的历史长河中,对中华优秀传统文化的认同感与自信、自豪的情感得到了强化。结课之"合",学生又顺时间之流而行之,以张继《枫桥夜泊》的巩固学习为基点,又一次沉浸、陶醉于其中。如此回环复沓式的语言浸润,让学生在不知不觉中感受并认同"钟声文化"的巨大魅力,其文化自信也得到了很好提升。

　　(3)课内外结合,激发学生对中华文化的持续热爱。当前语文教学如果仅仅局限于教材和课堂,则远远不能满足学生日益个性化的成长需要,也不利于学生综合素养的持续提升。教师应立足课堂这个主阵地,通过丰富多彩的课内外活动为学生呈现中华文化的独特魅力,激发他们对民族文化由衷的热爱。例如,组织指导以"遨游汉字王国""有趣的文字""我爱你,汉字"等为主题的学习任务群,教师可以将汉字起源的传说、汉字七体①、造字方法、古今书法作品、日语中的汉字等作为课内外拓展学习的内容,鼓励学生参加"字谜擂台"、"汉字的演变"话剧节、"小小书法展"等系列活动,让学生深刻感受祖国文字的魅力,产生认同感、自豪感。教师还可以将语文课堂和社会生活、学生已有经验进行多维度联结,借助《中国诗词大会》《跟着书本去旅行》等优秀电视节目的影响力,举办班级诗词大会、"我走过书里的世界"围读会等。这样基于"课堂小世界,世界大课堂"的理念,将语文课堂作为起点,把目光投向更广阔的世界,帮助学生在妙趣横生的中华文化主题活动中接受熏陶感染,就会让他们持续热爱中华文化,树立起坚定的文化自信。

活动 2: 语言运用的指导

活动步骤

步骤 1　头脑风暴:结合自己的学习经验,自由谈论——语文教学应该怎样引导学生关注语言文字现象,探索语言运用规律,提高语言运用能力?

步骤 2　研读二维码资源《火烧云》教学实录片段②(三年级下册),深度讨论:教师指导学生语言运用,采用了哪些策略与方法?

步骤 3　小组合作探究:在语文实践活动中,还有哪些策略与方法能够用来指导学生的语言运用,发展学生核心素养?

步骤 4　各小组代表交流、分享,教师点评、指导。

分享驿站

语文课程的性质决定,在学习语言运用的过程中提高语言运用能力是语文教学的关键目标。语文教师的核心任务就是培养学生正确、规范地运用国家通用语言文字的意识,引导他们通过主动地积累、梳理和运用,掌握国家通用语言文字的特点和运用规律,形成良好语感和个体语言经验,提高学生在具体语言情境中有效交流沟通的能力和情感、态度水平,全面发展学生文化自信、语言运用、思维能力、审美创造等核心素养。

薛法根的《火烧云》教学,堪称指导学生在学习语言运用过程中提高语言运用能力的典范。教师指导学生语言运用的一个重要策略是"以读促积累"。感悟火

---

①　指汉字独有的七种结体方式:甲骨文、金文、篆书、隶书、楷书、草书和行书。
②　设计与执教者:江苏省苏州市吴江区盛泽实验小学教育集团总校长薛法根老师。

烧云变化过程时,薛老师带领学生抓住描写火烧云颜色和形状变化的词句,通过自读、齐读、品读等方式,感悟语言的精妙,增强对语言的精准感知,进而背诵积累,提升语感水平。另外,薛老师特别注意引导学生以仿写促迁移,丰富语言经验。薛老师搭建支架,引导学生观察、回忆,在对比中学生感知文章的生动,触摸文字的精彩,并调用生活经历,仿写火烧云的颜色与形状变化,再现和超越精彩的"例句",真正实现在不同语境中迁移运用语言。基于薛老师的课例,我们还可以探究提高学生语言运用能力的以下策略和方法。

（1）增加语料积累,夯实语言运用基础。语言运用主要包括语料积累、语感建构、语理习得、语言表现等。语料积累,是语文学习的基本内容,是语言运用的基础。没有足够数量、相当质量并且结构化的语料储存,语言运用能力的培养就会成为无本之木、空中楼阁。① 教材中的课文是学生学习和积累语言的重要凭借。教师必须充分发挥课文的"例文"作用,通过各种方式引导学生丰富积累。课文中的精美词汇、精彩句段、典型句式以及课文的独特结构等,都是学生理解、积累和运用模仿的对象,教师须格外留心引导学生关注语言材料和语言规律,在感悟中丰富语言,在品析中激活语言,在模仿运用中内化语言,既领悟文本内容,又习得表达方式。语言理解、积累、运用等环节,既应各有侧重,又应融为一体。

（2）借助经典课文,学习语言表达范式。在阅读与鉴赏教学中,教师可以引领学生分析文本,找准最具教学价值的语用点,让学生掌握语言文字运用的不同形式,丰富语言表达范式。如一篇课文具有多种典型的语言表达范式,教师就可根据学生的实际情况进行研判,选取最适合学生学习的语言表达方式方法让学生初步感知、深化理解、灵活运用。比如,薛法根教学《火烧云》这篇写景抒情散文时,精心选取具有典范意义的句子及段落,让学生感悟、品读、模仿;让学生迁移运用文中一些特色句式及常用词句,快速提高语用水平。又如,教学一些叙事性经典课文时,教师可以在对其叙事方式的初步感知与深化理解基础上,引导学生参考课文叙事,进行语言重组,复述课文,快速提高语言运用能力。

（3）创设语用情境,拓宽语言实践路径。在语言学习过程中,感悟和积累是对语言的吸收和融入,而运用是基于语料内化的语言输出,是学生把别人的语言逐步转化为自己语言的关键。创设语言运用情境,拓宽语言实践路径,可以帮助学生更好地实现语言的输出,提高语言学习转化效率。正因为如此,课标要求优化语文学习环境,努力构建课内外联系、校内外沟通、学科间融合的语文教育体系,开展丰富多彩的语文实践活动,拓宽语文学习的内容、形式与渠道,使学生在广阔的空间里学语文、用语文。为落实课标要求,教师可以组织学生开展即席发言、讨论辩驳、模仿表演等活动;可以播放能够帮助学生理解运用语言文字的动画、小品等视频,引

---

① 王崧舟. 秉纲而目自张　执本而末自从:《义务教育语文课程标准(2022 年版)》"核心素养" 解读[J]. 教学月刊小学版(语文),2022(6):8-18.

导学生观看品悟、交流、分享,完成对特定语言文字的理解和模仿运用;可以帮助学生在日常生活中把学办事、学交往、学合作、学做人与理解语言、积累语言、运用语言结合起来,把提高听、说、读、写能力与创新实践能力培养结合起来。总之,要打破各个学科、课内与课外、学校与社会、有字书与无字书之间的界线,拓宽学生规范运用国家通用语言文字的学习路径。

活动3: 思维能力的培养

步骤1   在语文学习中,通过语言文字进行探索发现,或者使用语言文字进行表达与交流,都是培养学生思维能力的重要途径。请在小组内部讨论:强化学生思维能力培养的语文教学,应该如何设计,如何实施?

步骤2   研读二维码资源《总也倒不了的老屋》教学设计及课堂教学片段①(三年级上册),自主梳理语文教学培养学生思维能力的策略与方法。

步骤3   小组合作探究:基于前两个步骤的学习,归纳提炼在语文实践活动中培养学生思维能力,发展学生核心素养的策略与方法。

步骤4   各小组代表交流发言,教师点评、指导。

课标要求学生在语文学习过程中进行联想想象、分析比较、归纳判断,发展思维能力,提高思维品质,培养积极思考的习惯。研习蒋军晶的课例,可以归纳出落实课标相关要求的以下策略和方法。

(1)培养学生对语言文字的直觉。直觉思维是指人未经逐步分析,仅仅依据内隐性感知等心理活动就迅速对一些问题答案做出猜想、判断,或是对疑难问题百思不得其解时突然产生"灵感"和"顿悟",甚至对未来事物的结果有"预感"与"先见"。直觉思维在创造性思维活动的关键阶段发挥着重要作用,具有敏捷性、直接性及出于本能意识等特征。当前生命科学虽然还无法完全破解直觉思维的全部奥秘,但人们可以通过有意识的培养训练提高直觉思维能力。在语文教学中,培养学生对语言文字的直觉,引导他们凭借当前语言、语境,及过往的阅读经验,快速找到问题答案或相关规律,可以较好地促进他们的思维能力发展。蒋老师的课例,给出线索引导学生预测填表。学生预测的内容可能跟课文一致,也可能不一致。这时,教师顺势引导学生说说自己预测的依据有哪些,进一步把握课文的结构和童话故事写作的规律。整个过程,教师借助表格和教材文字,巧妙建构语言情境,激活学

---

① 设计与执教者:浙江省杭州市天长小学蒋军晶老师。本书编者对实录文字略有归纳整理。

生阅读经验与灵感,引导学生对课文重点词句的深入理解和迁移运用,着重培养学生的直觉思维能力。学生在积极推测过程中,逻辑思维和直觉思维也较好地融合了。

（2）搭建可视化的学习支架。柏拉图说过,思维是灵魂自我对话的过程。语文教学可以运用各种可视化思维工具搭建学习支架,把学生带到有意义的语境中,帮助他们进行信息的收集、整理和加工,个性化构建自己的思维成果和认知图式。譬如表格,就能满足学生的学习需求,使思维可视化、结构化,为学生思维能力的发展提供坚实支架。① 在课例找出老屋年纪大的相关语句环节,蒋老师适时提供表格这一可视化的学习支架,将文字更为直观清晰地呈现出来,引导学生开展深度学习,透过语言文字把握思想内容,理清故事结构脉络,归纳提炼童话故事的写作规律。学生不同程度地完成了知识信息的梳理加工和意义建构。除了表格,常见的思维可视化工具还有圆圈图、气泡图、树形图、括号图、流程图、桥形图等。这些工具都可以把思维过程变得具体、形象、可见,为学生提供有效的学习支持。教师在阅读与鉴赏、表达与交流、梳理与探究等语文实践活动中都可合理选用。

（3）巧妙设计问题,激发学生的求知欲望。苏格拉底说过,问题是接生婆,能催生新事物。在语文教学中,教师可结合教材内容巧妙设问,鼓励学生从不同角度积极思考,避免思维的单一与固化。在课例中,学生猜测课文结尾时,蒋老师提问:"最后一个格子我猜得有点困难,我猜了三个答案。第一个答案是'谢谢',你觉得蒋老师是乱猜吗? 我猜的理由是什么?"这一启发性问题,让学生对预测的方法有了进一步认知。蒋老师再次提问:"我猜的第二个答案是'这个老屋子最后终于倒下'。我这样猜是不是乱猜? 好像也有点道理哦,那我当时猜的理由是什么?"学生通过一系列的分析、梳理、探究,各抒己见,并为自己的论说提供符合逻辑的支撑,思维能力在这个过程中得到了较高质量的发展。

（4）借助多种资源,鼓励学生大胆想象。想象是学生创新的基础,是思维活跃的具体表现,激发是创新思维能力培养的一个切入点和重点。小学生具有惊人的想象力,他们无限的想象是创造思维能力发展的源泉与动力。蒋老师课例的最后环节,鼓励学生预测图画书《小猪变形记》的情节,想象在主人公身上会发生怎样的故事。学生结合前面学到的预测方法,再依据自己对文本内容的了解及对人物形象的把握,合理想象童话主人公的内心活动与相关情节,课堂妙趣横生,很好地以想象为切入点发展儿童的创造思维能力。

（5）合理创设思辨情境,促进学生主动思考。教学情境为学生学习提供平台空间、资源,可以有效发展学生思维能力等核心素养。在教学实践中,教师要在课文中找到合适的思维训练点,通过创设思辨情境驱动学生思考。以《田忌赛马》的教学为例,有教师创设了这样的思辨情境来导入新课:"同学们,假如你和对手各

---

① 李清华. 思维可视化让阅读看得见:以《猎人海力布》为例[J]. 天津教育,2020(11):185-186.

有三匹马,分别为上等马、中等马和下等马,你准备怎么排兵布阵呢?"问题一出,学生积极思考,给出了不同的对阵图。此时,教师趁机引导:"我们如果想清清楚楚、百分之百地掌握取胜方法,今天还得认认真真、深入细致地学习《田忌赛马》这篇课文,真正理解故事主人公究竟具有怎样的智慧。"此时,学生带着具有真实意义的问题,急切地进入课文学习,在对语言文字的深度理解和梳理探究过程中,他们的思维能力必然会得到有效提升。

<h3 style="text-align:center">活动 4: 审美创造的促进</h3>

步骤 1   自由讨论:作为语文教师,你认为语文教学应该怎样培养学生的审美创造素养?

步骤 2   仔细阅读二维码资源《桂花雨》教学实录及教学设计片段①(五年级上册),尝试探究:语文教学运用哪些策略与方法能够较好地促进学生的审美创造?

步骤 3   小组合作探究:在各类语文实践活动中,哪些策略与方法能够较好地帮助学生进行审美创造?

步骤 4   基于前三个步骤的学习收获,各自独立归纳梳理促进学生审美创造的策略与方法。

步骤 5   全班交流,教师点评、指导。

课标要求指导学生感受、理解、欣赏、评价语言文字及作品,获得较为丰富的审美经验,提高感受美、发现美和运用语言文字表现美、创造美的能力,涵养高雅情趣,形成健康的审美意识和正确的审美观念。下面,结合薛法根的《桂花雨》课例,谈谈促进学生审美创造的策略与方法。

(1)聚焦意脉与节奏,唤醒学生的审美感受。朱光潜说:"美感起于形象的直觉。"②统编教材的课文文质兼美,课文的语言和结构承载着美,本身也是一种美的存在,完全可以让学生产生"形象的直觉",成为语文审美教育最有效的资源。语文教学促进学生审美创造,应以对课文语言文字和表达结构的感受为逻辑起点,唤醒学生的审美感受,丰富学生的审美体验。薛老师的引导学生读通课文,感知线索,诵读文本,领略文章美感,丰富想象,产生情感共鸣。如此,学生可以从整体上探寻文本意蕴与节奏,调动多种感官体验语言内涵之美,鉴赏文章表达形式之美。

---

① 根据江苏省苏州市吴江区盛泽实验小学教育集团总校长薛法根老师《桂花雨》教学实况整理。
② 朱光潜. 谈美书简[M]. 上海:华东师范大学出版社,2014:2.

这样做有助于唤醒和提升学生的美感,实实在在地促进其审美创造。

(2)聚焦语言与情感,深化学生的审美鉴赏。文字的美,首先来自审美主体对文字的直接感受。不过,促进小学生的审美创造,不能止步于他们的直觉和感受,还需师生合作,在充分互动的语言实践活动中理性分析,探究文字思想情感内蕴和艺术表达特征,作出价值评判。这个过程能促进学生聚焦语言与情感,深化审美鉴赏。这是培植学生审美创造素养的好方法。薛老师通过还原"浸",让学生感受桂花香、摇花乐和甜,由文字感受作者的心灵世界,体验到她与母亲的思乡情愫,从而发现自我,读出理想中的"我"。[①] 如此,学生可以通过丰富的想象,反复体悟语言描绘的美。

(3)聚焦体验与表达,鼓励学生进行审美创造。叶朗教授认为,美在意象,美即意象。在语文实践活动中,发现美与创造美往往是水乳交融、浑然一体的。要促进学生审美创造,教师需聚焦体验与表达,以美的发现为切入点,训练学生基于审美体验,表达丰富的意象,呈现自己创造的美。薛老师引导学生创作散文与小诗,让学生运用具有丰富意象的语言表达和升华自己的审美体验,实现自己的审美创造。学生以美的语言表达情感,书写自我生命的审美历程,实现言语内化与外显的互通交融,体验欣赏美的乐趣和创造美的亢奋,审美创造素养自然会较快提升。

主题四 技能实训:设计发展学生核心素养的语文实践活动

本主题共三个活动,各活动的目标、内容、重要程度、学习难度见表 1-4-1。

表 1-4-1 本主题活动概览

活动名称	活动目标	活动内容	重要程度	学习难度
1. 低段语文实践活动片段设计	根据第一学段要求,运用所学策略与方法,设计"识字与写字"活动片段	1. 剖析课例,复习梳理发展学生核心素养的方法。 2. 设计低段"识字与写字"活动片段	★★★★	★★★
2. 中段语文实践活动片段设计	根据第二学段要求,运用所学策略与方法,设计"表达与交流""梳理与探究"活动片段	1. 剖析课例,梳理探究发展学生核心素养的策略与方法。 2. 设计中段学生"表达与交流""梳理与探究"活动片段	★★★★	★★★★

---

① 张丽萍. 寻教学之道品散文之韵:小学散文教学的实践与探索[J]. 小学语文教师,2022(2):41-43.

续表

活动名称	活动目标	活动内容	重要程度	学习难度
3. 高段语文实践活动片段设计	根据第三学段要求设计"阅读与鉴赏"活动片段,学习运用发展学生核心素养的策略与方法	1. 剖析课例,进一步梳理探究发展学生核心素养的策略与方法。 2. 设计高段学生"阅读与鉴赏"活动片段	★★★★	★★★

活动1: 低段语文实践活动片段设计

步骤1   头脑风暴:发展学生核心素养的低段语文实践活动应该怎样组织开展?

步骤2   研习二维码资源《大象的耳朵》教学录像片段和《大象的耳朵》教学设计片段①(二年级下册),小组合作探讨:课例是如何组织开展低段识字与写字教学的?

步骤3   结合以上课例,仔细阅读下文"研读材料:'察—说—写—评'四位一体识字与写字教学法",自主探究:如何设计低段语文实践活动,才能较好地发展学生核心素养?

步骤4   小组合作设计《蜘蛛开店》或《青蛙卖泥塘》的识字与写字教学活动片段。

步骤5   各小组代表讲述设计方案,师生共同评议。

步骤6   小组合作改进设计,进行模拟演练,并再次改进。

研读材料:"察—说—写—评"四位一体识字写字教学法②

1. 察字形,融入汉字文化

由字形感受形象灵动;从演变体会文化内涵;由意象领会深远意蕴。记忆字形的同时,让学生感受到汉字的意蕴、中华文化的博大精深,培养民族文化情感,树立文化自信。

2. 说规律,表达、思维一体

识字环节指导学生观察的目的,一是记字形,解字义;二是发现、认识字形的结构特点和构字规律。观察后,引导学生通过说字形结构、笔画之间的关系内化对汉

---

① 设计与执教者:重庆市渝中区人和街小学董庭菲老师。

② 郝进菲,陈双. 开蒙养正 奠基成长:给予语文素养培育的"四位一体"识字写字教学实践研究[J].语文建设,2022(14):46-49.

字规律的理解。

3. 练书写,能力、习惯并重

引导学生观察字形,认识规律,充分交流之后,先"描一描"后以"看一笔,定一笔,写一笔"为基本方法"写一写",训练书写。

4. 评书写,涵养审美情趣

这是四位一体教学法中重要的一环。从字形是否美观、是否符合书写规律两个方面评价,做到评有依据。

要较好地发展学生核心素养,必须紧扣课程目标要求设计语文实践活动。课标对不同学段识字与写字、阅读与鉴赏、表达与交流、梳理与探究等语文实践活动提出的要求,符合孩子相应成长阶段身心发展特征和语文学习规律。教材在具体学段、学期、单元之中,也比较明确细致地呼应了这些目标要求。教师围绕具体教材内容设计教学活动时,应该把课标和教材结合起来,合理确定教学目标。比如,《大象的耳朵》一课在识字与写字教学方面,就应该设计如下目标:会认九个生字,会辨析两个多音字,会写八个字;能够根据熟悉的部件识字,能够联系生活情境和课文语境识字,能够结合上下文猜字、读词、连句。布卢姆认为,预期要达到的目标是否明确和具体,直接影响教学成效。课程目标、学段目标、学期目标、单元目标、学时目标等是一系列教学实践活动的导向,形成教学逐步推进的阶梯。要较好地发展学生核心素养,必须高度重视每一个语文实践活动的目标设计。

教学目标确定之后,就应该以教学目标为导向进一步进行教学设计。美国教育学者威金斯和迈克泰格"逆向设计"理论的核心是"以终为始",强调先确定学习的预期结果,再明确预期结果达到的证据,最后设计教学活动以发现和提供证据。比如,课例要求学生会写八个字,紧扣这个目标,教师预设学生的难点是书写几个半包围结构的字。设计教学方案时,教师就要考虑引导学生特别关注字的间架结构,复习半包围结构字"撇要写舒展"的方法,对该课三个字里外搭配的书写技巧着重进行指导。另外,学生是第一次学习书写"禺"这个偏旁,笔顺易错,教师设计教学方案时也考虑进行专门指导。这种教学设计,紧扣目标,突出重点,突破难点,有关汉字书写规律与方法的知识学习与写好汉字的能力训练同步进行,学习汉字与增强文化自信有机融合,体现了语文教学从"传授知识"到"发展素养"的转向。

设计促进学生核心素养发展的语文实践活动,还必须充分考虑学习内容的特殊性。比如,识字与写字活动必须充分利用汉字象形表意等特征培养学生直觉思维和形象思维能力,引导学生想象创新、联想归类。低段识字与写字教学,对于教材要求应该识记的字,教师既要启迪学生形成整体直观印象,又要引导学生多比较、联想、归类,在形象地构建中进行意义识记。低段学生识字量比较大,音、形、义相同、相似、相近的字比较多，教师要多组织进行归纳与梳理，初步发展逻辑思辨能力。比如，课例对多音字"似"的辨析可以发展学生的比较思维，关注部件搭配则可以促进学生的归类思维。识字与写字活动的设计还必须关注发现美、欣赏美与表现美、创造美的统一。朱光潜的"美感起于形象的直觉"这一观点启示我们，识字与写字教学要让学生充分感知、欣赏汉字的结构之美、形态之美、意蕴之美、读音之美，再通过自己的书写、诵读、运用去表现美、创造美。课例引导学生感受半包围结构字"撇写舒展"的美，欣赏部件之间相互照应与间距和谐的美，一系列自主练写、相互评议、再写修改等活动激励引领学生"写美观"等，都能够较快地促进学生核心素养发展。

<h3 style="text-align:center">活动 2：中段语文实践活动片段设计</h3>

活动步骤

步骤 1　头脑风暴：中段语文实践活动应该怎样组织开展？

步骤 2　研习二维码资源《故事新编》教学录像片段、《故事新编》教学实录片段①(四年级下册，习作)，小组合作探讨：课例是如何组织开展中段"表达与交流""梳理与探究"教学的？

步骤 3　结合以上课例，自主探究：如何设计中段"表达与交流""梳理与探究"活动才能较好地发展学生核心素养？

步骤 4　小组合作：上网查找教材《我的奇思妙想》(四年级下册)、《我和_____过一天》(四年级上册)，任选一个内容设计教学活动片段。

步骤 5　各小组代表讲述活动设计方案，师生共同评议。

步骤 6　小组合作改进设计，模拟演练，并再次改进。

分享驿站

中段语文实践活动的设计和组织开展，必须符合该学段儿童的身心特点，紧扣课标第二学段四类语文实践活动的目标要求，充分利用三、四年级教材资源。下面主要以"表达与交流""梳理与探究"等活动的设计为例，简要说明其策略与方法。

"表达与交流"活动的设计，首先要创设任务情境。唯有创设真实而富有意义的学习情境，才能凸显语文学习的实践性。创设真实情境，是"表达与交流"的起点。真实情境并不完全是指社会生活环境，还包括个人体验情境和学科认知情境。荣维东教授清晰界定了书面"表达与交流"情境的要素，包括"为谁写、为什么目的

---

① 设计与执教者：重庆市沙坪坝区儿童艺术学校刘刚老师。

写、以什么角色写、在什么情形或条件下写"①。恰当的任务情境才能激发学生的表达兴趣,增进其交流愿望,提升其表达与交流能力,发展其语言运用素养。所有语文实践活动的设计都必须高度重视任务情境的创设。

基于任务情境的创设,努力追求教与学的一致,也是语文实践活动设计的关键策略。比如,郑桂华教授曾经提出"作文教学过程化"的基本路径:首先列出影响学生写作水平的基本要素和必备技能,然后设计具体且可操作的训练步骤,接着在一堂课或一个教学单元里,分别完成一项训练内容或训练一种技能。② 参考这一路径设计书面表达与交流实践活动,教师的教和学生的学必须保持高度一致。教师要引导学生把自主表达交流与写作知识、写作技能的学习融为一体,循序渐进,师生互动,提高习作教学效率。

当然,教与学要保持一致,必须由过程性评价来保障和促进。比如,课标对学生"表达与交流"的自信心、倾听态度、表达语气等提出了明确要求。"表达与交流"的过程性评价就要重点考查学生的学习态度、参与程度和发展水平,充分发挥导向作用。为此,教师要结合任务情境,设计恰当的表现性任务、制订合理的评价量规。表现性任务设计,应基于情境,让学习成果可见、可测、可迁移。评价量规设计,应紧扣学段要求、学习目标,其中的具体标准是对学段要求、学习目标的具体化和情境化,要简明易懂,可操作性强。《故事新编》教学中的"评价卡"就是一个很好的评价量规,能够让学生明白评价内容、评价标准,有效开展自评和他评,使学生的学习与教师的引导保持高度一致。

语文实践活动的设计还必须充分整合学习内容,让学生在解决真实问题的过程中学语文、用语文,教给他们语言积累和梳理的方法,促进他们联想想象、分析比较、归纳判断。比如,设计"梳理与探究"活动,首先要整合"识字与写字""阅读与鉴赏""表达与交流"等语文实践活动的要素,包括相关知识梳理、问题探究和能力拓展等。其次,要把握语文课程与学生生活的联系,将学生课堂所学与广阔生活世界紧密结合,引导学生合作学习,相互讨论,强化对教学目标的认知,自主探究学习重点和难点,朝着教学目标扎实行动。"识字与写字""阅读与鉴赏""表达与交流"等语文实践活动设计,也必须整合课程内容,贴近学生生活和学习经验,促进学生形成结构化的知识和迁移运用能力。这是语文课程坚持素养立意、构建素养型课程目标体系的必然要求。

---

① 荣维东. 写作核心素养范式发展与框架构建[J]. 语文建设,2020(5):4-8.
② 郑桂华. 作文教学过程化指导的思考与尝试[J]. 中学语文教学,2012(6):33-36.

活动 3: 高段语文实践活动片段设计

活动步骤

步骤 1　头脑风暴:高段学生语文实践活动应该怎样组织开展?

步骤 2　认真研习二维码资源《十六年前的回忆》教学录像片段及教学实录片段①(六年级上册),小组合作探讨:课例是如何组织开展高段阅读与鉴赏教学的?

步骤 3　结合以上课例,自主探究:如何设计高段语文实践活动,才能较好地发展学生核心素养?

步骤 4　上网查找教材《军神》(五年级下册)或《金色的鱼钩》(六年级上册),小组合作设计阅读与鉴赏教学活动片段。

步骤 5　小组代表讲述本组设计的方案,师生共同评议。

步骤 6　小组合作改进设计,模拟演练,并再次改进。

分享驿站

语文课程在立德树人方面具有独特功能和奠基作用。"识字与写字""阅读与鉴赏""表达与交流""梳理与探究"等语文实践活动必须以发展学生核心素养为根本目标,面向全体学生,突出基础性,使学生吸收古今中外优秀文化成果,加强思想修养,树立文化自信,得到全面持续的发展。下面,结合高段"阅读与鉴赏"的优秀课例《十六年前的回忆》,谈谈语文实践活动设计与实施的策略与方法。②

(1)增强文化自信。革命文化题材作品包括诗词、散文、小说、戏剧等,教材大量选编这些作品,就是希望依托它们落实语文课程"以文化人"的目标,培养学生的爱国、爱党情怀及国家认同感,提升精神境界和文化自信水平。不过,这些课文所描写的历史时代、社会环境距离今天的学生较远,学生在学习过程中需要拓展阅读,加深对历史背景的了解。课例《十六年前的回忆》在这方面进行了较好的安排。其他课文,如《军神》的教学,课前可以推荐学生观看关于刘伯承的影片。在学习课文的过程中,教师可以引导学生观看与课文所写手术情况相关的影视片段,加深对课文的理解。大量优秀影视作品和图书,都可以帮助学生走进历史,了解历史真相。这些资源有助于学生将历史伟人或革命英雄置于历史长河中,理解其言行背后的人格力量与革命精神,在主动接受精神洗礼的过程中增强文化自信。

---

① 设计与执教者:重庆市渝中区中华路小学黄斌老师。

② 参见:黄斌. 支架助学,体会李大钊崇高的革命精神:以《十六年前的回忆》为例[J]. 小学教学(语文版),2022(5):37-38.

（2）促进语言运用。语文实践活动设计要促进学生语言文字运用能力的提高,通过引导与启发、诵读与默想、讨论与交流等方式,丰富学生对语言表达知识的感性认知,对语言表达活动的实践体验。比如,在课例《十六年前的回忆》中,教师首先出示课文的开头和结尾,让学生发现它们的相同之处——都写了那个刻骨铭心的日子;再让学生感悟其中的不同之处——开头所写饱含着女儿对父亲的怀念,结尾所写,因为父亲当天遇害,说明女儿心中无限悲痛。学生在反复朗读中,深刻感受课文开头、结尾的异同,在融入情境的追思与真切表达交流中,提升语言运用能力,深入理解文章首尾呼应的写作特征及其表情达意作用。

（3）培养思维能力。组织开展语文实践活动,教师要适度拓展教学内容,引导学生积极思考,全面提高思维能力。在《十六年前的回忆》这篇课文中,一些特殊人物或称谓,如"军阀张作霖、宪兵、侦探、警察、法官"等是学生阅读理解的障碍,教师需要引导学生拓展学习,走进历史,梳理复杂的人物关系,充分感受革命者形象。教师引导学生查阅资料,了解张作霖是北洋军阀奉系首领,他残忍杀害了李大钊。同样,通过资料的拓展学习,学生了解文中"宪兵、侦探、警察、法官"的特定含义,了解历史,感知当时执政者对待人民的基本方式是残酷压迫,并从中感悟李大钊的光辉形象。拓展学习的设计,直接帮助学生更加准确地理解文章的时代背景、人物形象和思想情感,使其直觉思维、形象思维、逻辑思维能力等都得到了较好提升。

（4）注重审美创造。语文教材中很多革命文化题材课文塑造的众多英雄形象感染着一代又一代学生。教师引导学生学习英雄人物的高尚思想和优秀品质,不能停留在概念掌握或蜻蜓点水似的浅表层次,而应该抓住描写人物语言、动作、心理活动和相关背景的关键词句,反复诵读品味,仔细推敲想象,深入感悟探究、主动交流分享。这个过程,是发展学生思维和语言能力的过程,也是促进学生审美创造的过程。课例《十六年前的回忆》在这方面做得很好,另有教师执教《狼牙山五壮士》也很出色。课文写五壮士走向棋盘陀主峰,是他们做出的生死抉择,班长马宝玉的言行起到了决定性作用。教师引导学生深度品读描写马宝玉语言和动作的词句,深刻领悟马宝玉斩钉截铁地说"走"的丰富内涵,准确理解马宝玉的精神品质和人格魅力。然后,教师顺势引出"石头砸敌""砸枪跳崖"两个片段,聚焦"砸敌""砸枪"两个细节描写,引导学生深入体会同一个"砸"的动作背后有着怎样的不同情感。学生在不知不觉中走进班长内心世界,触摸英雄的侠骨柔情。这种从小处着手,于细微处见真功夫的教学,可以充分发挥文学作品陶冶学生情操与丰富学生精神体验的作用,也可以充分体现语文实践活动促进学生文化自信、语言表达、思维能力和审美创造核心素养提升的价值。

单元梳理与提升

 拓展阅读

　　仔细阅读研究语文课程目标的一组学术论文(马艳、李学斌的《儿童观视角下小学语文课程目标的百年演进》,见《中国教育学刊》2022 年第 7 期;孙凤霞的《小学语文课程统整:内涵、目标与设计思路》,见《课程·教材·教法》2020 年第 4 期;范晓东、何惠淳的《我国"初中语文课程标准"政策目标的变迁》,见《教学与管理》2020 年第 7 期;郑桂华的《2022 年版语文课程标准中课程目标的价值追求》,见《中学语文教学》2022 年第 5 期;范晓东、尹昕的《新中国高中语文课程目标的历史演进与政策逻辑》,见《天津师范大学学报(基础教育版)》2021 年第 1 期),尝试梳理小学、初中、高中语文课程目标的异同,并与同学交流讨论。

 问题探究

　　结合本单元理论知识与教学课例的研习,小组合作探究:小学语文素养型课程目标的内涵是什么? 应该如何理解?

 综合实践

　　请设计一年级《咏鹅》的教学目标与主要环节,并尝试在小组内进行教学模拟演练。

 学习反思

　　结合本单元学习过程,仔细反思自己在设计发展学生核心素养的语文教学目标等方面还存在哪些不足,并列出为弥补不足的学习计划。

单元二　课程结构：整体规划设计语文学习任务群

 课标要点

　　义务教育语文课程结构遵循学生身心发展规律和核心素养形成的内在逻辑，以生活为基础，以语文实践活动为主线，以学习主题为引领，以学习任务为载体，整合学习内容、情境、方法和资源等要素，设计语文学习任务群。

　　学习任务群的安排注重整体规划，根据学段特征，突出不同学段学生核心素养发展的需求，体现连贯性和适应性。

　　语文学习任务群由相互关联的系列学习任务组成，共同指向学生的核心素养发展，具有情境性、实践性、综合性。

　　义务教育语文课程按照内容整合程度不断提升，分三个层面设置学习任务群，其中第一层设"语言文字积累与梳理"1 个基础型学习任务群，第二层设"实用性阅读与交流""文学阅读与创意表达""思辨性阅读与表达"3 个发展型学习任务群，第三层设"整本书阅读""跨学科学习"2 个拓展型学习任务群。

 学习目标

☐ 研习课例，感知语文学习任务群的四个基本要素和四种学习活动，感悟义务教育语文课程的结构。

☐ 了解语文学习任务群的基本性质，结合语文课程育人目标和具体课例，深入理解语文学习任务群的情境性、实践性与综合性。

☐ 参考具体课例，从情境创设、内容建构、方法设计等方面初步探索语文学习任务群的设计。

☐ 结合课程目标的学段要求，尝试设计不同学段的语文学习任务群。

主题一　课例研习:不同学段的语文学习任务群

本主题共三个活动,各活动的目标、内容、重要程度、学习难度见表 2-1-1。

表 2-1-1　本主题活动概览

活动名称	活动目标	活动内容	重要程度	学习难度
1. 低段语文学习任务群课例研习	感知低段学习任务群的四个要素与四种学习活动;初步感悟义务教育语文课程的结构	1. 认识整体设计的大单元学习。 2. 研习课例:《"春天"主题诗文阅读与创意表达任务群教学设计》。 3. 结合课标学段要求,感悟低段学习任务群的基本要素、学习活动及语文课程的结构	★★★★★	★★★★
2. 中段语文学习任务群课例研习	感知中段学习任务群的四个要素与四种学习活动;感悟义务教育语文课程的结构	1. 了解学习任务群的整体性、连贯性特征。 2. 研习课例:《"自然之美"阅读与创意表达任务群教学设计》。 3. 结合课标学段要求,感悟中段学习任务群的基本要素、学习活动及语文课程的结构	★★★★	★★★★
3. 高段语文学习任务群课例研习	感知高段学习任务群的四个要素与四种学习活动;进一步感悟义务教育语文课程的结构	1. 研读"不同角度理解'语文学习任务'"。 2. 研习课例:《狼牙山五壮士》阅读与创意表达任务群教学设计。 3. 结合课标学段要求,感悟高段学习任务群的基本要素、学习活动,及语文课程的结构	★★★★	★★★★

活动 1: 低段语文学习任务群课例研习

活动步骤

步骤 1　仔细研读下文"研读材料:整体设计的大单元学习",谈谈自己对语文学习任务群的初步认识。

步骤2 研读二维码资源《"春天"主题诗文阅读与创意表达任务群教学设计》①(二年级下册),说出该任务群的基本要素与语文学习活动。

步骤3 仔细阅读二维码资源《小学语文课程目标(第一学段)》,对照"春天"主题诗文阅读与创意表达任务群教学设计的语文学习活动,尝试概括对低段语文学习任务群的认识。

步骤4 小组讨论:基于前三个步骤的学习收获,谈谈各自对义务教育语文课程结构的感悟。

步骤5 各小组代表在全班分享学习收获和感悟,教师小结、指导。

研读材料:整体设计的大单元学习②

单元整体设计是语文学科内容结构化的基础,它从学生的真实生活出发,结合选定的文本、学习资源,整体规划素养导向的单元学习方案。单元整体设计的大单元学习,与新课程标准中的学习任务群理念是一致的,改变单个知识点、单篇课文组织课程内容的思路,遵循学生身心发展规律和语文核心素养形成的内在逻辑,以语文实践活动为主线,以问题为引领,以学习任务为载体,整合目标、内容、情境、学习活动、评价、资源与技术支持等相关要素,实现语文学科育人方式的转变。"核心素养—学习任务群—任务单元与教学设计—语文学习活动课时"构成了素养导向的大单元推进任务群实施的基本路径。

课标"课程理念"部分强调:"义务教育语文课程结构遵循学生身心发展规律和核心素养形成的内在逻辑,以生活为基础,以语文实践活动为主线,以学习主题为引领,以学习任务为载体,整合学习内容、情境、方法和资源等要素,设计语文学习任务群。"③可见,设计语文学习任务群就是在搭建语文课程结构,了解义务教育语文课程结构必须深度剖析语文学习任务群。课标这段话包含"身心发展""核心素养""生活""语文实践"等关键词,有学者抓住这些词汇,画出了语文学习任务群描述性定义结构图(图2-1-1)。④ 参考这个结构图,则可进一步归纳提炼出"学习主题""学习情境""学习任务""学习活动"等构成语文学习任务群的最基本的要素。

---

① 相振港.寻找属于孩子们的春天:二年级下册第一单元解读与设计思路[J].语文教学通讯,2022(Z3):70-73.

② 戴晓娥.大单元教学是学习任务群实施的基础[J].语文建设,2022(12):4-8.

③ 中华人民共和国教育部.义务教育语文课程标准(2022年版)[M].北京:北京师范大学出版社,2022:2.

④ 申宣成.语文学习任务群的背景、内涵与结构逻辑探析[J].语文建设.2022(11):4-8.

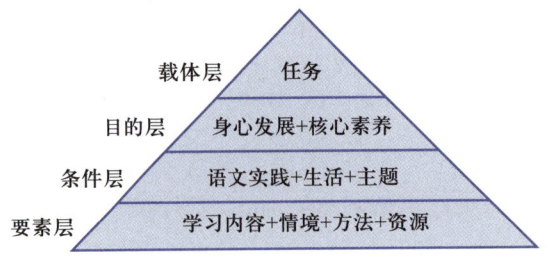

图 2-1-1   语文学习任务群描述性定义结构图

课标在"课程内容"部分指出:"义务教育语文课程按照内容整合程度不断提升,分三个层面设置学习任务群,其中第一层设"语言文字积累与梳理"1 个基础型学习任务群,第二层设"实用性阅读与交流""文学阅读与创意表达""思辨性阅读与表达"3 个发展型学习任务群,第三层设"整本书阅读""跨学科学习"2 个拓展型学习任务群"。北京师范大学吴欣歆教授指出,课标所列分属三种类型的六个任务群之间的关系不是并列,而是相互交叉渗透,共同构成了学习任务群的外部结构(图 2-1-2)。[①] 参考这个结构图,从相对宏观的角度,可以发现课标界定的分属三种类型的六个任务群,按照"相互交叉渗透"的方式组合起来,形成义务教育语文课程的结构框架,而在这个框架之内,系统规划设计或选择填充一系列大大小小的学习任务群,就是义务教育语文课程的内容建构。

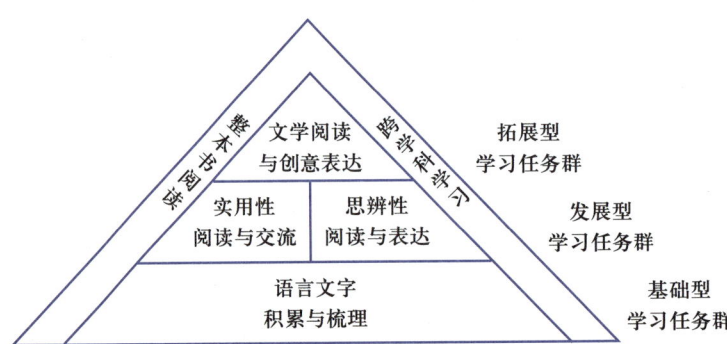

图 2-1-2   语文学习任务群的外部结构图

语文学习任务群,既是义务教育语文课程的结构方式,又是语文课程的内容载体。从教学实施角度讲,我们认为学生具体完成的某个"语文学习任务群",应该归属于"基础型""发展型""拓展型"中的某一型,也应该主要属于"语言文字积累与梳理""实用性阅读与交流"等六个学习任务群中的某一个,不过其主题任务与内容体量的大小,可以灵活选择和设计。比如,依据某册教材,设计一个整本书阅读或跨学科学习的任务群,其主题任务与内容体量就比较宏大。依据整本教材中学生要学习的所有生字、新词,设计一个"语言文字积累与梳理学习任务群",或者

[①]   申宣成. 语文学习任务群的背景、内涵与结构逻辑探析[J]. 语文建设,2022(11):4-8.

依据某册教材中所有文学作品类课文设计一个"文学阅读与创意表达任务群",其主题任务与内容体量也会比较宏大。这样的学习任务群,可以称为宏观层次的任务群。依据教材某个单元编排设计的内容,紧扣单元主题设计的学习任务群,如《"春天"主题诗文阅读与创意表达任务群教学设计》呈现的任务群,大体处于中观层次,这类学习任务群,就是前文"研读材料"介绍的"整体设计的大单元学习"。依据单篇课文内容或几篇课文的重要片段、语句,也可以设计处于相对微观层次的学习任务群。比如,《"春天"主题诗文阅读与创意表达任务群教学设计》中,"诗情画意我会读"这个活动,就是依据《村居》《咏柳》两首古诗及其重点诗句设计的一个小任务群,这个任务群也可视为一个微型"学习单元",其学习主题任务与内容体量相对更小。语文课程实施过程中,具体某个学习任务群的规模体量不可一概而论,其"群"可大可小,但必须具备课标强调的情境性、实践性、综合性特征,必须有利于全面促进学生核心素养的发展。

通过对语文学习任务群基本要素和外部结构的分析,以及课程实施过程中具体学习任务群主题任务与内容体量大小层次的讨论,我们可以初步感悟义务教育语文课程的结构与内容,而研习低段课例《"春天"主题诗文阅读与创意表达任务群教学设计》,还可以加深对语文学习任务群的基本认识。

(1)学习单元是语文学习任务群的基础。课标研制组核心专家郭华、吴欣歆等都曾谈到,语文教学的"单篇""阅读单元""学习单元"三个概念背后有着不同的教育理念。传统语文教学如果只注重"单篇"的独立教学,容易让知识碎片化,不利于学生语文素养的形成;如果只按照教材编排的"阅读单元"来实施单元教学,容易造成教学以阅读为核心,把其他语言文字实践活动置于辅助或附加地位,也不利于学生核心素养的全面发展。语文学习任务群必须超越传统的、狭隘的"单篇""阅读单元"教学,高度关注一个个"学习单元"的建构。而建构"学习单元"可以依据或者参考教材编排的一个个单元,以学习任务的形式整合学习情境、内容、方法、资源等。如,《"春天"主题诗文阅读与创意表达任务群教学设计》,围绕"找春天"的主题,以五个学习任务整合教学目标,选择学习内容,安排学习程序,建构了一个"学习单元",就完成了一个学习任务群的设计。当然,实施学习任务群教学,立足以学生为主体的语文实践活动,建构以发展学生核心素养为旨归的"学习单元",还可依据或参考整本教材,或整本教材的某大类学习内容。教师需深度挖掘与关联拓展单篇课文或其重点片段,由此建构出的"宏大学习单元"或"小微学习单元",只要能够以学习任务整合学习情境、内容、方法与资源,并较好促进学生核心素养发展,都可以视为体量不同的语文学习任务群。

(2)"学习主题""学习情境""学习任务""学习活动"是构成学习任务群的基本要素。从前文分析的学习任务群基本要素的关键词,再结合语文学习任务群"素养立意"的价值追求,以及小学语文教学,我们可以确定构成学习任务群的基本要素:"学习主题""学习情境""学习任务""学习活动"。抓住这四大基本要素,可以更加快捷地把握某个学习任务群的整体轮廓,做好剖析借鉴或设计建构。比如,"'春天'主题诗文阅读与创意表达任务群"中,"学习主题""学习情境""学习任务""学习活动"清晰可见。"找春天"这个主题和相关情境充满童趣,让简单枯燥的语言知识学习有了温度和色彩。五个学习任务按照"找春天"的内在线索将教材单元内容进行重新组合,从"在古诗中找春天",到"读读儿童故事",将春天与儿童生活进行联系;再从"寻找大自然中的春天",到感悟春天万物的生生不息。这样安排,不仅顺应儿童的认知图式,更通过"学习单元"的整合,建构了一个"素养为本"的学习任务群。其间,语文学习内容更加融合,目标更加丰富,主题更加凸显,语文学习活动的综合性得到更加充分的体现,"诗情画意我会读""春风杨柳我会赏"等活动,引领《古诗两首》的深度学习,有助于全面促进学生核心素养发展。

（3）学习任务群包含四种学习活动,即"识字与写字""阅读与鉴赏""梳理与探究""表达与交流"四类语文实践活动。在学习任务群中,这四类活动相互联系,共同推进语文学习。《"春天"主题诗文阅读与创意表达任务群教学设计》中,学生学习古诗两首,首先自读古诗,学习其中的生字词,这主要属于"识字与写字",是进行其他活动的基础。然后,学生边读边想,理解诗句的意思,配乐读诗,体会古诗的意境,这侧重于"阅读与鉴赏"。接着,学生对比阅读两首古诗,发现它们的异同,加深理解,并把自己的理解用语言或者绘画来表达,"阅读与鉴赏""梳理与探究""表达与交流"几类活动融合实施。课标"课程目标"部分分学段提出了以上四种学习活动的具体要求。按照第一学段要求设计活动,就能让活动的内容与难度符合低段学生的实际情况,体现低段学习任务群教学特征。"'春天'主题诗文阅读与创意表达任务群"中,"识字与写字""阅读与鉴赏"两类活动贯穿始终,目标难度与课标要求保持一致,教学全程童趣盎然,凸显了低段识字教学的重要地位,及低段语文学习"以读为本""书声琅琅"和游戏化的特点。

活动2: 中段语文学习任务群课例研习

步骤1 仔细阅读下文"研读材料:学习任务群的整体性、连贯性特征",结合作者的观点,就如何规划、建构学习任务群,谈谈自己的认识。

步骤2 研读二维码资源《"自然之美"阅读与创意表达任务群

教学设计》①,结合该任务群的基本要素与语文学习活动,尝试探究学习任务群的整体建构路径。

步骤3　仔细阅读二维码资源《小学语文课程目标(第二学段)》,对照前述课例的语文学习活动,尝试概括自己对中段语文学习任务群的认识。

步骤4　小组讨论:基于前三个步骤的学习,谈谈自己对义务教育语文课程结构的进一步理解。

步骤5　各小组代表在全班分享学习收获,教师点评、小结。

研读材料:学习任务群的整体性、连贯性特征②

作为课程结构来理解的学习任务群,需要重点把握它的整体性、连贯性特征。首先,整体性特征体现在学习任务群的整体规划上。"新课标"根据内容整合程度分三个层面建构学习任务群体系……从基础到发展再到拓展,"三层"学习任务群形成一个有机整体;六大学习任务群中每一个都贯串义务教育四个学段,致力于学生核心素养的整体提升。其次,连贯性特征体现在每一个学习任务群不同学段的学习内容不仅相互关联,而且富有层次。如"整本书阅读"任务群四个学段的第一条学习内容(从"体会读书的快乐"到"讲述英雄模范的动人故事",再到"讲述自己感受到的家国情怀和爱国精神",最后到"体会、评析革命领袖、革命英雄的爱国精神和人格魅力"),就直观地体现了连贯性特征。

分享驿站

课标在"课程理念"部分明确指出:"构建语文学习任务群,注重课程的阶段性与发展性",要求"学习任务群的安排注重整体规划,根据学段特征,突出不同学段学生核心素养发展的需要,体现连贯性和适应性"③。可见,从课程结构的角度理解语文学习任务群,需要重点把握其系统整体性与连贯发展性特征。下面,基于这两个特征简要剖析课例,以便我们感悟语文学习任务群的轮廓结构、基本要素,以及学习活动的整体规划等。

一、基于系统整体性特征的剖析

课标根据学习内容及其整合程度的不同,从三个层面构建语文学习任务群的完整系统,共六个学习任务群。遵循义务教育语文课程结构这种系统整体性特征设计某个具体的学习任务群时,首先需要根据学习内容判断该任务群的类型与类别归属。如课例"自然之美",学习内容主要是一组文质兼美的描写自然

---

①　设计者:重庆市两江新区教育发展研究院徐颖老师。

②　刘飞,黄伟. 新课程理念下语文课堂教学体系重建:基于《义务教育语文课程标准(2022年版)》的分析[J]. 天津师范大学学报(基础教育版),2022,23(4):1-6. 选用时略有删改。

③　中华人民共和国教育部. 义务教育语文课程标准:2022年版[M]. 北京:北京师范大学出版社,2022:2.

之美的诗歌和散文，而诗歌、散文的学习，主要归属于"发展型学习任务群"中的"文学阅读与创意表达"。所以，设计者根据第二学段"文学阅读与创意表达"的学习内容和相关要求进行整体性考虑，并系统设计教学目标、学习情境、学习活动等。

课例"自然之美"的教学目标，包含"引导学生阅读作者笔下的自然之美，感悟文字魅力，体会作者情感；借助文字引导学生边读边想象画面，培养学生的想象思维；提升学生的审美能力，激发学生对自然之美的热爱之情"等，完整体现了文化自信、语言运用、思维能力、审美创造等方面的核心素养发展目标。该课例的学习情境，围绕举办"自然美发现之旅"主题活动进行创设，让学生在真实的任务情境中，阅读课文，学习作者如何写出美景，联系生活，运用所学，表达自己的所见所感。这一学习情境根据教学目标和内容有意创设，持续贯穿在整个教学过程中，不断维持并促进学生有效学习祖国语言文字。课例中的三个学习任务，"寻找自然之美""欣赏自然之美""介绍自然之美"自始至终紧紧围绕着学习主题与情境设计。"寻找""欣赏""介绍"三个步骤符合"发现自然之美"的实践逻辑，顺应学生认知规律，能够引领学习"从生活中来，到课文中去，再回到生活中"，实现语文学习与生活教育的较好融合。

二、基于连贯发展性特征的剖析

课标对六个学习任务群，分学段提出了步步进阶的学习内容，直观显示了三个学段的学习任务群的连贯发展特征。课标在"课程目标"部分，对学习任务群中"识字与写字""阅读与鉴赏""表达与交流""梳理与探究"等四类语文实践活动，也分学段提出了螺旋上升的目标要求。比如，第一学段"阅读与鉴赏"的词句教学的要求是"结合上下文和生活实际了解课文中词句的意思，在阅读中积累词语"。第二学段是"能联系上下文，理解词句的意思，体会课文中关键词表达情意的作用。能借助字典、词典和生活积累，理解生词的意义"。不难发现，第二学段相关任务群中的词句学习，就没有停留在"了解意思"的层面，无论是学习方法，还是学习内容，都有了更高要求。

课例"自然之美"作为中段教学，对学习任务群的连贯发展性特征有较好地把握。比如，其中《繁星》一课教学，引导学生通过阅读课文，感受作者笔下的自然之美，体会作者情感，积累语言，学习表达自然之美的方法。围绕学习任务，共设计了三个相互关联的实践活动，其中活动2"朗读课文，想象画面，积累语言"特别有情趣，彰显了文学阅读与创意表达的魅力。上海师范大学吴忠豪教授认为，该课教学中"老师花时间让学生运用词语想象说话，这既是练习想象，又是说话练习，也是运用词语的练习。这个环节的设计很值得称道"[①]。而这个环节设计和实施的依

---

① 吴忠豪，徐颖. 在"想象"中落实语言文字的积累与运用：《繁星》教学设计、教学片段及点评[J]. 语文建设，2022（2）：43-49.

据就是课标第二学段的词句教学要求,以及"文学阅读与创意表达"任务群第二学段的学习内容要求——阅读描绘大自然的文学作品,尝试用文学语言表达自己热爱自然的情感。由此可见,紧扣"课程目标"学段要求和任务群相应学段学习内容系统设计学习活动,就能较好地体现学习任务群的连贯发展性特征,整体规划不同年段学习任务群。

活动 3: 高段语文学习任务群课例研习

步骤 1　仔细阅读后文"研读材料:不同角度理解'语文学习任务'",结合作者的观点,谈谈自己对语文学习任务群教学的认识。

步骤 2　研读二维码资源《狼牙山五壮士》阅读与创意表达任务群教学设计①(六年级上册),结合该任务群的基本要素与语文学习活动,谈谈该教学设计与传统单篇教学设计的异同。

步骤 3　仔细阅读二维码资源《小学语文课程目标(第三学段)》,对照课例《狼牙山五壮士》,尝试概括自己对高段语文学习任务群的认识。

步骤 4　基于前三个步骤的学习,谈谈自己对义务教育语文课程结构的理解。

步骤 5　学生代表在全班分享学习收获,教师点评、小结。

研读材料:不同角度理解"语文学习任务"②

"语文学习任务"是立体多元的,角度不同,理解便各异。"任务即做事"这一理解认为"任务"是学生要完成的用语言做的事情,不仅是"指定担任的工作"(即要做的事情),而且是"指定担负的责任"(即要达成的目标)。"任务即项目"认为"任务"本身是有目标、有过程、有策略、有资源的一个学习项目。每个任务都是一个学习项目,多个学习项目有机融合在一起就构成任务群。"任务即语文/言语实践活动"这一理解认为"任务"是"师生为达成特定的教学目标,在多样的语言运用情境中开展的言语实践活动","从人文素养提升、阅读表达能力培养、综合实践素养发展等多个方面设计的结构化的语文实践活动"。"任务即素养导向的实践活动"其实质是真实情境下的语言文字运用,一方面,主任务的设计要以素养为导向,另一方面,子任务的架构要以实践为主线。

---

　　① 设计者:重庆市两江新区星光学校代璐老师。
　　② 李冰霖. 求同存异　各善其用:对《义务教育课程标准(2022 年版)》中"语文学习任务群"的一点思考[J]. 福建教育,2022(18):32-35.

分享驿站

　　2022 年版课标研制组专家郭华教授在一次讲座中分享过一位语文名师的观点:"(教学)要整合,但也不能放弃对单篇文本的阅读理解。如果没有对每个文本的独立阅读和思考,由整合而设计的比较阅读就会大打折扣。"[1]这启发我们对语文学习任务群可以有两个层面的思考。一是,立足整体。建构"学习单元"是实施学习任务群教学的基础。这种"学习单元",既可依据教材编排的某个单元内容设计,也可依据比一个教材单元的体量更大或很小的学习内容设计。抓住学习主题、学习情境、学习任务、学习活动等基本要素搭建"学习单元",就是设计学习任务群,学习任务群必须进行整体规划。二是,落实单篇。依据教材内容设计任务群教学,在整体规划的同时还要高度关注一篇篇具体的课文怎么学习。郭华教授认为,建构学习任务群,设计结构化任务,也一定要强调知识点的重要性,但是要把知识点放在总体结构当中去理解。课例《狼牙山五壮士》的特色与亮点在于,高度关注课文蕴含的语言文字知识,并引导学生进行情境化、结构化学习,把任务群教学理念转化为真实课堂中具体的教学行为。该课例启示我们,"立足整体"与"落实单篇"紧密结合要注意以下三点。

　　(1)选准单篇课文核心知识。每一篇课文都有很多语言文字知识是学生可以学习的,传统单篇教学因为不同教师关注的知识点不同,选择知识点指导学生学习比较随意,造成篇与篇之间的教学缺乏联系,语文知识学习变得碎片化,不能准确厘定单篇课文中的核心知识。如果将单篇课文放到教材单元整体中思考,将一个单元的所有课文、所有教学内容都联系起来考虑,就可以较好地避免这样的问题。比如,《狼牙山五壮士》所在的教材单元的人文主题是"革命岁月",语文要素是"了解文章是怎样点面结合写场面的",结合课文内容分析,就能发现:聚焦战斗场面,学生既能学习五位战士的群体描写,又能学习每一个战士的具体描写。这就是本课围绕单元语文要素"点面结合"要学习的核心知识。参考教材单元的编排体系与课文内容旨要,"立足整体",准确厘定单篇课文教学核心知识,是建构单篇课文教学这类"小学习单元"或微型学习任务群,扎扎实实"落实单篇"的关键。

　　(2)紧扣核心知识实施单篇教学。教材一个单元内容的教学必须通过学习任务群的方式实施,这个学习任务群,是中观层次的学习任务群。单篇课文教学,属于单元整体教学的一部分,也必须通过学习任务群的方式实施,这个学习任务群,则是微观层次的学习任务群,是包含或套嵌在教材单元学习任务群中的小学习任务群。换言之,立足整体,落实单篇,必须在各个层级和环节都系统实施学习任务群教学。课例《狼牙山五壮士》呈现了学习任务群的四个基本要素。其中"学习主

---

[1]　参考郭华 2022 年 5 月 7 日"人教开讲"讲座 PPT 课件。

题""学习情境"与单元整体教学保持一致;"学习任务"的设计也可以与单元整体教学类似。这样,学生在本单元每一篇课文的学习中都经历大致相同的学习步骤,有助于学生逐渐掌握阅读这类文章的一般流程与方法。当然,"学习活动"的设计必须与本篇课文的思想内容与表达方式紧密结合,以课文的核心知识为基点,体现本课教学特点。课例《狼牙山五壮士》活动2、活动3,就紧紧围绕本课核心知识展开:概括小标题填写情节线索,引导学生从了解故事的整个过程到聚焦主要战斗场面,从关注英雄群像到关注每一位战士的具体描写,逐渐走进故事,深入英雄内心,读懂故事,感悟英雄情怀,同时准确理解"点面结合"描写的表达效果,落实好单篇教学。

（3）学习活动凸显语文特点及年段特点。语文学习任务群学习活动的设计一定要有语文特点,必须按照学段要求安排"识字与写字""阅读与鉴赏""整理与探究""表达与交流"等语文实践活动。《狼牙山五壮士》这篇课文所写故事离今天的学生已经很遥远,文中一些词语,如"根据地""扫荡"等学生不容易理解。要真正读懂课文,学生还需要了解历史背景。所以,教学设计中的活动1,将生字词的学习、历史背景的了解与初步理解课题含义整合起来,让学生在"介绍故事背景"这一真实情境任务中,预习课文,收集整理信息,分类梳理词语,探索词语揭示的历史背景,体会课题含义。课标所列"识字与写字"等四类语文实践活动在其中相互融合,共同促进学生用语文的方式完成语文学习任务。课例《狼牙山五壮士》中安排的学习活动,其内容与难度完全符合小学第三学段语文课程目标要求,能够较好地体现教学的年段特征。比如,活动1,学生在课前预习中查找资料,主动理解课文中难懂的生字词,并了解相关历史背景知识。这个预习任务的完成,能够帮助学生在课堂学习中更好地理解词串分类的深意,并主动运用自己查找的资料,扫除课文阅读障碍,加深课文理解。这完全符合第三学段"梳理与探索"的要求"初步了解查找资料、运用资料的基本方法。利用图书馆、网络等渠道获取资料,解决与学习和生活相关的问题"[①]。

主题二　内涵探究:语文学习任务群的基本性质

本主题共三个活动,各活动的目标、内容、重要程度、学习难度见表2-2-1。

---

① 中华人民共和国教育部. 义务教育语文课程标准:2022 年版［M］. 北京:北京师范大学出版社,2022:16.

表 2-2-1   本主题活动概览

活动名称	活动目标	活动内容	重要程度	学习难度
1. 探究语文学习任务群的情境性	理解语文学习任务群的情境性,探究其基本内涵	1. 阅读"研读材料:学习的情境理论与认知理论"。 2. 研习课例:《开国大典》实用性阅读与交流任务群教学设计。 3. 探究、梳理语文学习任务群情境性的基本内涵。	★★★★	★★★
2. 探究语文学习任务群的实践性	理解语文学习任务群的实践性,探究其基本内涵	1. 阅读"研读材料:语文实践"。 2. 研习课例:《"祖国河山多壮美"教学设计》。 3. 探究梳理:语文学习任务群实践性的基本内涵	★★★★	★★★
3. 探究语文学习任务群的综合性	理解语文学习任务群的综合性,探究其基本内涵	1. 阅读"研读材料:语文学习任务群的内涵解读"。 2. 剖析课例:《黄山奇石》语言文字积累与梳理任务群教学设计。 3. 探究梳理:语文学习任务群综合性的基本内涵	★★★★	★★★

活动 1:探究语文学习任务群的情境性

活动步骤

步骤 1   仔细研读后文"研读材料:学习的情境理论与认知理论",结合作者观点,谈谈自己对"学习情境"的基本认识。

步骤 2   研读二维码资源《开国大典》实用性阅读与交流任务群教学设计①(六年级上册),结合其中创设的情境,深入思考:学习任务群中的情境有哪些基本特点? 对学生的学习发挥着怎样的作用? 该课例对你有何启发?

步骤 3   学习小组内部充分讨论以上问题。

步骤 4   各组推选代表在全班交流;教师点评、小结。

---

①   设计者:重庆市两江新区人民小学罗云倩老师。

研读材料:学习的情境理论与认知理论①

学习的情境理论关注物理的和社会的场景与个体的交互作用,情境是整个学习中的重要而有意义的组成部分。认知理论认为学习更多的是发生在学习者个体内部的一种活动。情境理论则认为,学习更多的是发生在社会环境中的一种活动。认知能力固然重要,但脱离个体生活的真实环境来谈论学习或能力是毫无意义的,个体与环境的相互作用是形成能力以及社会化的必经途径。

认知理论将教育看作是为学生的将来做准备,学校是一个训练学生能力,尤其是训练认知能力的特定场所,与学生生活的现实世界不同。教师是指导者、权威,是发现与开发学生认知潜能的伯乐。而情境理论则把教育看作是为满足学生以及社会需要服务的,学校本身就是学生现实生活的一个场所。教师是学生的良师益友,在团体中与学生共同成长,引导学生逐步成为具有实践能力的骨干成员。

分享驿站

《辞海》对"情境"的解释是:"一个人在进行某种行动时所处的社会环境。是人们社会行为产生的具体条件。……包括机体本身和外界环境因素。"②"机体本身"富含情感因素,"外界环境"属于客观因素,"情境"必定具有主客体有机融合的属性,学习情境亦然。课标反复提及"情境",其中,语文学习任务群强调的"情境"是"整合性的真实情境,是贴近学生既有经验且符合其当下兴趣的特定环境"③。上海师范大学郑桂华教授指出,情境不是局限于课堂学习的局部,而是通过学习任务把整个学习内容和学习过程进行"情境化"。④

语文学习任务群的情境具有真实性与全程性。在当下复杂的现实生活与未来发展情境中,学生需要迎接各种挑战,完成各种任务。要培养学生迎接挑战、完成任务的关键能力和必备品质,语文学习任务群的情境就必须真实,要么是学生当下的生活情境,要么是未来生活、工作和学习过程中可能碰到的情境。全程性方面,要求语文学习任务群中的情境必须贯穿整个学习过程始终,成为学习活动的依托,或能让学生在完成学习任务过程中进行不断拓展创新。可感、可信、完整的学习情境,才能够激发并维持学生的学习热情。下面,根据情境的"真实性"和"全程性"特征剖析课例,以加深我们对语文学习任务群情境性的认识。

---

① 姚梅林. 从认知到情境:学习范式的变革[J]. 教育研究,2003(2):60-64.

② 辞海编辑委员会. 辞海:1999 年版缩印本[M]. 上海:上海辞书出版社,2000:1198.

③ 戴晓娥. 大单元　大情境　大任务:统编语文教科书"新教学"设计与实践[J]. 语文建设,2019(8):9-14.

④ 郑桂华. 高中语文学习任务群的教学建议[J]. 中学语文教学,2017(3):9-12.

（1）语文学习任务群的情境要联系学生真实生活。语文学习任务群教学特别强调真实的语言运用情境,适切的情境可以为学生的学习提供有效动力,培育和发展他们文化自信、语言运用、思维能力、审美创造等核心素养。课例《开国大典》创设了真实的语用情境,可以较好地发展学生核心素养。课标要求学生阅读、欣赏革命领袖、革命先烈创作的文学作品,以及表现他们事迹的诗歌、小说、影视作品等,感受革命领袖、革命先烈伟大的精神世界和人格力量,认识生命的价值,能够运用讲述、评析等方式,交流自己的情感体验。《开国大典》一文记录了中国革命史上里程碑式的历史事件,但由于文本所记录的时代与学生生活的时代距离较远,所讲所述的内容与儿童生活有着巨大差异,学生难以通过文字或简单的画面真正走进文本。课例情境创设以"记录"为线索,串联起"历史时刻"与"当下时刻",将开国大典与今日的美好幸福生活联系起来。这样拉近学生与文本的距离,让学生受到启发,明白"记录"的重要性。同时,激活六年级学生对校园生活精彩活动的回忆,引导学生满怀热情地记录。完成任务的过程中,学生会在真实的任务情境下自主学习、主动积累和积极探究,建立起语文学习、社会生活和学习经验之间的联系,获得需要的方法,丰富语言文字运用的经验,整体提升核心素养。

（2）语文学习任务群的情境要贯穿学习全过程。课例《开国大典》呈现的是微观层次学习任务群,其中情境有效地融合到了学生学习的全过程。围绕"岁月留声——记录那些难忘的岁月"这一学习主题,既注重语文能力的训练,又渗透人文主题的熏陶,引导学生一边阅读一边交流,从激发兴趣的"情境"延伸为指向学生生活需要的"情境"。课例设计了三个情境任务:任务一,细数"那段岁月"的主要场面,学习面的描写。在任务情境中,学生关注开国大典中的主要场面,整体感知典礼庄严、恢宏的气氛,简要讲述开国大典的过程,并按照同样的方法回忆自己"那段岁月"中的主要场面。任务二,走进"那段岁月"的精彩细节,学习点的描写。学生在一以贯之的学习情境中通过品读与交流,聚焦场面中那些精彩的细节,也就是"点"的描写,体会伟人的英姿和人民军队的威武。继而,梳理自己"那段岁月"中的"点",丰富活动细节。任务三,铭记"那段岁月"的动人之处,学习点面结合的描写。学生在任务情境的推进中,再次品读课文,深入感受点面交织的写法,进一步体会群众对伟人的敬仰,以及为中华人民共和国成立而由衷自豪的情感。整个学习进程,三个学习任务层层递进,将碎片化的语文知识在任务情境中进行有机整合。贯穿学习全过程的任务情境,使学生能够充分调动自己的生活经验和语文知识积累进行学习。学生主动参与,积极探究,任务情境也就成为学生言语实践活动的载体。

活动 2：探究语文学习任务群的实践性

　　步骤 1　仔细阅读下文"研读材料:语文实践",小组讨论:语文实践的内涵是什么? 应该如何理解语文学习任务群的实践性?

　　步骤 2　研读二维码资源《"祖国河山多么美"教学设计》①(三年级上册),自主梳理:该任务群的实践性体现在哪些方面? 对你有何启发?

　　步骤 3　学习小组内部分享交流课例研习的成果。

　　步骤 4　小组代表汇报本小组学习成果。

　　步骤 5　教师小结、指导,同学梳理、反思。

研读材料:语文实践②

　　"实践"是《义务教育语文课程标准(2022 年版)》的高频词,成为语文课程改革与创新的一大亮点。实践一词本身具有宏大丰厚的哲学内涵,厘清实践的内涵、特性与类型对语文实践富有启迪与指导意义。语文实践在《义务教育语文课程标准(2022 年版)》也具有丰富的内涵:指向语文基本性质、指向语文运用能力、指向语文学习方式、指向教师课程实施与课堂教学。全面理解和正确把握语文实践,是当代语文课程与教学改革的重大课题,是发展学生语文核心素养的重要举措。语文实践有无限广阔的空间,有丰富多样的路径和形态,但不可泛化与滥用。就课堂教学而论,语文实践的核心是训练,鄙弃语文基本训练可能会把语文教学引入歧途。

　　课标在"课程性质"部分明确指出:"语文课程是一门学习国家通用语言文字运用的综合性、实践性课程。"可见,实践性是语文课程的基本属性。课标在"内容组织与呈现方式"部分明确指出:"语文学习任务群由相互关联的系列学习任务组成,共同指向学生的核心素养发展,具有情境性、实践性、综合性。"可见,实践性是作为语文课程内容的学习任务群的基本属性。

　　语文学习任务群的实践性主要体现为学生在语文学习过程中,必须进行语文实践活动,必须在语文实践活动中学习语言运用,培养思维能力,进行审美创造,增强文化自信,全面发展核心素养。"识字与写字""阅读与鉴赏""表达与交流""梳

---

　　①　设计者:重庆市两江新区云慧小学吴玲老师、重庆市两江新区星光学校向俏老师。
　　②　黄伟.如何理解"语文实践":基于《义务教育语文课程标准(2022 年版)》的解读[J].中小学课堂研究,2022(6):1-6.

理与探究"是语文学习任务群教学必须组织实施的四类语文实践活动,它们依托教材内容及学生学习生活经验或需要而展开,并且彼此联系,相互交织,成为学习任务群教学的目标内容和推进主线。研习课例"祖国河山多么美"可以对语文学习任务群的实践性形成以下基本认识。

(1)语文学习任务群的实践具有综合、连贯的特点。课例设计的三项语文实践活动任务:"旅游交流会""美丽风景云上游""'美景我推荐'评选会"循序展开,连贯通畅。学生要整理旅游照片,查找资料,学习积累本单元生字词语;要阅读课文,体会文中祖国山河的美,学习阅读与表达的方法;要联系生活,运用方法,尝试表达。每一项活动任务的完成都是语文实践活动的综合实施。比如,学习《美丽的小兴安岭》这篇课文时,在"活动一"中,学生要朗读词语、积累语言、辨析字义,侧重进行"识字与写字"的实践活动;在"活动二"中,学生要用对比的方式理解"抽出、长出"等关键词语的表达效果,体会叠词的韵味,侧重进行"阅读与鉴赏"的实践活动;在"活动三"中,学生要介绍美景、写美景、晒美景,侧重进行"表达与交流"和"梳理与探究"实践活动。从中可见,"识字与写字"等四类学习活动相互交织,综合实施,贯穿整个学习过程,具体任务之间紧密联系,活动层层递进,要求逐渐提升,连贯发展特征清晰可见。

(2)语文学习任务群唯有引导学生亲自实践才可促进其核心素养全面发展。教师满堂讲授,学生机械操练,或者教师不断提问,学生追着教师的问题跑,诸如此类的语文教学已经完全不属于学习任务群教学范畴。语文学习任务群的实践,必须是学生亲自参与和推动的语文实践,学生只有在开放、综合、连贯的语文实践活动中,才可能较好积累言语经验,掌握语运规律,提升语文素养。比如,《美丽的小兴安岭》教学,以"金牌导游"为活动主线,学生兴致勃勃地参与竞选金牌导游、寻觅金牌导游百宝箱、学习运用金牌导游秘籍等一系列连续的实践活动。学生在有任务、有难度、有梯度的语文实践活动中不断学习,听、说、读、写各方面能力在运用过程中不断提高,文化自信和语文审美创造素养在广阔言语实践空间持续发展,精彩绽放,充分彰显素养立意的语文课程与教学理念。

活动3: 探究语文学习任务群的综合性

步骤1   仔细阅读后文"研读材料:语文学习任务群的内涵解读",小组讨论:应该如何理解语文学习任务群的综合性?

步骤2   研读二维码资源《黄山奇石》语言文字积累与梳理任务群教学设计①(二年级上册),自主梳理:该课例安排了哪些教学

———————————

① 设计者:重庆市两江新区人民小学郭宁老师。

环节?学习任务群的综合性体现在哪些方面?对你有何启发?

步骤3 学习小组内部分享课例研习成果。

步骤4 各组推选代表在全班交流学习心得。

步骤5 教师小结,同学进一步反思、梳理。

研读材料:语文学习任务群的内涵解读①

核心素养导向的语文学习任务群,突破了以知识点、能力点为中心的线性架构方式,创造了以学生语文实践活动为主线的块状结构方式,折射出全新的课程内容建构观,并体现在以下三个方面。

1. 规定了"学什么"。学习任务群对"学什么"具有内在的规定性。突出三大内容主题:中华优秀传统文化、革命文化、社会主义先进文化;按照内容的整合程度,设为三个层面6个任务群,从篇到本、从单学科到多学科进行拓展。学习任务群依托任务,统整情境、目标、内容、方法及资源等要素,形成了一张具有内在逻辑关系的语文实践活动"清单"。

2. 指明了"怎么学"。学习任务群对"怎么学"具有内在的指向性。结构化的语文学习任务群"倒逼"学习方式的变革,学生必须采用探究性、发现式的学习方式,必须经历任务解决中的阅读与鉴赏、表达与交流、梳理与探究等实践活动,就像科学课程必须做实验一样。

3. 设定了"学得怎么样"。学习任务群对"学得怎么样"具有内在的预设性。每个学习任务预设了多个学习活动;每个学习活动又预设了若干活动步骤,每个活动步骤都预设了学生的规定动作……据此可以评价学生"学得怎么样",让核心素养看得见。

课标多处提及"综合",在"内容组织与呈现方式"中明确指出语文学习任务群具有综合性。语文学习任务群的综合性,体现为学习主题、学习情境、学习任务、学习活动等基本要素的整合呈现,也体现为对学什么、怎么学、学得如何等关键问题的融合导向,以及识字与写字、阅读与鉴赏、表达与交流、梳理与探究等语文实践活动的交互促进实施。下面,以《黄山奇石》为例,简要说明语文学习任务群"综合性"的基本内涵。

(1)注重学习内容、学习方法、学习领域的整合建构。语文学习任务群高度重视学习内容的整合。二年级上册《黄山奇石》一课的教学设计,在"语言文字积累与梳理"教学理念之下,结合课文呈现的"黄山"背景,统整"奇石"名称、位置、外形等学习内容,设计有魅力的"游览介绍型"学习情境,对学生听、说、读、写等多方面

---

① 薛法根. 语文学习任务群的内涵解读与实践建构[J]. 人民教育,2022(13-14):23-25.

语文学习内容进行整合性建构。学习方法的多样组合也是语文学习任务群综合性的体现。课标要求"语言文字积累与梳理"任务群教学应综合运用多种识字方法，逐步发展学生的识字、写字能力。课例《黄山奇石》对识字方法、阅读方法进行了较好的整合，引导学生利用多种方法学习生字、生词，比如：根据词串区别"区"和"巨"；结合"闻名"和"著名"，拓展识记"举世闻名、远近闻名"；图片结合认识"仙"；联系语境理解"奇形怪状"；联系文中插图，结合生活猜"陡峭"的含义。这些都是帮助学生运用多种学习方法识字读文，提高语言运用素养。语文学习任务群引导学生运用多种方法完成多种学习任务的过程中，也特别强调学习领域的跨越与拓展。课标指出学习任务群教学应该引导学生综合运用多学科知识进行学习。课例《黄山奇石》引导学生查阅资料，寻找黄山奇石多的原因，将课内语文学习与课外地理、物理、化学知识的探索联结起来，实现了多学科学习领域整合建构。

（2）强调利用任务情境统筹推进各类语文实践活动。语文学习任务群的情境性、实践性、综合性互为支撑，密不可分。学生扎实的语文实践活动必须在真实的情境中展开。以任务情境统筹推进各类语文实践活动，全面发展学生核心素养，是语文学习任务群综合性的最主要表现。课例《黄山奇石》创设"跟着字词感受'奇'"的任务情境，学生认知词语、理解文本内容的技能结合培养。同时，采用两个活动将语言文字归类处理：活动一，认识描写黄山与奇石的词语；活动二，了解并感受描写奇石的词语。两个活动穿插词串，联系插图和语境，引导学生梳理语言文字特点，结合课文内容理解提高词语的认知技能，并以词语学习带入"游黄山，探奇石"的学习情境。课例中的段落学习，延续"跟着课文探寻'奇'"的情境，培养学生语言表达技能，促进文本内容的深化理解。如"探奇石不同"，对比课文内容与表格关键词的呈现顺序，帮助学生从"像什么？哪里像？在哪里？"的角度思考文章布局。通过转变名称、地点、外形的顺序，引导学生由关注内容到关注语言表达，习得语用技能，达成情境学习技能训练与内容理解的统整。课例中的拓展学习，引导学生结合"游黄山"情境，进行"观旅后记——奇妙分享家"活动，综合运用语用技能，进一步统整多个学习内容。学生可以结合课文插图说说自己的感受，可以关注文章表达语序描述奇石的样子，可以查阅资料寻找黄山奇石多的原因，可以对比爬山所见说说本次旅行的奇特。这些可以选择的情境任务，引导学生实现由旅游者到介绍者的身份转变，多种语文实践活动在恰切的情境中得到较好的统整。

主题三　策略学习:如何规划设计语文学习任务群

本主题共三个活动,各活动的目标、内容、重要程度、学习难度见表 2-3-1。

表 2-3-1　本主题活动概览

活动名称	活动目标	活动内容	重要程度	学习难度
1. 学习情境的创设	了解一线教师规划设计语文学习任务群的基本策略,探究梳理语文学习任务群情境创设的策略与方法	1. 初步探究一线教师规划设计语文学习任务群的策略与方法。 2. 研读课标有关"情境"的主要内容与《任务群视域下小学语文单篇教学新样态》。 3. 剖析课例:《短诗三首》文学阅读与创意表达任务群教学设计。 4. 梳理探究语文学习任务群情境创设的策略与方法。	★★★★★	★★★★★
2. 学习内容的建构	初步感知、梳理、探究语文学习任务群学习内容内容建构的方法与策略	1. 阅读"研读材料:语文学习任务群的建构"。 2. 剖析课例:《盘古开天地》文学阅读与创意表达任务群教学设计。 3. 梳理、探究学习任务群内容建构的策略与方法	★★★★	★★★★
3. 学习方法的设计	初步感知、梳理、探究语文学习任务群学习方法设计的策略与方法	1. 自主梳理课标要求小学生学习运用的语文学习方法。 2. 剖析课例:《"我是提问小达人"思辨性阅读与表达任务群教学设计》。 3. 探索梳理学习任务群学习方法设计的策略与方法	★★★★	★★★★

活动 1: 学习情境的创设

活动步骤

步骤 1　头脑风暴:一线教师应该怎样规划设计语文学习任务群?

步骤 2　研读二维码资源《2022 年版课标有关"情境"的主要内容》,自主探究:一线教师规划设计任务群学习情境的基本策略与方法有哪些？

步骤3   阅读二维码资源《任务群视域下小学语文单篇教学新样态》[1]，自主梳理：当前小学语文单篇教学中，学习类型导向"任务群"，学习活动投向"真情境"，这些观点应该如何理解？

步骤4   阅读二维码资源《短诗三首》文学阅读与创意表达任务群教学设计[2]（四年级下册），深入思考：其中创设的学习任务情境是什么？围绕情境，安排了哪些教学环节？对你有何启发？

步骤5   基于前4个步骤的学习，小组内部讨论：语文学习任务群情境创设的策略与方法有哪些？

步骤6   各小组代表交流分享学习成果，教师点评、小结。

分享驿站

课标设计了分属3种类型的6个学习任务群，一线教师在设计语文学习任务群的基本策略就是参照课标的设计，根据语文教材和学生学习生活经验与需求，紧扣不同学段课程目标要求和各类任务群的学习内容，设计规模与体量适度的学习任务群。

相对宏观的学习任务群可以依托整本小学语文教材或其中的某一大类内容设计。比如，引导学生在学期初制订学期语文学习计划，通读整本教材，开展"实用性阅读与交流"活动，期末复习全学期所学，开展"语言文字梳理与积累"活动，或者选择整本教材主要的文学作品，组织实施阶段性的"文学阅读与创意表达"活动。这些都可以设计成相对宏观的学习任务群。

相对中观的学习任务群设计，主要是依托教材某个单元的学习内容，系统设计的"大单元教学"。目前，学术界达成共识，讨论也比较充分的语文学习任务群设计，主要属于这一类，相关策略与方法我们也有较多讨论。

相对微观的学习任务群设计，主要针对单篇课文教学或几篇课文中具有共性的学习内容。

以上宏观、中观、微观学习任务群的讨论，可以为语文学习任务群设计策略与方法的创新提供参考视角或思路。

王崧舟教授认为，未来小学语文教学的基本样态还是以单篇教学为主，但这种单篇教学与以往不同，主要体现为学习类型导向"任务群"，学习目标指向"大概念"，学习活动投向"真情境"，学习路径转向"任务式"。这是非常精辟而具有高度可操作性的观点，对于广大一线教师较好践行学习任务群教学理念大有裨益。不过，我们认为，王教授所言"学习类型导向任务群"可以再往前迈一步，即"学习类

---

[1]   作者：杭州师范大学教育学院王崧舟教授。
[2]   设计者：重庆市两江新区巴蜀蓝湖郡小学付春燕老师。

型属于任务群"。王教授在近年比较经典的学术讲座《任务群视域下小学语文单篇教学新样态》中列举的《梅花魂》课例,完全是任务群的教学,既不是仅仅"指向任务群",也不是某个任务群的一部分。因为这个课例,已经包括"一群"任务:温习诗词,创设"梅花"语境;整合词串,初识"梅花"意象;概括事例,梳理"梅花"文脉;还原情境,引向"梅花"内涵;拓展背景,理解"梅花"意蕴;知人论世,传承"梅花"文化。当然,对任务群的内涵不能停留在望文生义的理解层面,我们之所以认为王教授实施的这个单篇教学案例完全是一个任务群,是因为教师引导学生对系列学习任务的完成,非常充分地体现了课标学习任务群教学的理念与目标,也具有课标所强调的情境性、实践性与综合性。参考王教授讲座中的分析,我们认为,依托《梅花魂》教学,完全可以成功建构课标所列 3 种类型的 6 个语文学习任务群。

当然,无论是宏观、中观、微观三种体量与规模,还是 3 个不同类型、6 个不同种类,所有学习任务群的规划设计在学习情境创设、学习内容建构、学习方法设计等方面都必须讲究策略与方法。这里结合课例《短诗三首》主要谈谈学习任务群情境的创设。课标要求创设真实而富有意义的学习情境,其"真实"既可以是学生生活情境的再现,也可以是符合生活逻辑的语用场景的虚拟。其"有意义"就是解决学生学习生活系列"真问题",通过语文实践活动培养学生对语言文字的综合运用能力。①

课例以"一起听世界"为主题,以"为低年级小朋友录制有声书"这一情境统整《短诗三首》的学习。情境链接了学生的真实生活,是符合生活逻辑的语言交际场景的虚拟,同时也顺应儿童愿意帮助他人的天性,能够促进真问题的解决。这个情境的"有意义"主要体现在巧妙引导学生学语文,用语文,全面提升核心素养。比如,任务二"诵读整组诗歌",设置挑战朗读、交流所获、择优录音三个活动,引导学生解决读诗歌"要读得准,要读得有节奏,要读出自己的理解"等真问题。学生完成有声书录制的过程就是完成朗读目标、内容理解、创意表达的过程。显然,这个过程使学生语言运用、思维能力、审美创造等核心素养的提升绝不会流于形式,是有意义的。

除了"真实"和"有意义",学习任务群的情境设计还必须促进学生自主学习,有利于落实学生主体地位,这是衡量学习任务群质量的首要标准。② 课例创设的为低年级小朋友"录制有声书"的情境,激发学生运用自己所学帮助别人的热情,使学习与学生密切相关,可以变"要我学"为"我要学",引领促进学生主动学习。比如,在"择优录音"这一活动中,教师为学生搭设展示平台,以"小组展示读""择

---

① 徐鹏. 义务教育语文课程标准(2022 年版)课例式解读:小学语文[M]. 北京:教育科学出版社,2022:26.

② 《语文建设》编辑部.语文学习任务群的"是"与"非":北京师范大学王宁教授访谈[J].语文建设,2019(1):4—7.

优录制"的形式,检验学生朗读成效,可以很好增强学生的学习动力。任务三"模仿创编诗歌,搜集整理改编诗歌",更是引导学生主动拓展学习领域,提升学习难度,全面发展审美创造等核心素养。最后,学生朗读自己所写的作品,并自制有声书的体验,有助于其语言运用等核心素养的显著提升。

总之,整个课例,以"录制有声书"为情境,以学生生活为基础,以语文实践活动为主线,整合了学习内容、学习资源,以及学习方式,设计了有意义的学习任务,在主题情境中,开展文学阅读和创意表达活动,帮助学生扩大语言材料积累,获得语言运用经验,习得语言建构能力,引导学生感受文学之美,表达自己的独特感受。这彰显了学习情境的价值和语文学习的实践性,也启迪我们对情境创设的策略与方法有了较好认识。

活动2:学习内容的建构

步骤1 仔细阅读后文"研读材料:语文学习任务群的建构",自主梳理:语文学习任务群内容建构的策略与方法有哪些?

步骤2 研读二维码资源《盘古开天地》文学阅读与创意表达任务群教学设计①(四年级上册),自主探究:该课例学习内容的建构有何特点? 对你有何启发?

步骤3 学习小组分享交流、梳理探究以上问题的成果。

步骤4 各组推选代表在全班交流;教师点拨,同学小结。

研读材料:语文学习任务群的建构②

首先确定学习主题,明确具有统整性与复杂性的核心任务。这个主题需要遵循三个逻辑:一是生活逻辑,是学生愿意学习的;二是学科逻辑,是学生必须学习的;三是学习逻辑,是学生能够学会的。其次设计情境任务,遵循"教人做事"的实践逻辑,围绕学习主题,创设真实的学习情境,以连贯的阶梯任务推动学习进程。最后选择典型活动,学习任务中具有内在逻辑关联的语文实践活动是连贯、结构化、完整的,可以让学生完整经历从具体感知到抽象认知再到具体运用的感悟过程,形成语文学科核心素养。

---

① 设计者:重庆市两江新区金州小学丁莹丽老师、吴江林老师。
② 薛法根.语文学习任务群的内涵解读与实践建构[J].人民教育,2022(Z2):23-25.

著名特级教师薛法根提出语文学习任务群的内容建构包括"确定学习主题、设计情境任务、选择典型活动"等方面。受薛老师启发,我们以四年级上学期《盘古开天地》课例为例谈谈学习任务群内容建构的策略与方法。

（1）学习内容建构必须明确目标,体现内在逻辑关联。学习任务群的内容建构必须围绕特定的学习目标主题展开。《盘古开天地》所在教材单元以"神话"为主题,要求学生通过了解故事的起因、经过和结果,感受故事的神奇之处。课例围绕"神话",建构了本课学习的主要目标"感受神话神奇的想象",创设了情境任务"神话故事分享会",形成了以复述和创作故事为主的学习任务群。学生学习的内容就包含在三个任务中:"字词中感受'神奇'""语句中交流'神奇'""创作中分享'神奇'"。从"字词到课文,再由课文到讲述"这一循序渐进的安排,完全符合生活逻辑、学科逻辑、学习逻辑,可以较好地引导学生学习神话这一类课文,表达自己对神话人物的独特看法,促进其精神成长。

（2）学习内容必须贴合课文情境,创设有递进性的实践活动。《盘古开天地》主要讲述了盘古从"沉睡千年"到"开天辟地""顶天立地",直至倒下后"化作万物"的故事,课文内容实属神奇。课例综合考虑单元主题和课文体裁、题材,围绕学习目标,结合学生喜爱神话、喜欢讲故事的年龄特点,创设"神话故事分享会"这一情境很好地整合了所有学习内容。实践活动设计方面,首先以"神奇"为学习主线,按照由字到词,连词成句,组句成段的顺序,引导学生感受情节构思的神奇;其次,基于情节的神奇,欣赏人物形象,感受形象塑造的神奇。任务二中"借助表格,感受人物形象"的设计,横向把文本的内容与学生现实生活相联结;纵向从故事情节中去丰富人物形象。一表多用,由一篇到多篇,从课内到课外,学习内容丰富多彩。学习任务群内容建构必须遵循语文实践活动的内在逻辑。课例在"活动一:出示语文园地'词句段运用'的词语"和"活动二:检查本课生字"中,引导学生从简单的字词入手体会神奇,建构对神话故事的初步印象;再通过任务二"语句中交流神奇"将"神奇"具体化、生动化;最后任务三"借助连环画讲故事",再现、创新"神奇",实现创造。系列活动由课内延伸到课外,持续激发学生兴趣及创作灵感,层层递进,逻辑分外清晰。

活动 3: 学习方法的设计

步骤 1　课前研读课标所列六个任务群的"学习内容"部分,自主梳理:课标要求小学生学习运用的语文学习方法有哪些?

步骤2　研读二维码资源《"我是提问小达人"思辨性阅读与表达任务群教学设计》①(四年级上册),梳理探究:该课例引导学生运用的语文学习方法有哪些? 课例在学习方法设计方面对你有何启发?

步骤3　小组内部充分讨论前两个步骤梳理探究的问题。

步骤4　各组推选代表在全班汇报讨论结果。

步骤5　教师点拨、小结,同学反思、补充。

分享驿站

　　课标要求促进学生自主、合作、探究学习。在这种要求的指导下,课标所列6个学习任务群的具体学习方法则有所不同。"语言文字积累与梳理",诵读、书写、观察、分析、整理是主要学习方法。若单论其中的识字,主要方法则有随文识字、集中识字、注音识字、字理识字等。"实用性阅读与交流",倾听、阅读、观察、整理、复述、游戏、表演、讲故事、情境对话、现场报道等是主要学习方法。"文学阅读与创意表达",整体感知、联想想象、朗读、默读、诵读、复述、评述、创意表达等是主要学习方法。"思辨性阅读与表达",阅读、比较、推断、质疑、讨论、探究、演讲、写作、搜集与整理等是主要学习方法。"整本书阅读"和"跨学科学习",课标都要求"综合运用多种方法""借助多种方式"展开语文实践活动。

　　积极倡导自主、合作、探究的学习方式,支持鼓励学生满怀兴趣和热情地开展具有语文学科特质的识字与写字、阅读与鉴赏、表达与交流、梳理与探究等实践活动,是学生学习、掌握和创新运用各种语文学习方法的不二选择。当然,这四类语文实践活动,在分属三个层面的六大学习任务群中,必须依据学习任务群的类型与学生年段特征,有针对性地推进。换言之,设计任务群的学习方法,必须明确任务群的类型和其中语文实践活动的种类,再参考具体学段课程目标和学习内容要求。

　　"我是提问小达人"思辨性阅读与表达教学设计涉及的课文《一个豆荚里的五粒豆》在教材四年级上册第二单元,整个单元要求培养学生问题意识,教会学生学会有效提问,提高阅读能力。根据教材目标可以确定,教学这篇课文,必须设计一个相对微观的"思辨性阅读与表达"任务群。而课标所列"思辨性阅读与表达"第二学段的学习方法有:在日常学习和生活中,主动记录、整理、交流自己发现的问题和思考,学习辨析、质疑、提问等方法。这篇课文,主要的语文实践活动是"阅读与鉴赏""梳理与探究"。"阅读与鉴赏"方面,课标所列第二学段学习方法有:学习圈点、批注等阅读方法;能对课文中不理解的地方提出疑问,乐于与他人讨论交流。"梳理与探究"方面,课标所列第二学段学习方法有:能提出学习和生活中的问题,有目的地搜集资料,共同讨论,尝试运用语文并结合其他学科知识解决问题。

---

①　设计者:重庆市两江新区教育发展研究院徐颖老师、重庆市两江新区云慧小学吴玲老师。

基于以上分析可知,"我是提问小达人"思辨性阅读与表达任务群教学设计,必须落实的主要学习任务是积极思考,提出问题,多维思考,整理问题;应该指导的主要学习方法是阅读、提问、搜集、辨析、梳理观点、讨论与探究等。于是,该教学设计借助不断升级的"提问"挑战赛,促进学生在阅读中提出自己的问题;通过小组活动,引导学生在讨论与探究中,搜集、梳理所提问题的类别,在整理问题中,通过辨析进行分类。这些措施表明,任务群学习方法的设计,除了充分考虑任务群的类型、学段、教材等,还必须注意铺设学习路径,提供必要的学习支架,帮助学生更好开展自主、合作、探究的学习。

有学者认为,语文学习任务群必须强化体验式学习,要求教师为学生提供生成观点的路径和支架,让学生亲身经历探索知识、得出结论的过程;在此过程中,学生不仅完成学习任务的内容要求,而且优化原有的认知图式,生成新的行为程序和思想方法。[①] 前述课例为了支持促进学生的体验学习,安排"我是提问小达人"挑战赛活动,让学生在真实的任务情境中深刻体验如何应对"提问"的初级赛、晋级赛和决赛的。学生可以经历"圈画问题,发现"真问题",写出问题,梳理问题,运用所学,再次提出新问题"的完整学习过程。他们在"运用提问知识提问"的过程中"学习新的提问知识",尝试"多角度提出问题"。沿着这条螺旋上升的学习路径,学生全程自主探究,进行沉浸式体验,始终是学习的主体。

学习任务群在强化和凸显典型体验式学习路径的同时,还需提供必要的学习支架。课例主要通过搭建"工具支架"和"问题支架",让学生能够更加自如地运用提问、辨析、梳理观点、讨论与探究等学习方法,不断优化原有"提问的知识",生成新的"提问的方法"。"工具支架"方面,任务一"'我是提问小达人'初级赛——我有问题要提出"中,学生一边读一边在有问题的地方画上"?",借助这个小工具,留下思考足迹,让自己的思考过程清晰可见。为了学习运用"梳理、归类"等学习方法,在任务一、任务二的学习活动中,教师指导学生使用"即时贴"和"小组问题清单"这两个工具,对提出的问题进行收集、整理、讨论与分类,可以让学习活动有序而高效。"问题支架"方面,课例设计了推动学习活动持续深入、比赛不断升级的关键性问题。课例任务一"提出问题"活动中,为学生提供了两个"问题支架":你为什么会提出这个问题?你是怎么想的?这两个问题,可以引导学生找到自己真正不懂的地方,即"不一样"、"没见过"或者"有矛盾"之处,从不同的角度展开思考,寻找到"真问题"。任务三,聚焦课后问题:伴随着豌豆苗的成长,为什么小女孩的病就慢慢好了呢?这个"问题支架"可以助推学生再读课文、理解课文,并尝试从课文局部和整体这两个角度再次提出问题,加深对课文的理解。

---

① 吴欣歆. 高中语文学习任务群教学笔记[M]. 北京:北京师范大学出版社,2020:113.

主题四   技能实训:语文学习任务群的规划设计

本主题共三个活动,各活动的目标、内容、重要程度、学习难度见表 2-4-1。

表 2-4-1   本主题活动概览

活动名称	活动目标	活动内容	重要程度	学习难度
1. 低段语文学习任务群的规划设计研习	根据第一学段课程目标与内容要求,尝试从学习主题、情境任务、典型活动等方面规划设计学习任务群	1. 课前自主学习 2022 年版课标,梳理第一学段课程目标与内容要求。 2. 研习课例:《雾在哪里》语言文字积累与梳理任务群教学设计。 3. 参考课例,尝试规划设计低段语文学习任务群	★★★★	★★★★
2. 中段语文学习任务群的规划设计研习	根据第二学段课程目标与内容要求,尝试从学习主题、情境任务、典型活动等方面规划设计学习任务群	1. 课前自主学习 2022 年版课标,梳理第二学段课程目标与内容要求。 2. 研习课例:《漏》文学性阅读与创意表达任务群教学设计。 3. 参考课例,尝试规划设计中段语文学习任务群	★★★★	★★★
3. 高段语文学习任务群的规划设计研习	根据第三学段课程目标与内容要求,尝试从学习主题、情境任务、典型活动等方面规划设计学习任务群	1. 课前自主学习 2022 年版课标,梳理第三学段课程目标与内容要求。 2. 研习课例:《猎人海力布》文学性阅读与创意表达任务群教学设计。 3. 参考课例,尝试规划设计高段语文学习任务群	★★★★	★★★★

活动1:低段语文学习任务群规划设计

活动步骤

步骤 1   课前自主学习课标,梳理第一学段 4 类语文实践活动的目标要求与 6 个任务群的学习内容要求。

步骤 2   研习二维码资源《雾在哪里》语言文字积累与梳理任务群教学设计①(二年级上册),探究梳理:课例在"确定学习主题"

———————————

① 设计者:重庆市两江新区教育发展研究院徐颖老师。

"设计情境任务""选择典型活动"等方面对自己规划设计低段语文学习任务群有何启示?

　　步骤3　小组合作设计:选择一年级下册某篇课文,设计一个任务群教学方案。

　　步骤4　各组推选代表在全班交流,同学互评,教师点评。

　　步骤5　各组进一步完善教学方案的重点部分。

分享驿站

　　设计单篇课文教学这种相对微观的学习任务群,其基本程序与宏观、中观的学习任务群设计完全一致,即围绕教学目标确定学习主题,参考学习主题设计情境任务,根据情境任务安排具有内在逻辑关联的语文实践活动。其中,学习主题主要指向学生"学什么",语文实践活动落实"怎么学",情境任务则紧密关联学习主题和语文实践活动,为学生提供学习动力。下面简要分析课例《雾在哪里》给我们规划设计低段学习任务群带来的启示。

　　(1)学习任务群的主题应该是学生愿意学习、必须学习,并能学会的。《雾在哪里》是一篇科普童话,具有神奇的想象、有趣的情节和丰富的科学知识。学习本课,可以侧重于"语言文字积累与梳理",但也要统筹落实"文学性阅读与创意表达""思辨性阅读与表达"。课标对这三类任务群第一学段的学习内容要求是:尝试发现汉字的一些规律,初步学习分类整理课内外认识的字;学习儿歌、童话,阅读图画书,体会童真童趣……初步体验文学阅读的乐趣;阅读有趣的短文,发现、思考身边的日常事务的奇妙之处,说出自己的看法。根据这些要求和课文特点,将本课学习主题确定为"寻找雾孩子"。这个主题是学生愿意学的,因为将雾比作孩子,充满童趣,能很好激发低段学生探索大自然的好奇心。这个主题也是学生必须学的,因为通过生字词的梳理归类和课文的阅读理解来寻找雾在哪里,属于课标第一学段要求的学习内容。这个主题还是学生能学会的,因为雾是一种生活中常见的天气现象,"寻找"的过程学生不断思考、不断发现,能逐渐认识事物,每一位学生参与其中都会获得学习态度、思维方式、语言运用、审美创造等方面的成长进步。

　　(2)学习情境任务设计必须紧扣主题,强化任务之间的逻辑关联。课例《雾在哪里》,围绕"寻找雾孩子"这个学习主题,首先设计了一个有趣的课前活动——回忆大自然的孩子。这个活动通过抓住汉字的部首,梳理学过的词语,如:"蝌蚪"有虫字旁归入"动物"类,"蒲公英""苍耳"等有草字头,归入"植物"类,"冰雹""雪"有雨字头,归入"自然现象"类等。教师帮助学生感悟汉字构字方式与大自然物象之间的联系,引导学生学习给汉字归类,在探索大自然的好奇心境中开启本课学习。课例设计的三个情境任务逻辑关联非常紧密。任务一"跟着生字词寻找'雾'",指向识字写字;任务二"跟着课文寻找'雾'",指向阅读理解;任务三"我眼里的'雾'",指向表达交流。从识字写字到阅读理解,再到表达交流,要求逐渐提升,学习逐渐深入,符合儿童语文学习和心理认知的逻辑。

（3）安排实践活动必须充分体现语文学科特质,要在课标所列"识字与写字""阅读与鉴赏""表达与交流""梳理与探究"四类语文实践活动中合理选择、组合。课例安排的课前活动及任务一,学生认识汉字、归类整理汉字,主要属于"识字与写字""梳理与探究"。任务二、任务三,学生通过对比朗读课文,不断从"怎么说?怎么做? 怎么样?"的角度去思考,逐渐发现叙事模式,将阅读焦点从情节内容转移到语言形式,并展开想象,模仿表达。这个过程包含"阅读与理解""梳理与探究""表达与交流"等实践活动,具有典型的语文学科特质。

（4）语文实践活动的选择应遵循学生的年龄特点,符合具体学段的学习内容要求。课例充分考虑了"语言文字梳理与积累"任务群第一学段"初步体会汉字结构的主要特点",及"梳理与探究"第一学段"观察字形,体会汉字部件之间的关系。梳理学过的字,感知汉字与生活的联系"等要求。其中,难度较大的表达方式的梳理与探究,则以朗读为主线,引导学生在文本语境与故事情节中围绕三个核心问题阅读、想象、体会、表达,在耳濡目染中培养语感,这样的语文实践活动符合低段学生的学习心理特征。

活动 2: 中段语文学习任务群规划设计

活动步骤

步骤 1   课前自主学习 2022 年版课标,梳理第二学段 4 类语文实践活动的目标要求与 6 个任务群的学习内容要求。

步骤 2   研习二维码资源《漏》文学阅读与创意表达任务群教学设计①(三年级下册),探究梳理:课例在"确定学习主题""设计情境任务""选择典型活动"等方面对自己规划设计中段语文学习任务群有何启示?

步骤 3   小组合作设计:选择四年级上册的某篇课文,设计一个任务群教学方案。

步骤 4   各组推选代表在全班交流,同学互评,教师点评。

步骤 5   各组进一步完善教学方案的重点部分,并在模拟演练中不断修改完善。

分享驿站

建构学习任务群的关键在于:设计真实而有意义的系列学习任务,坚持以学生为中心;强化"学习",凸显"任务",以任务为驱动,整合多种语文实践活动,统筹学

---

① 设计者:重庆市两江新区教育研究院徐颖老师、重庆市两江新区金州小学丁莹丽老师。

科内外资源,真正做到在学语文、用语文中提升解决问题的能力。下面以《漏》一课的教学设计为例,简要谈谈从中可以得到的启发。

《漏》是一篇民间故事,语言生动活泼,情节曲折有趣。课例侧重"文学阅读与创意表达",但也注意综合落实"语言文字积累与梳理""思辨性阅读与表达"等学习任务群的要求。根据课标对这几个任务群第二学段的学习内容要求,课例《漏》将本课学习主题确定为"趣讲'漏'的故事"。这个主题,是学生愿意学的,因为故事对学生具有很大的吸引力,学生可以在故事中认识有趣的人物,感受起伏的情节,明白生活的道理。"趣讲故事"这一学习主题,也是学生必须学的,因为课文所在单元首次要求复述课文,课标第二学段课程目标也有此要求。这个主题自然是学生能学会的,学生了解故事主要内容,复述故事,是一个理清思路、持续探究、提升表达的过程,学生能够"读"得兴致盎然,"讲"得就绘声绘色,从而丰富语言积累,促进思维能力和语言运用能力的发展。

语文学习任务群情境任务的设计,要能联系学生真实生活,整合教材内容,引发学生深度学习,培养语感,建构认知,促进迁移运用。课例围绕"趣讲'漏'的故事"这一学习主题,设计了"评选趣讲故事大王"的挑战性学习情境。该年龄段学生喜欢阅读有趣的故事,也乐于与他人分享,"趣讲故事大王"评选更是让学生充满期待。课例共设计了三个情境任务。任务一"趣学生字,感受民间故事的生动有趣",在识字写字中把汉字学习与课文学习充分结合。将生字词学习置于具体语境中降低了学生理解的难度,扫清了阅读障碍;生字词学习设计巧妙,有助于学生梳理课文主要人物,为复述故事打下基础。任务二"趣读故事,借助课后表格,清楚地复述故事",指向复述故事的方法学习,学生借助图表,梳理文章的关键信息,练习复述故事。任务三"趣讲故事,感知语言特点,复述有意思的情节",指向表达交流学习,学生选择最喜欢的故事情节,运用民间故事前后关联照应和语言口语化等表述特点,将故事详细、生动地复述。三项任务,从了解故事大意,到理清故事关键信息,再到详细复述精彩情节,学习难度逐渐提高,前后逻辑关联紧密,有效整合教材内容,联系学生真实生活,可以引导学生深度学习。

"文学阅读与创意表达"教学应引导学生在丰富的语文实践活动中展开联想想象,感受、品味文学语言的独特魅力,获得个性化审美体验。课例《漏》,引导学生认识汉字、关注词串,了解故事大意,借助图表,深入阅读欣赏有趣的故事,将故事讲清楚,发现民间故事的语言特点,感受语言之美,为详细复述故事提供学习支架。在这段有趣的讲述故事的过程中,学生是主动的阅读者、积极的分享者和创意的表达者,个个可以变身为小小故事家。系列语文实践活动的安排使"文学阅读"与"创意表达"相辅相成,相得益彰,可较好地提高学生核心素养。

活动 3：高段语文学习任务群规划设计

活动步骤

　　步骤 1　课前自主学习课标,梳理第三学段 4 类语文实践活动的目标要求与 6 个学习任务群的内容要求。

　　步骤 2　研习二维码资源《猎人海力布》文学阅读与创意表达任务群教学设计①(五年级上册),探究梳理:课例在"确定学习主题""设计情境任务""选择典型活动"等方面对自己规划设计高段语文学习任务群有何启示?

　　步骤 3　选择六年级上册某篇课文,小组合作设计一个任务群教学方案。

　　步骤 4　各组推选代表在全班交流,同学互评,教师点评。

　　步骤 5　各组自主修改教学方案的重点部分,并进行模拟演练。

分享驿站

　　语文学习任务群的设计必须准确理解每类任务群的学习内容,综合考虑教材内容和学生情况,依托学习任务整合学习情境、学习内容、学习方法和学习资源。下面简要分析课例《猎人海力布》对高段语文学习任务群规划设计的启发。

　　《猎人海力布》是一篇民间故事,内容生动有趣,学习本课侧重"文学性阅读与创意表达",同时需要兼顾"语言文字积累与梳理"和"思辨性阅读与表达"。课标对第三学段的这三个学习任务群有如下要求:主动通过多种方式独立识字,按照汉字字形结构等规律梳理学过的汉字;复述印象深刻的故事情节,积累多样的情感经验,学习联想与想象,尝试富有创意地表达;阅读哲人故事、寓言故事、成语故事等,感受其中的智慧,学习其中的思维方法。根据这些要求,将本课学习主题确定为"创造性复述故事"。这一学习主题是学生愿意学、必须学、能学会的,可以较好激发学生读故事、听故事和讲故事的热情与兴趣。学生基于已有复述经验,在"简单复述"到"创造性复述"的过程中深入学习复述方法,并加深对课文内容的理解。复述方法学习与课文理解双线并行,符合高段学生的学习要求。学生经历不断思考、发现、积累的过程,用多种方式练讲故事,思维能力与语言运用素养可以较快提高。

　　课例《猎人海力布》基于课文所在单元"了解课文内容,创造性地复述故事"这一语文要素,搭设问题支架"还有哪些你想要知道但讲述者没有讲到的内容",延伸学生思维,让学生走进故事。其中,任务一"复述故事,熟悉情节",意在唤醒学生已有复述经验,将故事中的主要元素和情节有机融合,追求学习的整体性和层次

───────────────────────

① 设计者:重庆市两江新区人民小学沈莉老师、金州小学吴江林老师、星光学校向俏老师。

性。任务二"主要情节,创造性复述",指向复述方法的学习,引导学生在阅读中找到可以创生情节的地方,自主搭建创造性复述故事的支架,让思维可视化。任务三"练讲故事,感受形象",指向表达与交流学习,帮助学生通过言语实践,实现创造性复述和深度理解课文内容的有机融合。

三项任务,注重从"阅读与鉴赏"中学方法,再到"表达与交流"中用方法,内在逻辑联系紧密,并整合安排了多种语文实践活动。任务一,学习生字词、利用情节图复述故事,包含"识字与写字""阅读与鉴赏"等实践活动。任务二、三,引导学生从"怎么想? 怎么说? 怎么做? 怎么样?"等角度丰富海力布劝说乡亲的细节,不断发现"创造点",逐步学会创造性复述。整个过程"阅读与理解""梳理与探究""表达与交流"等实践活动交融共进。学生围绕核心问题"讲述者没有讲出来但又特别想知道的地方"进行阅读、想象、体会、表达,可以身临其境。最后,把学习由课内引向课外,由讲重点故事情节到讲整篇故事,较好地考虑了高段学生已有的学习能力和应有的学习拓展。

单元梳理与提升

 拓展阅读

系统研读杭州师范大学王崧舟教授领衔解读语文学习任务群的一组文章,学习梳理 6 个学习任务群的规划设计策略与方法。

这组文章共 6 篇,刊载于《语文教学通讯》2022 年 7–12 期:《厚积而薄发　知类而通达——新课标"语言文字积累与梳理"解读》《应生活之需　切生活之用——〈义务教育语文课程标准(2022 年版)〉"实用性阅读与交流"解读》《立象以尽意　情动而辞发——〈义务教育语文课程标准(2022 年版)〉"文学阅读与创意表达"解读》《博学审问　慎思明辨——〈义务教育语文课程标准(2022 年版)〉"思辨性阅读与表达"解读》《腹有诗书气自华——〈义务教育语文课程标准(2022 年版)〉"整本书阅读"解读》《生活即语文世界即课程——〈义务教育语文课程标准(2022 年版)〉"跨学科学习"解读》。

 问题探究

2022 年版课标对语文学习任务群没有明确定义,请你基于本单元学习,深入探究:你可以怎样定义语文学习任务群?

 综合实践

　　小组合作研习二维码资源《素养导向的任务群教学设计——以五年级下册八单元"思辨性阅读与表达"教学为例》①、《杨氏之子》教学录像的三个片段,②并选择该单元课文《手指》进行深度研读,参考该单元整体教学设计和《手指》教学框架,合作设计学习任务群视域下《手指》的教学详案。

学习反思

　　系统反思本单元学习情况,着重梳理自己尚待进一步学习探究的问题,并列出后续学习计划。

---

① 设计者:重庆市南岸区南坪四海小学罗先芬老师。
② 执教者:重庆市南岸区南坪四海小学李欣老师。

单元三　　　　课程内容:突出时代性和典范性,加强整合

 课标要点

　　义务教育语文课程突出内容的时代性,充分吸收语言、文学研究新成果,关注数字时代语言生活的新发展,体现学习资源的新变化。强调内容的典范性,精选文质兼美的作品,重视对学生思想情感的熏陶感染作用,重视价值取向,突出社会主义先进文化、革命文化、中华优秀传统文化。注重课程内容与生活、与其他学科的联系,注重听、说、读、写的整合,促进知识与能力、过程与方法、情感态度与价值观的整体发展。

　　围绕创造性转化和创新性发展要求,确定中华优秀传统文化内容主题……围绕伟大建党精神,确定革命文化内容主题……围绕社会主义核心价值观,确定社会主义先进文化内容主题,突出爱党、爱国、爱社会主义相统一。

　　在突出上述主题的同时,还应选择反映世界文明优秀成果、科技进步、日常生活特别是儿童生活等方面的主题。主要载体为外国文学名著、科普科幻作品、实用性文章、中外优秀儿童文学作品等。

 学习目标

☐ 研习教学课例,感悟在教学目标确定、教学内容组织、教学方式方法选择等方面如何突出课程内容的时代性、典范性与整合性的特点。

☐ 掌握义务教育语文课程内容的主题与载体形式,理解中华优秀传统文化、革命文化、社会主义先进文化的内涵和特点。

☐ 学习整合听、说、读、写,联系生活和其他学科设计语文课程内容的策略与方法。

☐ 运用所学策略与方法,尝试设计课堂教学方案,积累教学经验与教育智慧。

主题一 课例研习：感悟语文课程内容

本主题共三个活动，各活动的目标、内容、重要程度、学习难度见表 3-1-1。

表 3-1-1   本主题活动概览

活动名称	活动目标	活动内容	重要程度	学习难度
1. 体现课程内容时代性的课例研习	了解语文课程内容的时代性特征，及如何充分体现	1. 研习课例：《肥肥的我该怎么办——四年级群文阅读》教学录像； 2. 阅读"研读材料：过好虚拟和现实两个空间的语言生活"； 3. 初步讨论语文课程内容的时代性特征	★★★	★★★
2. 强调课程内容典范性的课例研习	了解语文课程内容的典范性特征，及如何强化利用	1. 研读统编教材编写两位权威专家的观点，了解教材是如何强调课程内容典范性特征的； 2. 剖析课例：《为中华之崛起而读书》教学实录	★★★★	★★★
3. 注重课程内容整合的课例研习	了解语文课程内容的整合，及如何有效整合	1. 阅读"研读材料：内容统整是核心素养教育的课程论基础"； 2. 剖析课例：《"难忘小学生活"主题教学构想》； 3. 初步探究：语文课程内容应该如何整合？	★★★★	★★★★

活动 1：体现课程内容时代性的课例研习

活动步骤

步骤 1   课前自学二维码资源《肥肥的我该怎么办——四年级群文阅读》教学录像①，自主梳理：该课例在哪些方面给你留下了深刻印象？

步骤 2   认真阅读后文"研读材料：过好虚拟和现实两个空间

---

① 设计与执教者：重庆市开州区汉丰第二小学谭静老师。本案例由开州区教师进修学校教研员任登珍老师提供。

的语言生活",自主思考:当前应该怎样引导学生过好虚拟和现实空间的语言生活?

步骤3 基于课前研习教学录像的收获,仔细阅读二维码资源课例《"肥肥的我该怎么办"教学目标与内容》,自主探究:该课例在哪些方面体现了小学语文课程内容的时代性特征?

步骤4 学习小组内部充分讨论以上问题。

步骤5 各组推选代表在全班交流;教师点评、小结。

研读材料:过好虚拟和现实两个空间的语言生活①

网络不仅产生了网络媒体,促生了"人—机—人"的交际模式,而且还为人类在现实空间之外建造了一个虚拟空间。人们在虚拟空间写字的机会渐少,用键盘打字、触屏写字及屏幕阅读逐渐成为新习惯。而网络新媒体的"碎片化"倾向和"自媒体"性质也会影响到人类的语言习惯,且需要更高的判断信息真伪的能力。在"互联网+"的今天,中国网民数量已超过7亿,这使虚拟空间的"虚拟性"极大减弱,虚实两个空间的重合度越来越高,形成了"虚中有实、实中有虚"的新特点。

分享驿站

继文字的发明、大规模印刷术的普及、电子媒介的诞生及其普遍应用之后,移动互联网开启了人类阅读的全新视界。这个可以命名为人类阅读史上第四次革命的巨大变迁,不仅再次从宏观尺度改变了人类阅读的整体面貌,也一如既往地改变了人类个体的阅读处境。② 信息时代应该怎样引导小学生过好虚拟和现实两个空间的语言生活呢? 首先,要引导他们认识到生活在这样的时代,人们了解社会、与人沟通、在群体中生活、与周围世界互动和进行各种决策,必须借助媒介,而且是多种媒介。其次,要了解各种媒介的特点,灵活地运用各种媒介来传递信息、表达情感、发表观点,参与公共生活。同时,需要具有辨识信息的自觉,培养辨识信息的能力,分辨各种媒介信息的真伪,自己也要负责任地生产和发布信息,全面提高媒介信息素养。为了积极回应学生信息时代语言生活的需要,课标特别强调课程内容的时代性特征,教材选编了较多具有时代特征的内容,教学也应该体现时代性特点。

(1)课标的时代性特点。课程内容要突出时代性是课标提出的要求,因此课程内容要多关注新生活、开发新资源,以提升语文课程服务学生社会生活与终身发

---

① 李宇明. 不同媒介的语言特征与网络语言的发展[J]. 中国广播,2016(9):17-19.

② 夏德元. 智能媒体时代的阅读革命与编辑出版创新:兼论人与智能机器的共同未来[J]. 现代出版,2020(4):72-79.

展的质量。之所以强调这一点,是因为数字时代语言生活变化迅猛,人们的阅读对象、阅读交流方式也随之改变,如图像阅读、超链接阅读等成为很多人语文生活的主要样态。[①] 课标在多个地方对语文课程的时代性有明确要求。比如,课程目标方面,第三学段"阅读与鉴赏"的目标,"尝试使用多种媒介阅读";"梳理与探究"的目标,"感受不同媒介的表达效果,学习跨媒介阅读与运用,初步运用多种方法整理和呈现信息"。又如,课程内容方面,"实用文阅读与交流"学习任务群三学段学习内容,"学习革命英雄和劳动模范的事迹,尝试用多种媒介方式记录、展示、讲述他们的故事,表达自己的崇敬之情"。课标教学建议也特别强调教师要关注互联网时代日常生活中语言文字运用的新现象和新特点,认识信息技术对学生阅读和表达交流等带来的深刻影响。

（2）教材的时代性特点。语文教材在课文的选取、习题的设计、教学活动的安排等方面,努力切入当代中小学生的语文生活,适应社会转型和时代需求,体现时代性。[②] 教材从两个方面充分体现了课程内容的时代性特征。一是选文,如四年级上册第二单元《呼风唤雨的世纪》,四年级下册第二单元《飞向蓝天的恐龙》《纳米技术就在我们身边》《千年梦圆在今朝》;六年级上册第三单元《宇宙生命之谜》,及《故宫博物院》中的材料三——故宫博物院网站首页。二是学习指导,如五年级下册综合性学习"遨游汉字王国"要求学生借助网络资源搜集材料等。

（3）教学的时代性特点,主要体现在三个方面:一是,教学内容的选择和资源的开发利用更加关注现实生活;二是,教学过程多借助信息技术的支持,拓展学习空间,促进互动学习;三是,重视对学生媒介素养的培养,提升学生多媒介信息接收整理的能力和运用多种媒介表达交流的能力。课例《肥肥的我该怎么办》较好地体现了语文课程内容的时代性特征。该课的核心任务是制定有针对性的减肥计划,这一贴近现实生活的真实任务,很好地激发了学生的学习兴趣。为了支持学生完成这一任务,教师提供了接近生活常态的多样文本,有教师减肥过程的视频文本,有药品的说明文本,有中医减肥海报、药物减肥广告,有公众号推送文章,还有教师的个人信息表及体检报告等。学生在多样文本中提取信息、辨识信息、关联信息、整合信息、运用信息解决问题,提升了多媒介阅读能力和媒介信息素养。

---

① 郑国民,李宇明. 义务教育语文课程标准(2022 年版)解读[M]. 北京:高等教育出版社,2022:54.
② 温儒敏."部编本"语文教材的编写理念、特色与使用建议[J]. 课程・教材・教法,2016(11):3—11.

活动2: 强调课程内容典范性的课例研习

　　步骤 1　仔细阅读下文"研读材料",结合自己对小学语文教材的了解,自主探究:统编教材是如何体现课程内容典范性的? 教学过程怎样才能充分利用典范的教材文本立德树人?

　　步骤 2　认真阅读二维码资源《为中华之崛起而读书》教学实录①(四年级上册),自主梳理:该课例是如何充分利用典范性课文立德树人的?

　　步骤 3　学习小组内部充分讨论以上问题。

　　步骤 4　各组推选代表在全班交流;教师点评、小结。

研读材料:紧密结合语文学科特点来体现核心价值观②

　　从编写的指导思想来看,语文教材是紧密结合语文学科特点来体现核心价值观的。功夫就在这种"结合"上。我们要努力避免做"表面文章"和"穿靴戴帽",而要做到"有机渗透",使价值观化为语文的"血肉"。注意把那些能充分体现社会主义核心价值观,特别是将两个"传统"(中华优秀传统文化和革命传统教育)融入教材的文章选篇、内容安排、导语和习题的设计等诸多方面,融入语文所包含的语言教育、情感教育、审美教育,让学生乐于接受,起到润物细无声的效果。教师们拿到新教材,会感到立意的确比较高了,也很大气,既体现了主流价值观,又不停留于"说教"。教育部汇报时用了"润物无声"四个字。中央领导和评审专家对这一点是非常看好的。我们使用这套教材,也应当注意核心价值观"有机渗透",又"润物无声",减少说教。在实际教学中,这也许不容易做到,但这是我们努力的目标。

文 道 统 一③

　　小学语文教材的选文工作是一种具有价值立场和价值尺度取向的行为。文道统一是语文教科书选文秉持的一条重要原则,也是我国传统语文教育中的一条宝贵经验。坚持文道统一原则,有利于具有文化价值的内容选入教科书;有利于语文教科书编者守中持正,更多地从知识、社会、儿童三个维度的价值诉求,阐释和建构语文教科书选文的自觉价值立场和合理价值尺度。

---

　　① 设计者:重庆市沙坪区实验小学李捷老师。

　　② 温儒敏."部编本"语文教材的编写理念、特色与使用建议[J].课程·教材·教法,2016(11):3-11.

　　③ 陈先云.文道统一原则在小学语文教科书选文中的具体运用[J].课程·教材·教法,2021(4):73-80.

分享驿站

强调语文课程内容的典范性,主要指语文材料构成要经典,鼓励经典阅读,提倡整本书阅读。无论是语文教材编写还是语文教学实施,都应该注意这一点。① 先来看看教材如何强调典范性。课标在"教材编写建议"第 6 条要求:教材选文要体现正确的政治导向和价值取向,文质兼美,具有典范性,富有文化内涵和时代气息。② 小学语文统编教材较好体现了课标的这一要求。比如,全套教材共编选革命文化题材的典范性课文 40 余篇,传承、保留了一批经典的革命传统教育篇目。其中《吃水不忘开井人》③《朱德的扁担》《十六年前的回忆》《开国大典》《金色的鱼钩》,是 1961 年人教版《十年制小学课本(试用本)语文》中的课文,此次依然编入了教材。同时,增加了一批适应时代需求的新篇目,如《升国旗》《七子之歌(节选)》《梅兰芳蓄须》《无名岛》,并有序安排了革命传统教育内容。就编排形式而言,革命文化题材类课文,有的集中编排在一个单元内,有的穿插编排在各个单元中,有的编排在语文园地中的相关栏目里,并辅以精心设计的语文实践活动,使学生能潜移默化地受到革命文化的教育。例如,四年级上册的"国之脊梁"单元集中选编了《为中华之崛起而读书》《梅兰芳蓄须》《延安,我把你追寻》;六年级上册的"难忘的岁月"单元集中选编了《七律·长征》《狼牙山五壮士》《开国大典》《灯光》等,围绕革命传统教育主题,有计划地、系统地提升了革命传统教育内容的量与质。④

语文课程内容的典范性主要体现为课文及相关阅读材料高度的文道统一。教学中充分利用典范文本的基本原则也是文道统一。要求高度重视典范性课文及与之关联配套的典范性补充材料的教学,同时重视学生情感、态度、价值观的内化和语言文字的训练。语言文字理解与运用的过程必须符合情感内化的路径,必须融入情感认知。⑤ 课例《为中华之崛起而读书》在强化利用典范性课文,力求文道统一,引导学生情感、态度、价值观内化和语言文字训练和谐融合方面很值得学习借鉴。

(1)营造和谐氛围,以情境激发兴趣。师生关系是教育教学活动中最基本的人际关系,其中理应蕴含民主、和谐、平等的价值观。这样的师生关系赋予学生健康成长的情感力量远远胜于显性知识的教授。"立志"这个话题对于小学生而言

① 郑国民,李宇明. 义务教育语文课程标准(2022 年版)解读[M]. 北京:高等教育出版社,2022:54.

② 中华人民共和国教育部. 义务教育语文课程标准:2022 年版[M]. 北京:北京师范大学出版社,2022:52.

③ 1978 年人教版《全日制十年制学校小学课本(试用本)语文》将此文改为了《吃水不忘挖井人》。

④ 陈先云. 谈谈部编小学语文教科书革命传统教育题材类课文的编排及应注意的问题[J]. 小学语文,2017(12):14-19.

⑤ 郭蕾. 革命传统教育题材类课文实现"双重"价值的路径探讨:《为中华之崛起而读书》教学反思与点评[J]. 小学语文,2020(11):41-57.

比较空泛,课例《为中华之崛起而读书》一开课就抓住课题,从解题入手,引导学生思考,对学生的理解予以鼓励,营造和谐氛围,激发学生探究兴趣。在归纳主要内容这个难点上,教师不急不躁,认真倾听学生发言,留意其中的问题,用自己的平和耐心,有启发性、支撑感的语言去引导,如"尝试划去次要的人物,保留主要的人物。再理清主要人物之间的关系,说清楚主要人物做了什么或想了什么"帮助学生在具体的困难情境中,感受到挑战困难的乐趣,激发向上的动力。只有在这样的和谐氛围中,学生才能深入地阅读,安全地表达,逐步扩展思维空间,在经典阅读过程中获得文道统一的启迪和教育。

（2）引导换位思考,以体验升华情感。情感态度价值观目标的体验性特征,决定这一目标的达成过程必须有学生自己深刻的情感体验。课例引导学生探寻理解少年周恩来为何会立下这样的志向,教师依据文本提供的场景,引导学生设身处地地站在不同人物的角度去换位思考:看到伯父的表现,周恩来会怎样想? 看到妇人的做法,周恩来又会怎么想? ……通过一个个具体的想象去触摸人物的所思所想,达成对少年周恩来高远志向的理解,引发学生真切的情感体验:原来周恩来没有止步于愤恨,而是思考改变,愿意以匹夫之力担起中华振兴之重任! 这样的过程,使学生情感体验不再肤浅,感受不再空泛,潜移默化中产生心灵的震撼。

（3）链接相关材料,以深化情感。要使学生真正在思想、品格、情操等方面受到熏陶感染就要帮助学生披文入情。文字是作者思想情感的提炼,学生通过视频、图片等直观的形象能更真切地体会情感。充分利用典范性课文开展教学,不能局限于课文之中,要合理链接视频、图片等材料,让学生更好体验文字隐含的思想情感。比如,课例中,引导学生体会少年周恩来所处时代背景,教师提供一段视频资料,呈现旧中国积贫积弱的画面。这会对学生产生较大影响,有益于激发学生爱国、奋斗的情感。此外,教师引导学生深入理解课后练习题中周恩来所写的"大江歌罢掉头东"的诗句。学生在查阅整理资料、对比分析资料的过程中,既提升了阅读、探究能力,也记住了周恩来将个人学习与国家命运结合起来思考的方式,更被周恩来"知行合一"的爱国求实精神所感染。

（4）利用认知冲突,以耐心引导言行。学生处于价值观的发展期。不同价值观在具体情境中容易产生认知冲突,而这种冲突并非坏事,如果教师善于利用,往往可以成为很好的教学资源。课例《为中华之崛起而读书》中,当学生说自己读书就是为了找到好工作、挣大钱时,教师并没有急于批评说教,更没有恼怒失望,而是耐心倾听学生读书观背后的缘由,认真识别其价值意蕴,在尊重学生目前认知水平的基础上,引导学生走向"自己的最近发展区",尽量在典范文本阅读和深度思辨中,使言行思想能够向主流价值观靠近和融合。

活动 3: 加强课程内容整合的课例研习

活动步骤

步骤 1   仔细阅读后文"研读材料:内容统整是核心素养教育的课程论基础",自主探究:为什么语文课程内容需要整合? 语文课程内容应该如何整合?

步骤 2   认真研读二维码资源《"难忘小学生活"主题教学构想》①(六年级下册),自主梳理:该课例是怎样整合课程内容的?

步骤 3   学习小组内部充分讨论以上问题。

步骤 4   各组推选代表在全班交流;教师点评、小结。

研读材料:内容统整是核心素养教育的课程论基础②

注重课程内容整合是各国基础教育课程改革的重要趋势。《义务教育课程方案(2022 年版)》提出"加强课程综合,注重关联""加强课程内容的内在联系,突出课程内容结构化,探索主题、项目、任务等内容组织方式"。之所以强调整合,是因为核心素养是以一种知识、能力、态度和价值观的整合状态出现的。只有超越过去知识的碎片化、割裂化、单一化,实现课程内容的整合,才能切实减轻学生的学业负担,培育学生的真实素养,实现知识的有效迁移。事实证明,知识整合改变了知识的形态,使课程综合化程度进一步提升,也为学生的自主参与和深度思考提供了开阔的时空,为学生素养的生成奠定了很好的基础。

分享驿站

加强课程内容整合是 20 世纪中叶以来国际课程改革的趋势,也是 21 世纪以来我国语文教育改革的主要方向。注重核心素养培养,按学习任务群建构内容,提倡单元教学,加强与社会生活的联系,与课程整合理念都是一致的。③ 语文课程内容加强整合的路径与策略主要有四点。

(1) 强化与生活的联系。生活的边界就是教育的边界,生活的范围就是课程的范围,语文学习的外延和生活的外延一致。语文课程内容加强与生活的联系需要在全息视野的观照下,充分发掘资源,注重课程资源的多维、多向利用,以满足学生多样化学习与全面发展的需要。

---

① 李荣芬. 综合性学习"难忘小学生活"课程化实施教学构想[J]. 语文建设,2020(8):65-68.

② 荣维东、唐玖江.《义务教育语文课程准(2022 年版)》的主要变化、学理依据与实施策略[J]. 课程·教材·教法,2022(9):11-19.

③ 郑国民,李宇明. 义务教育语文课程标准(2022 年版)解读[M]. 北京:高等教育出版社,2022:54.

（2）强化与其他学科的联系。引导学生在综合运用多学科知识发现问题、分析问题、解决问题的过程中,提高语言文字运用能力,发展核心素养,是语文课程改革的应然选择。跨学科学习任务群充分体现了语文课程内容与其他学科的整合。在强化与其他学科课程内容整合时,要根据不同学段学生的特点选择适切的整合点,打破单独学科之间的界限,借助其他学科课程的教学方式方法大力优化语文教学,使学科知识与能力彼此渗透,相辅相成,形成合力,高效促进学生全面发展。

（3）加强听、说、读、写的整合。语文核心能力听、说、读、写相互联系和影响。学生听、说、读、写交汇点在于主动地"思"与"感"。通过双眼感知文字符号、获取意义的方式是"读";通过双耳感知语音信号、获取意义的方式是"听"。"读"和"听"都是大脑接受外界言语信息,大脑"理解"了,就听懂、读懂了。而将大脑"理解"的思想、情感、信息等经过加工、提炼、创新后释放、传达出去,就是口头的"说",或笔下的"写"。如果大脑缺乏"读"和"听"的基础,不能很好"思"与"感",则"说""写"不清楚。当然,如果"说""写"不清楚,也说明大脑不能很好地"思"与"感","读"和"听"也就会有问题。听、说、读、写彼此关联互动,语文课程内容整合,必须引导学生主动地"思"与"感",尽可能驱动学生听、说、读、写能力的整体性提高。

（4）孤立的知识是没有活力的,甚至没有存在的价值。知识只有在整合联系中才能生长,才能发挥更大效用,这也符合"整体功效大于局部"这一哲学命题的内涵。语文课程内容以学习任务群进行建构,就是课程内容整合"知识"的一种体现。有专家建构了学习任务群框架下的语文课程知识图谱,特别强调其整体框架与彼此联系的内部结构。比如,其中阅读课程知识图谱（见图3-1-1）呈现的"价值知识""一般方法策略""不同文类阅读""其他类型阅读"等分支领域知识,在一堂阅读教学课中,必须整合3个以上分支领域的知识。

学习任务群教学是语文课程内容全面整合的有效路径。要求课程内容要有逻辑地组织,进而实施整合教学,避免知识和技能的碎片化学习。众多优秀语文教师一直都高度重视整合教学,如窦桂梅的主题教学、薛法根的组块教学、魏书生的"语文知识树"、姚嗣芳的单元整合教学法等。《"难忘小学生活"主题教学构想》充分地体现了学习任务群教学高度整合课程内容的特性。教师设计的教学,与学生生活,及音乐、美术、信息技术等学科的关系极为密切,并涉及听、说、读、写四项基本能力的整合训练。

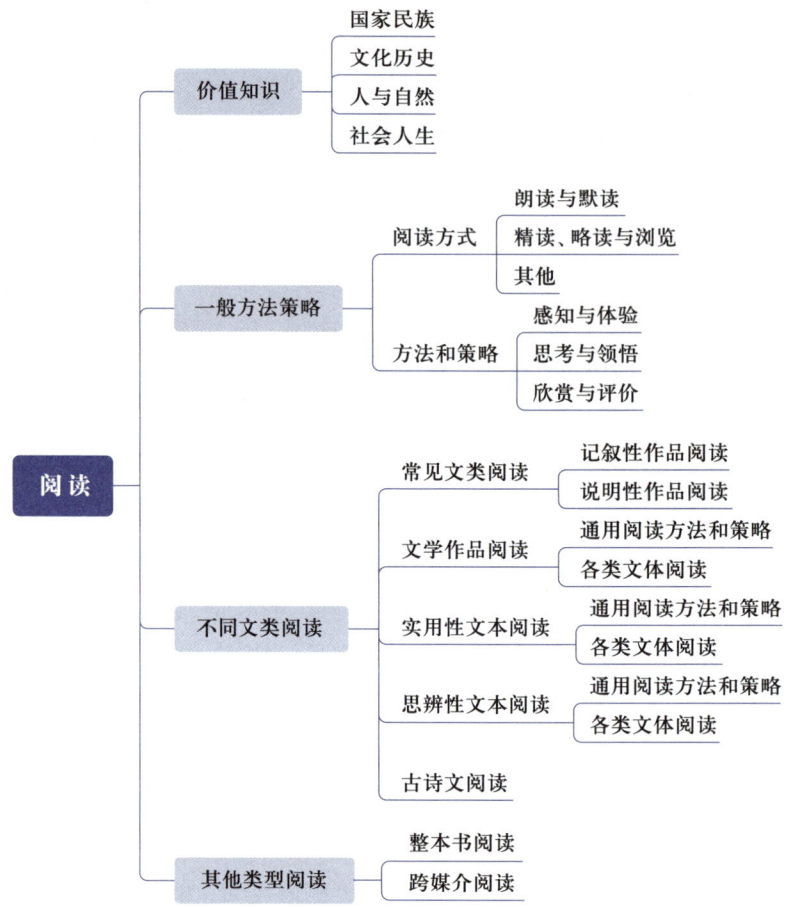

图 3-1-1   阅读课程知识图谱①

主题二   内涵探究:突出文化自信的语文课程

本主题共三个活动,各活动的目标、内容、重要程度、学习难度见表 3-2-1。

表 3-2-1   本主题活动概览

活动名称	活动目标	活动内容	重要程度	学习难度
1. 突出中华优秀传统文化的语文课程	探究梳理作为语文课程内容的中华优秀传统文化的育人价值、内容主题和载体形式等	1. 阅读相关文献,梳理内容要点。 2. 探究中华优秀传统文化的育人价值、内容主题和载体形式等	★★★★★	★★

① 朱于国. 学习任务群框架下的语文知识图谱[J]. 语文建设,2022(15):4-10.

续表

活动名称	活动目标	活动内容	重要程度	学习难度
2. 突出革命文化的语文课程	探究梳理作为语文课程内容的革命文化的育人价值、内容主题、载体形式和教学策略等	1. 阅读相关文献，梳理内容要点。 2. 探究革命文化的育人价值、内容主题、载体形式和教学策略等	★★★★★	★★★
3. 突出社会主义先进文化的语文课程	探究梳理作为语文课程内容的社会主义先进文化的育人价值、内容主题、载体形式和教学策略等	1. 阅读相关文献，梳理内容要点。 2. 探究社会主义先进文化的育人价值、内容主题、载体形式等	★★★★★	★★

活动1：突出中华优秀传统文化的语文课程

活动步骤

步骤1　认真阅读后文"研读材料：中华优秀传统文化的育人价值"，自主梳理：中华优秀传统文化对于发展学生核心素养有何价值？

步骤2　阅读二维码资源《"中华优秀传统文化"的内容主题与载体形式》，自主梳理：语文课程内容中的中华优秀传统文化，主要有哪些内容主题和载体？

步骤3　学习小组合作梳理小学语文统编教材某册中的中华优秀传统文化内容，及其主题与载体形式。

步骤4　各组推选代表在全班交流；教师小结、点评。

研读材料：中华优秀传统文化的育人价值①

传承中华优秀传统文化是建构学生发展核心素养框架的必然要求。中华传统文化主张"仁民爱物"，倡导爱人如己、心怀天下和奉献社会；主张"孝亲爱国"，注重激发个体的乡土情感和家国情怀；重视人格修养，倡导"重义轻利""诚信自律"精神；重视礼仪教育，倡导礼敬谦和、遵守规范、举止文明。这些思想精粹应成为建构学生核心素养框架的重要资源。

---

① 赵景欣，彭耀光，张文新. 中华优秀传统文化传承与学生发展核心素养研究[J]. 中国教育学刊，2016(6)：23-28.

分享驿站

　　语文课程具有极其鲜明的文化性特征。课标指出"语文课程在推广普及国家通用语言文字、增强凝聚力、铸牢中华民族共同体意识,建立文化自信、培育时代新人,实现中华民族伟大复兴等方面具有不可替代的优势",应引导学生"积淀丰厚的文化底蕴,继承和弘扬中华优秀传统文化、革命文化、社会主义先进文化,增强对习近平新时代中国特色社会主义思想的理解和认识,全面提升核心素养"。

　　中华优秀传统文化对于中华民族伟大复兴具有极其重要的意义。习近平主席在联合国教科文组织总部发表演讲时,高屋建瓴地指出:"中华文明经历了5 000多年的历史变迁,但始终一脉相承,积淀着中华民族最深层次的精神追求,代表着中华民族独特的精神标识,为中华民族生生不息、发展壮大提供了丰富滋养。"①中华优秀传统文化的内容主题,必须围绕创造性转化和创新性发展要求,"注重弘扬讲仁爱、重民本、守诚信、崇正义、尚和合、求大同等核心思想理念;弘扬有利于促进社会和谐、鼓励人们向上向善的中华人文精神;弘扬自强不息、敬业乐群、扶危济困、见义勇为、孝老爱亲等中华传统美德。主要载体为汉字、书法,成语、格言警句,神话传说、寓言故事、历史故事、民间故事、中华民族团结一家亲的故事,古代诗词、古代散文、古典小说,古代文化常识、传统节日、风俗习惯等"②。教材中有大量中华优秀传统文化的内容,其主要载体如下。

　　(1)汉字。识字、学词是小学语文课程的重点内容之一,教材非常重视汉字文化。除了一般性识字、写字等内容,还专门编排了象形文字、形声文字、会意文字、"六书"等富含汉字文化的内容。如,一年级上册识字4《日月水火》一课,"日、月、水、火、山、石、田、禾"等8个字旁边,分别呈现对应的8个象形文字和8张图片,非常醒目。课后习题在"猜一猜,连一连"中,将"兔、鸟、竹、羊、木、网"等6个字与甲骨文中的相关图片(象形文字)结合呈现。又如,教材还安排了综合性学习活动"遨游汉字王国",引导学生研习汉字文化,并配套提供了《汉字真有趣》《我爱你,汉字》等五篇阅读材料。

　　(2)童谣。教材收录了许多富含中华优秀传统文化的童谣。如,一年级上册识字2《金木水火土》中,有这样的童谣:"一二三四五,金木水火土。天地分上下,日月照今古。"中、高年级还有《数九歌》《二十四节气歌》等。

　　(3)古诗词与诸子散文。古诗词是教材中最为显眼的优秀传统文化载体,此处不予赘述。诸子散文主要编排在单篇课文或"日积月累"之中,多为节选,篇幅短小,其中寓言故事较多。如,二年级下册《揠苗助长》出自《孟子·公孙丑上》;三

①　习近平. 在联合国教科文组织总部的演讲[N]. 人民日报,2014-03-28(3).
②　中华人民共和国教育部. 义务教育语文课程标准:2022年版[M]. 北京:北京师范大学出版社,2022:18.

年级上册语文园地八"日积月累"部分,编者安排的句子分别出自《论语》《墨子》《孟子》《荀子》等。五年级下册课文《自相矛盾》出自《韩非子·难一》,该册教材语文园地八"日积月累"部分是和正义有关的句子,出自《论语》《孟子》《左传》《朱子语类》等。六年级下册语文园地五"日积月累"部分出自《周易》《礼记》《荀子》《淮南子》等,该册教材中的课文《学弈》《两小儿辩日》分别出自《孟子·告子上》《列子·汤问》。教材中的古诗词基本都保持原貌,部分诸子散文则被译为了白话。

（4）神话和民间传说。这些内容往往在一个单元里以同类文本的形式集中呈现。如,四年级上册的四单元是神话故事单元,由《盘古开天地》《精卫填海》《普罗米修斯》《女娲补天》等组成。五年级上册三单元是民间传说故事单元,由《猎人海力布》《牛郎织女》等组成。

（5）民族传统文化艺术,涉及绘画、建筑、手工艺、音乐、书法等。如三年级下册语文园地三"日积月累"中,编排有"文房四宝:纸墨笔砚""雅人四好:琴棋书画""中医四诊:望闻问切"等内容。三年级下册课文《赵州桥》、六年级下册课文《北京的春节》等,从不同角度、不同领域呈现了中华优秀传统文化的辉煌灿烂与博大精深。

活动 2:　突出革命文化的语文课程

步骤 1　认真阅读后文"研读材料:革命文化的内容和特点",自主梳理:革命文化对于发展学生核心素养有何价值?

步骤 2　阅读二维码资源《"革命文化"的内容主题与载体形式》,自主梳理:语文课程内容中的革命文化主要有哪些内容主题和载体?

步骤 3　学习小组合作梳理小学语文教材某册中的革命文化内容,及其主题与载体形式,并讨论其教学策略。

步骤 4　各组推选代表在全班交流;教师点评、指导。

研读材料:革命文化的内容和特点[①]

革命文化是中国人民在长期的革命实践中逐渐形成的、以马克思主义为指导的,反映中国革命现实,凝聚共产党人和革命群众独特思想和精神风貌的文化。这种特定的文化精神和文化形态,其内容丰富,特点鲜明。内容有:1. 科学的革命理论;2. 崇高的革命理想、坚定的革命信念、全新的精神风范;3. 全新的

---

①　徐利兰. 论中国"革命文化"的内容和特点[J]. 广东省社会主义学院学报,2003(3):36-39.

革命伦理道德观。特点是:1. 以救亡图存、民族复兴、文化转型为己任,具有鲜明的时代性;2. 文化本质的唯物论、文化取舍的辩证法,表现出的科学性;3. 以为人民服务为宗旨,体现了深刻的人民性;4. 与时俱进,推陈出新,透射出强烈的创新性。

分享驿站

　　革命文化是中国共产党人运用马克思主义,领导全国人民为实现党的政治追求和完成近代中国历史主题而不断开拓进取、艰苦卓绝奋斗的文化结晶,是在长期革命实践中积淀与孕育形成的所有物质文化与精神财富的总和。[①] 语文课程确定革命文化的内容主题,必须以习近平新时代中国特色社会主义思想为指导,围绕伟大建党精神,注重反映理想信念、爱国情怀、艰苦奋斗、无私奉献、顽强斗争和英勇无畏等革命传统。其主要载体为:老一辈无产阶级革命家和革命英雄人物的代表性作品及反映他们生平事迹的传记、故事等作品,反映党领导人民革命的伟大历程和重要事件的作品,有关革命传统人物、事件、节日、纪念日活动等方面的作品,阐发革命精神的作品,革命圣地、革命旧址和革命文物等。[②]

　　教材中,革命文化内容主题因年级不同,呈现情况也不同。

　　一至三年级教材主要通过选编单篇课文呈现。比如,一年级下册《吃水不忘挖井人》;二年级上册《八角楼上》《朱德的扁担》《难忘的泼水节》;二年级下册《邓小平爷爷植树》《雷锋叔叔,你在哪里》;三年级上册《灰雀》《手术台就是阵地》;三年级下册《我不能失信》。

　　四年级至五年级上册教材在前三个年级的基础上,增加了革命文化类课文在单元中的分量。比如,四年级上册第七单元有4篇课文,其中3篇课文是革命文化题材的,分别是《为中华之崛起而读书》《梅兰芳蓄须》和《延安,我把你追寻》。

　　五年级下册开始,教材专门编排了革命文化主题单元。比如,五年级下册第四单元的主题是"责任与担当",单元导语引用了林则徐的名言"苟利国家生死以,岂因祸福避趋之";课文包括3首富含爱国主义思想的古诗《从军行》《秋夜将晓出篱门迎凉有感》《闻官军收河南河北》及3篇课文《青山处处埋忠骨》《军神》《清贫》。六年级上册第二单元的主题是"重温革命岁月"单元,导语为"重温革命岁月,把历史的声音留在心里",选编了《七律·长征》《狼牙山五壮士》《开国大典》《灯光》《我的战友邱少云》5篇课文。六年级下册第四单元的主题是"志向与心愿",导语引用了文天祥的名言"人生自古谁无死,留取丹心照汗青",选编了表达诗人崇高志向的3首古诗及体现革命先烈、领袖事迹的课文《十六年前的回忆》《为人民服

　　① 李东朗. 革命文化是党和人民宝贵的精神财富[J]. 人民论坛,2017(6):30-31.
　　② 中华人民共和国教育部. 义务教育语文课程标准:2022 年版[M]. 北京:北京师范大学出版社,2022:18-19.

务》《董存瑞舍身炸暗堡》。这些单元的导语在强调人文主题的同时,也高度重视语文课程工具性的落实。

从四年级开始,教材在"阅读链接"栏目中也编排了革命文化内容。比如,四年级上册《梅兰芳蓄须》课后阅读链接《难忘的一课》,四年级下册《黄继光》课后阅读链接《祖国,我终于回来了》,五年级下册《军神》课后阅读链接《丰碑》。六年级下册《综合性学习:奋斗的历程》课后链接了《毛主席在花山》《十里长街送总理》《飞夺泸定桥》《狱中联欢》《伟大的友谊》《囚歌》《春天的故事》。

从五年级开始,教材编排了革命文化类主题实践活动。比如,五年级上册《少年中国说》课后练习题中设计的活动:"课文诉说了中国人的强国梦想。百年来,在强国梦想的激励下,涌现出大量的优秀人物,为国家作出了卓越的贡献,如地质学家李四光、核物理学家邓稼先、数学家华罗庚、杂交水稻育种专家袁隆平、党的好干部焦裕禄、小岗村'大包干'带头人。查找资料,读一读为国家富强而奋斗的杰出人物故事,和同学做一份手抄报。"

纵观一至六年级教材,革命文化四个领域的内容在每个年段都有安排,内容分量随着年级升高而有较大增加。这也表明高年段教材所选课文重点放在"人与社会"这一主题上,旨在将学生的视角从"小我"扩展到"大我",从而逐渐培养学生的国家意识、高尚的品质和社会基本道德素养。①

革命文化题材类文本的教学应做到以下几点:一是正确理解文本的育人价值,尊重历史,尊重作者和教材编者的意图,坚持国家情感、民族情感的正确传递。二是坚持文道统一,比如,要在感知人物形象、学习英雄高贵品质的过程中,学习描写人物语言、动作、神态等的写作方法,要在理解历史事件的过程中学习把握文章主要内容的方法。三是尊重学情,革命文化内容与主题离学生的认知世界和生活实际都较远,教师要借助各种形式的资源,创设情境,搭建学习支架,拉近学生与教学内容的距离。四是围绕人文主题,加强语文实践。如,围绕着"责任与奉献"主题,可以引导学生广泛、深入阅读为国家富强而奋斗的杰出人物故事,再与同学合作完成手抄报,并尝试通过各种新媒体进行广泛发布,与受众互动交流分享,过好虚拟和现实两个空间的语言生活,全面发展核心素养。

活动 3: 突出社会主义先进文化的语文课程

活动步骤

步骤 1　认真阅读后文"研读材料:社会主义先进文化的时代价值",自主梳理:社会主义先进文化对于发展学生核心素养有何价值?

---

① 陈先云. "文道统一"原则下教材选编特点及教学建议:以统编教材中革命文化题材类文本为例[J].江苏教育,2019(73):7-13.

步骤2   阅读二维码资源《"社会主义先进文化"的内容主题与载体形式》，自主梳理：语文课程内容中的社会主义先进文化主要有哪些内容主题和载体？

步骤3   学习小组合作梳理小学语文教材某册中的社会主义先进文化内容，及其主题与载体形式。

步骤4   各组推选代表在全班交流；教师小结、点评。

研读材料：社会主义先进文化的时代价值[①]

社会主义先进文化是中国共产党在领导中国社会主义建设事业的伟大实践中所形成的一种文化精神，是中国共产党思想上的旗帜。从历史上看，社会主义先进文化始于中华人民共和国成立，在社会主义建设中具有重要的指导地位和绝对的价值。从现实来看，社会主义先进文化为中国特色社会主义建设提供了宝贵的经验，我们党要以史为鉴、摸着石头过河，这样我们才能在社会主义建设的路上走得既快又稳。从未来看，社会主义先进文化是社会主义思想建设的一部分，为人类献出了中国智慧和中国方案。社会主义先进文化是代表着当下中国最先进的文化，正确认识它的时代价值有利于不断增进我国民众的文化自强、文化自信。

中华优秀传统文化、革命文化、社会主义先进文化之间的关系，主要体现为中国文化发展的"古"与"今"的关系。中华优秀传统文化、革命文化、社会主义先进文化的关联，是按照由"古"而"今"的历史逻辑来确立的，表明了现时代中国文化的发展方向在于发展中国特色社会主义文化。

社会主义先进文化是在党领导人民推进中国特色社会主义伟大实践中，在马克思主义指导下形成的面向现代化、面向世界、面向未来的，民族的科学的大众的社会主义文化，代表着时代进步潮流和发展要求。而社会主义核心价值观"代表了中国先进文化的前进方向"，是增强社会主义先进文化凝聚力、吸引力和竞争力的精神支撑和价值灵魂。[②] 语文课程确定社会主义先进文化的内容与主题，必须围绕社会主义核心价值观，突出爱党、爱国、爱社会主义相统一。其"主要载体为反映社会主义建设事业中取得的重大成就、涌现出来的模范人物与先进事迹的作品；反映当代中国从站起来、富起来到强起来的奋斗历程和重大事件，以及体现中国式现代化新道路和人类文明新形态的相关作品；反映和谐互助、共同富裕、改

①   陶育华. 社会主义先进文化的时代价值辨析[J]. 中共杭州市委党校学报, 2019(6)：90-96.

②   蒋燕. 社会主义先进文化与社会主义核心价值观的共同属性论[J]. 思想教育研究, 2019(1)：58-61.

革创新、劳动创造美好生活等方面的作品"①。

教材中有许多文本反映我国社会主义建设事业取得的重大成就,突出了社会主义先进文化。一是,反映我国经济建设的重大成就,如农村经济改革、城市现代化建设、工业化进程等。二是,反映我国科技创新的重大成就,如载人航天、量子通信、高速铁路等。三是,反映我国文化教育的重大成就,如文化保护、教育与体育发展等。四是,反映我国环境保护的重大成就,如生态文明建设、减排措施、资源节约等。教材主要把这些内容呈现在课文、阅读链接、资料袋、语文园地和"日积月累"中。这些内容能激发学生对于社会主义建设事业所取得的重大成就的认识和理解,增强自豪感、爱国情感和社会责任感。语文教学引导学生深入学习富含社会主义先进文化的文本,了解相关领域知识和技能,可以促进学生全面发展,提高文化自信、语言运用、思维能力和审美创造等方面核心素养。

主题三 策略学习:如何整合设计语文课程内容

本主题共三个活动,各活动的目标、内容、重要程度、学习难度见表 3-3-1。

表 3-3-1 本主题活动概览

活动名称	活动目标	活动内容	重要程度	学习难度
1. 注重听说读写的整合	增强设计语文课程内容必须注重听说读写整合的意识,学习相关策略与方法	1. 了解"语言文字积累与梳理""文学阅读与创意表达""整本书阅读"三个任务群的学习目的、内容与方法,梳理设计语文课程内容必须注重听、说、读、写整合的原因。 2. 初步探究设计语文课程内容注重听说读写整合的策略方法	★★★★★	★★★★
2. 注重与生活的联系	增强设计语文课程内容必须注重与生活联系的意识,学习相关策略与方法	1. 了解"实用性阅读与交流""思辨性阅读与表达"两个任务群的学习目的、内容与方法,梳理设计语文课程内容必须注重与生活联系的原因。 2. 初步探究设计语文课程内容注重与生活联系的策略方法	★★★★	★★★★

---

① 中华人民共和国教育部. 义务教育语文课程标准:2022 年版[M]. 北京:北京师范大学出版社,2022:19.

续表

活动名称	活动目标	活动内容	重要程度	学习难度
3. 注重与其他学科的联系	增强设计语文课程内容必须注重与其他学科联系的意识,学习相关策略与方法	1. 了解"跨学科学习"任务群的学习目的、内容与方法,梳理设计语文课程内容必须注重与其他学科联系的原因。 2. 初步探究设计语文课程内容注重与其他学科联系的策略方法	★★★★	★★★★

活动1: 注重听、说、读、写的整合

活动步骤

步骤1   阅读后文"研读材料:三个任务群的学习目的"及二维码资源《三个任务群的学习内容与教学提示》,深入思考:设计语文课程内容,为什么必须注重听、说、读、写整合?

步骤2   自主探究:在"识字与写字""阅读与鉴赏""表达与交流""梳理与探究"四类语文实践活动中,应该怎样整合听、说、读、写?

步骤3   学习小组内部充分讨论以上问题。

步骤4   各组推选代表在全班交流,教师小结、指导。

研读材料:三个任务群的学习目的①

语言文字积累与梳理:旨在引导学生在语文实践活动中,积累语言材料和语言经验,形成良好语感;通过观察、分析、整理,发现汉字的构字组词特点,掌握语言文字运用规范,感受汉字的文化内涵,奠定语文基础。

文学阅读与创意表达:旨在引导学生在语文实践活动中,通过整体感知、联想想象,感受文学语言和形象的独特魅力,获得个性化的审美体验;了解文学作品的基本特点,欣赏和评价语言文字作品,提高审美品位;观察、感受自然与社会,表达自己独特的体验与思考,尝试创作文学作品。

整本书阅读:旨在引导学生在语文实践活动中,根据阅读目的和兴趣选择合适的图书,制订阅读计划,综合运用多种方法阅读整本书;借助多种方式分享阅读心得,交流研讨阅读中的问题,积累整本书阅读经验,养成良好阅读习惯,提高整体认知能力,丰富精神世界。

---

① 中华人民共和国教育部. 义务教育语文课程标准:2022 年版[M]. 北京:北京师范大学出版社,2022:20-31.

　　课标用"语言文字积累与梳理""实用性阅读与交流""文学阅读与创意表达""思辨性阅读与表达""整本书阅读""跨学科学习"六个学习任务群来组织和呈现课程内容,一个很重要的意图就是整合听、说、读、写内容,落实语文课程的综合性和实践性特征。如,"实用性阅读与交流"第一学段的学习内容是:(1)阅读有关个人生活、家庭生活的短文,认识图文中相关的汉字,感受美好亲情;学习运用文明礼貌语言,与家庭成员、亲朋好友交流沟通,学会感恩。(2)阅读有关学校生活的短文,认识图文中相关的汉字;学习与同学、老师文明沟通;乐于分享学校生活中的见闻和感受,热爱学习,热爱学校。(3)在革命遗址、博物馆、公园、剧场、车站、书店、超市、银行等社会场所中,学习认识有关标牌、图示、说明书等,了解公共生活规则,学会有礼貌地交流。(4)学习有关中华优秀传统文化的短文,将读到、听到、看到的故事讲给他人听。①几乎每一项学习内容都包含听、说、读、写。"实用性阅读与交流"其他学段,以及另外五个学习任务群每一个学段的学习内容,都包含听、说、读、写活动。对这些语文实践活动,课标划分为"识字与写字""阅读与鉴赏""表达与交流""梳理与探究"四类。通读课标可以发现,每一类活动的开展及其教学目标的达成,也都离不开听、说、读、写的整合实施。

　　(1)"识字与写字"整合听、说、读、写的策略。"识字与写字"是小学语文教学的重要内容,课标对识字数量、识字方法与能力,以及写字习惯与书写水平等都有明确具体的要求。"识字与写字"整合听、说、读、写,可以帮助学生更好掌握和运用所学汉字。常见策略如下:一是图片识字。教师使用图片帮助学生识字,引导学生用口语描述图片内容,可以提高学生口语表达和词语运用能力,做好写话与习作的起步教学。二是情境识字。引导学生在生活情境或阅读语境中识字,通过阅读课文、故事、新闻等方式来促进学生使用汉字,并在阅读过程中思考交流,写话表达。三是游戏识字。学生参加丰富多样的字词学习游戏,可以快快乐乐、不知不觉地实现听、说、读、写能力的同步提升。四是归类识字。引导学生通过梳理与探究,遵循汉字的构字与运用规律等进行归类识字,可以较好地整合听、说、读、写,发展学生思维和语言运用能力。

　　(2)"阅读与鉴赏"整合听、说、读、写的策略。"阅读与鉴赏"必须关注学生多方面能力发展,如整体感知、提取信息、整合信息、理解探究、解释推断、鉴赏评价和解决问题等。"阅读与鉴赏"整合听、说、读、写,可以大幅度提高教学效率。常见策略如下:一是设计操作性的阅读题目,如,阅读文本理解长城的雄伟壮观,可以引导学生思考:"如果你站在八达岭长城上,将如何与游客分享长城带给你的感受?"

---

　　① 中华人民共和国教育部. 义务教育语文课程标准:2022 年版[M]. 北京:北京师范大学出版社,2022:23-24.

这一题目,既能促进学生对文本的阅读理解,又可融合听、说,乃至写的课程内容。二是指导拓展延伸写作,如扩写、补写、续写、仿写,都可让学生通过文字表达加深对文章的理解,融合读写,乃至听说的课程内容。三是组织开展语文综合性实践活动,如故事演讲、情景剧表演、绘制小报、设计展板、辩论比赛等,可以让学生在阅读课文的同时,融合学习听、说、写课程内容。

(3)"表达与交流"整合听、说、读、写的策略。"表达与交流"既包括书面表达,也包括口头表达。其中书面表达,也即习作教学,是小学语文教学的重点和难点。"表达与交流"整合听、说、读、写,可以帮助学生更好地自主写作,自由表达。常见策略如下:一是指导相关阅读。学生学习与习作主题、题材或体裁、写法相同或相似的例文,或相关图片、视频等资源,可以激发习作灵感,丰富表达内容,启迪思路和写法等,全面提高学生核心素养。二是鼓励交流分享。学生在小组或全班交流分享各自的习作,大家口头和书面点评,互相学习借鉴。三是搭建发表平台,引导学生整理自己和同学的作文,编辑班级作文集、举办班级作文展、开办作文公众号等,激励学生在有效合作,充分享受"发表"喜悦的过程中整合学习听、说、读、写课程内容。

(4)"梳理与探究"整合听、说、读、写的策略。梳理与探究主要涉及梳理、整合、反思、分析、评价、发现和解决问题七种能力要素,梳理与探究的对象包括生活体验、语言材料、语文学习经验、社会生活中的问题和与学科内容相关的问题。[①]梳理与探究往往会融入"识字与写字""阅读与鉴赏""表达与交流"活动中,如汉字学习过程中的各种归类,文本阅读中的观点梳理,表达过程中的材料整理等。"梳理与探究"整合听、说、读、写,可以帮助学生更好地识字与写字、阅读与鉴赏、表达与交流,全面提高语文实践能力。常见策略如下:一是细化梳理与探究的过程,可以避免学生囫囵吞枣或浮光掠影地学习,能够在扎扎实实的语文实践活动中融合听、说、读、写的学习。二是组织合作性梳理与探究,让学生在有效互动的过程中融合学习听、说、读、写。三是多形式展示梳理与探究成果,如做研究小报告、解说分类图表、图文结合讲解等,学生都可融合学习听、说、读、写。

活动 2: 注重与生活的联系

步骤 1 阅读后文"研读材料:两个任务群的学习目的"及二维码资源《两个任务群的学习内容与教学提示》,深入思考:设计语文课程内容,为什么必须与生活联系?

步骤 2 自主探究:设计语文课程内容,应该怎样联系学校生活、家庭生活、社会生活?

---

① 吴欣歆. 语文学科核心素养:语文课程目标的统整与重构[J]. 语文教学通讯,2018(16):20-24.

步骤3　学习小组内部充分讨论以上问题。

步骤4　各组推选代表在全班交流，教师小结、指导。

研读材料：两个任务群的学习目的①

实用性阅读与交流：旨在引导学生在语文实践活动中，通过倾听、阅读、观察，获取、整合有价值的信息，根据具体交际情境和交流对象，清楚得体表达，有效传递信息，满足家庭生活、学校生活、社会生活交流沟通需要。

思辨性阅读与表达：旨在引导学生在语文实践活动中，通过阅读、比较、推断、质疑、讨论等方式，梳理观点、事实与材料及其关系；辨析态度与立场，辨别是非、善恶、美丑，保持好奇心和求知欲，养成勤学好问的习惯；负责任、有中心、有条理、重证据地表达，培养理性思维和理性精神。

分享驿站

"语文学习的外延和生活的外延相等。"②语文用于生活主要有三个方面。一是口语表达。这是我们语言生活最常见的形式，我们与不同对象口头交流都需要相应的语言和得体的表达。二是阅读理解。生活中的阅读主要包括以学习知识、了解信息、审美、消遣等目的的阅读。三是写作表达。写作是记录生活、辅助生活、创造生活的工具，让我们的生活丰富多彩。紧密联系生活设计语文课程内容的主要策略如下。

（1）联系学校生活的策略。一是，将语文学习融入学校的日常生活，如一年级学生在熟悉校园的同时进行识字教学。二是，将语文学习融入学校的各类主题活动，如校园辩论赛、班级朗诵比赛、年级演讲比赛、运动会新闻稿评选、校园小导游竞赛等。三是，将语文学习融入学校的软硬件建设中。硬件建设如图书角、植物园、阅览室等的设计与内容建设，软件建设如学校公众号、网页及学风校风建设等，学生可以通过语文实践活动提供内容或建言献策。

（2）联系家庭生活的策略。一是，家庭阅读。引导学生与家长一起阅读纸质和电子文本等。学生通过广泛阅读增长语文知识和生活常识，家庭成员通过交流、讨论促进学生思维和语言运用能力的提高。二是，家庭写作。引导学生在家庭生活中开展实用性写作，如写留言条、书信、短信等，也可以让学生写日记记录家庭生活。三是，家庭口语交流。引导学生与家长进行亲密得体的口语沟通，鼓励学生有条理地表达自己的想法和感受，提高语言运用能力和综合素质。四是，家庭语文综合实践活动。引导学生与家长共同完成亲子旅游攻略或研学计划，共同研讨设计

①　中华人民共和国教育部. 义务教育语文课程标准：2022年版［M］. 北京：北京师范大学出版社，2022：34.

②　顾黄初. 贴近生活：语文教学改革的一种趋势［J］. 中学语文教学参考，1994（10）：2-3.

家庭装饰装修方案等。

（3）联系社会生活的策略。一是,媒体阅读。媒体是社会生活信息的重要来源,教师可以引导学生经常阅读报纸、杂志、新闻网站等媒体,让学生了解社会发展动态、国内外重要新闻,提高学生的阅读能力和批判思维水平。二是,参观展览。组织学生参观博物馆、画展、书展等文化场馆,参观前、中、后都可结合安排听、说、读、写等课程内容,全面提高学生的文化素养、审美能力。三是,社会实践。引导学生将所学语文知识与技能应用于社会实践,开展社会调查,访问特殊人群,帮助有需要的人读书、讲故事、写信等,可以促进学生了解社会现实,增强社会责任感,同时全面提高语文应用能力。

活动 3：注重与其他学科的联系

活动步骤

步骤 1　阅读后文"研读材料:'跨学科学习'任务群的学习目的"及二维码资源《"跨学科学习"任务群的学习内容与教学提示》,深入思考:设计语文课程内容,为什么必须与其他学科联系?

步骤 2　自主探究:设计语文课程内容,应该怎样联系其他学科?

步骤 3　学习小组内部充分讨论以上问题。

步骤 4　各组推选代表在全班交流,教师小结、指导。

研读材料:"跨学科学习"任务群的学习目的[①]

本学习任务群旨在引导学生在语文实践活动中,联结课堂内外、学校内外,拓宽语文学习和运用领域;围绕学科学习、社会生活中有意义的话题,开展阅读、梳理、探究、交流等活动,在综合运用多学科知识发现问题、分析问题、解决问题的过程中,提高语言文字运用能力。

分享驿站

基于语文课程的跨学科学习,要求学生在多学科观念指导下,综合运用多学科知识与技能解决学习与生活的真实问题。跨学科学习具有以下特点:一是,以问题为导向,力求用跨学科方式解决跨学科问题。二是,整体性学习,力求将多学科课程内容融入学习,使跨学科学习具有相对完整的学习框架。三是,合作性学习,为了实现不同学科领域之间的跨越,合作学习的方式是必要且有效的,学生能在合作实践中体验和探究学科交叉的路径。四是,项目性学习,创设具体的情境,引导学

---

①　中华人民共和国教育部. 义务教育语文课程标准:2022 年版［M］. 北京:北京师范大学出版社,2022:34.

生运用跨学科知识和技能完成项目任务,增进其对多学科学习内容的理解。五是,探究性学习,鼓励学生发挥主观能动性,积极探索跨学科问题,培养广泛的学习兴趣和多方面学习能力,培养创新精神和创造能力。紧密联系其他学科设计语文课程内容,主要有以下策略。

（1）跨学科学习目标的确定策略。一是,整合不同学科的知识,语文学科的字、词、句、段等多方面知识要与数学、科学、音乐、美术等多学科知识融合学习和运用。二是,融合不同学科方法,如语文学科的诵读想象、涵泳体察等方法要与其他学科的实验研究、建模仿真、数据分析、社会调查、艺术创作等有机融合,以全面解决问题或完成项目任务。三是,重视创新探索,激励学生通过跨学科的思维方法和尝试探究,寻找新的解决问题的方案或路径,以达成更优秀的目标。

（2）跨学科学习资源的开发策略。一是,多渠道开发整合资源。跨学科学习资源应从多种渠道开发获取,包括教材、教参、网络、数据库,以及家庭、学校、社区、大自然等。跨学科学习资源的整合很重要,教师应保证整合后的资源能够比较全面地覆盖多学科知识,便于学生跨学科学习运用多学科技能。二是,充分发挥、发展学生的主体性。跨学科学习资源的开发与整合需要学生主动参与,教师在资源的开发与整合过程中要培养学生的梳理与探究能力,同时促进学生建立新知识与已有知识的有机联系,不断完善自己的跨学科知识网络,发展核心素养。

（3）跨学科学习评价的设计策略。一是,使用综合性评价,从多个方面评价学生的学习成果,包括学生的知识、技能、思维能力、创造性、团队协作等方面。二是,重视过程性评价,侧重考察学生学习过程中的方法、态度、问题解决能力、合作能力等,努力促进教与学的最优化。三是,倡导学生自评和互评,鼓励学生参照同学他评对自己的学习过程和学习成果进行反思,促进其自主学习。四是,多采用表现性评价,如演出、展示、口头报告、辩论、即兴创作等。五是,及时反馈和指导,准确纠正学生的错误与偏差,或启发、激励学生自己纠偏改错。

主题四　技能实训：尝试设计语文课

本主题共三个活动,各活动的目标、内容、重要程度、学习难度见表3-4-1。

表3-4-1　本主题活动概览

活动名称	活动目标	活动内容	重要程度	学习难度
1. 整合听、说、读、写进行设计	尝试设计语文课,注意紧密整合听、说、读、写	1. 尝试设计《中国美食》的课堂教学。 2. 研习课例：《中国美食》教学录像。 3. 参考课例,改进设计	★★★★	★★★★

续表

活动名称	活动目标	活动内容	重要程度	学习难度
2. 联系生活进行设计	尝试设计语文课，注意密切联系生活	1. 尝试设计《请教》的课堂教学。 2. 研习课例：《请教》教学录像。 3. 参考课例，改进设计	★★★★	★★★
3. 联系其他学科进行设计	尝试设计语文课，注意密切联系其他学科	1. 尝试设计《纸的发明》的课堂教学。 2. 研习课例：《中国传统文化展板制作》教学录像。 3. 参考课例，改进设计	★★★★	★★★★

活动1：整合听、说、读、写进行设计

活动步骤

步骤1 课前研读教材二年级下册识字课《中国美食》，尝试设计该课的课堂教学，可以只设计其中一个重点片段，要注意整合听、说、读、写。

步骤2 研习二维码资源《中国美食》教学录像①，自主梳理：课例在整合"听、说、读、写"方面对你有何启发？

步骤3 小组交流分享课例研习的心得体会，然后推选代表在全班交流，教师适时点拨指导。

步骤4 同学自主改进课前教学设计，并在小组交流。

步骤5 小组代表在全班分享改进后的教学设计，教师点评。

步骤6 同学自主反思，并进一步改进教学设计。

分享驿站

1959年，叶圣陶先生在《认真地努力地把语文学好》一文中，将听、说、读、写的重要性和相互关系阐述得非常明白：学习语文目的"就在于把'听''说''读''写'四项本领学得更好……这四项本领有连带的关系：'听'和'读'是一路，都为了了解别人的思想；'说'和'写'是一路，都为了表达思想叫别人了解。了解和表达又是相互影响的；提高了解的能力，表达的本领就能加强；提高表达的能力，了解的本领就能加强"。课例《中国美食》，围绕识字这项主要任务，有效整合听、说、读、写，给我们带来了以下启发。

———————————

① 设计与执教者：重庆市渝中区得精小学杨薇老师。

（1）教学目标整合听、说、读、写。该课例共有三条教学目标:一是,能根据汉字音形义的关系,认识 16 个生字,读准多音字"炸";能回忆形声字的特点,说出偏旁"火"和"灬"的联系;能使用部首查字法自主识字。二是,会写 9 个生字,书写时能关注笔画长短,注意部件搭配。三是,能联系生活说说"烤、炒、爆"等制作美食的方法;对美食文化充满兴趣,主动了解家乡的美食。从三条教学目标可以看出,课例以识字和写字教学为主,而其中,"说出"两个偏旁的联系、查字典识字、"说说"美食制作方法,明显整合了听、说、读的内容。至于"写",该课例的写字虽然不是写作,但也是写作的必备基础。该课例将听、说、读、写整合,在教学目标设计环节已经体现比较充分。

（2）教学内容整合听、说、读、写。课例的教学重点虽然是识字与写字,但教学内容多处整合听、说、读、写,在落实识字与写字的同时,促进了学生听、说、读、写能力的全面提升。如,教师组织学生自学本课生字,找到难记的生字,然后组织学生交流记住字形的好方法,明显体现了识字与说的整合。又如,教师出示凉拌菠菜、香煎豆腐、红烧茄子、烤鸭、水煮鱼、葱爆羊肉、小鸡炖蘑菇等菜名,先让学生朗读这些词语,然后让学生回忆生活中这些菜的做法,最后用"……菜是用……做出来的"练习说完整的一句话,实现了读和说的整合。再如,在写字练习的时候,教师组织学生讨论怎样才能将汉字写好,实现了说与写的整合。

（3）学习方式促进听、说、读、写。小学语文学习方式主要有听讲、讨论、书写、各种形式的读、观察、记录,等等。课例《中国美食》指导学生合理运用多种学习方式,有效促进了学生听、说、读、写能力的整体提升。比如,充分利用信息技术,让学生在平板终端完成了各种练习,改变了传统语文课往往只有少数学生与教师交流、大多数学生靠听来学习的现状。又如,教师让学生讨论每一组字的相同点,启发学生通过形声字的归类提高识字效率。这个环节,学生既有自主归类梳理,又有合作讨论交流,可以很好地促进听、说、读、写能力的整体提升。

活动 2：联系生活进行设计

活动步骤

　　步骤 1　课前研读教材三年级上册第八单元《口语交际:请教》一课,尝试设计该课的课堂教学,可以只设计其中一个重点片段,要注意联系生活。
　　步骤 2　研习二维码资源《请教》教学录像①,自主梳理:课例在联系生活方面对你有何启发?

---

① 设计与执教者:重庆市人民小学曹理红老师。

步骤3　小组交流分享课例研习心得体会,然后推选代表全班交流,教师适时点评。

步骤4　自主改进课前教学设计,并在小组内部分享交流。

步骤5　小组代表在全班分享改进后的教学设计,教师点评。

步骤6　自主反思,并进一步改进教学设计。

分享驿站

人类语言与生活密不可分,语言产生于生活,生活离不开语言,语文教学密切联系生活实属天经地义。刘国正先生曾说,语文一旦与生活相结合,便立刻生动活泼起来。的确,"问渠那得清如许,为有源头活水来",只有善于运用生活这个"源头活水",语文学习之"渠"才会永不枯竭。课例遵循了语文教学的这个基本规律,给我们联系生活设计语文课带来了如下启发。

(1)研究学习内容与学生生活。《口语交际:请教》一课由三个部分构成。第一部分呈现了两个学生日常生活的真实情境:经常丢三落四和借东西不及时归还,可以很好唤起学生的生活经验。第二部分提示了向人请教的注意事项:① 在别人方便的时候请教;② 请教别人时,把需要解决的问题说清楚;③ 不管别人是否能帮你解决问题,都要向别人表示感谢。第三部分通过"学习小贴士"明确了本次学习的交际要点:① 有礼貌地向人请教;② 不清楚的地方及时追问。"有礼貌地向别人请教"在一、二年级"使用礼貌用语、注意说话语气"基础上,从"在别人方便的时候请教""请教后向别人表示感谢"两方面,培养学生日常交际的礼仪与言语素养。中国自古就是礼仪之邦,我们的文明礼貌修养必须体现在人与人交际的细节中。"有礼貌地向别人请教"就是要引导学生成为美好礼仪与人际智慧的传承人。关于请教,学生也并不是零起点。生活中,多数同学都有向他人请教的真实经历。教师让学生课前就把生活中遇到的不好解决的问题写出来。这样设计,对教师而言,方便了解学生面对问题的态度和方法,找准了学情起点;对学生而言,带着自己的问题走进课堂,强化了学习"请教"的兴趣与热情。

(2)创设教学情境。在教学过程中,可以结合学生生活的实际情况和相关内容创设教学情境。教师设计了这样的情境:"我存了一些零花钱,妈妈让我自己理财,我想把它们存到银行里,可是,我怎么才能办理一张自己的银行卡呢?"这个问题来自学生的真实生活,教师针对这个问题展开教学,学生在课上拿起电话询问银行的工作人员,在真实的对话中学会了请教时要认真听别人的建议,不清楚的地方再问一问,拿不准或是重要的内容,可以重复对方的话语。

(3)设计实践应用。教学过程中,学生必须尽可能将所学知识与技能应用到实际生活中,才能加深对语文知识与技能的理解,并使之成为"活的知识"和智慧。《请教》一课的最后,教师让学生拿出问题单,想想该向谁请教、怎么请教,小声地练习,并引导学生从三个方面反思自己的请教过程:请教的问题说清楚了吗? 请教的时候,有礼貌吗? 不清楚的地方,问明白了吗? 在此基础上,教师鼓励学生将所学知识与技能在生活中运用,很好体现了语文课与生活的有机整合。

活动 3: 联系其他学科进行设计

活动步骤

　　步骤 1　课前上网研读教材三年级下册《纸的发明》一课,尝试设计该课的课堂教学,可以只设计其中一个重点片段,要注意联系其他学科。

　　步骤 2　研习二维码资源《中国传统文化展板制作》教学录像①,自主梳理:课例在联系其他学科方面对你有何启发?

　　步骤 3　学习小组内部分享课例研习心得体会,然后推选代表全班交流,教师适时指导。

　　步骤 4　自主改进课前教学设计,并在小组内部分享交流。

　　步骤 5　小组代表在全班分享改进后的教学设计,教师点评。

　　步骤 6　自主反思,并进一步改进教学设计。

分享驿站

　　语文课程是一门学习国家通用语言文字运用的综合性、实践性课程。国家通用语言文字运用领域的无限广阔,及语文课程的综合性、实践性特征决定语文课程必须密切联系其他学科。教材在课后题、语文学习园地等板块也专门安排了跨学科学习内容。例如,《赵州桥》一课的课后题:“假如你是导游,试着用下面的词语,向游客介绍赵州桥。”该题关联的学科至少有美术、数学、科学等。又如,四年级下册的诗歌主题综合性实践单元,关联的学科包括音乐、美术等。再如,六年级下册的“难忘的小学生活”综合性实践单元,引导学生用语文、美术、音乐、数学等学科知识与技能,完成生活中的真实任务,创造和享受精彩生活。《中国传统文化展板制作》作为三年级下册第三单元的综合性学习课,较好地体现了多学科的融合,给我们跨学科教学以下启发。

　　(1)明确学科关联。该课例创设了一个真实的主题学习情境:在参与年级“传统文化”主题展时,班级担负的具体任务是制作“中国古代四大发明”展板。根据制作展板这个主题学习任务,教师确定了与之相关联的主要学科:一是语文学科,主要涉及写作;二是美术学科,主要涉及版面设计、绘画等。

　　(2)制定教学目标。依据完成任务所关联的学科学习内容,制定切实合理的

――――――――――――――――――

　　①　设计与执教者:重庆市江北区玉带山小学刘睿老师。

教学目标。《中国传统文化展板制作》一课的教学目标:目标1,能在具体任务的驱动下积极阅读文本,提取解决问题所需要的信息,选择用表格、流程图、关键词等形式对信息进行整理;目标2,能在具体任务的驱动下运用美术的色彩、比例、搭配等知识和技能完成展板的美化;目标3,能在任务完成的过程中主动参与、积极合作;目标4,能感受中华优秀文化的价值,并愿意继续了解。该教学目标较好地体现了跨学科学习的价值:一是,促进多学科知识与技能在解决问题过程中的学习与运用,如目标1和目标2;二是,关注学生在跨学科学习过程中非学科能力的综合提升,如目标3;三是,充分体现语文学科以文化人的学科育人价值,如目标4。

（3）选择学习材料。联系其他学科设计语文课,学习材料的选择非常重要。《中国传统文化展板制作》一课,学习材料主要有两类:一是教材,该课例充分使用了教材内容;二是补充材料,包括文字材料和非文字材料,教师补充了指南针、火药、印刷术等方面的文字材料,还补充了展板式样等非文字材料。材料的补充首先要考虑有效性,其次考虑典范性和科学性,要符合学生年龄特征,能够支持教学目标的顺利达成。

（4）评估学习效果。在教学过程中和结束时,教师必须进行跨学科学习效果的持续评估,可以通过口头报告、课堂表现、写作等方式进行评估,以确保学生真正掌握跨学科学习中的语文知识与技能。《中国传统文化展板制作》一课就运用表现性评价,对学生完成的展板进行语文与美术两个学科的综合评价。评价标准共4条:一是,内容准确,符合主题;二是,前言注意语句通顺,标点正确;三是,能够当众解说每个板块的内容。四是,色彩和谐,文字和图片匹配。标准的前三条主要指向语文学科的知识和技能,第四条更倾向于美术学科的知识和技能。所有标准都指向跨学科学习的过程和结果,可较好地促进"教学评一致",全面发展学生文化自信、语言运用、思维能力、审美创造。

单元梳理与提升

 拓展阅读···

请在以下5篇学术论文中选择自己感兴趣的两篇展开深度阅读,并在学习小组分享阅读所得:《中小学语文课程中革命文化教育的价值澄清与实践路径》(林志芳、潘庆玉,载《课程·教材·教法》2020年第5期);《走向文化自信:〈义务教育语文课程标准(2022年版)〉文化教育图谱》(董蓓菲、闫琳,载《课程·教材·教法》2022年第10期);《重申跨学科学习的学科立场》(程龙,载《全球教育展望》2023年第3期);《回到生活世界的语文教育:对"吕叔湘之问"的回应》(杨澄宇,载《全球教育展望》2017 年第 5 期);《关于读写听说的动机问题》(王尚文,载《语文建设》2005 年第 6 期)。

 问题探究

　　请在本单元和课标相关内容深度学习的基础上,自主探究:一线教师应该怎样突出语文课程内容的时代性?

 综合实践

　　在本单元主题四自己尝试设计的语文课中,选择重点片段进行组内合作的模拟演练,并与同学讨论课程内容设计的优点与不足。

 学习反思

　　课标"课程内容"的"主题与载体形式"部分要求:在突出中华优秀传统文化、革命文化、社会主义先进文化等主题的同时,还应选择反映世界文明优秀成果、科技进步、日常生活特别是儿童生活等方面的主题。主要载体为外国文学名著、科普科幻作品、实用性文章、中外优秀儿童文学作品等。请结合本单元学习,系统反思自己对课标上述相关内容的学习掌握情况,并撰写学习小结。

单元四　课程实施：增强情境性和实践性，变革学习方式

 **课标要点**

　　义务教育语文课程实施从学生语文生活实际出发，创设丰富多样的学习情境，设计富有挑战性的学习任务，激发学生的好奇心、想象力、求知欲，促进学生自主、合作、探究学习。

　　语文学习情境源于生活中语言文字运用的真实需求，服务于解决现实生活的真实问题。创设情境，应建立语文学习、社会生活和学生经验之间的关联，符合学生认知水平；应整合关键的语文知识和语文能力，体现运用语文解决典型问题的过程和方法。

　　教师应利用无时不有、无处不在的语文学习资源与实践机会，引导学生关注家庭生活、校园生活、社会生活等相关经验，增强在各种场合学语文、用语文的意识，建设开放的语文学习空间。

　　积极利用网络资源平台拓展学习空间，丰富学习资源，整合多种媒介的学习内容，提供多层面、多角度的阅读、表达和交流的机会，促进师生在语文学习中的多元互动。充分利用网络平台和信息技术工具，支持学生开展自主、合作、探究性学习，为学生的个性化、创造性学习提供条件。

 学习目标

☐ 研习课例，初步感知语文课程实施的情境性、实践性，及语文学习方式的变革，感悟小学语文教学艺术。

☐ 了解语文课程实施的基本要求，理解小学语文教学情境性、实践性，及变革学生学习方式的内涵。

☐ 探究增强语文教学情境性和实践性，变革语文学习方式的策略与方法，加深对小学生语文学习规律的认识。

☐ 尝试设计具有较强情境性和实践性，能够促进学生自主、合作、探究学习的教学活动，提高教学技能，增长教育智慧。

主题一 课例研习：感悟语文教学的深度变革

本主题共三个活动，各活动的目标、内容、重要程度、学习难度见表 4-1-1。

表 4-1-1 本主题活动概览

活动名称	活动目标	活动内容	重要程度	学习难度
1. 增强语文教学情境性的课例研习	初步感知语文学习情境，明白语文学习应关联社会生活和学生经验	1. 剖析课例：《跟随书本去旅行介绍大美祖国》。 2. 研读材料：语文学习任务应该包含具体的时空情境。 3. 自主梳理对语文学习情境与语文教学情境性的认识	★★★★	★★★
2. 增强语文教学实践性的课例研习	初步感知语文教学的实践性，明白语文学习应融合到开放时空之中	1. 研读材料：实践是最好的学习途径。 2. 剖析课例：《天地凛然尚英雄》。 3. 自主梳理对语文教学实践性的认识	★★★★	★★★
3. 语文学习方式深度变革的课例研习	初步感知语文学习方式的与时俱进，了解互联网时代小学生语文学习方式的深度变革	1. 剖析课例：《跟帖》。 2. 研读材料：学习本应该有的样子。 3. 讨论语文学习方式深度变革的时代要求，梳理心得体会	★★★★	★★★★

活动1：增强语文教学情境性的课例研习

活动步骤

步骤1 研读下文《跟随书本去旅行介绍大美祖国》，思考：本课例创设的真实学习情境，对你理解语文教学的情境性有何启示？

步骤2 小组讨论，推荐代表在全班汇报交流，教师点评。

步骤3 阅读下文"研读材料：语文学习任务应该包含具体的时空情境"，交流分享自己对小学语文学习情境的认识。

步骤4 自主梳理：写反思小结，梳理自己对增强语文教学情境性的认识。

步骤5 教师点评，学生小结反思。

跟随书本去旅行介绍大美祖国
——二上第四单元任务群教学设计片段①

板块一:知任务,明要求

1. 知任务:12月1日,学校将在报告厅举办美丽中国画报展活动。我们可以跟着书本去"旅行",通过语言文字领略祖国的大好河山,然后把祖国的风景名胜以及我们喜欢的景点制作成画报,让身边的老师和同学足不出户就能感受祖国的美景。

2. 明要求:将课文中介绍的景点、图画书中你喜欢的家乡景点制作成画报进行展览。搜集景点图片,配上文字,制作美丽中国画报。

语文学习任务应该包含具体的时空情境②

语文学习任务具有社会建构性,需要体现师生、生生之间的交流、分工与合作。……一切事件、存在、命运都要在具体环境中来探究、讨论,离不开其时间、空间和条件的制约。所以语文学习任务应该包含具体的时空情境,指明发生的时间和地点、资源与限制。例如,撰写研究报告的任务就需要涉及什么情况下研究、和谁一起研究,这样才符合实际的研究过程。人际关系(与谁一起做)与时空情境(何时何地)越详细,实践的互动性和真实性就越强,任务的有效性也就越强。

分享驿站

课程内容与结构直接影响课程实施。义务教育语文课程内容以学习任务群来组织与呈现,语文教学就必须增强情境性、实践性,引导学生在真实学习情境中自主、合作、探究学习。课标指出:"语文学习情境源于生活中语言文字运用的真实需求,服务于解决现实生活的真实问题。"《跟随书本去旅行介绍大美祖国》对此作出了较好诠释。教材二年级上册第四单元的几篇课文介绍了祖国大好河山,如果按照传统讲读教学方式组织学生单独学习每篇课文,只会让他们停留在知识接受与技能训练层次,难以全面发展核心素养。只有紧密关联真实场景、真实需求、真实问题,才会有真正意义上的语言实践,也才会有真实而有意义的语言生活。课例在"介绍大美祖国"这一单元学习大任务下,设计"学校将在报告厅举办美丽中国画报展活动"的情境,使学生具有真实学习需求,会更加主动地投入富有实践价值的学习。

课例的情境创设还说明语文学习情境不仅存在于教学开始的导入环节,还必

①　李芳洁,邓宝林,李娜,等. 跟随书本去旅行介绍大美祖国:二上第四单元任务群教学[J]. 小学教学设计(语文),2022(11):41-43.

②　文艺,崔允漷. 语文学习任务究竟是什么?[J]. 课程·教材·教法,2022(2):12-19.

须贯穿整个单元教学全过程。教师引导学生从"明晰任务知景点"到"跟着课本赞祖国",再到"走进图画书赏家乡",最后"借助画报游中国",这些活动都在"举办美丽中国画报展活动"这个情境中展开。这不是"为教学而教学",而是源于生活的真实需求:人们可以足不出户地跟着书本去"旅行",透过语言文字领略祖国大好河山。这也不是"为情境而情境",而是有着丰富的言语实践:初步预习课文知景点,深入学习课文赞祖国,通过图画书赏家乡,制作画报游中国,系列语言实践整合在情境中,步步深入。

该课例较好展现了学习任务群教学背景下小学语文情境创设的价值和学习方式转型的功能。学习任务群教学与传统讲授式教学有着显著区别。讲授式教学主要从教师"教"的角度出发,更多关注教师如何讲清楚,较少关注学生,主要追求"乐教会教、善教教会",打牢"双基"。学习任务群教学则更多从学生"学"的角度思考,看重学生如何学得更有效,追求"乐学会学、善学学会",提高学生的核心素养。

学习任务群教学有助于教师带领学生走上幸福的语文学习之路。情境教育专家李吉林说过,教学不仅为了学生学习,还为了学生主动地学习;不仅为了学生知识的习得,还为了学生精神世界的丰富;不仅为了学生未来做准备,还为了他们今天获得幸福人生。这三重境界是语文学习任务群教学的必然追求。作为情境教育研究和实践的杰出代表,李吉林认为"情境是客观(生活、景物)和主观(思想、感悟)相熔铸的产物""言语的发源地是具体的情境""一定的情境又会激起表达的欲望,从而促进语言的发展"。她的这些观点与课标要求密切相关①,对以情境创设为基础的语文学习任务群教学具有较大启示作用。

活动 2: 增强语文教学实践性的课例研习

活动步骤

步骤 1　阅读后文"研读材料:实践是最好的学习途径",自由谈论自己对小学语文教学实践性的认识。

步骤 2　研读下文的课例片段《天地凛然尚英雄》,思考:课例安排的语文实践学习对你有何启示?

步骤 3　结合课例在小组内分享各自对语文实践学习的认识,推荐代表在全班汇报交流。

步骤 4　教师点评、小结。

步骤 5　学生独立梳理,写反思,谈体会。

---

① 杨再隋.培根铸魂　启智增慧:《义务教育语文课程标准》(2022 年版)学习心得[J].语文教学通讯,2022(21):8-9.

研读材料：实践是最好的学习途径①

语文是一门学习语言文字运用的综合性、实践性课程，不是一门以学语文知识为主的学理性课程。记得 20 世纪 50 年代，语文课实行汉语与文学分科教学，重视语言规律的学习，当时语文教学大纲特意规定汉语学习时间每学年为 68 课时，与作文教学时间相等。这项实验进行了一年就夭折了……2022 年，课标提出学习任务群概念，强调结合学生生活，在语文实践中体会、把握运用语文的规律。因为在实践中获得的运用语言的方法规律才真正管用，因此实践是最好的学习途径。这是一种新的语文教学理念，完全符合儿童的认识规律。

天地凛然尚英雄
——四年级上册《古诗三首》学习任务群教学设计片段②

该单元人文主题是"天下兴亡，匹夫有责"，语文要素是"关注主要人物和事件，学习把握文章的主要内容"。教学主要设计 4 项任务：一是指向内容的学习任务，引导学生了解《古诗三首》中的英雄人物分别指谁，他们各做了什么而被视为英雄。二是指向实践的学习任务，引导学生"以声之色，塑古诗之形；以音之律，构古诗之境"，抓住古诗的韵律来体会古诗深层的含义。后两项任务主要指向思辨和积累。其中第二项任务有以下具体内容：在古诗朗读中，七绝的节奏一般是二二三，五绝的节奏一般是二三，节奏处平声应长吟，仄声应停顿。按这样的规则，给《古诗三首》作吟诵记号，并按记号吟诵。

在这样的吟诵中，你又体会到了什么？

分享驿站

课例《天地凛然尚英雄》中"指向内容""指向实践""指向思辨""指向积累"的 4 项任务构成了一个学习任务群，并以"天地凛然尚英雄"这一主题进行统领，较好地体现了语文教学的实践性特点。4 个任务中，虽然设计者只明确说明第二项"指向实践"，但分析发现，指向内容、思辨和积累的 3 项任务，都循着实践的学习路径而设计，着力引导学生在听、说、读、写等语文实践活动中体会、把握运用语文的规律，全面提高学生语言运用、思维能力、审美创造和文化自信等方面核心素养。当然，该课例如能把古诗学习与学生日常生活及当前社会进行更加紧密联系，教学效果也许会更好。

语文教学"抓纲务本求实践"必须做到以下两点：一是找准语文学习实践之

———————————

①　吴忠豪. 依托统编教材精准实施学习任务群[J]. 小学教学设计（语文），2022（11）：4-6.

②　刘敏威. 天地凛然尚英雄：统编教材四年级上册《古诗三首》学习任务群设计[J]. 小学语文教师，2022（10）：57-58.

点。要从学生实际出发,根据其年龄特征和不同教学内容,灵活选用教材的恰切内容,把听、说、读、写活动落到实处。二是铺设语文学习实践之路。要大力改进课堂教学,积极倡导自主、合作、探究的学习方式,有效开发课堂和课外学习资源,沟通课堂内外,让学生在实践中丰富语言积累,掌握学习方法,提高基本技能,接受熏陶感染,养成良好学习习惯,打下扎实的语文基础。

实践是最好的学习途径,引导学生在语文实践中习得真本领,应该注意三点:一是在实践中找真问题。教师在课堂上要引导学生在听、说、读、写实践活动中学习梳理重点、难点问题,更有针对性地学习,提高效率。二是在实践中习得学习方法。例如阅读理解,要注重引导学生自主理解,教师少讲,学生多读,多交流。学生能理解的、能自己学会的教师不讲,对学生理解不准不透的,教师再点拨,以便学生真切经历理解的过程,掌握理解的方法。三是以读为本,万法不离其"读"。从大处讲,学生上学必须亲自"读书";从小处讲,要提高学生语言能力,必须让学生自主阅读。可是,很长一段时间,阅读教学多局限于分析文章结构层次、中心思想、写作特色等,教师的讲遮蔽了学生的读。要增强语文教学实践性,必须引导学生兴致勃勃地反复朗读、默读,与课文语言文字亲密接触,深刻领会作者思想情感,并感受语言的音韵节奏,对课文形成富有个性和创意的理解。以学生的读代替教师的讲,让学生读中感悟,是阅读教学引领学生实践学习的有效方法。

活动 3: 语文学习方式深度变革的课例研习

活动步骤

步骤 1　系统研习二维码资源《跟帖》教学设计①、《开拓儿童网络生活作文新天地》,仔细思考:课例是怎样引导学生进入网络学习空间实现学习方式变革的? 这对你有何启示?

步骤 2　头脑风暴:阅读下文"研读材料:学习本应该有的样子",自由谈论自己对小学语文学习方式变革的认识。

步骤 3　小组讨论:小学语文学习方式变革的必要性与可行路径。

步骤 4　各小组代表在全班汇报交流,教师点评、小结。

研读材料:学习本应该有的样子②

学生带着真问题,满世界寻找解决方案,这才是学习本应该有的样子。九渡河小学大门口墙上写着这样的校训——脚下有根,眼里有光。这所山村小学的课程改革故事,生动而又深刻地诠释了学习方式变革的内涵与意义。其一,学习方式变

---

①　设计与执教者:重庆市两江新区重光小学李斌老师。
②　成尚荣.让学习成为"本来应该有的样子"[J].小学语文教师,2021(10):1.本选段略有删改。

革是与课程改革内容镶嵌在一起的,学习方式变革必然牵动课程内容的变革,反映的是课程改革的理念变化。其二,学习方式是在学科融合中变革的……学生需要运用多种学科知识来解决实际问题,培养复杂性思维,体现的是综合育人的思想。其三,学习方式变革折射的是学习理念的转变。在真实、复杂的情境中学习,在生活实践中学习,在用中学、在创中学,体现的是实践育人的原则。其四,学习方式变革把学生带到更广阔、更宏大的时空,让他们满世界寻找解决问题的方案,培养的是创新精神与实践能力,发展的是核心素养。

分享驿站

语文学习方式必须在继承中创新。没有继承,学习方式的创新便是无本之木;没有创新,学习方式的继承就等于故步自封。2011年版课标把"倡导自主、合作、探究的学习方式"作为语文课程的基本理念之一。2022年版课标仍然强调从学生语文生活实际出发,创设丰富多样的学习情境,设计富有挑战性的学习任务,促进学生自主、合作、探究学习。语文学习方式的变革具有综合性,自主、合作、探究学习方式的实践样态需要深入研究,以便针对问题不断改进。那么,当前语文学习方式存在哪些问题与误区?又该如何应对和破解?下面结合课例《跟帖》略作梳理。

问题一,学生方面,主体地位未得到充分尊重与落实。课改多年,"学生是学习的主体"这一观念已深入人心,可一到课堂,学生的主体地位就常常被忽视。有的教师一讲到底,学生成了听众、看客;有的教师象征性地让学生回答一下问题,正确与否不予评价,又回到自己的话语之中;有的教师浅层次地让所有学生都读读书,谈谈体会,美其名曰"让学生站在课堂中央",实则学生是"一群人的孤独和无助"。《跟帖》是怎样高效落实学生主体地位的呢?第一招,教学内容贴近学生生活,调动学生主动性。跟帖是网络生活常事,每个学生都有过体验,愿意参与,乐于分享。第二招,放手让学生说和写,尊重学生独立性。学生将一个字扩展写成一句话,又写成一段话,循序渐进,步步扎实。第三招,不断让学生分享研讨成果,强化成功体验。每一次分享交流活动,都让多个(组)学生展示,并精准点拨,指导学生生动表达,进行学习方向与水平的自我调控。

问题二,学习方面,深度学习未得到凸显与优化。当前不少语文课堂学习时间不足,体验感悟不够,方法总结不明,没有真学习,更谈不上有深度。课例《跟帖》是如何引导深度学习的呢?第一招,童言妙语,激发学习兴趣。教师开课即分享学生觉得新奇而有味道的网络热词,引发学生思考,激起学习欲望。第二招,留足时空,保障语言实践。读网络精彩跟帖,赏析表达的精妙,写片段练习,让学生进行充分的语言实践练习,听、说、读、写样样落实,积累与梳理、审美与创造同步实施。第三招,合作、探究,引导学生在互助中生长。教师提供一系列写作支架供学生学习参考、模仿与创新,降低写作难度,把"教我写"转化为"我能写"。

问题三,评价方面,方法点拨未得到及时明晰与强化。当前在小学语文课堂,教师面临的一大难题是不能通过适时、精准的艺术化评价点拨学法,不能明确指引和不断激励学生前行。课例《跟帖》在这方面做得很好,可谓招招见效。第一招,从见惯不惊到"特别留心"。教师开课即让学生理解网络热词,并肯定鼓励学生能够留心生活,发现网络学习的意义与价值。第二招,引导学生自主发现,自我评价,并及时优化提升。比如,教师追问:"不过,最后一句中'不会善罢甘休'是否要改一改?怎么改才恰当呢?"教师课堂教学评价艺术在彰显学生主体地位、促进学生深度学习、发展学生核心素养方面发挥着极为重要的作用。

主题二 内涵探究:语文教学的先进特质

本主题共三个活动,各活动的目标、内容、重要程度、学习难度见表4-2-1。

表4-2-1 本主题活动概览

活动名称	活动目标	活动内容	重要程度	学习难度
1. 语文教学的情境性	研习课例,探究语文教学真实情境的内涵	1. 研读材料:"真实情境"重在"真实"。 2. 剖析课例:《桥》教学实录	★★★	★★★★
2. 语文教学的实践性	研习课例,探究语文教学实践性的内涵	1. 研读材料:语文实践:语文教育的基本方式。 2. 剖析课例:《安徒生童话》推进课教学设计	★★★★	★★★
3. 语文学习方式的深度变革	研习课例,探究语文学习方式深度变革的时代意蕴	1. 研读材料:深化学习方式的应然选择。 2. 剖析课例:《故宫博物院》教学设计。 3. 探究语文学习方式深度变革的时代意蕴	★★★★★	★★★★

活动1: 语文教学的情境性

步骤1　研习二维码资源《桥》教学实录①(六年级上册),仔细思考:该课例是怎样创设学习情境的? 对你有何启示?

步骤2　结合课例,仔细阅读后文"研读材料:'真实情境'重在'真实'",谈谈自己对真实情境的理解,并与同伴辩论:何捷教学《桥》所创设的情境是否真实?

步骤3　推选不同观点的小组代表公开辩论。

步骤4　教师点评、小结。

步骤5　学生写反思,谈体会。

研读材料:"真实情境"重在"真实"②

真实情境的要点不在于"情境"而在于"真实"。主要有以下两层含义。

(1) 与现实世界相关。学习任务的目标指向,是现实世界里有素养的成年人在正常情况下所做的事。以朗读为例,我们课标里的"正确、流利"是"真实"的,"有感情地朗读"则可能是"学校情境"的,因而不那么"真实"。我们中小学长期流行的那种脱离写作目的和写作对象的"优秀作文",很不"真实";整本书阅读教学,要求学生们不停地做填空题、画图表,不大"真实"。判断"真实"与否的标准,就是现实世界里成年人在正常情况下是否做这样的事。

(2) 与学生切身相关。学生"像真的一样"投入到学习任务中。也就是说,"真实"情境不仅是成人眼里的,还必须有儿童的视角。"真实"是对学生的内心感受而言的,带着学生去做社区调研,如果学生以为与己不相关,那就不是教育教学领域所讲的"真实"情境;相反的例子,如小学生"开火车"词语接龙比赛游戏,这种在成年人世界几乎没人做的事,在儿童的心目中却可能是十分真实的。

课标颁布后,语文教育界特别强调"情境"。这是理所当然的,因为课标有48处提及"情境",语文教学也必须增强情境性。不过,这个话题并不是当下才开始讨论,广大语文教师一直都有关注。20世纪80年代以来,我国情境教育理论研究和实践推广取得了显著成绩。情境教育家李吉林认为研究情境教育是在探索"儿

---

①　设计与执教者:福建福州教育研究院、福建省教育学院语文课程与教学研究所何捷老师。

②　王荣生."语文学习任务"的含义:语文课程标准文本中的关键词[J]. 课程·教材·教法,2022(11):71-77.

童究竟是怎么学习的"这个世界性课题。她致力于"把孩子教聪明",在儿童发展关键期促进其语言早期发展,创立"情境教学""情境课程""情境教育",构建理论框架及操作体系,影响深远。当前,进一步高度重视情境教育,是语文课程与教学改革的正确方向。

不过,我们对语文教学情境内涵的认识还需辨析。上海师范大学王荣生教授认为,语文教学真实情境的要点不在于"情境"而在于"真实",其主要含义与现实世界相关,与学生切身相关。王荣生教授的观点很有指导意义,我们必须系统全面地理解。如果仅仅强调"与现实世界相关",那么在《桥》的教学中,何老师组织学生"阅读,感受人物形象""阅读,关注环境""阅读,关注情节",依然是紧扣教材、以知识为中心的教学,或是聚焦能力以训练为手段的教学,与前述王荣生教授列举的"优秀作文"及"整本书阅读"大同小异,创造的情境并不真实。这种观点,是对联系生活创设情境的过度关注和机械理解。有人主张"无生活不情境",而语文学习关涉学生方方面面的"生活",语文学习(如阅读)本身也是儿童的一种"生活",如果儿童乐意参与,那就是"儿童真实的生活"。

真正富有意义的语文学习本身就具有真实情境。如果语文学习一定要离开学习本身到"生活世界"去找情境,要求学生绝对围绕现实的真问题,真做事,有些语文学习可能就无法开展。语文教学创设学习情境,联系现实生活世界固然重要,但也不要忘了可在语文学习内部"深挖"。儿童的语文学习和生活中用语文做事常有一定距离,不可能把所有语文学习都放到生活中。创设语文学习情境,如果处处机械联系绝对真实的生活,不是假情境,就是"穿靴戴帽",情境与教学很可能是"两张皮"。儿童的语文学习和成人用语文做事还是有较大区别的。比如,生活中很少有成人去讨论文章长短、能不能读出人物形象这样的问题。针对这种情况,王荣生教授提出创设真实情境的儿童视角,主张可以引导学生"像真的一样"投入学习,这个主张值得参考。

何捷教学《桥》,在提出学习目标的同时,站在儿童视角,从语文学习内部着力,巧妙创设了驱动学生自主探究学习的情境:"这是一部微型小说,全文 634 个字,27 个自然段,最短的一段 7 个字。有的同学认为,小学生作文都不止这个'数';有的同学怀疑,这么短的文字,能读到记忆深刻的人物形象? 你相信吗?"教师利用课文本身的特点和学生可能存在的认知偏差与经验局限,巧妙带领学生进入了真实的学习情境。在语文教学中,与何老师所创设的"真实"情境类似的情境往往更多。这样的情境与联系学生日常生活创设的语文学习情境同等重要,而创设这样的情境,更需要教师具有"语文专业"的真功夫。基于这个意义审视,本单元主题一的活动 2 课例《天地凛然尚英雄》也就不一定非要联系学生日常生活与当前社会环境了。

活动2:语文教学的实践性

步骤1 研读下文《〈安徒生童话〉阅读推进课教学设计(片段)》,独立思考:该课例哪些方面充分体现了语文教学的实践性?对你有何启发?

步骤2 结合课例深入学习后文"研读材料:语文实践——语文教育的基本方式",阅读二维码资源《语文特质 语文素养 语文实践——义务教育语文课程标准核心概念及其内涵解读》,自主探究语文教学实践性的内涵与特征。

步骤3 小组讨论,组长记录代表性观点。

步骤4 组长汇报小组学习成果。

步骤5 教师点评,学生质疑,互动研讨。

《安徒生童话》阅读推进课教学设计(片段)①

一、创设情境,开启小挑战

上周,大家自主阅读了《安徒生童话》这部经典作品。这节课,老师要送给同学们一张"阅读地图",每个关卡都藏着一些闯关问题,你敢来挑战吗?

二、阅读闯关,感受童话的奇妙

第一关:人物画像馆

(1)跟随"阅读地图",我们首先来到的是"人物画像馆"。你能根据下面的描写说出他是谁吗?教师依次出示三个语段,跟随学生发言,相机交流:① 你是怎样猜出来他是谁的?② 你喜欢这个人物吗?为什么?

(2)教师引导:请同学们再来读读这三段文字,你有什么新的发现?(学生汇报自己的发现,教师小结。)

(3)请同学们翻翻书,你能描绘一个安徒生童话故事中的人物形象,让大家猜猜他是谁吗?可以重点描述外貌。(学生描述,互动猜人物。)

研读材料:语文实践——语文教育的基本方式②

"语文实践"这一概念无论是内涵还是外延,都大大超过了语文训练,语文实践的形式、方式更丰富、更开放。……语文实践是长期以来语文教学经验所积淀形

---

① 王语.《安徒生童话》推进课教学设计[J]. 小学语文教学,2022(7-8):66-68.

② 成尚荣. 语文特质 语文素养 语文实践:义务教育语文课程标准核心概念及其内涵解读[J]. 江苏教育研究,2012(9):8-11.

成的"语文学习之道",揭示了语文学习的规律,又具有时代意义和特点。这一"语文学习之道"针对着灌输的传统做法,其背后是人,是学生,是学生的主体性,是学生的主动学习、学会学习、创造性学习、享受学习。学生是语文教育的主体,学生是语文的实践者。我们应当紧紧把握住"实践性",坚持以实践为语文教学的基本方式,让学生以自己的方式学习语文,在实践中培养实践能力和创新精神,让学生真正成为会学语文的主人。

分享驿站

　　语文课程是一门学习国家通用语言文字运用的综合性、实践性课程。语文课程的实践性主要体现在语言运用实践上。课标高度重视"语言运用"在整个语文课程与教学中的地位与作用。课标明确指出:"在语文课程中,学生的思维能力、审美创造、文化自信都以语言运用为基础,并在学生个体语言经验发展过程中得以实现。"

　　语言文字运用实践的基本方式是听、说、读、写,增强语文教学的实践性,离不开听、说、读、写能力的扎实训练。不过,如成尚荣先生所言,训练只是语文实践的一种方式,"语文实践"这一概念无论是内涵还是外延,都大大超过语文训练。课标综合听、说、读、写,提出"识字与写字""阅读与鉴赏""表达与交流""梳理与探究"等语文实践活动,有效丰富和发展了语文实践的内涵与外延,为语文教学改革进一步指明了方向。《〈安徒生童话〉阅读推进课教学设计》以"整本书阅读"学习任务群的形式,系统安排"阅读与鉴赏""表达与交流""梳理与探究"等语文实践活动。研习该课例,至少可形成三个方面的认识:

　　(1)语文学习起始于积极的语文实践。孔子曰:"知之者不如好之者,好之者不如乐之者。"(《论语·雍也》)积极的语文实践能够直接激发和强化学生的语文学习兴趣。《〈安徒生童话〉阅读推进课教学设计》结合三年级学生学习基础和认知特点,整节课围绕学生喜闻乐见的阅读闯关活动安排教学环节,学生在闯关过程中必然对名著产生浓厚兴趣,其语文学习的主动性、积极性、创造性得以充分表现,可真正实现从"要我学"转为"我要学"。

　　(2)语文学习浸润于有效的语文实践中。语文实践离不开听、说、读、写,听、说、读、写是语文的基本方面。《〈安徒生童话〉阅读推进课教学设计》引导学生读语段,猜人物,说发现,表达个人喜恶之情,描述外貌,再猜人物等,把听、说、读、写的学习融为一体,语言运用难度层层递进。这完全符合课标"注重语文与生活的结合,注重听、说、读、写的内在联系,追求语言、知识、技能和思想情感、文化修养等多方面、多层次发展的综合效应"的要求。浸润于有效的语文实践中,学生完全可以在"我要学"的基础上实现"我能学"。

　　(3)有效的语文实践需要学生掌握策略与方法。在该课例中,教师有针对性地引导学生借助在阅读指导课上习得的阅读方法和积累的阅读经验，进行有效的阅读鉴赏、表达交流、梳理探究。这体现了教师对语文实践策略与方法的高度重视，能够有意识地促进学生迁移运用阅读策略和方法解决语文实践中的重点问题，提高阅读效率，进而巩固语文实践策略与方法。比如，教师引导学生在阅读中关注指定人物的外貌，再关注书中其他人物，先读外貌描写猜人物，再说外貌猜人物，在知识与技能的迁移运用过程中集中感悟人物形象，可以有效强化学生"我能学"与"我会学"的积极心态，全面提升学生核心素养。

活动 3：语文学习方式的深度变革

活动步骤

步骤 1　研读下文《〈故宫博物院〉教学设计框架》，深入思考：该课例在促进学生语文学习方式变革方面有何特色？对你有何启发？

步骤 2　仔细阅读后文"研读材料：深化学习方式的应然选择"，自主探究：在数字教育背景下应该如何深度变革学生语文学习方式？

步骤 3　小组讨论前两个步骤思考探究的问题。

步骤 4　小组代表汇报交流；教师点评、小结。

步骤 5　学生写反思，谈体会，梳理自己对语文学习方式深度变革的认识。

《故宫博物院》教学设计框架①

一、回顾旧知，明确学习任务

1. 回顾旧知。这节课我们继续学习第三单元。通过前两篇课文的学习，说说你们是怎么进行有目的阅读的？

2. 明确学习任务。如果去北京旅游，必去的网红打卡点之一，就是故宫博物院。故宫这个地方，历史悠久，建筑精美，但是规模宏大，而且错综复杂。如果要去旅游，我们肯定要先做一个旅游攻略。教师出示课文提示语的两个任务：为家人计划故宫一日游安排，画一张故宫参观路线图；择一两个景点，游故宫的时候为家人作讲解。

二、用电脑浏览百度界面，感知文本材料(略)

三、对照任务，筛选所需材料(略)

四、使用材料，分析需求(略)

五、解说角色，评判参考价值(略)

六、总结策略，延伸生活情境(略)

---

① 何必钻. 逼近真实的阅读行为：基于实用性阅读与交流的《故宫博物院》教学[J]. 小学教学设计（语文），2022(11)：15-18.

研读材料:深化学习方式的应然选择①

1. 以"人的发展"为根本目标。学习方式的变革不应止于简单求新求变,而要切实促进学生获得适应日常生活和社会发展的必备品格和关键能力。目前有些项目式学习,虽然提出了驱动性任务,也鼓励学生参与了项目式学习的几个步骤,但学生的学习还仅仅停留于在教师的带领下获取更多的信息、掌握更多的技能,并不是真正的深入探索、实践和合作。学生不能切实获得实践创新、反思质疑等关键能力,学生的兴趣、自信心与主动性也无法得到充分发展。

2. 以"学"为基本出发点。要实现学习方式的持续深刻变革,必须明确"学"对"教"的支配性和决定性地位。从行为者地位上讲,要明确"学主教从",教的使命在于引发学习;从行为发生上讲,要明确"先学后教",教的功能在于维持学习;从行为指引上讲,要明确"以学定教",教的前提在于了解学习;从行为过程上讲,要明确"学教合一"。

近 20 年以来,基础教育领域对学生学习方式变革的理论研究和实践创新都取得了丰硕成果,众多专家学者也进行了持续跟踪研究。比如,北京教育科学研究院方中雄、王凯对学习方式变革的实践样态与发展路径进行了系统研究。该项研究结果揭示,近年来中小学生学习方式变革已渐成风气、势不可挡,整体上呈现出综合化、主题化、场景化、任务化、个性化等特征。其中,综合性学习聚焦学生整体发展,项目式学习提升学生问题解决能力;混合式学习关注最优化学习效果;共同体学习构建新型学习社区;融通式学习给学生更加完整的学习经历;问题引领式学习实现"因问而学、问学交融"。研究者认为,要使学习方式变革真正成为教育变革的核心,还需要以"人的发展"为根本目标,以"学"为基本出发点,进行高屋建瓴的"整体设计",让技术从教师端走向学生端,有效支持个性化学习。② 以上研究,既有系统梳理,又有前瞻探索,较好地归纳了中小学生学习方式变革的时代意蕴。

小学生语文学习方式变革的实践样态与发展路径,与方中雄等学者的研究结论基本一致。2001 年我国新一轮基础教育课程改革全面铺开以来,尤其是 2011 年版课标颁发以后,小学语文教学必须"积极倡导自主、合作、探究的学习方式"已经深入人心。《故宫博物院》课例很好地体现了教师对学生自主、合作、探究学习的积极倡导,同时,按照课标要求,增强课程实施的情境性和实践性,把自主、合作、

---

① 方中雄,王凯. 学习方式变革:实践样态与发展思考[J]. 中小学管理,2018(3):24-27. 标题为本书编者所加。

② 方中雄,王凯. 学习方式变革:实践样态与发展思考[J]. 中小学管理,2018(3):24-27.

探究的学习方式与语文学习任务群教学进行深度结合。研习该课例,可形成以下认识:

（1）深度变革学习方式,必须将语文学习置于大情境之中。这里的"大"有两层含义:其一,情境具有丰富性,既能联系学生体验过的阅读情境(比如,课例引导学生基于前两篇课文的学习,说说怎么进行有目的阅读),又可关联学生丰富多彩的生活情境(比如,课例引导学生为家人做故宫博物院的旅游攻略),还要向互联网空间延伸(比如,课例设计引导学生浏览百度界面)。其二,情境具有系统性,主要体现为具有过去、当下、未来的时间维度的系统性,以及灵活转换的空间维度的系统性。在内容体量方面,大情境里面可以嵌套中等体量的情境,其下又可以有小微情境,由此也可具备系统性。

（2）深度变革学习方式,必须结合情境任务引导学生选择适切的学习方式。课例用"说说"引导学生回忆前面两篇课文的学习过程与结果,学生基于已有阅读体验,可以独立自主回答;进入网络情境,链接百度界面后浏览,网页信息繁杂,学生有个大概感知即可。后续,完成旅游攻略是这节课教学的核心任务,也是个"大任务",所用学习方式必然更为多样。除了前面所用回忆和概览,更有交流、讨论、比较,以及绘图、汇报、解说、评判等,一系列实用、适切的学习方式支撑着旅游攻略任务的完成。语文学习情境必须是"真实"的,学生学习方式必须是"自主、合作、探究"的,同时,语文真实学习情境是千变万化的,那么,学生自主、合作、探究的学习方式也必须细化为学生喜欢用、能够用,并且用有收获的具体的语文学习方法,从而有效支持个性化学习,发展学生核心素养。

（3）深度变革学习方式,必须不断探寻教育的真义,以发展和成就学生生命。其实,内容人人看得见,含义只有有心之人得之,而形式对于大多数人是一个秘密。在信息技术、云计算、人工智能高速发展的数字教育时代,语文学习方式的转变,绝对不只是"自主、合作、探究"几个词语内容的直白言说与标签式彰显。我们必须看到自主、合作、探究学习全面普及对学生生命的尊重、解放、发展和成就这一教育的真义,教师必须用心引导学生做"有心人",在真正的自主、合作、探究学习中去丰富体验、深化认知、强壮精神、捕捉意义,实现生命价值的建构与不断提升。只有如此坚持不懈,才能洞察"自主、合作、探究"这几个已经形式化的概念中"大多数人"不能轻易发现的"秘密",并为之惊叹。

主题三　策略学习:如何深度变革语文教学

本主题共三个活动,各活动的目标、内容、重要程度、学习难度见表4-3-1。

表 4-3-1　本主题活动概览

活动名称	活动目标	活动内容	重要程度	学习难度
1. 增强语文教学的情境性	通过课例剖析和理论探讨，初步掌握增强语文教学情境性的策略与方法	1. 剖析课例：《记金华的双龙洞》教学情境创设。 2. 研读材料：学习情境创设的基本策略与方法。 3. 探讨梳理增强语文教学情境性的策略与方法	★★★★	★★★
2. 增强语文教学的实践性	通过课例剖析和理论探讨，初步掌握增强语文实践性的策略与方法	1. 剖析课例：《商量》。 2. 研读材料：语文教学实践的类型。 3. 讨论梳理增强语文教学实践性的策略与方法	★★★★	★★★
3. 促进语文学习方式深度变革	通过课例比较研习与自主探究，初步掌握促进语文学习方式深度变革的策略与方法	1. 剖析课例：自主选择相关案例比较研习。 2. 探究小学语文自主、合作、探究三种学习方式的关联。 3. 探究梳理促进小学语文学习方式深度变革的策略与方法	★★★★★	★★★★

活动1：增强语文教学的情境性

活动步骤

步骤1　研读下文《记金华的双龙洞》教学情境创设，思考：该课例是怎样创设学习情境的？对你有何启示？

步骤2　学生代表交流分享自己的思考，教师点评、小结。

步骤3　自主探究：阅读下文"研读材料：学习情境创设的基本策略"，仔细剖析《记金华的双龙洞》教学情境创设运用了哪些策略。

步骤4　小组讨论，推荐代表在全班汇报交流。

步骤5　教师小结指导，学生梳理学习心得。

《记金华的双龙洞》教学情境创设

师：同学们，上节课我们初读课文，了解了双龙洞的概貌。金华双龙洞，真是一颗璀璨的明珠。为了把这颗明珠介绍给更多游客，让他们能够兴致勃勃地重走叶圣陶先生游览之路，想请同学们设计一张双龙洞风景区的明信片，要有叶老游览路线图和景点解说词。你们能做到吗？（生：能！）

师：大家先独立思考和设计。有了设计初稿后，再分组交流自己的设计，选出一个较好的设计进一步优化，到时代表小组在全班进行交流。工作任务、要求及评价标准如下（PPT呈现）：

（1）游览路线图：可以根据课文表示地点转换的语句及景点名称设计路线图，要求景点齐全，符合叶老游览路线，路线图清晰、美观。每达到一个要求可以得一颗星！

（2）景点解说词：圈画书中表示景物特点的词语，再根据自己的理解写作，要求抓住景物特点，语言简洁，介绍富有个性和吸引力。每达到一个要求可以得一颗星！

研读材料：学习情境创设的基本策略[①]

第一，明确目标策略。教学目标是情境的灵魂。创设学习情境时要始终牢记核心素养目标，使学习情境始终为实现特定的教学目标服务，注重充分发挥教学目标的导向、调控和聚焦功能。

第二，要素分解策略。一个好的学习情境，学习要素应该是明确、可控的，且在数量和内容上配置合理。这需要教师在设置情境时将教学目标清晰分解，分清要素、步骤、内容、方法、条件。

第三，内容整合策略。依据学习任务群的要求，语文学习情境设计应力求融合听、说、读、写，连通课内课外，打通线上线下，实现科内结合、科际整合，通过阅读与鉴赏、表达与交流、梳理与探究等活动，整体提升学生的核心素养。

第四，任务聚焦策略。语文学习情境设计要尽可能统整学习内容、凝练学习任务和目标，尽可能设计"主情境""主任务""主问题""主活动"，让其他学习元素围绕主线有序展开。

分享驿站

《记金华的双龙洞》第二课时教学情境由重庆市渝中区石油路小学谭仕政老师参考浙江金华一位老师的教学所创设。谭老师到浙江听课学习，发现金华的一位老师组织的课堂，学生主动参与、积极探究，不仅能快速、准确梳理作者的游览顺序，而且能画出精彩纷呈的线路图。最后学生展示小组学习成果（路线图、解说词）也特别自信、大方。谭老师认为这一真实学习情境符合语言运用的真实需求，能解决现实生活中的真实问题，很好地体现了课标精神，整合关键的语文知识和能力，涵括运用语文解决问题的过程和方法。

谭老师非常欣赏金华这位老师的情境创设艺术，后来凭记忆在自己班上设计

① 荣维东，刘建勇．语文学习情境的学理阐释与创设策略［J］．语文建设，2022（5）：14—18.

了类似情境。我们参照上述研读材料分析发现,这个教学情境具有四个优点:一是,目标明确,紧扣学生语言运用、思维能力、审美创造等核心素养。二是,要素分解明确、可控,数量和内容配置合理。绘制游览路线图、撰写景点解说词两项学习任务,都有步骤、内容、方法等方面的提示,且有明确的评价标准。三是,内容整合巧妙,融合听、说、读、写,连通课内、课外,实现了阅读鉴赏、梳理探究等语文学科内的结合,也体现了语文、美术、地理等的跨学科学习,可以整体提升学生核心素养。第四,任务聚焦。绘制游览路线图、撰写景点解说词,统整了学习内容,凝练了学习目标。

不过,谭老师认为自己的教学效果与金华那位老师有较大差距。原因何在?谭老师认为,课标要求语文学习情境符合现实生活中语言运用的真实需求,解决现实生活的真实问题。金华那位老师创设的情境对金华当地学生来说,的确极其真实,但对于重庆的同学来说,就显得有些牵强。这一客观现实决定了学生的心理感受不一样,投入的热情当然就不一样。这是情境创设的"水土不服"。创设情境要巧妙建立语文学习、社会生活和学生经验之间的关联,符合学生认知水平和实际情况。金华的学生对双龙洞非常熟悉,大多数学生都有游览经历,其生活经验、认知水平与课堂学习关联度高,完成任务的能力强,学习效果就好。而重庆的学生没有这样的经验和认知,有些"先天不足"。情境创设必须因学生而异,只有充分考虑学生生活经验和认知基础,才能高效培养他们的问题意识、任务意识、探究意识,促进知识建构和素养提升。因时、因地、因人施教是教育的基本规律,语文教学情境创设也要讲究天时、地利与人和。

活动2:增强语文教学的实践性

活动步骤

步骤1   研读二维码资源《商量——二年级上学期口语表达与交流教学案例》[1],思考:该案例是怎样增强实践性的? 这对你有何启示?

步骤2   阅读下文"研读材料:体验性实践",小组讨论:两类语文体验性实践分别应该怎样引导和促进? 请举例说明。

步骤3   自主探究:基于前两个步骤的学习,探究梳理增强语文教学实践性的策略与方法。

步骤4   分享交流自己梳理的策略与方法,教师点评、小结。

步骤5   同学对自己梳理的策略与方法进行补充、修改。

---

① 设计与执教者:重庆市渝中区石油路小学方欣老师。

研读材料:体验性实践①

体验性实践是现代学习方式的突出特征。体验性实践又可以分为两种类型:审美体验与活动体验。前者是内在的,比如自主阅读欣赏;后者是外显的,比如朗读、演讲、辩论、答辩(问答)等形式。它们都强调自身参与、亲身经历。要重视直接经验,不要用理论来代替实践,不要过度分析。

分享驿站

增强语文教学实践性的基本策略就是千方百计激励学生积极主动地开展听、说、读、写活动,因为不管是阅读欣赏还是演讲、辩论都离不开学生实实在在的听、说、读、写的直接经验。落实这一基本策略,有以下具体方法。

(1)联系儿童生活。比如,《商量——二年级上学期口语表达与交流教学案例》以课前小调查的方式启迪学生联系生活实际,引出课题,激发学生积极思考及开心表达的欲望。同时,课例中教师通过对学生的点评,鼓励更多学生流利、响亮、自信地表达。

(2)加强语言训练。实践出真知,换位明道理。表达与倾听这两种语言活动,可以从不同角度加深学生对语言的理解和运用。比如,《商量——二年级上学期口语表达与交流教学案例》引导学生经历不同形式的对话交流,通过对比感悟、讨论分享、换位思考、自主小结等方式的语言训练,使学生初步理解什么样的语气是商量的语气,为什么要用商量的语气,同时尝试用商量的语气进行说话练习。这有助于学生对理解所得进行梳理,并通过语言实践进行内化与提炼。在商量过程中,学生要真正理解什么是"说清楚",最关键的方法在于引导学生反思自己说了什么。课例引导学生讨论、朗读,自主体会、小结,深入理解怎么样才叫说清楚,明确掌握"说清楚"的内涵。商量也是提升共情能力的过程。通过听录音、师生互问互答的方式,学生明白并不是每一次商量都能达成共识,要灵活对待别人的拒绝,在理解他人的同时寻求更多的办法解决问题。这个过程也渗透了责任与担当教育,帮助学生理解他人。

(3)置身于"真实"情境中丰富体验。课例依据商量活动的三种情况创设情境,引导学生沉浸其中,丰富直接经验,提高语文实践学习质量。其一,"用了商量的语气"即有可能达成目的。课例通过二人情境模拟、师生交流、学生点评的方式,适时复现三个商量的"小妙招",在加深学生记忆的同时引导学生灵活运用小妙招,在被人拒绝后多想办法,关注学生思维的发展与提升,渗透守信、有礼的中华传统美德教育。其二,不仅要用商量的语气,同时还要把心中的想法说清楚,才有

---

① 胡勤. 试论语文教学的实践性[J]. 语文学习,2014(Z1):95-98.

可能达成商量的目的。课例在学生初步掌握商量小妙招后，以他们自己的真实事例作为口语表达训练的素材，引导学生共同解决课前小调查时大家提出的问题，激发学生勇于表达、主动表达的兴趣，培养为他人着想的品质。其三，既用了商量的语气，又把心中的想法说清楚了，学生也不一定能达成共识，必须在理解他人的同时想更多办法，拓展对话空间。课例分"孩子队""爸爸队"以"车轮战"的方式展开辩论式商量，充分激发学生的表达欲望。小组内推选"代表"，情境真实，过程完整，复习巩固商量的三个"小妙招"，也让学生明白中华民族自古以来就善于沟通。基于此，课末拓展"商量"时空，强化文化浸润。教学全程，教师多次引导学生回顾交流内容，反思交流技巧，在回顾与反思中提炼、内化并运用自己习得的知识，强化"反思获得真知与智慧"的实践体验。

活动 3：促进语文学习方式深度变革

活动步骤

　　步骤 1　各位组员在本单元研习的课例中，向同学推荐一个自认为最能体现学习方式深度变革的课例，并说明推荐理由。
　　步骤 2　各小组推荐代表到全班交流分享。
　　步骤 3　小组内头脑风暴：自主学习、合作学习、探究学习，哪一种学习方式相对更重要？请阐述理由。
　　步骤 4　各小组推荐代表在全班汇报组内同学的主要观点。
　　步骤 5　教师点评小组代表推荐的课例、分享的观点。
　　步骤 6　自主梳理：归纳促进语文学习方式深度变革的策略与方法。

分享驿站

　　世界上没有绝对最有效的学习方式，只有相对更好的学习方式。尤其是针对具体学生学习具体学科或某学科某个具体内容，只存在相对更高效的学习方式。促进学生学习方式深度变革的主要目的在于引导学生自主摸索、尝试、选择甚至创造最适合自己建构知识的方式。当今世界，学习方式名目众多，内涵丰富，其指导促进的策略与方法也见仁见智。自主、合作、探究的学习方式，是 2011 年版和 2022 年版课标都高度重视的学习方式。三种学习方式之间关系极为紧密。自主学习，既可以是独立自主的，也可以是合作自主的；探究学习，既可以是独立探究的，也可以是合作探究的；而真正有效的合作学习、探究学习，必须是自主学习。所以，三种学习方式并不处于同一逻辑层面，自主学习更具有基础性地位，是上位概念，值得高度重视。

　　有效引导学生自主学习，必须掌控好四个环节：激发动机，细化目标任务，准备必要的学习条件,提供及时的方法指导。学习方法的指导,要持续巧妙地渗透到日常教学的全过程。例如,小学低段学生要自主开展课外阅读活动,教师就有必要在日常课堂教学中帮助学生掌握自主识字的方法,教会学生遇到不认识的字通过拼音、查字典等方法解决,以帮助学生实现无障碍阅读。在识字难关突破后的第二、三学段,学生开展课外自主阅读,教师需要帮助学生将课内阅读的方法迁移到课外,促进学生的自主理解、感悟、欣赏和评价,以提高课外阅读的质量。教师引导自主学习,还要帮助学生进行自我评估,及时调整学习态度、方法,或主动争取他人的指导与帮助。

引导小学生语文自主学习要求教师以学生为中心。传统教学被看作以教师为中心的知识传递,教学方法是灌输式的,儿童被放在依附的、被管制的位置,没有或少有自我意识与自我发展的探索权和主动权。以学生为中心作为一种解放儿童,弘扬和发展儿童主体性的策略,不是"不指导",而是"不明确地指导",即讲究指导的艺术。它要求教师的指导较少带有"直接性、命令性、指示性"等特征,而较多带有"不明示性、间接性、非命令性"等特征。另外,教师必须给予学生充分的、无条件的尊重,必须对学生以诚相待,消除师生关系中的不安全感,增强彼此的幸福感与生命热情。教师只有以学生为中心,才能激发学生主体的参与愿望和责任意识,使他们更加主动、有效、持久地学习,更加快乐、健康、和谐地成长。

引导小学生语文自主学习的主阵地在课堂,教师必须不遗余力地推进小学语文主体性课堂教学。这种教学"应被看作师生人生中一段重要的生命经历,是他们生命的有意义的构成部分"[①],其蕴含着巨大的生命活力,洋溢着教师主体性与学生主体性同生共长的鲜润气息。所谓主体性,"从根本上讲,就是指人在同客体的相互作用中所表现出来的能动性、创造性和自主性"[②]。师生主体性高扬的小学语文课堂教学,不可能百分之百地按预定轨道推进,往往会生出一些意料之外的新事物、新情境、新思维和新方法,它是生机勃勃而又极具生成性的。引导小学生语文自主学习,教师必须把握这种生成性,促进师生的有效互动,削减无意义或不重要的因素,突出师生的生命特性,力争课堂教学的最优化。

小学语文主体性课堂教学的根本目标在于充分发挥、发展学生的主体性,教师必须围绕这一目标处理好完成基本教学任务与发展学生主体性的关系。一般而言,基本教学任务的完成与学生主体性的发展是一个问题的两面,它们相辅相成,互为条件。很多教师都奉行这样一句话:严肃严格地进行基本训练,诚心诚意地把学生当主人。这句话较好概括了完成基本教学任务与发展学生主体性之间的关系,同时告诉我们无论是在理论研究还是实践操作中,两手都要抓,两手都要硬。但是,在实际操作中,面对有限的课堂教学时间,不少教师很难处理好这一对关系。

① 叶澜. 让课堂焕发生命活力[J]. 教育研究,1997(9):3-9.
② 周宏,高长梅,白昆荣. 学校教育科研全书[M]. 北京:九州图书出版社,1998:470.

有时,学生主体性的发展可能影响当堂课基本教学任务的完成。比如,学生讨论某个问题,预计三分钟,但在三分钟之后还处于亢奋的情绪状态中,此时,为了充分发挥学生的主体性,教师只好延时,而这一延,往往无法收场,整堂课的基本教学任务很可能无法完成。有时,可能出现相反现象:为完成当堂课的基本教学任务,教师只好有选择、有限度地发挥学生的主体性,使学生不能"尽兴",甚至出现牵着学生鼻子追赶教学进度的现象。

如果上述矛盾已经出现,就要抓住根本——努力发展学生的主体性。知识是无限的,学生学不完。即使是学生必须学习的知识,今天不学,明天可以学。这样做,并不是鼓励学生"明日复明日",而是优先发展学生的主体性。学生主体性的发展,受时机和情境因素的制约很大,如果教师不善于把握,生硬地把学生从亢奋的情绪状态中拉回来,他们主体性的发展就会遭受巨大损失,造成因小失大的后果。对于一堂课来说,既定的基本教学任务是能够察觉到的,是显性的,但还有一种隐性的教学任务万万不可忽视。在充分的讨论和争辩中,在愉快的合作和交流中,在自主的体验和探究中,学生不也是在完成语文学习的"基本任务"吗? 的确,学生在合作中学会合作,在交流中学会交流,在探究中提高探究能力,不断地形成和积累经验,这是在完成一种"隐性的教学任务"。这些任务,多是课前没有完全预料到的,可称为"生成性"任务。在一定意义上说,充分发挥学生的主体性,确保他们完成这种隐性的教学任务要比完成显性的既定的基本教学任务更有意义和价值。

当然,教师要尽可能地避免、调和完成基本教学任务与发展学生主体性之间的矛盾。为此,课前教师必须大刀阔斧地处理教材,精心设计教学内容、方法和过程。在这方面,德国教育家克拉夫的话可以给我们带来深刻启发:"衡量一个教学计划是否具有教学论质量的标准,不是看实际进行的教学是否能尽可能与计划一致,而是看这个计划是否能够使教师在教学中采取教学论上可以论证的、灵活的行动,使学生创造性地进行学习,借以为发展他们的自觉能力作出贡献——即使是有限的贡献"[1]。课堂上,教师要按照课前精心设计的教学计划,灵活地"引导儿童自己进行探讨,自己去推论,给他们讲的应该尽量少些,而引导他们去发现的应该尽量多些"[2]。如在《鱼游到了纸上》一文的精读教学中,有位教师只抓了三个问题:首先,启发学生默读第一段并组织他们汇报自己读懂了什么。学生由此了解了作者认识青年的过程及青年的特别之处。其次,引导学生自学第二段并讨论作者是怎样描写青年画鱼的。学生由此掌握了直接描写与侧面烘托的写作要领,认识了比喻、夸张这两种修辞手法的作用。最好,学生自由朗读第三段,结合自己的生活经验和写作体会谈谈作者为什么要写这部分。学生由此了解了作者匠心独运的篇章布局,

① 瞿葆奎,等. 教育学文集:教学 上册[M]. 北京:人民教育出版社,1990:778.
② 高长梅,欧阳慧. 教师素质培养手册[M]. 北京:九州图书出版社,1998:1315.

受到了热爱生活的教育。整个过程,紧扣"写了什么""怎么写的""为什么写"这三个重点问题推进,并巧妙引入学生个体生活与学习经验方面的课程资源,在较好地完成基本教学任务的同时,充分发展了学生的主体性。在处理完成基本教学任务与发展学生主体性之间的关系时,教师要考虑到前者仅仅是手段,不是目的,后者才是更根本的目标。

主题四　技能实训:设计具有先进特质的语文教学

本主题共三个活动,各活动的目标、内容、重要程度、学习难度见表4-4-1。

表4-4-1　本主题活动概览

活动名称	活动目标	活动内容	重要程度	学习难度
1. 增强情境性的教学片段设计	进一步感悟增强情境性的教学智慧,尝试设计情境性较强的教学片段	1. 剖析课例:《识闰土,学表达——〈少年闰土〉教学设计(第一课时)》。 2. 研读材料:情境任务驱动。 3. 尝试设计引导学生写作童话人物外貌的教学片段	★★★★	★★★
2. 增强实践性的教学片段设计	进一步感悟增强语文教学实践性的教学智慧,尝试设计实践性较强的教学片段	1. 剖析课例:《我的心儿怦怦跳——四年级上学期表达与交流教学设计》。 2. 借鉴课例《重庆,非来不可》,尝试设计实用性写作的教学片段,并模拟演练	★★★★	★★★
3. 学习方式深度变革的教学片段设计	进一步感悟利用现代信息技术,遵循语文学习规律促进学生学习方式深度变革的教学艺术,并尝试设计教学片段	1. 剖析课例:《狼牙山五壮士》教学设计;《写采访提纲》教学实录。 2. 梳理利用现代信息技术,遵循语文学习规律促进学生学习方式深度变革的策略与方法。 3. 模仿课例设计读书笔记写作教学片段	★★★★	★★★★

活动1: 增强情境性的教学片段设计

　　步骤1　研读二维码资源《识闰土,学表达——〈少年闰土〉教学设计(第一课时)》①,深入思考:该课例是怎样增强语文教学情境性的?

　　步骤2　仔细阅读后文"研读材料:情境任务",小组讨论:如何创设语文学习情境任务?

　　步骤3　研读二维码资源《用得体的语言表达想象——〈未来衣服〉教学实录与评析》,小组合作,模仿设计一个引导学生进行文学想象、写作童话人物外貌的教学片段。

　　步骤4　小组分享展示教学设计。

　　步骤5　互动评议,优化教学设计,教师点评指导。

研读材料:情境任务②

　　任何知识都是和一定的情境、一定的任务、一定地域文化联系在一起的。所以今天在学习的时候,我们就非常强调要设计真实的、拟真的学习任务或者学习的场景,而在一定的场景中运用、操纵这些知识进而形成素养。

　　那么情境任务和过去的知识和技能有什么不同呢? 我们今天的核心素养教育,是基于这样一种机制,或者这么一种理解:就是要在教学中创设这样的情境,凝练关键的知识和能力,就是情境中的知识和能力,然后要教给学生完成这个任务的特定的方法和策略,同时需要运用相关的资源和帮助,让学生自主合作探究。

　　要增强语文教学情境性,教师就必须依托现实生活和经典文本,丰富学生生活和阅读经验,具体而言,有如下具体方法。

　　(1)捕捉生活需求创设情境。人民教育家陶行知主张用生活来教育,为生活向前向上的需要而教育,让教育通过生活发出力量而成为真正的教育。用生活来教育,即我们要选取生活中的关键事件、典型事件、有趣事件等,赋予其教育的意义和功能。课例《识闰土,学表达》导入环节就给同学们呈现一种特殊有趣的现象:有人说学语文有"三怕",一怕文言文,二怕写作文,三怕周树人。导入环节紧扣学生需求,启迪学生走近鲁迅,阅读欣赏鲁迅的文章"学得一点大师的妙招",提高文

---

　　① 设计者:重庆市渝中区石油路小学校长谭仕政老师。
　　② 荣维东.《义务教育语文课程标准》的四个核心理念[J]. 小学教学设计(语文),2022(10):4-7.

化品位与思想水准。依托这一情境,教师将介绍鲁迅、揭示课题、引入新课三者整合,较好地调动学生的学习兴趣与热情,为全篇课文教学设计了一条更好地服务于学生高雅文化生活的主线。

(2)紧扣核心任务创设问题情境。20世纪初,杜威提倡问题教学,基于问题情境展开教学,其一般模式为:设置问题情境——确定问题或课题——拟定解决课题方案——执行计划——总结与评价。布鲁纳的问题教学法(又称发现法)也主张通过创设问题情境,引导学习者在一定情境中,通过亲身体验和发现过程,学习最有价值的东西。课例《识闰土,学表达》的"读外貌,明写法"环节,紧扣教学核心任务提出两个问题:外貌写了哪几个方面? 为什么只写这几个方面而不写其他? 这样创设问题情境,自然巧妙,快捷有效,较好地体现了教师的设计理念:只有知道作者是怎么写的,才能真正读懂和鉴赏作品内容,也更利于学习运用作者的表达方法。

(3)合理关联拓展,落实情境核心任务。语文教学的关联拓展是一个多方面发掘利用课程资源的过程,路径灵活,策略多样。例如,紧扣阅读鉴赏的文本予以拓展就是一种好方法。《少年闰土》选自鲁迅小说名篇《故乡》,其中少年、中年闰土的外貌描写都是经典片段。教师呈现中年闰土的简笔画,让学生用描写少年闰土外貌的方法,写中年闰土的外貌,再与鲁迅描写中年闰土外貌的文字作比较。这紧扣"学得一点大师的妙招"这一核心任务,促进写作方法的迁移练习与深化理解,培养学生文学兴趣,拓宽文化视野,引导审美创造,发展核心素养,可谓一举多得。

活动2: 增强实践性的教学片段设计

活动步骤

步骤1 研读二维码资源《我的心儿怦怦跳——四年级上学期表达与交流教学设计》①,思考:该课例是怎样增强语文教学实践性的?

步骤2 模仿设计:阅读二维码资源《重庆,非来不可——"重庆市区一日游"行程单教学设计与评析》②,借鉴该课例增强语文教学实践性的策略与方法,设计一个实用性写作教学的片段。

步骤3 小组内部分享教学设计思路,推荐代表在全班汇报交流。

步骤4 教师点评、小结。

步骤5 小组合作优化教学设计,并尝试模拟演练。

---

① 设计者:重庆市高新区重庆大学城树人小学冯栎钧老师。
② 设计与执教者:重庆市两江新区重光小学袁晕虹老师。

增强语文教学的实践性之所以被长期提及,是因为在教学中没有全面落实好,语文学习效果与学生核心素养发展期望还有很大差距。持续增强语文教学实践性可从多方面入手。

(1)留足实践时空。为此,教师需要做好"加减"法。所谓减法,就是减少教师活动时间,把更多的时间留给学进行听、说、读、写实践。教师要学会"让学",做到少讲,而让学生更多开展实践性学习。不少教师在"让学"的观念上还存在很大问题,他们不相信自己少讲学生能多学。"我不讲,学生怎么学? 又能学到什么呢?"这是一部分教师的质疑。对于这一问题,课例《我的心儿怦怦跳》做出了很好的回答。课前活动,教师示范,引导学生向教师和同学讲述自己经历的事情,唤醒生活记忆,聚焦"心情小人儿"。版块一的活动:选材料,写题目;看示范,学样子;写一写,画一画;看一看,想一想——几乎全是学生的语文实践活动,教师只作适当的提醒、示范和点拨,将学生置于课堂中心,实现了学习效益最大化。所谓加法,就是拓展语文学习空间。教师要增加语文学习资源,强化"大语文"观,使书本知识的学习与实践活动紧密结合,融通课内外,把自然、社会、生活带入课堂。两个课例都做得很好。

(2)丰富实践形式。推荐与课文相关的阅读材料(包括但不限于课文所在原著)、影视作品等,鼓励写读后感、观后感、自办小报,开设表演课、演讲课、辩论课,开展朗读比赛、书法比赛、故事会等活动,都可以增加语言实践机会,引导学生在语言实践中提高语言与思维能力,发展审美创造素养。在课例《我的心儿怦怦跳》中,说事件、画心跳、写事情、改心跳、评习作,学生语言实践机会多,方式多,参与多,收获多。"重庆市区一日游"行程单教学,在丰富学生实践学习内容与形式方面也提供了较好的借鉴。

(3)优化实践过程。在听、说、读、写实践活动过程中,教师要鼓励学生合作探讨,因为独学而无友则孤陋而寡闻,合作探讨有利于将语文学习引向深入;要引导学生反复尝试,例如《我的心儿怦怦跳》引导学生尝试说感兴趣的事,尝试画心跳图,尝试在心跳厉害之处多写几句,给了学生多次尝试机会,让学生在反复尝试中学习写作,体现了实践应有的频度与力度。优化实践过程还要启发学生不断创新。课例《我的心儿怦怦跳》引入了写心跳优秀习作的标准,分析其中写作的奥秘,学生对照优秀习作标准,迁移运用悟出的方法,在原有习作水平上可以不断改进、创新,习作的进步清晰可见。这种持续跟进的实践评价,关注并强化学生的正向体验,可以逐步培养他们潜心实践的好习惯。在优化实践过程的持续评价方面,《重庆,非来不可——"重庆市区一日游"行程单教学设计与评析》,对学生语言实践的方方面面都进行了评价。例如,针对搜集资料的渠道、解决问题的假设、完成任务的策略、具体方案的设计、作品风格特点等,都有恰切的评价方式与标准,且有一定的灵活性与弹性空间,每个学生都能在实践过程中看到自己的成长与进步。

活动 3: 学习方式深度变革的教学片段设计

步骤 1　研读二维码资源《狼牙山五壮士》教学设计①(六年级上册),深入思考:该课例在促进学生学习方式变革方面对你有何启发? 如要更好利用现代信息技术促进学生学习方式深度变革,还可怎样设计?

步骤 2　研读二维码资源《写采访提纲》教学实录②,以及该课例的评析《给思维一个活泼泼的现场》③,梳理探究:该课例是如何遵循语文学习自身的规律促进学生学习方式深度变革的? 如要更好利用现代信息技术,还可以怎样设计?

步骤 3　基于前两个步骤的自主思考与探究,进行小组交流。

步骤 4　合作设计:参考《写采访提纲》课例,设计引导高年级学生写作读书笔记的教学片段,注意现代信息技术的合理运用。

步骤 5　小组展示交流,教师点评指导。

步骤 6　各组改进设计,并通过模拟演练不断优化。

现代信息技术、人工智能工具等对语文教学影响深刻,如何有效利用先进技术与工具促进学习方式深度变革,实现语文教学提质增效,是每一位语文教师必须用行动回答的问题。课标明确要求:教师要关注互联网时代日常生活中语言文字运用的新现象和新特点,认识信息技术对学生阅读和表达交流等带来的深刻影响,把握信息技术与语文教学深度融合的趋势,充分发挥信息技术在语文教学变革中的价值和功能。语文教学必须充分利用网络平台、现代信息技术和人工智能工具,优化学习内容和学习方式,实现语文教育的系统更新。

课例《狼牙山五壮士》的任务一,利用多媒体技术呈现"红色旅游"的真实情况,通过视频、图片等资料,创设真实的表达与交流情境,引导学生完成课后第一题"根据课文内容填一填,再讲讲这个故事"。任务二,利用多媒体技术,呈现"狼牙山五勇士"塔碑与"狼牙壮士"壁刻,引出真实的问题"勇士与壮士,各自侧重想表达什么",通过阅读与鉴赏抓住关键语句体会人物壮举,辨析"勇士和壮士"的含

---

① 设计者:重庆市高新区语文教研员李学伟老师,重庆科学城树人思贤小学姜静老师。
② 设计与执教者:重庆市两江新区重光小学李斌老师。
③ 作者:江苏省淮阴师范学院附属小学丁素芬老师。

义。两项任务的设计较好地体现了现代信息技术对学生自主、合作、探究学习的支持和促进。课例《写采访提纲》也有类似操作,比如播放《十点后不做作业,让孩子睡好》新闻视频、课堂现场电话连线记者等。不过,总体而言,以上两个优质课例,在利用现代信息技术促进学生学习方式深度变革方面,还可以把步子迈得更大些。比如,可以进一步引导学生课前上网自主获取更多学习资源,课后把学习成果通过网络平台尽可能广泛地分享传播。教师在课堂上也可以引导学生尝试使用互联网上的有关人工智能工具,强化学生思辨能力和信息素养的培养。

现代信息技术在促进学习方式深度变革方面的重大价值和无限可能,亟待进一步探索。当前,蓬勃发展的“智慧教育”“数字教育”已经引起人们高度重视。例如,有学者认为,在智慧教育空间实施语文项目教学具有独特智慧价值,可以为学生智慧时代的语文学习提供“无边界”学习空间,包括课堂物理空间和课堂虚拟空间。教师帮助学生线上、线下实时交流讨论,通过资源导航、资源检索及推荐、链接学习社群等,不但可以发掘建构个性化、泛在化的语文学习资源群落,还能提供人与人、人与空间、人与机器交互的多种可能,发展学习共同体价值①,为学生自主、合作、探究学习提供强力支撑。

当然,深度变革语文学习方式,在积极利用现代信息技术的同时,也要系统梳理并充分遵循语文学习本身的规律,指导学生用好传统的行之有效的语文学习方法,如,以读为本、多闻博览、熟读精思、读写互动等。没有这些方法的广泛运用,语文教学将变得苍白而无法开展。课例《狼牙山五壮士》之所以称得上优质课例,主要在于学生积极开展交流、简述、列举、表达、辨析、批注、阐释、探究、梳理、整合等语文实践活动,能够扎扎实实推进自主、合作、探究学习。与此类似,课例《写采访提纲》,按照“独立完成——集体评改——自我修改”的程序引导学习,让学生的自主、合作、探究学习得到了高效落实。我们期待,小学语文教学在充分遵循语文学习本身规律的同时,能够与各种先进技术、工具系统耦合,进一步优化学生学习方式,向着新时代理想的语文教育境界迈出更加坚实的步伐。

单元梳理与提升

 拓展阅读 ┈┈┈┈┈┈┈┈┈┈┈┈┈┈┈┈┈┈┈┈┈┈┈┈┈┈┈┈┈┈┈┈┈┈┈┈┈

学习小组每人查阅一篇有关“增强情境性和实践性,变革语文学习方式”的学术论文,在小组内进行分享阅读与交流讨论,并梳理探究:学习任务群教学理念下

---

① 金星,李如密. 智慧学习空间背景下的语文项目教学范式:内涵阐释与构建方式[J]. 课程·教材·教法,2022(12):110-116.

小学语文学习方式变革的基本策略与实现路径有哪些？

 问题探究

　　请回忆自己的小学语文学习经历，结合本单元学习，尝试探究：自己所经历的语文学习与当前基于学习任务群的语文学习，在学习方式上有何异同？

 综合实践

　　参考丁素芬的《给思维一个活泼泼的现场》（单元四主题四活动三）的写作方法，在本单元所有教学课例中，选择自己印象最深的一个，写一篇课例评析短文。请特别关注课例创设学习情境、增强语文实践、变革学习方式的策略与方法。

 学习反思

　　系统反思、梳理自己本单元学习的进度与不足，并在学习小组内交流。

单元五　课程评价:倡导过程性和整体性,强化导向作用

 **课标要点**

义务教育语文课程评价要有利于促进学生学习,改进教师教学,全面落实语文课程目标。课程评价应准确反映学生的语文学习水平和学习状况,注重考察学生的语言文字运用能力、思维过程、审美情趣和价值立场,关注学生学习过程和学习进步。根据不同年龄学生的学习特点和不同学段的学习目标,选用恰当的评价方式,抓住关键,突出重点,加强语文课程评价的整体性和综合性。

课堂教学评价是过程性评价的主渠道。教师应树立"教一学一评"一体化的意识,科学选择评价方式,合理使用评价工具,妥善运用评价语言,注重鼓励学生,激发学习积极性。

作业评价是过程性评价的重要组成部分,作业设计是作业评价的关键。

阶段性评价是在教学关键节点开展的过程性评价,旨在考察班级整体学习情况和学生阶段性学习质量,是回顾、反思和改进教学的重要依据。

 学习目标

☐ 研习小学语文课程评价课例,初步感知语文课程评价体系,感悟课堂教学评价、作业评价、阶段性评价等过程性评价的整体性与导向作用。

☐ 理解义务教育语文课程评价理念,探究语文课程评价过程性、整体性及其导向作用的基本内涵。

☐ 学习小学语文课程课堂教学评价、作业评价、阶段性评价等过程性评价的设计策略与实施方法。

☐ 尝试设计小学语文课程课堂教学评价、作业评价、阶段性评价,注意落实评价的过程性和整体性,强化其导向作用,提高评价的设计与实施能力。

主题一　课例研习:感悟语文课程评价的系统改革

本主题共三个活动,各活动的目标、内容、重要程度、学习难度见表5-1-1。

表5-1-1　本主题活动概览

活动名称	活动目标	活动内容	重要程度	学习难度
1. 课堂教学评价课例研习	初步感知语文课堂教学评价的系统改革	1. 剖析课例《我的心儿怦怦跳》的课堂教学评价设计策略与实施方法。 2. 讨论语文课堂教学评价的作用与特点	★★★★	★★★
2. 作业评价案例研习	初步感知发展学生核心素养的语文作业评价	1. 剖析案例,研讨:两份假期作业的差异。 2. 讨论发展学生核心素养的语文作业的特点	★★★★	★★★
3. 阶段性评价案例研习	初步感知阶段性评价的内涵与特征	1. 剖析案例,研讨:两份阶段性评价方案的异同。 2. 讨论以核心素养发展为导向的阶段性评价的特点	★★★	★★★

活动1:课堂教学评价课例研习

活动步骤

步骤1　课前自主阅读二维码资源《我的心儿怦怦跳——四年级上学期表达与交流教学设计》①,了解课堂教学评价的方式方法与设计艺术。

步骤2　再次研读前述教学设计,深入思考:课例安排了哪些评价环节?设计了哪些评价方式?评价对课堂教学发挥着怎样的作用?有什么特点?对你有何启发?

步骤3　学习小组内部充分讨论以上问题,并推选代表在全班交流。

步骤4　教师点评、小结。

分享驿站

课标要求教师实施课堂教学评价必须强化"教—学—评"一体化意识,使"教—学—评"都必须紧扣教学目标。课例《我的心儿怦怦跳》的教学目标:一是回

---

① 设计者:重庆市高新区重庆大学城树人小学冯栎钧老师。

忆自己经历过的"心儿怦怦跳"的事儿,通过绘制"心跳图"做到讲清楚事情的经过,讲出当时的感受。二是能聚焦"心儿怦怦跳"的时刻,停下来,多写几句,从"心儿乱了、想法多了、身体变了……"等多个角度,借助资源包和自己积累的词语把感受写清楚。三是在讲述与写作的过程中感受自己的情绪,并乐于与他人分享。三个目标较好地体现了语文课程"素养型目标"的特点。整堂课教学,不管是老师的评价还是学生的自评、互评,都紧扣教学目标,较好地体现了"教—学—评"的一体化。

表达与交流课堂教学的基本结构是:首先激发学生表达欲望,接着尝试写作,最后教师评价修改。这样的结构有利于学生在写作实践中摸索建构写作方法,自主提升写作能力。不过,大部分表达与交流课的评价修改环节都值得改进。教师采用的方法往往是:抽选个别学生的习作进行针对性讲评,提出修改建议,然后组织学生自主修改习作。针对个例的修改建议,很难对全体学生的习作修改都产生指导作用,可能会导致较多学生出现自主修改效果不佳的问题。课例《我的心儿怦怦跳》最值得借鉴的是,教师研制"范例式习作评价量规",并进行合理利用。学生初稿完成后,教师引导学生对照范例式习作量规进行自我评价,使学生明确自己习作"在哪里";然后通过小组合作讨论、全班讨论,使学生认知"三颗心"习作有什么样特征,明确自己习作"需要到哪里去";最后借助微课展示修改过程,帮助学生掌握"怎样到那里去"的方法与路径。课标要求过程性评价应有助于教与学的及时改进。课堂教学评价必须帮助学生回答"在哪里""需要到哪里去",以及"怎样到那里去"这三个问题。课例《我的心儿怦怦跳》评价修改环节能够让每一位学生都对这三个问题有着清晰认识,充分体现评价激励学生学习,促进其核心素养发展的导向作用。

指向核心素养发展的评价一方面有利于促进学生内省和反思,帮助学生发现自我潜能和不足,发展其个性;另一方面,也有助于营造良性互动的氛围,让学生在团结合作的基础上相互比较、启发,这样部分学生能脱颖而出,发挥榜样作用,同时其他学生也能在原有水平上不断提升。[①] 课例《我的心儿怦怦跳》,充分体现"指向核心素养发展"的评价理念。其中,有教师针对学生学习的口头评价,也有学生的自主评价和学生间的相互评价,彰显着课堂教学评价形式的丰富性和评价主体的多元性,以及对学生主体地位的尊重,对学生兴趣、能力等个体差异的高度关注。

课例运用的"范例式习作评价量规"很有新意,也特别实用。教师预判学生习作会呈现三个等级,分别用一颗心、两颗心、三颗心表示。一颗心的评判标准是"写出"感受,习作样例是:"当我独自走在路上时,我很紧张。'天已经黑了。'我说。第一次走夜路就这样开始了,我非常紧张。因为是第一次走夜路,还不知道会碰到什么,所以,我很紧张。走着走着,我心里十分害怕,怕黑,又怕有吓人的东西。没办法,我只有带着紧张的心情走下去。"三颗心的评判标准是"写清楚"感受,习

---

① 李煜晖,郑国民. 核心素养视域下的中小学课堂教学变革[J]. 教育研究,2018(2):80-87.

作样例是:"当我独自走在路上时,感到十分孤独和害怕——妈妈呀妈妈,你明明知道我最胆小了,为什么偏偏要我自己回家呢? 天这么黑,万一迷路了怎么办? 万一遇到坏人,我又该怎么办呢? 我提心吊胆地走着,后背禁不住冒出了冷汗,心儿跳得像打鼓,就快蹦出嗓子眼儿了。我感觉自己不是走在大路上,而是走在悬崖边。突然,草丛里蹿出一道黑影,'嗖'的一声,吓得我魂飞魄散。我赶紧闭上眼睛,倒吸了一口冷气,只觉得汗毛都一根根竖起来了。天啊! 这是什么东西? 我的脑子里不断浮现出各种可怕的怪兽,浑身不自觉地颤抖起来。我加快步子,屏住呼吸,小跑着前进,心里不住地呐喊着:'加油,小柯,你是天不怕地不怕的男子汉!'"教师虽然只呈现一颗心、三颗心的标准,但也能帮助学生对照具体标准进行自我评判,找到修改完善习作的明确方向。教师对两颗星习作的标准没有进行清晰描述,这属于教学留白艺术,有助于处理课堂教学内容的丰富与教学时间的有限之间的矛盾,也为学生自主探索两颗心习作的标准和尝试运用留下空间,为课堂教学评价促进学生差异发展提供机会。当然,如果教师在教学时间安排比较充裕的情况下,明确呈现两颗心习作标准,也会从另一个角度更好地发挥课程评价的精准导向作用。

活动 2: 作业评价案例研习

活动步骤

　　步骤 1　课前自主研读二维码资源《渝中区中华路小学三年级语文暑假作业设计》①,深入思考:小学生对这份作业会有什么样的感受? 这份作业对小学生核心素养的发展会产生哪些作用?

　　步骤 2　结合课前学习收获,阅读下文《某小学三年级学生语文暑假作业》,找找这份作业和中华路小学暑假作业的差异,谈谈促进学生核心素养发展的语文作业的特点。

　　步骤 3　两人为一组,充分讨论以上问题。

　　步骤 4　请两个组组成学习大组,在全班展示讨论交流的情况。

　　步骤 5　其他学生补充自己的认识;教师点拨、小结。

某小学三年级学生语文暑假作业②

1. 认真练习钢笔字,每天一页。

2. 主动开展课外阅读,每天阅读半小时及以上。

3. 整个暑假有计划地完成 10 篇作文,记录假期的美好生活。

4.《暑假生活》每天做一页,按照题目提示认真细致地完成。

---

①　设计者:重庆市渝中区中华路小学田禾老师、陈信老师、陈艳老师。
②　摘自某小学三年级二班一名学生的《作业记录本》。

显而易见,两所学校三年级学生语文暑假作业有很大差异:某小学的作业较为传统,条款式罗列,包括写字、阅读、习作和《暑假生活》中的语文双基练习题。这份作业很重视基础知识的掌握和单项能力的训练,在措辞上也注重对学生学习"认真主动"态度的要求。重庆市渝中区中华路小学三年级语文暑假作业设计围绕"'中华'美食小当家"这个主题安排一系列彼此紧密关联的语文实践活动,包括识字、阅读、写作和口语表达等。这份作业充分体现了课标要求:"作业设计要在识记、理解和应用的基础上加强综合性、探究性和开放性,为学生发挥创造力提供空间。"指向核心素养发展的作业设计必须促进学生文化自信、语言运用、思维能力和审美素养的整体发展。"中华美食小当家"这个主题作业的设计,能够充分体现这种整体性和导向性(见表5-1-2)。

表5-1-2 "中华美食小当家"暑假作业促进学生核心素养发展情况

学习任务	作业内容	学生核心素养			
		文化自信	语言运用	思维能力	审美创造
任务一 爱传统,中外 美食大碰撞	1. 对比回锅肉和咖喱鸡的特点	√	√		
	2. 角色扮演,运用学到的知识说服对方		√	√	
	3. 探究川菜用辣椒、印度菜用咖喱的原因	√			
任务二 爱传统,汉字 文化藏美食	1. 发现汉字中蕴藏的美食文化	√	√		
	2. 圈出制作回锅肉的食材		√	√	
	3. 查字典,归类识字		√	√	
任务三 爱家乡,家乡 美食情更浓	1. 读名家作品,感受美食蕴含的家乡情	√	√	√	√
	2. 了解名人的家乡美食	√	√		
	3. 和家人聊美食,制作美食地图	√	√	√	
任务四 爱我家,家庭 美食代代传	1. 和家人去市场探访,认识川菜调料				
	2. 观看回锅肉制作视频,用流程图记录		√	√	
	3. 和家人创作自家特色回锅肉				√
任务五 爱校园,校园 美食我做主	1. 了解食物营养知识		√		
	2. 向学校大厨推荐了一道校园午餐	√	√		√
	3. 多种方式,创意推荐	√	√	√	√

指向核心素养的作业更加强调作业与生活的关联。"中华美食小当家"这个主题作业的设计就充分强调了语文学习与生活情境的密切联系:首先,这个主题作

业由校园的午餐讨论情境引入。其次,整个作业每项实践任务都体现了情境性,如在完成"中华美食地图"的活动中,创设了与家人聊美食的情境,作业成果分享活动又回到了学校情境。整个作业设计根据学生的校园生活、家庭生活、社会生活创设情境,拉近了语文作业与生活的关系,具有较强的学习驱动力,有利于语文知识的迁移运用。

指向核心素养的作业更加强调语文实践活动的整合。"中华美食小当家"这个主题作业的设计囊括了课标所列语文实践活动的全部类型:一是识字与写字,例如,认识与美食相关的汉字,有关于食物、食材形状的字(丁、片、块、丝、条、坨、粒、段);有关于烹调技法的字(炒、炸、煎、汆、烩、烧、焖、炖);有关于饮食器皿的字(碗、碟、盘、盂、鼎、鬲、簋、敦)。二是阅读与鉴赏,例如,"爱家乡,家乡美食情更浓"这个模块,有汪曾祺《故乡的食物》和梁实秋《雅舍谈吃》的片段,方便学生结合饮食文化的了解,走近文学名家,开阔文化视野。三是表达与交流,例如,"向学校大厨推荐一道菜"的活动,要求学生拍摄一段美食视频,撰写一段推荐词,完成一张调查表,包括书面、口头的表达与交流。四是梳理与探究,例如,在学习汉字的过程中梳理关于美食的汉字的规律,在了解家乡与美食的过程中初步探究地域与美食的关系等。

"作业过程,实际上是从有教师指导的课堂教学,过渡到没有教师指导的自主学习的过程。因此,在设计作业的过程中,教师要有意识地为学生的自主学习架设思维支架、提供相关内容及必要的学习方法指导。"①中华路小学这份假期作业,用各种形式为学生提供"怎么做"的程序性指导和"用什么做"的材料参考,同时还用学习评价表的形式引导学生自我评价,培养学生的自我监控能力。例如,针对第一项任务有三条评价标准:一是我知道在哪里搜集信息;二是我知道从几个不同方面进行对比;三是通过对比我更喜欢中国的美食了。三条标准不仅指向知识、能力和方法,还指向情感态度的评价,可以全面促进学生文化自信、语言运用、思维能力、审美创造等核心素养持续发展。

活动 3: 阶段性评价课例研习

活动步骤

步骤 1　课前自主研读二维码资源《阶段性评价方案:五年级下期语文阶段性书面测试题》②,思考:何谓阶段性评价?这份试卷最具创新意义的题目设计是哪些?全套试卷对学生核心素养的发展有何作用?

---

① 王月芬. 作业的本质及其育人价值[J]. 今日教育,2021(10):8-11.

② 设计者:重庆市万盛经开区教师进修学校彭忍冬老师。

步骤2 基于课前学习,研读下文《二年级下学期表达与交流阶段性评价活动方案》,谈谈两个方案的特色与创新之处。

步骤3 尝试梳理、归纳自己对阶段性评价内容与形式的认知。

步骤4 自主分享自己的认知;教师归纳小结,点拨指导。

二年级下学期表达与交流阶段性评价活动方案①

一、活动主题

"听故事·讲故事"

二、活动要求

1. 讲述要求

(1)认真准备一个故事;

(2)故事讲述完整、清楚、能吸引听众;

(3)能分享对故事的感受。

2. 倾听要求

(1)认真倾听,了解故事内容;

(2)对故事中感兴趣的部分问一问。

三、活动表现性评价量规

见表5-1-3。

表5-1-3 "听故事·讲故事"表现性评价量规

评价内容		等级描述			
		优秀	良好	合格	不合格
讲故事	准备	对活动很有兴趣,能提前阅读故事、做好讲故事提示卡,并多次练习讲述	对活动有兴趣,能提前阅读小故事,做好讲故事提示卡	对活动兴趣一般,临时想一个小故事	对活动没有兴趣,没有故事可讲
	讲述	声音能让在场的所有人听得到、按照顺序流畅完整地讲述小故事	声音能让在场的所有人听得到、较为完整地讲述小故事	声音能让大多数同学听得到,但故事断断续续,情节不完整	基本听不到声音,断断续续,不知道讲述的什么
	应对	自信且有礼貌地回应别人的问题,发表自己的看法,简单说明理由	回应别人的问题,发表自己的看法	能简单回答别人的问题	对别人的问题不予理睬

_____

① 设计者:重庆市教育科学研究院小学语文教研员郭蕾老师。

续表

评价内容		等级描述			
		优秀	良好	合格	不合格
听故事	倾听	专心倾听、了解故事内容,展开想象,记住感兴趣的人物和情节	专心倾听、了解故事内容,记住特别感兴趣的人物和情节	能倾听、了解故事内容	东张西望,对故事不感兴趣
	交流	对自己感兴趣或者是感到困惑的地方,主动、自信、有礼貌地提问或发表自己的意见	对自己感兴趣或者是感到困惑的地方,能提问或发表自己的意见	不主动提问或发表自己的看法,但是能回应别人的问题	没有思考,害羞胆小,不敢发表自己的意见,从不回应别人的问题

分享驿站

　　《阶段性评价方案:五年级下期语文阶段性书面测试题》是我们熟悉的期末考试卷,另外一份阶段性评价方案则是二年级下学期测试表达与交流能力的活动性评价方案。阶段性评价应该根据不同评价目标与内容灵活采用多种评价形式,可以是纸笔形式,也可以设计综合性学习任务,如诵读、演讲、书写展示、读书交流、戏剧表演、调查访谈等。

　　阶段性评价要在关键的教学节点展开,评价要依据课标要求和教材内容。活动性评价方案明确指向二年级下学期学生复述能力及倾听、交流能力的评估,评价量规的内容依据合理。其一,依据课标。课标第一学段学业质量描述中,对表达与交流的要求是:"与人讨论交流,注意倾听,主动用礼貌用语回应;乐于表达自己的想法,遵守规则,主动合作,把自己的想法说清楚。能借助关键词句复述自己读过的故事或其他内容,愿意向他人讲述读过的故事。"评价量规中的维度划分与等级描述与课标要求一致。其二,依据教材。二年级下册要求进行复述训练的课文有:《小马过河》,依据词语的提示讲故事;《蜘蛛开店》,根据示意图讲故事;《青蛙卖泥塘》,演一演故事;《小毛虫》,根据提示讲故事;《羿射九日》,根据表格内容讲故事;等等。指向倾听、交流的教材内容有:清楚地表达自己的想法,简单说明理由;对感兴趣的内容问一问;主动发表意见,一个说完另一个再说;注意说话的速度,让别人听清楚;认真听,了解别人讲的内容。《二年级下学期表达与交流阶段性评价活动方案》紧扣教材设计,评价内容全面准确,不仅对学生的表述、倾听、交流能力进行评价,还要求对学生参与评价活动的情感态度进行等级描述。

　　《阶段性评价方案:五年级下期语文阶段性纸质测试题》在形式上虽然属于传统的期末试卷,但在两个方面对传统考题进行了创新与超越:一是试题的情境性。

"以情境作为载体"是国际教育评价变革的基本共识。语文实践活动是在真实且富有意义的情境中展开的,将"情境"纳入评估框架不仅可以提升学生对学习任务的参与度,还能更准确地评估学生语文核心素养的发展现状。[①] 对于猜字谜、对对联、理解歇后语等基础知识检测试题,命题者创设了一个中西方文化碰撞与交流的情境,赋予并强化了语言文字积累、运用更为丰富的价值。二是试题的整体性。如试卷第五题,创设了这样一个情境:暑假即将来临,浩天准备去长城游玩,他提前查阅了资料……这道情境性考题也具有显著整体性,可以检测五个目标点:(1)默读有一定的速度,能根据需要搜集文本中的信息;(2)初步了解非连续性文本的特点,并能从中获取所需的信息;(3)能发现不同类型文本的结构方式和语言特点,感受作品内容、表现形式上的不同;(4)能结合课文描写人物的相关语句,说出人物的特点;(5)能搜集资料,清楚地介绍一处自己感兴趣的中国的世界文化遗产。

课标指出:义务教育语文课程培养的核心素养,是学生在积极的语文实践活动中积累、建构并在真实的语言运用情境中表现出来的,是文化自信和语言运用、思维能力、审美创造的综合体现。这不仅明确了语文课程培养的学生核心素养包括哪几个方面,还提示了语文课程培养学生核心素养的路径,即在真实的语言运用情境中引导学生通过积极的语文实践活动主动积累、建构。前述两个阶段性评价课例,都创设了真实的语言运用情境,富有思维元素,融合了审美引领和文化浸润,评价工具有助于语文教学方式的积极变革和教学内容的整合优化。

主题二　内涵探究:语文课程评价系统改革的要义

本主题共三个活动,各活动的目标、内容、重要程度、学习难度见表5-2-1。

表5-2-1　本主题活动概览

活动名称	活动目标	活动内容	重要程度	学习难度
1. 倡导语文评价的过程性	系统理解语文课程的过程性评价	1. 学习课标相关内容,理解过程性评价的内涵、特点、组成及实施原则。 2. 讨论过程性评价的优势	★★★★	★★★
2. 倡导语文评价的整体性	深入理解语文评价的整体性特征	1. 学习课标学段目标和学业质量部分,对照理解语文课程评价的整体性特点。 2. 讨论语文课程评价的整体性体现在哪些方面,如何落实	★★★★	★★★

---

① 李倩,谭霞,吴欣歆,等. 教育评价变革背景下语文学科核心素养测评框架研究[J]. 课程·教材·教法,2021(2),95-102.

续表

活动名称	活动目标	活动内容	重要程度	学习难度
3. 重视语文评价的导向作用	结合课例全面理解语文课程的评价导向作用	1. 分析一份低年级学业质量评价方案。 2. 讨论评价的导向作用体现在哪些方面。 3. 梳理对评价导向作用的系统认知	★★★★★	★★★★

活动 1: 倡导语文评价的过程性

步骤 1　研读二维码资源《2022 年版课标对过程性评价的说明与建议》,理解过程性评价的内涵、评价原则及组成。

步骤 2　基于本单元主题一对课堂教学评价、作业评价、阶段性评价的初步学习,结合课标相关内容,讨论:过程性评价的优势表现在哪些方面? 过程性评价的特点是什么?

步骤 3　学习小组内部充分讨论以上问题。

步骤 4　各组推选代表在全班交流;教师点拨、小结。

课标在评价建议部分指出:"过程性评价重点考察学生在语文学习过程中表现出来的学习态度、参与程度和核心素养的发展水平,应依据各学段的学习内容和学业质量要求,广泛收集课堂关键表现、典型作业和阶段性测试等数据,体现多元主体、多种方式的特点。"这段话进一步回应了课标所强调的课程理念之五"倡导课程评价的过程性和整体性,重视评价的导向作用"。同时,揭示了过程性评价的基本内涵:其一,过程性评价的实施时空,存在于语文学习的全过程;其二,过程性评价的测评内容,不仅包括核心素养各维度的发展水平,还包括学习态度、参与程度;其三,过程性评价的实施依据,是各学段的学习内容和学业质量要求;其四,过程性评价的主要形式,包括课堂评价、作业评价和阶段性评价。另外,这段话还明确了过程性评价的主体必须多元,方式必须多样。

课标对过程性评价的有效实施提出了五条原则:一是有助于教与学的及时改进;二是统筹安排评价内容;三是发挥多元评价主体的积极作用;四是综合运用多种评价方法,增强评价的科学性、整体性;五是拓宽评价视野,倡导学科融合。实施过程性评价遵循这五条原则,有助于促进学生核心素养的发展。

过程性评价是与教学活动的开展结合在一起实施的评价,教学和评价相互融合,教师和学生民主互动,学生在"过程中"达成教学目标,在"过程中"学得知识,形成能力,在"过程中"滋养情感,优化态度。通过过程性评价,学生能够获得肯定和表扬,进而再接再厉,取得更大进步;也能够及时发现自己的问题与不足,努力优化学习过程,改进学习行为,获得语言运用、思维能力等核心素养的全面提升。

过程性评价主张多元主体参与评价,教师、家长、学生本人以及同伴等从各自不同角度提供的评价信息,能够更加真实全面地评价学生,更加准确、有力和持续地引领学生成长进步。这种深层次、多角度的过程性评价是对学生进行全面评价、促进学生终身学习、大力推进和落实素质教育的有效途径和重要手段。

活动 2: 倡导语文评价的整体性

活动步骤

步骤 1　阅读后文"研读材料:课标对学业质量内涵的说明",思考:语文课程学业质量标准具有哪些特征? 与课标要求的语文课程评价的整体性有何关系?

步骤 2　基于自己对课堂教学评价、作业评价、阶段性评价的认知,结合课标相关内容,思考:三种评价怎样才能充分体现语文课程评价的整体性特征?

步骤 3　两人为一组充分讨论以上问题。

步骤 4　请两个小组组成学习大组,在全班展示互动讨论交流的情况。

步骤 5　其他同学代表补充自己的认识;教师点拨、小结。

研读材料:课标对学业质量内涵的说明

学业质量是学生在完成课程阶段性学习后的学业成就表现,反映核心素养要求。语文课程学业质量标准是以核心素养为主要维度,结合课程内容,对学生语文学业成就具体表现特征的整体刻画。依据义务教育四个学段,按照日常生活、文学体验、跨学科学习三类语言文字运用情境,整合识字与写字、阅读与鉴赏、表达与交流、梳理与探究等语文实践活动,描述学生语文学业成就的关键表现,体现学段结束时学生核心素养应达到的水平。四个学段的语文课程学业质量标准之间相互衔接,体现学生核心素养发展的进阶,为核心素养评价提供基本依据。

分享驿站

课标所列学业质量标准,紧扣核心素养,结合课程内容,对学生语文学业成就表现进行整体刻画,系统考虑义务教育四个学段,统筹协调日常生活、文学体验、跨学科学习三类语文运用情境,整合观照识字与写字、阅读与鉴赏、表达与交流、梳理与探究四类语文实践活动,具有显著的系统性和综合性。语文课程学业质量标准是语文课程评价的实施依据,语文课程评价必须从以下几个方面体现整体性特征:

一是准确指向语文课程培养的核心素养,即文化自信、语言运用、思维能力、审美创造的整体发展;二是密切关注三类语言运用情境下四种类型语文实践活动的整体实施;三是协调各学期、各学段的衔接与进阶,积极回应义务教育阶段语文课程目标与内容设计的整体性。

结合课标课程目标学段要求与学业质量描述,可以更好理解课程评价的整体性。如,第一学段识字与写字方面的目标是:喜欢学习汉字,有主动识字、写字的愿望;学习独立识字。能借助汉语拼音认读汉字,学会用音序检字法和部首检字法查字典。达到这些目标的学生具有怎样的表现呢?课标有着相应描述:学生能"留心公共场所等真实社会场景中的文字,尝试认识标牌、图示、简单的说明性文字中的常用汉字;借助汉语拼音认读汉字,借助学过的偏旁部首推测字音字义,愿意向他人说出自己的猜想;遇到不认识的字,主动向他人请教"。透过这段描述可以发现,第一学段识字与写字教学若要有效实施,对应的课程评价就必须充分体现整体性特点,整合实施。首先,"公共场所等真实社会场景"应该成为评价的情境;其次,要把识字与写字评价整合进各类语文实践活动,因为学业质量描述的"借助学过的偏旁部首推测字音字义",虽然是单纯的识字与写字活动,但"借助学过的偏旁部首推测字音字义"含有梳理与探究活动,"愿意向他人说出自己的猜想"含有表达与交流活动。学生在具有较强综合性的语文实践活动中更能有效实施识字与写字评价。

如果将不同学段的相同维度学业质量描述关联起来看,就能更好地理解语文课程评价必须整体性实施,才能促进各学段语文学习的衔接与进阶,进而体现义务教育语文课程的整体性。例如,课标有对每个学段跨学科学习的学业质量描述:第一学段,在跨学科学习和探究活动中有好奇心和求知欲,喜欢观察、提问,能用自己喜欢的方式呈现学习所得。第二学段,参加跨学科学习活动,乐于观察、提问、交流,能参与简单的活动策划、组织工作;能根据不同学习活动主题搜集、整理信息和资料,提出自己感兴趣的问题;能用照片、图表、视频、文字等展示学习成果,并与他人分享。第三学段,积极参加跨学科学习活动,能利用多种信息渠道获取资料,在简单的调查、访谈等活动中记录真实生活;能根据活动需要,结合自己的知识积累和生活经验提出要探究、解决的主要问题;能借助跨学科知识和相关材料,与同学合作探索解决问题的具体方法,运用相关知识解释自己的想法,记录探究的过程及结论,写简单的研究报告;能组织讨论和专题演讲,发表自己的观点,在交流反思中辨别是非、善恶和美丑。能根据校园、社会活动的需要,自己或与同学合作撰写活动计划、实施方案或活动总结。三个学段跨学科学习情境描述都含有学习过程和学习结果的关键特征,不同学段描述的内容具有进阶性。例如,学习呈现方式的进阶,第一学段是"能用自己喜欢的方式呈现学习所得";第二学段"能用照片、图表、视频、文字等展示学习成果,并与他人分享";第三学段则要求写简单的研究报告,组织讨论和专题演讲,撰写活动计划、实施方案或活动总结等。

结合已经学过的课堂教学评价案例、作业设计案例和阶段性评价案例,我们可以形成更加具体明确的认识——凡是较高质量的评价,都能准确清晰地指向语文课程要培养的学生核心素养的整体性。例如,"中华美食小当家"主题暑假作业,就综合关注了核心素养的四个方面,有与汉字文化、中华美食文化密切相关的文化自信,有与阅读、表达等密切相关的语言运用,有与汉字审美、菜名创新等密切相关的审美创造,当然,搜集菜品、整理做法等一切语文实践活动都离不开思维能力。这个作业评价案例以素养立意,整合实施,充分体现了语文课程评价的整体性特征。

<h3 style="text-align:center">活动3:重视语文评价的导向作用</h3>

步骤1　课前自主学习二维码资源《让过程性评价走进线上学习》[①],思考:这样的评价形式新在哪里? 这样的评价具有怎样的导向作用?

步骤2　研读二维码资源《一年级下学期语文学业质量评价方案》[②],思考:评价方案设计了哪些评价内容和评价方式,小学语文课程评价的导向作用体现在哪些方面?

步骤3　尝试梳理、归纳自己对语文课程评价导向作用的认识。

步骤4　学生代表在全班分享自己对评价导向作用的认识;其他学生补充。

步骤5　教师归纳提炼、指导小结。

"教—学—评"一致性理念要求课程评价必须为教学的不断改进指引方向,提供动力。而教学首先要回答的是为什么而教,也就是对课程目标必须有着清晰而准确的认知。《义务教育课程方案(2022年版)》确立了促进学生核心素养发展的课程目标体系,据此,课标确立了"素养型"语文课程目标。核心素养亦称"21世纪素养",是人适应信息时代和知识社会的需要,解决复杂问题和适应不可预测情境的高级能力与人性能力。[③] 语文课程必须具有的独特贡献是,在语言运用情境中整体促进学生文化自信、语言运用、思维能力、审美创造等方面核心素养的持续发展。语文课程评价的导向作用首先应体现为紧扣"素养型"课程目标,确保教学

---

① 设计与实施者:重庆市渝中区中华路小学二年级团队。
② 由重庆市渝中区教师进修学院王华老师和中华路小学教师陈燕老师提供。
③ 张华. 论核心素养的内涵[J]. 全球教育展望,2016(4):10-24.

活动始终不偏离发展学生核心素养的方向。《一年级下学期语文学业质量评价方案》既包括全学期学习过程中的评价,又有期末的表现性评价;既有指向基本的听、说、读、写单项能力的评价,又有指向知识综合运用的实践性活动评价。这样的评价能指引教师对语文课程要培养的核心素养形成深刻认知,进而优化教学过程的一切要素,如资源、环节、活动等,促进学生核心素养的发展。

明确了为什么教,接着就要思考教什么内容,也就是对课程内容要有科学合理的把握,语文课程评价的导向作用在这方面也应充分体现。课标新增了"课程内容"部分,包括两个方面:一是主题与载体形式;二是内容组织与呈现方式。"主题与载体形式"部分阐明了语文课程内容的重点是中华优秀传统文化、革命文化、社会主义先进文化。"内容组织与呈现方式"部分要求语文课程内容不能以知识为纲,不是知识的线性安排,而是以社会生活为基础;不能只重视学科内容逻辑,还要重视生活逻辑和学习逻辑;其组织与呈现方式就是"学习任务群"。这样的课程内容更能吸引学生参与语文实践活动,更好地实现学以致用。语文课程评价的导向作用应该保障教师科学合理地选择课程内容,有效建构高质量的语文学习任务群。《一年级下学期语文学业质量评价方案》中的"端午最美汉字"实践活动评价,与学生真实生活联结,不仅评价学生主动识字能力,还评价学生数学运用能力、动手能力、审美能力。这样的评价必须与学生生活联结,与其他各门学科关联,当然,教师还要透彻地理解教材内容,以教材为基础,以情境任务的方式有效整合语文课程内容。

语文课程评价在为教师选择课程内容、达成课程目标发挥导向作用的同时,还要为课程实施,也就是有效的教与学导向。为此,教师必须充分考虑学生核心素养的发展机制。有学者提出了一个公式:"素养的成功养成=外在与情境相遇+内在心智运作+自主参与"。[①] 就语文教学而言,"外在与情境相遇"是指学生走进真实的语言运用情境;"内在心智运作"是指学生在复杂情境中解决问题时的语言运用和思维活动;"自主参与"是指学生主动参与语文实践活动。从这个意义讲,语文课程评价为课程实施导向的作用应充分体现在改进语言运用情境、优化语文学习思维、促进积极参与语文实践活动等方面。

主题三　策略学习:如何系统改革语文课程评价

本主题共三个活动,各活动的目标、内容、重要程度、学习难度见表5-3-1。

---

① 于泽元. 课改新趋势与群文阅读的价值[J]. 辽宁教育,2021(2):16-19.

表5-3-1 本主题活动概览

活动名称	活动目标	活动内容	重要程度	学习难度
1. 课堂教学评价设计与实施策略	初步掌握课堂教学评价设计与实施的主要策略	1. 研读材料:课标课堂教学评价建议。 2. 学习课例,梳理和提炼课堂教学评价设计的策略。 3. 讨论课堂教学评价策略	★★★★★	★★★★
2. 作业评价设计与实施策略	初步掌握整体性作业评价设计与实施的主要策略	1. 研读课标有关作业评价的建议,了解作业评价的要领。 2. 研读《重庆市小学语文课程教学实施指导意见》相关内容,了解作业设计的重要性和具体形式、要求。 3. 研读一份单元整体作业设计样例,梳理归纳单元整体作业设计的策略	★★★★	★★★★
3. 阶段性评价设计与实施策略	初步掌握阶段性评价设计与实施的主要策略	1. 研读课标阶段性评价建议部分,了解阶段性评价的目的、内容、形式与要领等。 2. 学习系列相关案例,探究阶段性评价方案撰写和常见评价工具设计	★★★	★★★★★

活动1: 课堂教学评价设计与实施策略

活动步骤

步骤1 阅读下文"研读材料:课标对课堂教学评价的建议",思考:课堂教学评价设计与实施的主要策略有哪些?

步骤2 学习二维码资源《小组合作学习评价工具》[①],思考:这些评价工具对改进课堂教学评价有何启发?

步骤3 研读二维码资源《狼牙山五壮士》教学设计[②](六年级上册)思考:课例的教学目标和评价是否一致? 评价方式有哪些? 评价主体有哪些? 对我们设计与实施课堂教学评价有何启发?

步骤4 学习小组内部充分讨论以上问题。

步骤5 各组推选代表在全班交流;教师小结、指导。

---

① 蔡永. 运用过程性评价促进学生合作学习能力提高[J]. 上海教育科研,2007(3):43-45.
② 设计者:重庆市高新区语文教研员李学伟老师,重庆科学城树人思贤小学姜静老师。

研读材料:2022 年版课标对课堂教学评价的建议

　　课堂教学评价是过程性评价的主渠道。教师应树立"教—学—评"一体化的意识,科学选择评价方式,合理使用评价工具,妥善运用评价语言,注重鼓励学生,激发学习积极性。

　　在小组合作、汇报展示过程中,教师应提前设计评价量表、告知评价标准,引导学生合理使用评价工具,形成评价结果;要注意观察小组成员的分工方式、讨论程序和对不同意见的处理,关注学生在发言和倾听发言时的规则意识和交际修养,借助评价引导学生反思学习过程。组织学生互相评价时,教师要对同伴评价进行再评价,提出指导意见,引导学生内化评价标准、把握评价尺度,在评价中学会评价。

　　课堂互动中,教师要关注学生知识基础、认知过程、思维方式、态度情感等方面的表现,深入分析这些表现及其影响因素,及时给予有针对性的指导。

分享驿站

　　评价活动的组织与教学活动的实施,完全是交融在一起的,课标强调的"教—学—评"一体化,就是对这种教育现象的规律性概括。课例《狼牙山五壮士》,依靠一项项评价活动,推进课堂学习,落实了课标"注重鼓励学生,激发学习积极性"的要求。课堂教学评价的设计与实施遵循"教—学—评"一体化理念与原则的主要策略与方法如下。

　　(1)依据教学目标,设计评价标准。评价标准是教师收集、反馈、解释学生学习信息的重要参照。评价标准应依据教学目标设计。评价标准可以教师在全面了解学情的基础上自己制定,也可以由师生共同商量确定,其目的都是厘清和界定教学目标,明确"做到什么程度才算好"。一般来说,评价等级可以定为优秀、良好、合格(一般)、不合格,或者"超成功""成功""接近成功""未成功"等。然后,教师需要根据教学内容及具体评价要求,用翔实、可操作的措辞对评价标准予以明确描述,让学生明白要达到什么样的标准才算优秀,哪种情况不合格。《狼牙山五壮士》一课的教学设计,有明确的教学目标,还有各项目标对应的评价标准。例如,目标 1,"简述战斗故事,品析关键情节相关语句,辨析'勇士、壮士'的表达侧重点,阐释狼牙山五壮士的'勇士壮举'",就有对应评价标准。成功完成目标 1 的标准是:A. 能表明自己的观点;B. 能找到相应情节,从中找到相关语句;C. 能用相关语句作出自己的解释。"接近成功"是达到前述标准的 A、B 两条;"未成功"是只达到 A、B 中的一条;"超成功"的标准是,在成功的基础上,还能猜测人物为什么有这样的举动。

　　(2)依据教学目标,设计评价任务。评价任务是具有验证是否达标功能的特殊学习活动。一般的学习活动主要指向学生的知识建构、技能形成，而评价活动还要特别关注学生学得如何，要能提供学生学会的证据，展示学生学习的过程性表现和阶段性成果。课例《狼牙山五壮士》安排了这样的情境任务："如果你在狼牙山五勇士纪念塔下，请你用最简洁的话，为游客讲述狼牙山发生的战斗故事。"完成这个评价活动，能展示学生对《狼牙山五壮士》一文主要内容的把握程度。而学生在活动中要完成的具体评价任务，完全根据教学目标设计。例如，学生必须带着自己的观点，细读各个故事情节，进行批注，从重要词句中找到证明自己观点的理由，然后组织语言，充分表达自己的观点。学生完成这些评价任务，也就是在努力达成教学目标，实现知识与能力的建构。

（3）依靠评价活动，推进课堂学习。课堂教学评价可以起到验证教学效果的作用，从本质上讲也是基于证据作出教学决策的一个教学过程。教师通过课堂评价可以不断采集、分析、利用学生学习信息，验证学生已获取的学习结果与学习目标所期许的学习结果之间的差距，诊断学生认知心理结构和情感意向程度上存在的问题，确定补救的对象，选择补救的契机。[①]

（4）设计评价量规，提升合作效率。课标积极倡导自主、合作、探究的学习方式。有效的评价能大幅度提高课堂小组合作学习效率。促进合作学习的课堂教学评价，从评价方式看，以个人评价、同伴评价为主，教师评价为辅；从评价类型看，以过程评价为主，结果评价为辅；从评价内容看，主要评价学生在小组合作中的行为表现、积极性、参与度，以及学生情感、态度、能力的生成与发展变化；从评价工具看，需要科学合理地设计量规，《小组合作学习评价工具》中量规的设计，充分考虑了评价内容与目标、评价类型与方式，可以促进学生合作效率与能力的全面提升，值得借鉴。

活动 2：作业评价设计与实施策略

活动步骤

步骤 1 自主阅读下文"研读材料：课标对作业评价的建议"，以及二维码资源《重庆市小学语文课程教学实施指导意见》有关作业评价的内容，思考：作业评价的目的是什么？设计与实施策略有哪些？

步骤 2 仔细研读二维码资源《四年级上册 7 单元核心作业设计》[②]，思考：单元核心作业的整体性是如何体现的？作业设计与实施有哪些策略？

---

① 卓立子,李建新. 基于学科素养培育的"主体发展性教学评一体"课堂建构简论[J]. 新课程研究, 2016(8):8—11.

② 设计者:重庆市教育科学研究院小学语文教研员郭蕾老师。

步骤3　学习小组内部充分讨论以上问题。

步骤4　各组推选代表在全班交流;教师点拨、小结。

研读材料:课标对作业评价的建议

作业评价是过程性评价的重要组成部分,作业设计是作业评价的关键。教师要以促进学生核心素养发展为出发点和落脚点,精心设计作业,做到用词准确、表述规范、要求明确、难度适宜。要合理安排不同类型作业的比例,增强作业的可选择性,除写字、阅读、日记、习作等作业外,还应紧密结合课堂所学,关注学生校内外个人生活和社会发展中的热点问题,设计主题考察、跨媒介创意表达等多种类型的作业,培养学生自主学习和综合学习的能力。随着学段升高,作业设计要在识记、理解和应用的基础上加强综合性、探究性和开放性,为学生发挥创造力提供空间。教师要严格控制作业数量,用少量、优质的作业帮助学生获得典型而深刻的学习体验。教师要认真批改学生作业,针对学生素养水平和个性特点提出意见,及时反馈和讲评,激发学生的学习热情,保护学生的自尊心,尊重学生的个性差异;要对学生作业进行跟踪评价,梳理学生作业发展变化的轨迹,及时反馈不同阶段作业质量的整体情况。

分享驿站

有效的作业评价能够准确检测日常教学效果,巩固学生学习成效,发展学生语言和思维能力,丰富审美情趣,增强文化自信,为学生正确世界观、人生观、价值观和良好个性、健全人格的形成打下坚实基础,培养学生创新精神、实践能力,促进德智体美劳全面发展。有效的作业评价是过程性评价的重要组成部分,能帮助教师分析诊断学情,为改进教学工作提供实证依据和驱动力量,其设计与实施应得到高度重视。

实施作业评价的主要目的有三点,即检测教学效果、优化教学过程、发展学生核心素养。"双减"政策要求减少作业数量,提高作业的质量,在作业评价设计与实施过程中落实这项要求,也需要教师用整体的、系统的观念进行安排。具体而言,可参考以下策略。

(1)依据单元类型确定作业。按照单元学习内容的特征,单元可以分为"语文要素单元"和"语文项目单元"两类。"语文要素单元"遵循语文核心知识学习、关键能力提升由浅入深的过程,教材的多数单元都具有这种特征,强调对语文要素的掌握。"语文项目单元"围绕一个具体的项目任务展开,教材的综合性学习单元就比较典型,特别强调语文项目任务的完成。不同类型单元,整体设计和实施作业评价的思路不一样。"语文要素单元"作业评价设计与实施遵循知识由认知到理解,再到运用的路径。《四年级上册7单元核心作业设计》就紧扣了"归纳多件事文章的主要内容"这一实践性知识的认知、理解和运用。"语文项目单元"作业评价设计与实施的基本思路一般遵循发现问题、分析问题、解决问题、反思改进的实践逻辑。

（2）"语文要素单元"的核心知识作业要体现进阶的整体性。小学语文教材以人文主题和语文要素统领单元,人文主题可以看作单元学习的主题情境,语文要素则指向核心语文知识和关键语文能力的学习。集中指向语文要素的作业就是单元的核心作业,这类作业在"语文要素单元"中处于中心位置,除所占比例较大之外,还要体现知识学习、内化、运用的进阶过程。如,四年级上册 7 单元的语文要素是:关注主要人物和事件,学习把握文章的主要内容。结合该单元课文特征,该单元核心作业就应该围绕"归纳多件事文章的主要内容"来设计和实施。第 22 课《为中华之崛起而读书》,学生主要学习多件事文章主要内容的归纳方法,作业设计如下:① 课文写了几件事? 请按照 7 单元所学的把握一件事文章主要内容的方法,归纳每一件事的主要内容。② 课文中有一些句子能揭示事与事之间的关系,找出来,读一读,思考三件事的关系。③ 按照事情之间的关系,将三件事连起来,说说课文的主要内容。第 23 课《梅兰芳蓄须》,可以布置这样的作业:运用在 22 课学到的方法,归纳本篇课文的主要内容。该单元"语文园地"学习,可以布置两项作业:一项指向知识的内化整理,引导学生和同学交流把握文章主要内容的好办法,把收获整理出来;另一项指向知识的综合运用,鼓励学生以小组为单位合作完成一期主题为"天下兴亡,匹夫有责"的板报设计。这个单元的核心作业有 4 次,按照"知识初次学习、在熟悉情境中运用、整合和个体内化、在复杂任务中运用"的进阶,充分体现单元核心知识作业的整体性。

（3）"语文项目单元"的综合性作业要体现跨学科知识能力学习的整体性。教材综合性学习单元安排的学习项目大多具有跨学科学习性质,这类单元必须设计跨学科的作业。"跨学科学习"是课标提出的六大学习任务群之一,其特点是运用语文及更多学科知识分析、解决实际问题,其目的是发展学生解决问题、团结合作、实践创新的综合素养。根据跨学科学习任务群的特点及其教学需要,综合性作业必须体现多学科内容的综合、发展学生能力的综合、作业形式的开放与综合、作业问题的情境与综合,以及作业评价维度的多元。比如,有一所学校结合本校 100 周年校庆活动,给五年级学生布置的一项跨学科作业是:小组合作给到校参加庆典的不同群体设计导游手册。学生完成这项属于真实任务的作业,需要对参加校庆的不同群体进行需求分析,需要根据小组成员的特长进行分工合作,需要寻求不同科目教师的帮助与指导,并在完成项目任务的过程中运用语文学科的实用文阅读与写作能力,以及数学、美术、信息技术等学科的相关知识和能力。

（4）所有单元的语言材料积累作业都要体现梳理与探究的整体性。语言材料积累是所有单元语文作业的重要内容,这类作业要走出机械操练、死记硬背的误区,重视语言材料的梳理与探究。比如,有一道关于古诗积累的作业题,要求学生填写补充诗句"醉卧沙场君莫笑"的后一句,理解"沙场"的意思,写出与"沙场"相关的成语,谈自己的体会。这道题既要求记忆诗句,又要求理解与探究诗词,同时,引导学生对描写战争的词语进行整理,表达自己的体会。这样的作业是对传统的默写古诗、翻译古诗、听写成语等作业形式与内容的超越,很好地体现了语言材料积累与运用、梳理与探究的整体性,对于全面发展学生核心素养具有较强的助推与支撑作用。

活动 3: 阶段性评价设计与实施策略

活动步骤

步骤1　自主阅读后文"研读材料:课标对阶段性评价的建议",独立思考:阶段性评价的目的、意义与内容形式有哪些? 如何设计和实施阶段性评价?

步骤2　研读后文《相同的三段材料,不同的两道试题》,独立思考:阶段性评价纸质试卷的命题工作应该注意什么?

步骤3　小组合作探究:小学语文课程阶段性评价方案撰写和常见评价工具设计应该做些什么?

步骤4　各组推选代表在全班交流各自对以上问题的思考。

步骤5　同学补充,教师小结。

研读材料:课标对阶段性评价的建议

阶段性评价是在教学关键节点开展的过程性评价,旨在考察班级整体学习情况和学生阶段性学习质量,是回顾、反思和改进教学的重要依据。阶段性评价应秉持素养立意,紧密结合四个学段的课程内容,关注内容之间的进阶关系和横向联系,合理设计评价工具。阶段性评价可以根据不同情况灵活选择评价手段,可以采取纸笔形式,也可以设计综合的学习任务,如诵读、演讲、书写展示、读书交流、戏剧表演、调查访谈等。纸笔测试要注意与日常教学的融合,增强测评题目的科学性、多样性,发挥阶段性评价的诊断、调节功能,避免消极影响和干扰日常教学;非纸笔测试要整体设计测评内容,科学制订评价标准,合理规划实施时间,并对学生个体作出及时反馈和有效指导。

应关注整本书阅读和跨学科学习的阶段性评价,采用读书笔记、读书报告会、读书分享会等方式引导学生高质量完成整本书的阅读;可通过观察报告、实验报告、研究报告等,评价学生跨学科学习的阶段性成果。

教学一线:相同的三段材料,不同的两道试题①

材料一:每当夜晚来临,人体按照生物钟的要求开始分泌更多的褪黑素。当体内褪黑素达到一定量时,人便自然而然地产生困意。到了清晨,光刺激增强,光照对于褪黑素分泌有抑制作用,可使人体从睡眠中醒来。

材料二:数据显示,在一般情况下室外环境中,二氧化碳浓度约为0.38%;而在不常通风换气的室内密闭空间内,二氧化碳浓度可超过1%,这会使人产生"略微昏沉、疲乏无力"的感觉,早起更为困难。

材料三:人处于睡眠状态时,周围环境温度会对其睡眠质量产生影响。近年来不少国内外科学家研究发现:人体暴露温度高于或低于26 ℃环境温度时,都会缩短睡眠时间。冬天人被厚厚的被子包裹,被窝里温度维持在26 ℃左右,使睡眠时间相对延长。

试题一:请认真读以上三段材料,思考睡眠与哪些因素有关,将答案写在横线上。

试题二:昨天下午,校门口有三位等孩子放学的妈妈在聊天。妈妈甲说,最近天气冷了,她叫孩子起床太费嗓子了,每天早晨都要"河东狮吼",吼得她心累。妈妈乙说,她家更恼火,靠喊根本不管用,非得上手掀被子。妈妈丙说,别说孩子了,她自己早上也起不来,一到冬天,就把闹钟定时提前,让闹钟反复闹。请你根据以上三段材料,给这三位妈妈提几点叫醒孩子的好建议,要注意考虑睡眠与哪些因素有关。

分享驿站

阶段性评价是在教学关键节点开展的过程性评价,旨在考察班级整体学习情况和学生阶段性学习质量,是回顾、反思和改进教学的重要依据。② 小学语文课程阶段性评价设计与实施的主要策略如下。

（1）把握阶段性评价的内涵,整体规划评价次数与内容。课标强调,阶段性评价要在教学的关键节点开展;评价对象是班级整体学习情况和学生阶段性学习质量;评价目的是为回顾、反思和改进教学提供重要依据;实施阶段性评价要科学规划,避免太频繁而干扰日常教学。落实课标要求,必须系统规划一学期的评价次数与内容,撰写评价方案。很多一线教师比较熟悉教学方案的编写,通过其基本要素,如学情分析、教材分析、教学目标及重难点、主要教学措施及教学进度安排等,能够较好回答"为什么教、教什么、怎么教"等问题。同教学方案相比,评价方案必

①　设计者:重庆市教育科学研究院小学语文教研员郭蕾老师。

②　中华人民共和国教育部. 义务教育语文课程标准:2022 年版［M］. 北京:北京师范大学出版社,2022:49.

须回答的主要问题是"怎么才能知道学生学好了、学到什么水平和程度了"。围绕这些问题,评价方案应该安排评价时间、评价目标、评价内容、评价形式、评价工具等主要板块内容,要注重实用性、针对性、可操作性和严密的计划性。评价时间一般安排在每单元学习之后,或期末。单元学习评价切忌面面俱到,增加学生学业负担;期末评价也要尽可能实施"快乐考试"。评价目标要根据课程标准、教材内容,按照一定模块,确定评价要点。模块划分,可以参考识字与写字、阅读与鉴赏、表达与交流、梳理与探究四类语文实践活动,也可以根据测评的目标内容灵活安排。而测评的具体内容,必须重点参照学生所学教材内容。例如,四年级上学期,确定了"阅读与鉴赏"的评价要点是"读文章能想象画面"之后,就要结合教材确定相应的3个评价内容要点:能读懂课文内容,理解描写事物特点的重点词句和语段,结合认知经验再造想象画面。

（2）秉持阶段性评价的素养立意,合理设计评价方式与评价工具。素养立意的评价,更加关注学生的成长,其目的不是给成绩、下结论,而是帮助改进学习。这种评价不仅要关注知识的掌握、技能的形成,还要关注学生解决问题的能力和测评过程中情感态度表现。实施素养立意的阶段性评价,单一的纸笔测试很难满足要求。正如不同类型的知识需要不同的学习方式一样,不同的评价内容也需要不同的评价方式。例如,四年级上学期要求学生"在语言情境中能用250个汉字进行书面表达"这个评价内容,就可以采用纸质试卷测试。"用普通话正确、流利、有感情地朗读课文"这项评价目标对应3类评价内容:读音正确,能根据标点和语意进行停顿,能用不同的语气、语调、停顿与节奏表达表达自己对文章的理解与感受。这些评价内容显然需要在真实的朗读活动中才能评价。紧扣素养立意的评价目标选择设计评价方式与评价工具,是有效实施阶段性评价的关键。比如,四年级上学期期末,要综合评价学生"能围绕话题发言、在讨论的时候不影响其他人、能简要复述课文"等内容,有学校就将这些评价融入真实活动,组织召开"我身边的英雄"主题班会,引导学生以小组为单位,围绕主题编排"故事串烧",每位学生讲述一个小故事。活动内容有两项,一是小组讨论确定内容,要求围绕主题从不同层面确定讲述内容,例如可以讲述一个家庭里不同成员的故事,或者讲述不同职业的"英雄"的故事,要看看哪个组的"故事串烧"更有整体感,更有创意。二是,小组展示"故事串烧",要求人人参与,故事要吸引人,感动人,每个小组时间8分钟。根据评价目标、内容和方式,学校教师还设计了相应的评价量规(见表5-3-2)。

表 5-3-2　"我身边的英雄"主题班会学生个人表现评价量规

活动项目	评价维度	优	良	合格	不合格
小组讨论确定内容	准备	理解主题，积极通过各种渠道搜集、筛选、整理与主题有关的资料	理解主题，通过各种渠道，找到了一些与主题有关的资料	理解主题，仅通过一种渠道，找到一份资料	不去理解主题，不找任何资料
	讨论发言	能围绕着主题，借助准备的资料，清楚地表达自己的故事和有理有据有条理地提建议	能围绕着主题，借助准备的资料，清楚地表达自己的故事和有条理地发表自己的看法	能围绕着主题，借助准备的资料，说出自己准备的故事	不发言、不参与讨论
	倾听	在讨论时能目视发言者，认真倾听，不打断别人的发言。能理解别人的发言，能判断别人的发言是否围绕着话题。自己发言时不重复，能整合大家的观点，再补充自己的想法	在讨论时能目视发言者，认真倾听，不打断别人的发言。能理解别人的发言。自己发言时不重复。会补充自己的想法	在讨论时能目视发言者，认真倾听，不打断别人的发言。能理解别人的发言	不看发言者，偶尔听听发言的内容，不能理解发言的内容
小组展示故事串烧	内容	紧紧围绕主题，事例真实、具体，次要情节概括讲，主要情节详细讲	紧紧围绕主题，事例真实，有情节	基本符合主题，事例真实，有主要情节	不符合主题或者没有故事可讲
	讲述	声音响亮，语速合适，吐字清晰，普通话标准。手脚自然，姿态大方，眼睛看着观众，充满自信。依据故事情节变化语气语调，配上恰当的表情和肢体动作，把故事讲述得生动	声音响亮，语速合适，吐字清晰，普通话标准。手脚自然，姿态大方，眼睛看着观众。依据故事情节变化语气语调，配上恰当的表情把故事讲述得生动	声音响亮，语速合适，吐字清晰。手脚自然，姿态大方。依据故事情节变化语气语调	声音只有自己能听得见

又如，有教师紧扣四年级上学期学生"有良好的书写习惯"这一评价目标，选择问卷评价方式，确定 8 项评价内容，设计 4 个水平层次，综合编制评价问卷（见表 5-3-3），由教师、家长、学生三方进行独立评价，最后综合多方意见对学生的书写习惯进行判断，并指导学生改进。这也是紧扣素养立意的评价目标设计评价方式与评价工具的优秀案例。

表 5-3-3   四年级上学期学生书写习惯评价问卷

评价内容	完全做到	基本做到	偶尔做到	全做不到
1. 生活、学习中只要遇到不认识的字就能借助已有的偏旁部首知识推测字音、字义,然后再借助工具书认识这个汉字				
2. 在学习汉字的过程中愿意与他人交流同类汉字形、音、义等方面的特点				
3. 书写时心情愉悦,平心静气,注意力集中;先观察,有整体规划后再动笔				
4. 写字时始终能保持正确的坐姿和握笔姿势				
5. 没有多笔画少笔画的错字,能区别同音字、多音字,没有别字;用字的错误率在 2% 之内				
6. 写的字横平竖直,笔画规范,字迹清楚,写一段话字距适中,行款整齐				
7. 写错时,不乱涂乱画,能用规范的修改符号修改				
8. 写字有一定速度:每分钟不少于 16 个字				

（3）以情境为载体进行命题,突出评价的实践性和综合性。课标明确建议,语文课程评价命题应以情境为载体,依据学生在真实情境下解决问题的过程和结果评定其素养水平。命题情境可以从日常生活、文学体验、跨学科学习方面设置,也可以从个人、学校、社会等角度设置。[①] 课标系列相关要求的实质是突出评价的实践性和综合性。落实这一要求,必须准确区分试题的认知性指向应与实践性指向。人的认知活动是为了认识事物,其目的是在头脑中建立客观事物的理论图景;而实践活动是为了改造事物,其逻辑前提是人的需要。[②] 在《相同的三段材料,不同的两道试题》中,试题 1 主要指向有关睡眠的知识提取,密切关联的是学生的认知活动,所以用简答题的形式引导学生提取整合信息,认知三段材料表达的观点。试题 2 主要指向有关睡眠的知识运用,密切关联的是学生的实践活动,所以创设学生熟悉的情境,以"给三位妈妈提几点叫醒孩子的好建议"这一实践性任务为题目。显然,这种以情境为载体的命题,能更好体现课标对评价实践性和综合性的要求。学生完成此题,不仅需要阅读与鉴赏,还需要表达与交流,思维能力和语言表达同时得以评价,素养立意的评价导向作用体现得非常充分。

---

① 中华人民共和国教育部. 义务教育语文课程标准:2022 年版[M]. 北京:北京师范大学出版社,2022:50.

② 李海林. 言语教学论:第二版[M]. 上海:上海教育出版社,2006:193-194.

主题四　技能实训:落实语文课程评价的系统改革

本主题共三个活动,各活动的目标、内容、重要程度、学习难度见表 5-4-1。

表 5-4-1　本主题活动概览

活动名称	活动目标	活动内容	重要程度	学习难度
1. 设计课堂教学评价	尝试设计课堂教学评价	1. 研读教材《蜘蛛开店》,尝试确定教学目标,再依据教学目标设计课堂评价活动及评价标准。 2. 深度研读《蜘蛛开店》一课的课堂教学评价设计,归纳课堂教学评价设计的基本方法	★★★★★	★★★★
2. 设计作业评价	尝试分析单元教材,整体规划设计单元作业	1. 研读教材三年级上册第五单元,尝试梳理单元教学的基本目标和思路之后设计课堂作业和课后作业。 2. 研读三年级上册第五单元作业设计与意图说明,归纳单元整体作业设计的步骤和方法	★★★★	★★★★
3. 设计阶段性评价	进一步学习阶段性评价设计策略,并尝试设计	1. 研读相关材料与案例,尝试探究阶段性评价试卷命制的基本原则、步骤与方法等。 2. 模仿设计一道三年级学生写作简单书信的试题。 3. 归纳梳理试卷命制的基本策略和方法	★★★	★★★★★

活动 1：设计课堂教学评价

活动步骤

步骤 1　上网研读二年级下册教材《蜘蛛开店》,尝试拟订教学目标,再依据教学目标设计课堂评价活动及评价标准。

步骤 2　在学习小组内部交流各自的设计。

步骤 3　基于自主设计与交流讨论,对照二维码资源《蜘蛛开店》课堂教学评价设计①,深入思考:课堂评价活动、标准是如何匹配教学目标的?课堂评价是怎样引导和促进学生文化自信、语言表达、思维能力、审美创造等方面

---

①　设计者:重庆市渝中区教师进修学院学语文教研员王华老师,渝中区马家堡小学胡雨蕾老师。

核心素养发展的?

步骤4 小组就以上问题进行讨论,推选代表在全班交流。

步骤5 教师系统总结、指导。

分享驿站

作业设计要能够"在识记、理解和应用的基础上加强综合性、探究性和开放性,为学生发挥创造力提供空间"[1],必须注意以下几点。

(1)对应教学目标,丰富课堂评价内容与形式。课例《蜘蛛开店》的课堂教学评价对应4条教学目标,设计了丰富的评价内容与形式。如,对应目标1和2,课例设计了"给加点字选字音"和"端正书写我能行"两项评价任务。这类字词学习的评价,采用信度较高的书面评价形式就很好。对应目标4,课例设计了讲故事的评价活动,这是针对阅读与表达的评价,采用口头表达的形式,评价内容符合课标第一学段提出的学习要求和教材内容。以上评价内容与形式,能较好地检测学生课堂教学目标达成情况,符合低年级学生的认知特点,较好地发展学生核心素养。

(2)设计评价量规,充分发挥评价主体的能动性。课堂教学评价必须重视评价主体的多元,充分尊重学生的主体地位。在日常教学中,不少教师习惯自己做评价的权威主体,视学生为被评价的客观对象。这不利于充分发挥学生的主观能动作用,也不利于发挥评价的激励与导向作用。《蜘蛛开店》课堂教学评价设计,较好地体现了学生是评价主体的这一理念。比如,"方法我能用""能按笔顺正确书写""我能找到多个方面的原因,并把原因关联起来"等措辞,充分引导学生作自评主体,对学生也有很好的激励和鼓舞作用。其中多个自评量表,可以帮助学生在练习之后,明确知晓自己的学习状态,同时对照更高标准,找到自己努力的方向。这有利于学生在掌握知识与技能的同时加强自主反思,实现学习的自我监控和调整,成为学习的主人。

(3)重视学习过程中的支持,大力促进学生思维发展。语言是思维的外壳,评价需要支持学生的语言学习,大力促进学生在语言实践活动中发展思维能力。课例《蜘蛛开店》在这方面做得很好。例如,针对目标3的评价,课例引导学生思考蜘蛛从卖口罩改为卖围巾的原因,设计了两个评价任务,一是请在动物身上圈出原因,二是在"太( )太( )"的括号里用一个词写出原因。设计者还利用动物卡通图片和表格进行图文结合的支持引导。这一评价针对学习难点"理解蜘蛛从最开始的卖口罩,到最后的卖袜子,经历了多次变化,为什么会有这些变化"。学生遇到的困难是:不能清晰地理出蜘蛛开店不断变化所卖货物的原因;不能用精准的语言概括出蜘蛛改变的想法;不懂事物的改变可能来自多方面的原因。基于以上

---

[1] 中华人民共和国教育部. 义务教育语文课程标准:2022年版[M]. 北京:北京师范大学出版社,2022:48.

分析,设计者给学生提供图片式、填空式学习评价工具,支持学生突破学习难点。这类评价工具是有效的学习支架。比如,在动物图片中画出变化的方式,可以帮助低年级学生将思维可视化;用一个词提炼原因,可以帮助学生凝练思维成果。"评一评"表格中的三个等级,对应着 SOLO 分类评价理论①的单点思维、多点思维和关联思维,可以直接促进学生思维品质的提升。

活动2:设计作业评价

步骤1　课前上网深度研读三年级上册第五单元,分析教材内容,尝试梳理单元教学的基本目标和思路之后,设计该单元课堂作业和课后作业。

步骤2　学习小组内部分享交流课前学习成果。

步骤3　基于自主探究与分享交流,再对照研读二维码资源《三年级上册第五单元作业设计》②,深入思考:单元作业是怎样进行整体规划的? 课堂作业与课后作业各自发挥着怎样的功能?

步骤4　各组推选代表在全班交流;教师点拨、小结。

教材每个单元都是设计并实施语文学习任务群教学的重要依据。根据教材单元内容,设计单元教学方案,就是设计语文学习任务群的方式之一。而完成学习任务群的设计,必须立足单元整体,加强统筹,合理安排与学生语文实践活动密切关联的作业评价。具体而言,单元作业设计有以下策略。

(1)分析教材单元,确定单元教学的基本目标和思路。有效的单元作业设计应基于教材,并遵循单元教学的基本目标和思路。三年级上册第五单元是小学的第一个习作单元,单元主题为"留心观察"。观察是写作的基础,学生学习留心观察,目的是积累生活素材,让习作有内容可写。该单元教材力图引导学生做生活的有心人,留心观察周围的人、事、景、物,学习课文作者的细致观察,体会细致观察的好处,逐步养成细致观察的习惯。整个单元编排了《搭船的鸟》《金色的草地》两篇精读课文和《我家的小狗》《我爱故乡的杨梅》两篇习作例文。四篇课文内容贴近儿童,以日常生活中的动物、植物和场景为描写对象,表现周围世界的五彩缤纷。《搭船的鸟》记录了"我"在旅途中的观察所得,既有旅途中的雨声,也有翠鸟的外

---

① SOLO 是英文 structure of the observed learning outcome 的缩写,意思是:可观察的学习结果的结构。SOLO 分类评价理论是香港大学教育心理学教授比格斯(J.B.Biggs)首创的一种学生学业评价方法,是一种以等级描述为特征的质性评价方法。

② 设计者:重庆市开州区教师进修学校任登珍老师,开州区汉丰第二小学谭静老师。

形和捕鱼时的动作。《金色的草地》主要呈现了"我"长时间观察到的草地变化情况及其变化的原因。课文后面"初试身手"栏目提供了两则样例,进一步启发学生——留心观察周围事物,观察时不仅可以用眼睛看、用耳朵听,还可以用手摸、用鼻子闻、用舌头品,并让学生尝试观察生活中的事物和场景,写下来和同学交流。习作例文《我家的小狗》《我爱故乡的杨梅》为学生提供了观察与习作的范例,并以课后题和旁批的形式,提示细致观察的重要性和调动多种感官进行观察的方法。单元习作"我们眼中的缤纷世界",引导学生仿照两篇精读课文和习作例文,观察一种动物、植物或一处场景,并写一篇习作,进一步体会留心观察、仔细观察带来的好处。基于上述分析,我们可以看到习作单元的编排本身就为学生搭建了学习支架,设计了学习路径,能够引导学生建构自己的学习模式:在精读课文中学习方法,在"交流平台"中梳理总结方法,在"初试身手"中尝试运用方法,基于实践再次学习掌握习作例文搭建的方法支架,最后在单元习作过程中综合运用学到的方法进行自我意义的创作。引导学生满怀热情、扎扎实实地探索、建构和运用以上学习模式,就是单元教学的基本目标和思路。

(2)对应单元教学整体规划,依据教学内容设计作业。有效的单元整体作业评价必须对应单元的整体规划,根据单元教学目标与思路的若干教学板块细化设计。《三年级上册第五单元作业设计》规划了六个教学内容模块,分别安排在单元导读课、基础过关课、精读学法课、迁移习作课和习作展评课之中。单元整体作业设计紧扣学习内容模块,分为课堂作业和课外作业。课堂作业有的安排在新知识教学结束时,有的根据需要安排在新知识教学前或新知识讲授期间。课堂作业一般在课内完成,应体现基础性、层次性、综合性、应用性等特点,既要注意基础知识的巩固、基本技能的训练,也要有助于发展学生语言运用和思辨交流的综合能力。课后作业是课堂学习的补充、拓展,是课余学习的重要内容。课后作业要紧密结合课堂教学内容,紧扣教学目标和单元核心教学内容,针对学生学习过程中可能存在的问题设计,引导学生练得精炼,练得有效。

(3)对应教学目标,精心设计作业题。作为过程性评价重要内容之一的作业评价,要较好发挥其诊断教学与促进学习的作用,必须与教学目标紧密对应。《三年级上册第五单元作业设计》很好地落实了这一基本要求。例如,"读拼音,写词语"等基础类作业对应的教学目标是"会认 11 个生字,读准 1 个多音字,会写 26 个生字,会写 25 个词语";对比阅读《搭船的鸟》和《我家的小狗》,思考作者在写法上有什么相同和不同,对应的教学目标是"感受作者观察的细致,体会留心观察的好处,学习调动多种感官仔细观察的方法";拟订观察计划对应的教学目标是"尝试运用多种感官观察一种动物、植物或景物,乐于分享自己的观察所得";整理"我的观察日历",选择印象最深的事物或场景,抓住事物不同方面的特点或者事物的变化写下来,对应的教学目标是"能尝试用学到的表达方法把观察所得写下来"。每一项作业都紧密对应教学目标,才能避免作业布置的随意与无效,最终落实课标提出的"用少量、优质的作业帮助学生获得典型而深刻的学习体验"的要求。

活动 3: 设计阶段性评价

步骤 1　认真研读二维码资源《期末试题命制步骤及案例》[①],自主梳理探究:小学语文阶段性评价试卷命制的基本步骤是什么? 试题命制的关键点有哪些? 试题怎样才能体现素养立意的理念?

步骤 2　学习小组针对上述问题展开深入讨论。

步骤 3　仔细研读二维码资源《"实用性阅读与交流"的学习内容与教学提示》,以及《期末试题命制步骤及案例》中的"实用文阅读与交流"试题,及其解释与评分建议。

步骤 4　各组推选代表交流,教师点评。

期末考试是小学语文课程最重要的阶段性评价,其试题命制对整个学期教学目标内容的确立和方式方法的选择都具有重要导向作用。课标对试题命制提出了三条原则:一是坚持素养立意;二是依标命题;三是科学规范。《期末试题命制步骤及案例》按照这三个原则,阐述了试题命制的全过程:首先确定评价目标,接着研制命题多维细目表,然后命制试题,最后撰写试题解释和评分建议。下面对各环节策略与方法予以简要说明。

(1)对标与筛选,确定关键性评价目标。评价目标就是"评价什么"中的"什么"。做到教—学—评一致是提高课程实施质量的重要手段,期末试题的有效性首先取决于评价目标与教材、课标的一致程度。确定评价目标须经历三个步骤:一是梳理教材、教参,确保评价目标与所教内容一致;二是对应学段要求,确保评价目标的学段关键性特征;三是对照学习结果特征,筛选适合纸笔测试的评价目标。以上步骤是对"依标命题"原则的落实,可以确保教—学—评一致。

(2)依据课标要求编写多维细目表。从本质上讲,多维细目表是命题的工具支架和路线图。在多维细目表中,模块划分、情境创设、检测目标及其对应的"语文实践活动及认知能力"等,必须符合课标要求,充分落实"坚持素养立意"这一命题原则。试卷模块原则上要能够对应课标提出的三种类型的学习任务群。在通常情况下,第一个模块是"积累与梳理",对应基础型学习任务群的学习内容;第二个

---

①　设计者:重庆市教育科学研究院郭蕾、渝中区教师进修学院王华。

模块是"阅读与表达",对应发展型学习任务群的学习内容;第三个模块是"整本书阅读"和"跨学科学习",对应拓展型学习任务群的学习内容。在情境创设方面,"只有当我们在有意义的情境中对已学过的东西整合地加以调动的时候,我们才算是有素养的"[①],所以,课标要求考试命题应以情境为载体,依据学生在真实情境下解决问题的过程和结果评定其素养水平[②]。期末考试命题情境创设通常需要考虑情境的"类型"和"程度"两个维度,确保情境与评价目标保持一致。情境的类型有日常生活情境、文学体验情境、跨学科学习情境等,对此课标有明确说明。情境的程度可以分为低级单一、中级组合、高级融合三级。低级单一情境,考查内容为一种实践活动目标,指向单一知识或技能;中级组合情境,考查内容为两种及以上实践活动目标,作答时需要结合材料理解信息或对其进行梳理解释;高级融合情境,考查内容为两种及以上实践活动目标,作答时需要内化材料、重组信息,或对其提炼、赏析。在多维细目表中,"检测目标"和"语文实践活动及认知能力"必须彼此对应,并根据课标要求,整合识字与写字、阅读与鉴赏、表达与交流、梳理与探究等语文实践活动,描述学生语文学业成就的关键表现,以确保试题命制"坚持素养立意"。

（3）按照多维细目表的规划框架命制试题。《期末试题命制步骤及案例》呈现了一道题试题的命制过程:首先借助多维细目表的命题框架确定评价目标和语文实践活动及认知能力,接着确定情境类型,最后确定分值。例题是试卷"阅读与表达"模块的第二题,聚焦实用性阅读与交流的相关评价目标。试题包括识字与写字、阅读与鉴赏、表达与交流、梳理与探究 4 类语文实践活动的"理解字义、信息提取与整合、理解阐释、陈述与叙述、解释与分析、筛选与提炼、迁移与应用"等 7 个认知与技能点。根据该题评价指向的任务群特征和综合性程度,可以确定试题的情境载体属于"日常生活"里"学校生活"的"中级融合"情境。

（4）以改进教学为目的撰写试题解释和评分建议。小学语文期末书面测试属于在教学关键节点开展的一种阶段性评价,旨在考查班级整体学习情况和学生阶段性学习质量,是回顾、反思和改进教学的重要依据。这种评价的主要目的不是给学生整学期的语文学习给出一个结果,也不是给教师的阶段性教学下个定论,而是为后续改进"学"与"教"。这需要命题者在精心设计考题的基础上,以改进教学为目的撰写试题解释与评分建议。试题解释要紧扣"素养立意"的评价原则,说明试题评价的目标与内容等。《期末试题命制步骤及案例》对例题的解释非常明确。评分建议要为每一道试题,特别是任务型主观题提供多维度"量分模型",并借此赋予一定分值,解释分值关联的学习结果的内涵。前述例题把试题解释与评分建

①　张均兵.易克萨维耶·罗日叶情境化命题思想的启示[J].中国考试,2013(6):26-32.

②　中华人民共和国教育部.义务教育语文课程标准:2022 年版[M].北京:北京师范大学出版社,2022:50.

议结合起来,描述试题测评的学生核心素养的维度与水平层次,同时结合两个学生的答题样例,解释评分办法与分值内涵,并针对不同学业表现,提出具有针对性的改进建议。该案例科学规范地落实了课标要求,可以很好发挥评价对教学的导向、促进作用。

单元梳理与提升

 ## 拓展阅读

　　请在以下 5 篇学术论文中选择 2~3 篇展开深度阅读,并在学习小组内讨论交流:《过程性课程评价论刍议》(谢翌、曾瑶、丁福军,载于《教育研究》2022 年第 7 期);《论素养本位课程评价》(严奕峰,载于《课程·教材·教法》2021 年第 5 期);《促进学生核心素养发展的语文课程评价》(王彤彦、东雪婷,载于《中学语文教学》2022 年第 10 期);《立德树人任务下的语文教学评价特质》(夏家顺,载于《语文建设》2021 年第 5 期);《语文新课程评价与学业质量标准》(倪文锦,载于《语文建设》2018 年第 11 期)。

 ## 问题探究

　　请在本单元和课标相关内容深度学习的基础上,探究小学语文课程评价如何落实课标提出的整体性要求。

 ## 综合实践

　　认真观摩一堂小学语文课或教学视频,仔细剖析该课的教学评价策略与方法,并在小组内交流讨论。

 ## 学习反思

　　系统反思本单元学习情况,着重梳理自己学习作业评价存在的不足与改进思路,并用思维导图、学习小结等方式呈现反思性学习成果。

单元六　"语言文字积累与梳理"教学

 课标要点

本学习任务群旨在引导学生在语文实践活动中,积累语言材料和语言经验,形成良好语感;通过观察、分析、整理,发现汉字的构字组词特点,掌握语言文字运用规范,感受汉字的文化内涵,奠定语文基础。

教学提示:

根据学生的年龄特点和认知规律,紧密联系学生的生活实际,结合识字内容,选择适宜的学习主题,创设学习情境;激发学生识字、写字、诵读、积累、探究的兴趣……引导学生在识字、写字、语言积累中感受中华文化的魅力,激发热爱中华文化的情感。

识字与写字是阅读和写作的基础,是第一学段的教学重点,也是贯穿整个义务教育阶段的重要教学内容。识字与写字教学应结合学生的生活经验,采用形象直观的教学手段,创设丰富多彩的学习情境,综合运用随文识字、集中识字、注音识字、字理识字等多种识字方法,逐步发展学生的识字、写字能力。

语音、文字、词汇、语法、修辞等方面的知识,要避免围绕相关知识的概念、脱离实际运用进行机械训练。在教学中应根据语言文字运用的实际需要,从遇到的具体语言实例出发进行指导。

语文知识的概念不作为考试内容。

 学习目标

□ 了解"语言文字积累与梳理"学习任务群的"双栖性"。
□ 理解各学段"语言文字积累与梳理"的学习内容。
□ 探究学习各学段"语言文字积累与梳理"的教学策略与方法。
□ 尝试设计各学段"语言文字积累与梳理"的教学方案,并模拟演练积累教学经验与教育智慧。

主题一 低段"语言文字积累与梳理"教学

本主题共三个活动,各活动的目标、内容、重要程度、学习难度见表6-1-1。

表6-1-1 本主题活动概览

活动名称	活动目标	活动内容	重要程度	学习难度
1. "语言文字积累与梳理"课例赏析	概要了解"语言文字积累与梳理"学习任务群的"双栖性",感悟其低段教学特点和艺术	1. 研读材料: "语言文字积累与梳理"学习任务群的"双栖性"。 2. 研习课例:《中华美食荟》教学设计。 3. 认识了解"语言文字积累与梳理"学习任务群。	★★★★	★★★
2. "语言文字积累与梳理"教学策略学习	理解低段"语言文字积累与梳理"学习,探究梳理其教学策略与方法	1. 研读材料: 初期积累阶段,教师要心中有规律。 2. 研习课例:《树之歌》教学片段。 3. 探究梳理低段"语言文字积累与梳理"教学策略与方法	★★★★	★★★
3. "语言文字积累与梳理"教学方案设计	系统探究低段"语言文字积累与梳理"教学策略与方法,并用于教学方案设计,积累教学经验	1. 研习课例:《动物儿歌》教学设计。 2. 研习课例:《"校园汉字博物馆推广人"单元学习设计》。 3. 设计低段教学方案并模拟演练	★★★★	★★★★

活动1:"语言文字积累与梳理"课例赏析

活动步骤

步骤1　仔细阅读二维码资源《中华美食荟》教学设计①(二年级下册),自主梳理:课例是如何引导学生进行"语言文字积累与梳理"的? 对你有何启发?

步骤2　小组讨论,推荐代表在全班汇报,教师点评。

步骤3　阅读后文"研读材料:'语言文字积累与梳理'学习任务群的'双栖性'",自主探究:何谓"语言文字积累与梳理"学习任务群的"双栖性"? 根据这种

———————

① 设计者:重庆市合川区杨柳街小学徐佳老师。

"双栖性",该学习任务群教学主要可以分为哪两种类型?《中华美食荟》教学设计应该归于哪一类?

步骤4　小组讨论:我们应该怎样认识"语言文字积累与梳理"学习任务群?

步骤5　小组代表汇报本组主要观点,教师点评、小结。

研读材料:"语言文字积累与梳理"学习任务群的"双栖性"①

作为基础型学习任务群,纵向来看,"语言文字积累与梳理"学习任务群贯穿义务教育学习全过程;横向来看,"语言文字积累与梳理"学习任务群需要融入其他五个学习任务群中。因此,本学习任务群在组织形式上呈现出"双栖性"。一方面,其学习内容可以贯穿在其他学习任务群的学习中。一直以来,教材中随文编排的识字、写字、日积月累等内容,就是这样贯穿式编排的,相信在今后的教材编写中,也仍然会延续。另一方面,还要基于学生的生活和学习需要,设置典型的学习主题单元,根据不同学段学生的特点,分别从识字与写字、经典语言材料的积累以及语言文字运用规范等方面设计具有学段进阶性的典型学习单元。

分享驿站

"语言文字积累与梳理"学习任务群是基础型学习任务群。它贯穿义务教育语文学习全过程,具有明显的"双栖性",其组织形式可以分为两类:一是"贯穿融合型",即"语言文字积累与梳理"的学习内容贯穿融合在其他五个学习任务群中。二是"统整专一型",即根据课标不同学段的学习内容要求,专门安排识字与写字、经典语言材料积累等主题的"语言文字积累与梳理"学习任务群。就通常情况而言,前者出现频率高,后者出现频率相对较低,尤其是小学中段、高段,专门的"语言文字积累与梳理"会更少一些。如果严格按照标准划分,课例《中华美食荟》呈现的"语言文字积累与梳理"学习任务群属于"贯穿融合型",不过该课例教学内容又以"语言文字积累与梳理"为主,其他五个学习任务群的学习内容虽然有,但占比较小。仔细研习该课例,我们可以对"语言文字积累与梳理"学习任务群形成以下认识。

(1)该学习任务群旨在为学生语文实践活动奠定语文基础。语言文字积累与梳理必须在识字与写字、阅读与鉴赏、表达与交流、梳理与探究等语文实践活动中进行。"积累"的对象不只是字、词、句、篇等语言材料,还包括日常交际中使用普通话、写规范字、正确使用标点等语言经验,内容非常丰富。该学习任务群强调语言文字的梳理和运用并重,要通过观察、分析、整理等思维活动,对积累的语言材料和语言经验进行梳理,让学生形成"语感""语理",让无序的语言材料和经验逐步

① 刘春."语言文字积累与梳理"学习任务群的内涵解读[J].教育研究与评论(小学教育教学版),2022(10):17-22.

变得有序、形成体系,并在实践中得以运用。在语言文字积累与梳理过程中,要"培养学生喜欢汉字的情感与态度,让学生逐步感受到汉字在中华民族文化中的独特地位和作用,认识到识字与写字同继承中华民族优秀传统文化的关系,增强学生对祖国语言文字的热爱和对中华民族文化的理解"①。该学习任务群教学必须在与学生生活紧密相连的过程中"多积累""重梳理""强运用",增强文化自信,以充分体现小学语文课程与教学在继承传统基础上的系统创新。

(2) 教学内容要与学生生活紧密相连,捕捉儿童的兴趣点,从学生熟悉的家庭生活、学校生活、社会生活场景出发,贴近儿童的认知水平,创设"真实而富有意义"的学习情境,引发、维持和强化学生积累语言、运用语言的动机,赋予语言文字积累与梳理现实意义。

"真实"的学习情境既可以是学生的实际生活情境,也可以是符合生活逻辑、贴近学生既有经验的虚拟情境。课例《中华美食荟》创设了一个典型的虚拟情境:阳阳姑妈一家即将回国定居,阳阳奶奶准备美食招待姑妈一家,同学们作为阳阳的好朋友,参与"中华美食荟"的筹备工作。任务内容:首先是"菜单定制讨论";接着是"食材购买准备";然后是浸润中华文化的"用餐服务培训";最后,因想留姑妈一家多住几日,增加菜单菜品,进行"寻访美食行动"。这四个任务依次展开,顺应生活逻辑,能够较好地激发学生学习兴趣。

学习情境要"有意义",就要将学习内容、学习活动、学生生活关联起来,以解决过去长期存在的去情境化识字与写字训练中反复抄写、默写和死记硬背等问题,打通学生语言文字学习和真实生活之间的壁垒,培养学生的语言文字综合运用能力。课例涉及的教材内容主要是二年级下册第三单元第四课《中国美食》和"语文园地三"的"识字加油站"。学习内容由 11 个美食名称和 8 个表示食物口感味道的词语组成,要求认识 25 个生字,会写 9 个生字,是比较典型的识字教学材料。课例将这些字词的积累与梳理,分散安排在"中华美食荟"的四个任务中,让语言文字的积累与梳理变得有意义,体现了素养导向的教学追求。例如,在"用餐服务培训"任务中,"活动二:阳阳唱佳肴"下设的子活动"说佳肴",把学习内容"认识'识字加油站'的生字词、会写 9 个生字、运用课内外积累的词汇介绍美食",嵌入阳阳"说佳肴"这一情境之中,让学生学习运用语文积累解决现实生活问题。这样的"语文积累"就会活起来,真正具有生活意义和生命价值。

活动2:"语言文字积累与梳理"教学策略学习

活动步骤

步骤1　仔细阅读后文"研读材料:初期积累阶段,教师要心中有规律",独立

---

①　郑国民. 识字与写字教学的目标、内容与实施[J]. 语文建设,2012(11):10-14.

探究:低段"语言文字积累与梳理"教学有哪些学习内容? 应该如何引导学生积累和梳理汉字?

步骤2 阅读二维码资源《树之歌》教学片段①(二年级上册),独立梳理:课例运用了哪些教学策略与方法?

步骤3 基于独立学习,小组合作探究:低段"语言文字积累与梳理"教学的策略与方法有哪些?

步骤4 各组代表在全班分享交流学习成果,教师点评、小结。

研读材料:初期积累阶段,教师要心中有规律②

初期积累阶段,是学生识字突破零的阶段,是一个从无到有的阶段,也是最难的一个阶段。这个阶段汉字的主要学习方式是汲取,教师或家长可以通过听读识字、指读识字、看图识字等方式,帮助学生实现识字的突破。这个阶段的汉字积累与梳理,尤为需要教师心中有规律。比如,一年级上册识字4《日月水火》一课,其编写特点是在"物象—古文字—楷书"之间建立关联,通过古文字象形的特点,帮助学生更好地感受到字形与物象的联系,并获得字形不断演变的意识。要想达到这样的理解,仅仅通过教材给出的几个字显然是不够的,因此,教师可以利用该单元的学习材料,如"人、木、土、口、耳、目、手、足、云、雨、鸟、虫"等字,进行"字与画"的任务拓展,借助"仓颉造字"的情境,让学生更好地识认汉字。

分享驿站

在"语言文字积累与梳理"教学中,学生积累的对象是语言文字材料及其运用经验。这种积累不能依靠灌注式的认识和记忆,必须借助语言文字的体式、结构、规律等,在梳理过程中进行有意义的识记。该学习任务群第一学段的学习内容主要包括:认识常用字,初步体会汉字结构的主要特点;学习汉语拼音和普通话;诵读、记录课内外语言材料。为更好培养低段学生对语言材料的积累意识,学习积累方法,培养自主积累的良好习惯,教师可以运用以下教学策略。

(1)依托教材编排,按照构字规律,在发现中积累。教材在识字教学编排方面,采用分散识字与集中识字相结合的方法。除了随课文识字,第一学段各册教材都编排了专门的识字单元,利用汉字音、形、义方面的规律,启迪多种识字方法,培养学生自主识字的意识与能力。第一学段各册教材每单元"语文园地"编排有"识字加油站",这一栏目将识字与学生生活经验、学习汉字与积累词语紧密结合。低段"语言文字积累与梳理"教学必须以对教材的系统研读为基础,并充分依托教材

---

① 设计与执教者:重庆市渝中区人和街小学董庭菲老师。

② 吕俐敏."语言文字积累与梳理"任务群的理解与实践:以第一学段识字教学为例[J]. 福建教育,2022(36):35-38.

编排内容的序列。低段识字量大,涉及面广,小学生记得多,记得快,但也忘得多,忘得快。因此,教师要注意引导学生发现汉字的构字规律,采用多种方式认识和积累汉字。例如,学生可以根据汉字的构字方法,如象形、会意、指事、形声等学习汉字;也可以根据汉字的笔画与部件组合情况,采取"加一加""减一减"等方法学习汉字;还可以根据一些汉字读音、偏旁、部件、意思的相同、相似之处学习汉字。《树之歌》是一首归类介绍树木特征的儿歌,以"树木"作为识字主题,以木字旁的一类字引出杨树、榕树、梧桐等十一种树。课例《树之歌》,没有采用传统方式安排学生通过机械记忆、反复认读来识字,而是通过归类认识偏旁相同的"梧、桐"等形声字,引导学生发现声旁表音、形旁表义的构字规律,鼓励学生借助这些规律,去主动认识和积累生活情境中更多的形声字。

(2)依托社会场域,建立学习关联,在实践中积累。"语言文字积累与梳理"的课内学习,主要依托教材;课外学习,必须关联生活。语言文字的积累不能止步于课堂,不能局限于课本,教师要大力提倡课内外贯通,将语文学习与社会生活、实践运用密切联系起来,实现"语言文字积累与梳理"同生活情境高度融合。基于课内汉字积累和对构字规律的初步体认,引导学生走进真实生活,在家庭、校园、社区认识更多汉字,可以较好地培养学生自主积累和梳理语言文字的兴趣和习惯。课例《树之歌》引导学生在校园"新'绿'活动"中当好林木推荐师,可以提高课堂学习效率;同时要求学生借助形声字的构字规律,到生活中去寻找树木朋友,甄选树木品种,巩固运用课内所学,这是一种"以点带面"的教学方法。课内学习是"布点",学生体认、丰富汉字积累方法;课外学习是"铺面",学生养成积累习惯,提升积累能力。"以点带面"的方法可以切实拓展教学的深度和广度,为学生语言文字积累与梳理提供广阔的学习视野和实践沃土,促进语言文字知识与技能学习的系统化与结构化,使学生较快形成良好语感,更好地发展语言运用等核心素养。

活动3:"语言文字积累与梳理"教学设计

活动步骤

步骤1 仔细阅读二维码资源《动物儿歌》教学设计①(一年级下册),自主梳理:围绕低段单篇课文设计"贯穿融合型"语言文字积累与梳理教学,有哪些策略与方法?

步骤2 仔细阅读二维码资源《"校园汉字博物馆推广人"单元学习设计》②(二年级下学期),自主探究:设计低段某单元,或半学期,或一学期,或学段结束时的"统整专一型"语言文字积累与梳理教学,有哪些策略与方法?

---

① 设计者:重庆市万州区红光小学王清华老师。
② 设计者:重庆市渝中区人和街小学董庭菲老师。

步骤3 小组就前两个步骤探究的问题进行深入讨论。

步骤4 小组代表全班分享研讨成果,教师点评。

步骤5 小组合作设计教学方案,并在课外选择重点片段模拟演练,改进设计。可以围绕教材一、二年级某课,或某单元内容展开设计,也可自主选择设计识字与写字教学内容。

分享驿站

"贯穿融合型"语言文字积累与梳理教学,如果围绕单篇课文设计,就要在学习任务群理念的观照下,结合学段要求和儿童生活,创设真实的情境,一体化设计学习任务,让单篇课文的教学既扎实又不乏新意。如果围绕一个单元设计,教师可以根据教材单元的人文主题和语文要素,一体化设计"语言文字积累与梳理"的大单元教学。"统整专一型"语言文字积累与梳理教学,可以根据低年级学习要求"尝试发现汉字的一些规律",结合某单元教材中汉字的特点,进行全单元的识字与写字教学一体化设计。在半学期,或一学期,或学段结束时,教师可以打通儿童课内外学习生活,自主开发,一体化设计专门的"语言文字积累与梳理"实践活动,引导学生在社会生活实践中学会积累和梳理。

一年级下册《动物儿歌》教学设计,基于课标要求,创设真实的学习情境,结合单篇课文《动物儿歌》识字内容,围绕学习主题"动物王国展示会",安排具有内在逻辑关联的语文实践活动,四大任务之间互相关联,共同指向学生核心素养的发展,具有情境性、过程性、实践性、综合性。课例对于围绕低段单篇课文设计"贯穿融合型"语言文字积累与梳理教学方案,具有较大启发。

课标要求第一学段必须从常用字的识认中初步体会汉字的特点和规律,初步学习分类整理课内外认识的字。教师要紧扣"特点体认"和"分类整理"两个要点,着力培养学生自主积累语言材料的习惯,发展其独立识字的能力,进而强化学生分类整理的意识和技能。低段学生的语言文字积累与梳理水平处于起步阶段,是其识字突破的阶段,这是一个从无到有的阶段,也是最难的一个阶段。教师应善于利用汉字的造字规律,设计读一读、找一找、记一记、说一说、背一背、看一看、写一写等学习任务,并针对不同类别的汉字,提供足够的学习支持,帮助学生建立这类汉字的基本观念,较好地实现"从无到有"的突破。

《动物儿歌》教学设计,基于课标第一学段的学习内容要求,聚焦"发现汉字规律,分类整理,主动识字,独立识字",以"梳理与探究"活动为中心,有序组织实践活动,指向学生核心素养发展,制订了素养型学习目标。例如:学习本课生字,培养观察、分析、积累、梳理的能力,加深对祖国语言文字的热爱;在自主观察和生生评价中学会本课要求会写的字,书写笔画简单的字,初步体会汉字结构的主要特点。

该课例依据教材特点,以形声字教学为主体,借助生动有趣的语言环境,着力体现识字教学方法的多样化。教师创设森林王国召开展示会的情境,激发学生主动识字的积极性,将分类识字与随文识字紧密结合,引导学生自主发现汉字特点,循序渐进地掌握形声字的构字规律。学生在情境中识字,在画面中感知,在诵读中理解,在游戏活动中习得识字方法,从而由喜欢汉字走向自主识字。课例统筹安排的四个任务、八个活动,可以逐步引导学生完成真实任务,在语言实践中发现语言文字规律,进而系统归类、比较分析,提高听、说、读、写能力,增强对汉语、汉字文化的热爱。

《"校园汉字博物馆推广人"单元学习设计》对于低段某单元,或半学期,或一学期,或学段结束时实施"统整专一型"语言文字积累与梳理教学,具有显著示范意义。① 二年级下学期学生已有三个学期以识字写字为主的语文学习经历,初步掌握了汉字的一些规律,也具备了一定的识字能力。他们迫切需要在更多的生活情境中运用已知汉字规律,进一步体认汉字特点,独立认识更多汉字。针对这种情况,该课例自始至终贯穿"任务并行,活动进阶"的设计原则,以"汉字的特点体认与分类整理"为学习切入点,借"汉字推广"之名,行"按汉字规律设计布展作品"之实,让具有内在逻辑关联的实践活动驱动全程学习。学生在"遇见象形之美""玩转形声之趣""揭秘会意之谜"三个子任务中,经历"发现汉字规律→依律拓展积累→主动分类整理→运用反促体认→发展核心素养"的螺旋式进阶学习过程。该课例以"我是校园汉字博物馆推广人"学习主题为引领,整合课内外学习内容,为学生积累与分类整理提供了比较丰富的学习资源:有的依托课内语言材料,重点回顾教材一、二年级六个识字单元中的象形字、形声字、会意字及其构字规律;有的源自课外语言材料,如在学校、公园等真实生活情境中自主认识汉字;还有的是认知或实践的支架性资源,即根据学生学习情况,应时、应需补充学习资源或支架,如提示学生可以手绘象形字海报,可以制作形声字家族成员谱,可以设计"会意字刮刮卡"等。总之,该课例体现了执教者在低段"语言文字积累与梳理"教学方面的精深研究及丰富的实践智慧,值得系统研习和借鉴。

主题二 中段"语言文字积累与梳理"教学

本主题共三个活动,各活动的目标、内容、重要程度、学习难度见表 6-2-1。

---

① 以下分析参见:董庭菲. 课内外语言材料的特点体认与分类整理:第一学段"语言文字积累与梳理"学习任务群教学讨论[J]. 语文建设,2022(18):4-8.

表6-2-1　本主题活动概览

活动名称	活动目标	活动内容	重要程度	学习难度
1. "语言文字积累与梳理"课例赏析	理解中段"语言文字积累与梳理"学习内容要求，感悟其教学策略与方法	1. 研读材料："语言文字积累与梳理"任务群的学习内容。 2. 研习课例：《"传统节日古诗词"单元教学设计》。 3. 初步探究相关教学策略与方法	★★★★	★★★
2. "语言文字积累与梳理"教学策略学习	探究梳理中段"语言文字积累与梳理"教学重点及教学策略与方法，感悟其教学艺术	1. 研读材料：自主积累与初步梳理。 2. 研习课例：《繁星》教学设计及教学片段。 3. 探究"语言文字积累与梳理"教学重点及教学策略与方法	★★★★	★★★
3. "语言文字积累与梳理"教学设计	深入探究中段"语言文字积累与梳理"教学设计的策略与方法，并用于教学方案设计，积累教育智慧	1. 研读材料：学习任务的设计与活动的指导支持。 2. 研习多个课例。 3. 探究梳理学习任务设计与学习活动指导支持的策略与方法，设计教学方案并反思改进	★★★★	★★★★

活动1："语言文字积累与梳理"课例赏析

活动步骤

　　步骤1　仔细阅读后文"研读材料：'语言文字积累与梳理'任务群的学习内容，结合课标"语言文字积累与梳理"任务群第二学段学习内容与教学提示，深入思考：中段"语言文字积累与梳理"教学目标与内容是什么？ 有哪些教学策略与方法？

　　步骤2　研习二维码资源《"传统节日古诗词"单元教学设计》[①]（三年级下册），梳理探究：该教学设计运用了哪些策略与方法助力学生发展核心素养？

　　步骤3　就前两个步骤的学习成果，在小组分享、交流。

　　步骤4　各组推选代表在全班交流，教师适时点拨并小结。

---

　① 设计者：重庆市两江新区民心佳园小学陈文静老师。

研读材料:"语言文字积累与梳理"任务群的学习内容①

华东师范大学吴刚平教授认为,课程内容包括三类,即对象性内容、过程性内容和结果性内容。从这一分类视角审视"语言文字积累与梳理"学习任务群的学习内容则不难发现,本学习任务群的对象性内容就是之前我们强调的字、词、句、篇、语、修、逻、文;过程性内容则是"积累"与"梳理",其中积累又包括认识、书写、认读、记录、诵读、交流等,梳理则包括整理、分类、分析、策划、展示等;结果性内容则是前两种内容"叠加"之后形成的语文知识与技能、方法与能力、情意与态度、正确价值观念与必备品格等。

分享驿站

作为唯一的基础型学习任务群,"语言文字积累与梳理"具有加强语言运用,传承和发展中华文化的课程价值。该学习任务群的学习内容极为丰富,主要聚焦在识字与写字、语言积累与梳理、中华文化体认等方面。《"传统节日古诗词"单元教学设计》是典型的"贯穿融合型"语言文字积累与梳理教学方案,其中语言文字积累与梳理学习内容贯穿融于其他学习任务群之中。仔细研习该课例,有助于我们正确理解中段"语言文字积累与梳理"的教学目标与内容,感悟其教学策略与方法,具体而言有以下启示。

(1)准确把握内容与课程目标的关联性。语文各学段课程目标都从"识字与写字""阅读与鉴赏""表达与交流""梳理与探究"四个方面加以表述,"语言文字积累与梳理"因其显著的基础性,教学内容与目标跟课程目标的四个方面都能对应。例如,第二学段"阅读与鉴赏"课程目标要求增加课外阅读量,帮助学生积累优秀诗文。"语言文字积累与梳理"任务群第二学段的学习内容也要求"诵读、积累成语典故、中华文化名言、短小的古诗词和新鲜词语、精彩句段等"。"传统节日古诗词"单元教学设计的"古诗积累屋"活动引导学生通过阅读书籍、上网查询等途径,积累大量与传统节日相关的优秀古诗词,与课标严密对应。第二学段"梳理与探究"课程目标要求"注重感悟国家通用语言文字的文化内涵,初步认识中华优秀传统文化蕴含的思想和智慧"。"语言文字积累与梳理"任务群第二学段的学习内容也要求"分类整理、交流,初步认识中华优秀传统文化蕴含的思想"。"传统节日古诗词"单元教学设计在学生分类整理制作诗集的基础上,设计"学习探究所"活动,引导学生发现节日的不同称呼,感受中华优秀传统文化之美,品味古诗词蕴含的思想与智慧,也与课标严密对应。

---

① 申宣成."语言文字积累与梳理"学习任务群的价值、内容与实施[J].语文建设,2022(21):4-9.

（2）积极探索学生核心素养综合提升的策略。"语言文字积累与梳理"作为基础型学习任务群，是一切语文学习的基础，与其他五个学习任务群共同指向学生核心素养发展。在"传统节日古诗词"单元教学设计中，无论是制作诗集，配乐诵读，还是创编情景剧，都可较好地提升学生运用语言文字表现美、创造美的能力。其中"学习探究所"活动，引导学生通过分析、比较、概括，对不同节日的称呼以及古今传统习俗的异同进行探究，可以提升学生的思维能力，使学生感受中华传统文化的魅力，热爱中国古典诗词，增强文化自信。课例综合发展学生核心素养的策略与方法主要有四点：一是延伸教学内容，丰厚学生的文化积累。例如，课例以课内所学四首经典诗词为基础延伸教学内容，引导学生通过多种途径自主积累更多相关古诗词，感受、品味中华传统文化，培养学生对中华文化生命力的坚定信心。二是精心设置问题，提升学生的思维品质，课例以学生为主体，从学生的认知水平出发，结合教学内容精心设计一系列问题，不断满足学生的好奇心与求知欲，鼓励学生主动发现问题、思考问题、解决问题，激发学生持续的思维碰撞，培育学生良好的思维品质。三是鼓励合理想象，提升学生的审美能力。课例引导学生感受古诗词的语言美、场景美、情感美等，帮助学生建立审美感知，发展审美能力。学生通过合理想象与体悟，理解古诗词描写的场景，并将自己的想象通过情景剧表演再现，欣赏美与创造美可较好地统一。四是打破学科界限，综合提升学生的核心素养。课例中的"缤纷展示台"活动，需要学生贴合古诗寻找配乐，制作演示文稿，或者撰写剧本，研究表演、舞蹈等，多角度、全方位诠释古诗词，打破学科界限，将美术、音乐、舞蹈、表演等融合起来，由此核心素养可以得到综合提升。

活动 2："语言文字积累与梳理"教学策略学习

活动步骤

　　步骤 1　阅读后文"研读材料：自主积累与初步梳理"，独立思考："语言文字积累与梳理"学习任务群中段教学重点是什么？有哪些策略与方法能够落实教学重点？

　　步骤 2　阅读二维码资源《繁星》教学设计及教学片段①（四年级上册），自主梳理：该课例的教学重点是什么？为了落实教学重点，教师使用了哪些策略与方法？其教学艺术对你有何启发？

　　步骤 3　在学习小组内分享、交流前两个步骤思考梳理的成果。

　　步骤 4　小组代表全班交流，教师点评、小结。

---

　　①　设计与执教者：重庆市两江新区教育发展研究院徐颖老师。

研读材料：自主积累与初步梳理①

"语言文字积累与梳理"学习任务群第二学段的学习内容强调学生自主积累与初步梳理。教学设计首先要把握"自主积累"与"初步梳理"的具体要点；其次，要根据学生发展的阶段性特点创建真实的情境，帮助学生在灵活的情境中实现自主积累与梳理；最后，要设置开放的任务，充分调动学生自主、充分地进行积累与梳理的积极性，在日积月累、熟读成诵的过程中，不断丰富积累，建构结构化的汉字、汉语基础知识，感受汉字和汉语的魅力，奠定语文基础。

分享驿站

"语言文字积累与梳理"是一切语文学习的基础，其中，"积累"是多年来义务教育语文课程的一贯要求，"梳理"则是课标提出的新要求。对于"梳理"，第一学段要求"初步学习分类整理"，第二学段要求"初步梳理""整理""分类整理"，第三学段则有"分主题整理"等更高要求。课标为什么要在"积累"的基础上提出"梳理"这一要求？因为语言文字积累的重要目的是顺畅实现语言文字的调取和运用，而这必须通过梳理来完成。"梳理"就是对"积累"的语言文字加以分析、整理、归纳，发现汉字的构字组词等特点，掌握语言文字运用规范，将已学的零散知识和积累的片段语料结构化，将言语经验转化为学习方法和策略，使之形成条件化知识的过程。通过梳理，学生能够更加快捷地检索和提取言语经验，并将其应用到新的更广泛的语境中。② 具体而言，有以下教学策略。

（1）"语言文字积累与梳理"教学要在丰富的主题任务中，培养学生主动梳理的意识。语言文字梳理，是学生自主探究与梳理的过程，也是自身感悟语言、形成语感的过程。基于一定主题的情境化、活动化、趣味化的任务设计，可以强化学生自主梳理的意愿与意识。"传统节日古诗词"单元教学设计通过"做一本传统节日诗集"的主题任务，有效驱动学生按节日分类、依时间梳理，做一本诗集，将原来零散的认知结构化。四年级上册《繁星》教学设计，引导学生有感情地朗读课文，边读边根据课文的描述想象繁星满天的画面，联系生活体验，学习作者的描述方法，讲述自己看到繁星时的感受，这是积累、梳理与运用的一体化推进。

（2）"语言文字积累与梳理"教学要在积极的实践活动中，指导学生掌握有效梳理的方法。教师要善用"启发"之法，引导学生在语文实践活动中自主探索，主动发现语言文字的规律与特点。传统节日古诗词教学，通过教师的点拨和追问，学

① 刘春,郑昕. 真实情境中的自主积累与初步梳理：第二学段"语言文字积累与梳理"学习任务群教学讨论［J］. 语文建设,2022(18)：9-13.

② 王崧舟,陆虹. 厚积而薄发 知类而通达：新课标"语言文字积累与梳理"解读［J］. 语文教学通讯,2022(21)：18-24.

生会发现每一个节日都有其对应的多首古诗,古诗里藏着众多节日习俗和文化,同一节日在不同诗歌里名称也不一样,如春节就有"初岁""改岁""元日""岁旦"这些名称。教师要引导学生勤于归类整理,根据分散的学习材料之间的内在关联,赋予其一定结构或对其进行重组,以便将其储存在长时记忆中。

（3）高质量的积累与梳理,需要对大量的文字材料进行分类整理,便于记忆和提取。比如,中段的诗歌教学可按照主题、诗人、时间、国别等角度等进行归类,把具有相同特征的信息组合成模块,这样将积累的信息有效编码,调取也会更顺畅。在《繁星》教学中,教师引导学生归类理解密密麻麻、星群密布、半明半昧、摇摇欲坠等词语,这些词语不仅可以表示星星多,而且可以很形象地描写繁星的景象,能够让人感受到丰富的内涵和生动的画面,产生身临其境的美好感觉。为了验证这一判断,强化学生的归类认知,教师还引导学生使用这些词语,模仿《繁星》的写法说话:在什么地方,看到什么样的星空,说说自己有什么感受。学生有意识地运用多个不同的词语去描绘星空,在具体语境中再次感受语言的丰富性、多样性与相似性、统一性,体悟发现语言文字的魅力。这个归类验证的过程很好地提高了学生积累、梳理与运用语言文字的效率。

（4）语言运用贯穿于积累与梳理过程。课例《繁星》的教学艺术,得到了上海师范大学吴忠豪教授的肯定。[①] 吴忠豪教授认为,该课的特色是"教学目标紧扣单元语文要素""词语教学注重运用和积累""朗读贯穿教学全过程""创设情境,迁移表达"。在词语的积累、梳理与运用方面,吴忠豪教授认为,最值得称道的是执教老师不仅让学生理解词语,还让学生根据这些词语来想象说话,在运用中理解词义,这是词语教学的最高境界。学习词语的目的就是运用。教师花时间让学生运用"星群密布、密密麻麻"想象说话,这既是想象练习,又是说话练习,还是运用词语的练习。这个环节的设计很值得学习。吴忠豪教授还肯定执教老师有意识地引导学生积累有新鲜感的词语。词语教完以后,教师让学生花 30 秒时间把这些词语记在心里,最后又叮嘱学生:"以后说星星就可以用上这些词语,还可以用哪些词?"学生回答"若隐若现、闪闪发光",教师也补充了"闪烁"等词语。这个过程是对积累词语习惯的培养,对学生核心素养的发展非常重要,执教老师培养学生这种习惯的意识很强。

（5）使用多种工具。课堂教学对于学生"语言文字积累与梳理"极其重要,不过学生必须课内外结合,日积月累,长期坚持。教师要注意指导学生合理使用多种学习工具,提高语言文字积累与梳理的效率。常用的工具有五类:一是"采蜜本"、便利贴或"佳词妙语卡片",便于学生随时随地记录学到的诗句、成语及有新鲜感的词句等,并归类整理,形成自己的语言文字库;二是各种表格、统计图,便于学生

---

① 吴忠豪,徐颖. 在"想象"中落实语言文字的积累与运用:《繁星》教学设计、教学片段及点评[J]. 语文建设,2022(2):43-49.

积累语言材料,并分类整理和统计分析;三是思维导图,便于学生厘清语言文字材料之间的关系,如气泡图、流程图、树状图、韦恩图等;四是照相机、录音设备,便于随时记录生活中的语言文字现象,快速收集和梳理;五是现代信息技术平台或工具,可以提高积累与梳理的动力与效率,例如,鼓励学生制作班级电子诗集,建立自己的创意语言资料库,把积累与梳理的语言现象做成电子统计图,保存在电子设备中,与班级同学互动、分享。

活动3:"语言文字积累与梳理"教学方案设计

活动步骤

步骤1　仔细研习后文"研读材料:学习任务的设计与活动的指导支持",自主探究:中段"语言文字积累与梳理"学习任务群教学应该怎样设计? 教师应该怎样指导学习活动?

步骤2　研读二维码资源《"探秘成语典故"教学简案》(三年级下册)、《"诗意栖居的童年"教学简案》①(四年级上册),思考梳理:每个简案中的系列学习任务之间有着怎样的关系? 教师指导学习活动的策略与方法有哪些?

步骤3　小组内部交流分享前两个步骤的学习成果。

步骤4　根据二维码资源《燕子》、《昆虫备忘录》、《海燕》(节选),小组合作设计一份中段"语言文字积累与梳理"教学方案,也可主要围绕其中一篇文章的教学进行设计。

步骤5　小组合作研习二维码资源《"找寻可爱的动物生灵"教学设计》②(三年级下册),重点关注学习任务的逻辑关联与教师的指导支持。然后参考该课例,改进本小组教学方案。

研读材料:学习任务的设计与活动的指导支持③

基于主题任务下的任务之间具有清晰的内在逻辑和进阶关系,从搜集整理到发现规律再到综合运用,前一个任务是后一个任务的基础,后一个任务是前一个任务的递进。这样的设计既体现了该学习任务群的学科逻辑,又符合了学习逻辑和生活逻辑;既让积累的成果有用武之地,也让基于积累的梳理和创造性运用水到渠成。素养本位的语文学习要体现学习活动的开放度,让学生成为学习的主体,真正学起来;同时也不能忽视教师的指导和支持作用。只有将学的逻辑与教的逻辑统一起来,才能帮助学生实现深度学习。教师要为学生提供"对比探究""归类梳理"

---

① 两份教学简案的设计者:重庆市两江新区星光学校代璐老师。

② 设计者:重庆市两江新区星光学校代璐老师。

③ 吴欣歆,管贤强,陈晓波. 新版课程标准解析与教学指导. 小学语文[M]. 北京:北京师范大学出版社,2022:95-96.

“多元评价”等各种学习策略；要适时提供文本资源和知识支架，帮助学生学习。

一、学习任务的设计

语文学习任务群要让学生具有学习的热情和兴趣，明确努力的方向和举措，并在完成任务的过程中，增强文化自信、语言运用、思维能力和审美创造等核心素养。系列学习任务的设计，必须遵循语文学科逻辑以及儿童学习逻辑、生活逻辑，并尽可能实现三者的和谐统一。

（1）遵循语文学科逻辑，设计主题型任务链。设计学习任务要遵循语文学科逻辑，契合各类学习任务群的特征；要围绕教学目标设计系列学习任务，并让所有任务都由同一主题统领，构成“主题型任务链”。例如在《“探秘成语典故”教学简案》中，“成语典故大搜索”“成语典故大家讲”“成语典故大家用”三个学习任务都紧扣“了解成语典故并尝试运用”这一核心目标，都围绕“探秘成语典故”这一主题设计，形成链状结构。在《“诗意栖居的童年”教学简案》中，“童诗我来读”“童诗我创作”“诗集大家‘秀’”这三个任务，也在“诗意栖居的童年”这一主题的统帅下构成了很好地遵循语文学科逻辑的“主题型任务链”。

（2）遵循儿童学习逻辑，设计进阶型任务链。语言文字学习的逻辑路径是“理解—积累与梳理—运用”，三个环节紧密关联，互相促进。“语言文字积累与梳理”教学必须遵循这种路径，设计进阶型任务链。例如，在《“找寻可爱的动物生灵”教学设计》中，“动物朋友我会认”“动物名片我来做”“动物代言我能行”三个学习任务就构成了“进阶型任务链”。其中的“我会认”“我来做”“我能行”，都强调学生自我主体性的发挥发展，可以充分激发学生阅读、观察的内驱力，使他们兴致勃勃地制作名片、开展班级巡讲、发布朋友圈，不知不觉提高语言运用与审美创造等核心素养。学生首先认读文中描写小动物的优美词语，接着借助优美词语为小动物制作名片，最后寻找一种小动物，运用优美词语包括自己前期积累的词语为小动物代言，表达喜爱之情。前一个任务是后一个任务的基础，后一个任务是前一个任务的升级。特别是第三个任务“动物代言我能行”，需要学生观察一种小动物，从名称、外形、活动等方面制作动物名片并介绍，创造性地运用积累与梳理所得，巩固既有学习成果。这样层层递进设计学习任务，符合儿童的学习逻辑。

（3）遵循儿童生活逻辑，设计动力型任务链。从学生生活实际出发设计学习任务、联结学生经验世界和想象世界的教学，有助于充分调动学生积极性，给予学生较大的学习动力。《“传统节日古诗词”单元教学设计》“缤纷展示台”中的“飞花令大赛”“创编传统节日情景剧”等任务，以及《“诗意栖居的童年”教学简案》中的“童诗我来读”“童诗我创作”“诗集大家‘秀’”等任务，贴近儿童真实生活，符合儿童生活逻辑，都是有助于激发儿童学习热情与兴趣的“动力型任务链”。

二、学习活动的指导策略

指向核心素养的学习任务群教学必须从"教师之教"转变为"学生之学",凸显学生主体作用。不过,教师依然要高度重视自己的主导作用,给予学生及时、充分、有效的指导与支持。

(1)巧借多种资源。一是,文本资源。教师可以依据学情以及教材内容,改变仅仅以单篇文本作为资源的现状,采用"单元整体""群文阅读"等方式,呈现多篇文本,引导学生多层次、多角度比较阅读。例如《燕子》(三年级下册)与《海燕》(节选)的互文呈现,有助于学生在对比阅读中感知燕子在不同环境中的可爱,文本语境与单篇文章相比就更加开阔、丰富而有深度。二是,网络资源。《"找寻可爱的动物生灵"教学设计》就充分利用了这方面的资源。例如,教师利用网络平台创建"生灵相册",学生选择感兴趣的动物,通过网络平台搜集资料,制作"动物名片"并上传;学生发布朋友圈,获得更多朋友的关注、点赞、评论,不仅可以强化学习的成就感,而且可以与他人进行互动,拓展深化学习。

(2)强化过程指导。学习任务群可以引领学生学习方式的深度变革,自主、合作、探究学习方式的运用将会更加普遍。不过,这些学习方式的高效实施离不开教师强有力的过程性指导。特别是在学生遇到或可能遇到困难的地方,教师要适时介入,提供支持,提示点拨,搭建学习支架,协助学生分享、互助。例如,在《"找寻可爱的动物生灵"教学设计》中,部分学生制作"动物名片"可能无从下手,教师及时提供"动物名片"图表类学习工具进行示范引导;学生策划组织班级巡讲活动,也可能需要教师的协调和提前指导,以便顺利完成巡讲。这些过程性指导支持,是学习任务群教学高效实施的关键。

主题三　高段"语言文字积累与梳理"教学

本主题共三个活动,各活动的目标、内容、重要程度、学习难度见表6-3-1。

表6-3-1　本主题活动概览

活动名称	活动目标	活动内容	重要程度	学习难度
1. "语言文字积累与梳理"课例赏析	了解高段"语言文字积累与梳理"教学目标与内容,感悟其教学的策略与方法	1. 研读材料"语言材料的有序积累"。 2. 研习课例:《"遨游汉字王国"教学设计》。 3. 讨论促进学生语言材料有序积累的策略与方法	★★★	★★★

续表

活动名称	活动目标	活动内容	重要程度	学习难度
2. "语言文字积累与梳理"教学策略学习	理解高段"语言文字积累与梳理"教学重点,探究梳理教学策略与方法	1. 研读材料:"分类别整理"与"有目的使用"。 2. 研习课例:《六年级"看图说话"教学片段》。 3. 研讨梳理高段"语言文字积累与梳理"教学策略与方法	★★★★	★★★
3. "语言文字积累与梳理"教学设计	进一步探讨教学策略与方法,设计教学方案,积累教学经验与智慧	1. 研习课例《手指》教学设计,讨论其中"过程性多元评价"的策略与方法。 2. 设计高段"语言文字积累与梳理"教学方案,并模拟演练,反思改进	★★★★	★★★★

活动1:"语言文字积累与梳理"课例赏析

　　步骤1　阅读后文"研读材料:语言材料的有序积累",自主探究:高段"语言文字积累与梳理"教学应该怎样促进学生语言材料的有序积累?

　　步骤2　阅读二维码资源《"遨游汉字王国"教学设计》①(五年级下册),自主梳理:该课例哪些设计有利于学生语言材料的有序积累? 对你有何启发?

　　步骤3　小组讨论:高段"语言文字积累与梳理"教学应该怎样促进学生语言材料的有序积累?

　　步骤4　全班交流,教师点拨并小结。

研读材料:语言材料的有序积累②

　　生活场景语言实践中的语言材料多处于未经加工的自然状态,难以实现语言材料的有序积累,学生语言经验的丰富和语感的强化也会相对缓慢。在语文学习过程中,如果学生不能从大量无序的语言材料中发现规律,梳理和整合就可能变成

---

①　设计者:重庆市两江新区金州小学刘姗姗老师。

②　张悦. 在语言实践中实现语言材料的有序积累:第三学段"语言文字积累与梳理"学习任务群教学讨论[J]. 语文建设,2022(18):14−18.

教师单向的教学行为和知识输出,难以取得良好的效果。有序积累是有效梳理、整合的基础,有助于学生从有序的语言材料中归纳规律,优化个人语言经验,形成良好语感,也是"语言文字积累与梳理"学习目标实现的重要基础。

分享驿站

促进学生语言材料的有序积累,必须明确课程目标的"序",系统规划学习内容;必须厘清语言材料的"序",顺应学生认知规律;必须逐步建构学生学习行为的"序",用真实的语文实践任务驱动学生主动完成学习内容。五年级下册"遨游汉字王国"教学设计引导学生观察、分析、整理,发现汉字的构字组词特点,体会汉字蕴含的文化内涵,能够有效促进学生语言材料的有序积累。课例学习情境的设计,有助于学生对汉字文化有更丰富的理解和全面的认识。三个学习活动,"趣味相投:制订计划""个中妙趣:搜集汉字""相映成趣:汉字交流会",层层推进,引导学生分主题梳理自己积累的成语典故、格言警句、对联等语言材料,注意词语的感情色彩,在书写中体会汉字的优美,有助于学生厘清语言材料的"序",逐步建构学习行为的"序"。

(1)课程目标的"序"。课标第三学段"识字与写字"的课程目标是:第一,有较强的独立识字能力。累计认识常用汉字 3 000 个左右,其中 2 500 个左右会写。感受汉字的构字组词特点,体会汉字蕴含的智慧。第二,写字姿势正确,有良好的书写习惯。硬笔书写楷书,行款整齐,力求美观,有一定的速度。能用毛笔书写楷书,在书写中体会汉字的优美。第三学段"语言文字积累与梳理"学习内容是:第一,主动通过多种方式独立识字,按照汉字字形结构等规律梳理学过的汉字。丰富自己的词语积累,注意词语的感情色彩。第二,开展校园内外讲普通话、写规范字、正确使用标点符号情况的调查,整理、分享自己的发现。第三,诵读优秀诗文,分主题梳理自己积累的成语典故、格言警句、对联等语言材料,并尝试运用到日常读写活动中,增强表达效果。《"遨游汉字王国"教学设计》的学习情境创设与学习活动安排都严格按照课标第三学段要求系统规划。

(2)语言材料的"序"。语文学习任务群主要包含七种要素:指向生活中语言文字运用真实需求的学习情境;识字与写字、阅读与鉴赏、表达与交流、梳理与探究等语文实践活动;引领性学习主题;综合性、整体性、结构化的学习任务;有关语文知识和典型语言材料等的学习内容;语文学习的基本方法;多种多样的学习资源。[①] "遨游汉字王国"教学设计有效统整这七种要素,遵循课程目标的"序",循序渐进地引导学生厘清语言材料的"序",逐步建构学习行为的"序"。活动初始,小组根据选择的活动内容,制订活动计划。其中分工的环节,按照活动内容先分类,再分工,潜在目的是引导学生根据汉字特点,结合音、形、义的规律进行分类。

---

①　郑国民,李宇明. 义务教育语文课程标准(2022 年版)解读[M]. 北京:高等教育出版社,2022:53.

后续活动,引导学生通过查阅图书、请教别人、网络搜索等渠道搜集资料,根据资料难度、数量进行筛选、甄别,在潜移默化中丰富学生的语言经验,促进学生借助自己完成的手抄报、演示文稿等进行语言材料的有序积累和主动运用。

（3）学习行为的"序"。汉字是中华文化的重要载体,课例特别注重引导学生在丰富多彩的识字活动中感受、体认中华优秀传统文化。学生猜字谜,一边读谜面一边猜,发现谜面内容和字形、字义的关联;朗读歇后语,发现谐音特点,再理解歇后语的意思,体会其中的趣味;观看例字的演变过程,从中提取主要信息。这些活动有利于学生基于已有经验,有序感受汉字音、形、义的特点,体会汉字文化的博大精深。当然,这些活动也引导学生在语言运用实践中积累语言经验,在语言文字的理解与欣赏品鉴中丰富情感体验和精神世界。"课程目标的序"和"语言材料的序"是外显的"序",只要教师能够紧扣课标,善于剖析学习材料,就可以较好地把握和引导。而学生"学习行为的序",在很大程度上是内隐的"序",甚至是因人而异的个性的"序",即使积累运用相同的语言材料,不同学生学习行为的"序"也可能完全不同。所以,教师只能引导学生长期沉浸在积极主动、妙趣横生的语言实践活动中,让学生借助自己日积月累的语言实践智慧,逐步建构真正属于自己的,且最合理、最高效的学习行为之"序"。

活动 2："语言文字积累与梳理"教学策略学习

活动步骤

步骤 1　仔细阅读后文"研读材料：'分类别整理'与'有目的使用'",自主探究："分类别整理"与"有目的使用"对于学生"语言文字积累与梳理"有何价值与意义？如何引导学生"分类别整理"与"有目的使用"？

步骤 2　研读二维码资源《六年级"看图说话"教学片段》[①],自主探究:该课例是如何引导学生"分类别整理"与"有目的使用"的？对你有何启发？

步骤 3　小组合作探究:高段"语言文字积累与梳理"教学有哪些策略与方法？

步骤 4　全班交流,教师点评、小结。

研读材料："分类别整理"与"有目的使用"[②]

1. 分类别整理

分类别整理,是指学习者根据分散的学习材料之间的内在关联,赋予其一定结

---

① 设计与执教者:重庆市渝北区教师进修学院何小兵。

② 王崧舟,陆虹. 厚积而薄发　知类而通达:新课标"语言文字积累与梳理"解读[J]. 语文教学通讯, 2022(21):18-24.

构或对其进行重组,以便将其储存在长时记忆中的一种策略。高质量的积累与梳理,需要对大量的文字材料进行分类整理,便于记忆和提取。在中高段的古诗文教学中,将古诗文按照主题进行归类,如送别诗、边塞诗、咏物诗等,把具有相同特征的信息组合成一个模块,记忆效果会更好,调取也会更顺畅。

2. 有目的使用

积累与梳理的效果,有时候取决于是否有机会将记忆仓库中的语言文字调取出来,运用于新的语境中。有目的使用,可以将沉睡的语言文字唤醒,将惰性的语言文字激活。经历多次使用的语言文字,就被自动化调用。

分享驿站

"积累""梳理""运用"是"语言文字积累与梳理"学习任务群的关键目标,三者之间有着极其紧密的逻辑关联。语言文字积累是梳理的前提,梳理又是积累的巩固和优化;语言文字的运用既是前面二者的最终指向和价值所在,又可促进二者高效持续推进。高段"语言文字积累与梳理"教学,要求学生多角度、分主题整理积累的语言材料,并尝试运用到日常读写活动中,培养学生综合运用语言文字的能力。研习王崧舟等专家"分类别整理"与"有目的使用"的观点和《六年级"看图说话"教学片段》,可以发现高段"语言文字积累与梳理"三个方面的教学策略。

(1)积累、梳理、运用紧密结合。积累的目的是运用,梳理的好处在于使积累的语料形成条件化知识,运用则能使积累、梳理的言语材料外显为成果,内化为素养。因此,真实情境中的语言运用价值不应该被单一化、绝对化,而应该回应和关联积累与梳理,使积累、梳理、运用连缀成一个整体,不断地在语言材料运用过程中逆向生发一种持续的力量,促进学生更好地经历和体验"积累—梳理—运用"的过程,强化自己在这个过程中的获得感,由此形成良性循环,不断提升学习兴趣与动力,持续发展语言运用等核心素养。《六年级"看图说话"教学片段》最末,在学生调用自己语料库中的合适语料进行生动表达后,教师顺势引导,指向"怎样对语言仓库进行优化梳理",这与课标第三学段相关要求高度契合。在教师的引导下,学生经由"运用"到"梳理",体会到通过"运用"能更好地"梳理"和"积累";反之,学生也能在潜移默化中领悟"更好地梳理与积累才能更好地运用"。学生经历这样一个完整的来回,兴趣与动力自然被强化并持续,可以形成良性循环。

(2)丰富和发展个体言语经验,培养语感"精度"和"灵敏度"。"语言文字积累与梳理"学习任务群旨在引导学生在语文实践活动中,积累语言材料和语言经验,形成良好语感。语感不会凭空产生,它依赖个体语言经验的丰富和发展。而个体语言经验也不能无中生有,它是所积累的语言材料和语言经验在多次语文实践活动中内化,并最终形成的个体语言经验与智慧。而个体语言经验与智慧一经形成,则会在语言运用过程中表现出高水平语感的两个重要特点,即"精度"和"灵敏度"。语感的"精度"表现为个体基于某情境需要,能够优选与情境高度适切的语料,进行精准、贴切的表达。例如以下这个片段:

生2:这幅图让我忽然想起了《满江红》中的名句,我可以用它这样表达——我们也要像图中的人物那样直面困难,执着向上,以免"白了少年头,空悲切"。

师:我想追问一下,岳飞的名句"白了少年头,空悲切"与图中的情境之间有什么关联吗?

生3:我觉得"白了少年头,空悲切"与"少壮不努力,老大徒伤悲"的意思相同。图片反映了负重前行、执着向上的精神品质,"白了少年头,空悲切"可以让我们提高警惕,年老了就不会"空悲切""徒伤悲"。

师:我明白了你想要表达的意思,真了不起!两位同学选用语言材料,从另一个角度巧妙呼应和利用图片情境。非常值得大家学习!

在这个小片段中,学生给出了富有创意的答案,他们根据自己的语言经验从语言仓库中调取语料进行恰切运用,且逻辑严密,这充分表现了两位同学语感的"精度"很高,当然其语感的"灵敏度"也很好。所谓"灵敏度",是个体根据语用情境需要,能在极短的时间内精准调用语料,强调的是"灵敏"。在《六年级"看图说话"教学片段》中,学生脑子里为什么能在极短的时间内冒出"迎难而上""知难而进""逆水行舟""百折不回"等词语?为什么又能在瞬间调用多样的名言、诗句等来表达?主要是因为他们语感好,灵敏度高。当然,名师出高徒,教师的巧妙引导与中肯激励,很好地丰富和发展了学生的言语经验,为学生良好语感的形成提供了示范。

(3)与文化体认相交相融,厚植学生中华文化自信。语言文字既是人类文化的重要载体,其自身也是文化的重要组成部分。汉字历史悠久,读音优美动听,语义丰厚深邃,集造型美、声韵美、意蕴美于一体。在语言文字的积累、梳理及运用过程中,引导学生感受其文化内涵、体会其文化魅力,并积淀丰厚的文化底蕴,是该学习任务群必须关注的学习内容与要求。《六年级"看图说话"教学片段》有两点做得非常出色:一是学生在教师的引导下,通过调取自己语言仓库中的相关语料,明白了同样一个主题思想,可以用成语、格言警句、古诗名句等多种言语材料来表达,由此自然会对中华文化的博大精深产生高度认可;二是学生在运用各类语料的过程中,将相关的人和事,特别是把与语料相关的精神品质等联结起来,可以逐步发现这些语料不是单纯的、死板的字词句知识,而是承载和表达中华优秀传统文化、革命文化、社会主义先进文化不可或缺的工具,蕴含着极其丰富的思想智慧。长期耳濡目染,学生就会自觉、自主地传承这些文化,同时体悟到中华文化强大而持久的生命力,获得情感的升华和成长的力量,夯实语言文字基础知识,增强文化自信。

活动3："语言文字积累与梳理"教学设计

活动步骤

步骤1 仔细阅读二维码资源《手指》教学设计①（五年级下册），自主梳理：课例运用的哪些策略与方法值得你学习？其中"过程性多元评价"体现在哪些环节？有何作用？对你有何启发？

步骤2 小组充分讨论以上问题，推选代表在全班汇报交流，教师点评、指导。

步骤3 小组合作研读五年级下册第8单元内容，对该单元人文主题、语文要素、课文内容等进行整体认知，然后合作设计其中《杨氏之子》或《童年的发现》的教学方案，注意参考《手指》教学设计，促进"教—学—评"一体化。

步骤4 小组代表选择重点片段模拟演练，师生互动评议，各组改进设计。

分享驿站

《手指》是丰子恺先生的散文，出现在五年级下册。文章选取人们熟悉但毫不起眼的素材，以风趣幽默的语言具体描写每根手指的姿态，讲述它们的不同用途，像闲话家常，令人于忍俊不禁中深受教益。文章结构清晰严谨，拟人、排比等表达手法的运用让俏皮可爱、各具特色的五指形象跃然纸上。课例《手指》确定的主题是单元主题"趣味语言品鉴会"之下的"大师子恺访谈会"，学习活动主要包括：认识漫画中的"漫画大师"；发现文字里的"语言大师"；学做生活中的"幽默大师"。破解丰子恺先生的语言密码，促进语言文字的积累、梳理与运用，是该课教学目标的重点。紧扣这个目标，课例安排的主要教学环节是：梳理字词中的幽默风趣；梳理句子中的幽默风趣；梳理五指之"最"的幽默风趣，探究用幽默风趣的语言为手指写颁奖词、写五官之趣。其中，过程性多元评价具有显著的支持促进作用，可以让语言文字的积累、梳理与运用步步进阶，顺畅落实。这个教学设计，对于我们追求"教—学—评"一体化有较大参考作用。具体而言有以下启示。

首先，要聚焦语言文字积累、梳理与运用这一重点目标，系统设计"教—学—评"一体化的全过程教学活动，使教师的"教"与"评"融为一体，引导学生进行自评和互评，实现"学"与"评"融为一体。教师活动与学生活动因为共同的目标，融为一体。课例在教学全程中用评价激发学生学习兴趣，指引学生的学习方向，维持学生学习的动力；用评价明晰教师教学目标，检测教师教学效果，优化教师教学进程。"教—学—评"一体化，可以真正实现以评促学、以评促教。课例《手指》预习环节是"教—学—评"一体化的起点。课例基于五年级学生已有学习经验设计的预习

---

① 设计者：重庆市两江新区星湖学校吴敏老师。

任务单,指向对"字词句"的正确认知和对课文内容思想的初步感知。教师引导学生规范书写课文中让自己"忍不住笑"的句子,启动了学生语言文字的积累与梳理活动。在预习过程中,学生的自评、互评以及教师的评价引导,可以有效促成"教—学—评"一体化。在课堂教学中,教师引导学生围绕教学目标开展自主学习与合作交流。目标是支点,评价是杠杆,二者共同推动教学进程螺旋上升。教师有意识、有目的地利用评价这一杠杆,让学生主动参与学习,通过自主思考与小组合作活动,达成教学目标。其中典型环节是教师运用学生在阅读与鉴赏中找出的"幽默风趣"语言评选"风趣星",学生合作撰写"颁奖词"、评选"幽默风趣组",以及评选"幽默风趣星"等。当然,该课例还可以把单篇课文的"教—学—评"一体化与单元整体教学进行较好对接与融合。例如,开课可以在单元学习地图中对前一课的"幽默风趣"指数及学习情况进行回顾评价;本节课教学结束时,教师可以设计小竞赛活动,引导学生立足单元整体,进行课文之间的比较阅读,探究情趣智慧语言的密码,让学生在互评互比中提升对"风趣与幽默"这一言语智慧的整体认知。

其次,要精心设计评价方案,真正实现评价主体、评价内容、评价方式的多元化。在《手指》教学设计中,评价方案真正实现了评价主体的多元化,教师评价与学生的互评、自评相得益彰。传统教学评价,一般都是教师评价学生,评价主体单一。"教—学—评"一体化的语文课堂,应从多个角度实施评价,包括教师评价、学生自评与互评。当然,无论是学生自评还是互评,教师都需要针对学生的评价进行点评,恰到好处地激励,或修正,或明辨是非,或点拨思路,才能真正做到以评促学。从评价内容来看,教师不仅要评价学生掌握知识与技能的情况,如对字词的识记、句段的理解等,还要评价其语言表达能力、观察分析能力和学习方法,评价学生的学习态度、学习热情等。评价内容多元化,有利于促进不同层次学生核心素养的全面发展。课例《手指》引导学生先品读语言,学习积累文中的"幽默风趣"语言,梳理表达方法和提炼语言,后写"颁奖词",整个教学过程以学生为本,高度关注语文学习能力,重视学习方法、思维能力、审美创造,对学生情感态度等方面也有正确评价和引导,实现了评价内容的多元化。从评价方式看,课例《手指》也很有特色。例如预习环节画表情评价、评价送"风趣星"、评选"幽默风趣组"、颁发"幽默风趣表达星"等,丰富多样,都具有教学创新意义。

单元梳理与提升

拓展阅读 ....

"语言文字积累与梳理"学习任务群很重视学生"形成良好语感",请自主查阅

有关小学生语感培养的学术论文或专著,并在学习小组内分享交流阅读收获。

 问题探究

"语言文字积累与梳理"教学应该怎样引导学生感受汉字的文化内涵,提升其中华文化自信素养?

 综合实践

仔细研习二维码资源《素养导向的任务群教学设计——以二年级下册三单元"语言文字积累与梳理"教学为例》①,并参考该课例《"贝"的故事》教学设计,从二年级上册教材中选择一篇适合开展"语言文字积累与梳理"教学的课文进行深度研读,尝试设计该课教学方案。

 学习反思

结合自己的语文学习经历和本单元的专业学习所得,系统反思自己对写字教学价值意义的认识和策略与方法的掌握情况,并撰写一篇反思性短文。

_____

① 设计者:重庆市南岸区天台岗融创小学尹珩老师。

单元七　"实用性阅读与交流"教学

 课标要点

本学习任务群旨在引导学生在语文实践活动中，通过倾听、阅读、观察，获取、整合有价值的信息，根据具体交际情境和交流对象，清楚得体表达，有效传递信息，满足家庭生活、学校生活、社会生活交流沟通需要。

教学提示：

应紧扣"实用性"特点，结合日常生活的真实情境进行教学。学习活动可以采用朗读、复述、游戏、表演、讲故事、情景对话、现场报道等学生喜闻乐见的形式，将识字、写字、阅读、写作、口语交际、搜集处理信息等融为一体；应加强对跨媒介阅读与交流的指导，充分利用数字资源和信息化平台，引导学生提高语言理解与运用能力，逐步增强语言表达的准确性、规范性。

评价应注重学生在真实生活情境中语言运用的实际表现，围绕个人生活、学校生活、社会生活中阅读与交流的实际任务，评价学生实用性阅读与交流的能力。

 学习目标

☐ 了解"实用性阅读与交流"学习任务群的内涵与价值。

☐ 理解各学段"实用性阅读与交流"的学习内容。

☐ 探究学习各学段"实用性阅读与交流"的教学策略与方法。

☐ 尝试设计各学段"实用性阅读与交流"的教学方案，并模拟演练，积累教学经验与教育智慧。

主题一 低段"实用性阅读与交流"教学

本主题共三个活动,各活动的目标、内容、重要程度、学习难度见表 7-1-1。

表 7-1-1 本主题活动概览

活动名称	活动目标	活动内容	重要程度	学习难度
1. "实用性阅读与交流"课例赏析	了解"实用性阅读与交流"学习任务群的内涵与价值,初步探讨低段的学习内容、策略与方法	1. 研读材料:为生活学语文和情境设计需要考虑三点。 2. 研习课例:《扮靓周末时光》。 3. 初步探究低段"实用性阅读与交流"的学习内容与创设日常生活真实情境的策略与方法	★★★★	★★★
2. "实用性阅读与交流"教学策略学习	进一步探究低段"实用性阅读与交流"的学习内容、策略与方法	1. 研读材料:获取整合信息和"整合有价值的信息"。 2. 研习课例:《动物王国开大会》教学设计。 3. 梳理探究低段"实用性阅读与交流"教学指导学生获取信息的策略与方法	★★★★	★★★★
3. "实用性阅读与交流"教学设计	系统梳理低段"实用性阅读与交流"的学习内容、策略与方法,并尝试设计教学方案	1. 研读材料:只求"实用"。 2. 研习课例:《"巧嘴巴和灵耳朵"小达人比赛》。 3. 尝试设计教学方案,并模拟演练重点片段	★★★★	★★★★

活动 1:"实用性阅读与交流"课例赏析

活动步骤

步骤 1 自学后文"研读材料:为生活学语文",自主梳理"实用性阅读与交流"学习任务群的内涵与价值。

步骤 2 自主探究:循着"为生活学语文"的理念,"实用性阅读与交流"第一学段必须完成哪些学习内容?

步骤 3 小组内部分享交流前两个步骤的学习成果。

步骤4　仔细阅读二维码资源《扮靓周末时光》①(一年级),探究梳理:低段"实用性阅读与交流"教学如何凸显"实用性"特点? 创设日常生活真实情境有哪些策略与方法?

步骤5　阅读后文"研读材料:情境设计需要考虑三点",对照课例《扮靓周末时光》梳理探究:低段"实用性阅读与交流"教学在创设日常生活真实情境时要注意些什么?

步骤6　全班分享、交流,教师点评、小结。

研读材料:为生活学语文②

"实用性阅读与交流"学习任务群的内涵与价值即"为生活学语文",主要体现在以下几个方面:一是生活对语文课程的必然要求。实用性语文的阅读与交流,侧重于语言文字所要传递的信息。阅读,重在提取和整合有价值的信息;交流,贵在传递和沟通有意义的信息。二是解决语文课程"不实用"的客观需要。该学习任务群的设置与实施,注重社会真实情境,强调学生的亲历、体验和参与,是对以往语文课程实用性内容缺失的一种弥补。三是全面实现课程目标的需要。"实用性阅读与交流"几乎对应、支撑着所有课程目标的达成,是学生拥有语文课程所要培养的核心素养的必备条件。

研读材料:情境设计需要考虑三点③

一是"角色意识",即在情境中赋予学生具体的职业或者人物身份,使学生获得"角色认同感",从而明确活动的意义,激发探究的兴趣。二是"工作场景",即给角色安排某项具体的工作,如让作为"记者"的学生就某一个事件采访相关人员,让作为"评委"的学生在读书会上对参赛作品进行分析,等等。三是"用户意识",即为活动的成果设定明确的"用户"。例如,要求"记者"把采访结果写成一则新闻报道,并把这篇报道投给校报、校刊甚至公开发行的报纸或期刊,因为成果有了实实在在的"用途",学生投入活动的意义感和积极性就会大为提高。

分享驿站

"实用性阅读与交流"教学必须引导学生关注生活,学以致用,知行合一,适应社会,为更好地生活而学习语文。

课标规定的"实用性阅读与交流"第一学段学习内容是:"阅读有关个人生活,

①　设计者:重庆市北碚区两江小学张琪老师、北碚区朝阳小学谢婷婷老师。

②　王崧舟,梅晨霞. 应生活之需　切生活之用:《义务教育语文课程标准(2022年版)》"实用性阅读与交流"解读[J]. 语文教学通讯,2022(24):9-16.

③　申宣成. 语文综合性学习的课程价值与设计理路:兼论统编高中语文教材活动设计[J]. 课程·教材·教法,2021(5):67-73.

家庭生活的短文,认识图文中相关的汉字,感受美好亲情;学习运用文明礼貌语言,与家庭成员、亲朋好友交流沟通,学会感恩。阅读有关学校生活的短文,认识图文中相关的汉字;学习与同学、老师文明沟通;乐于分享学校生活中的见闻和感受,热爱学习,热爱学校。在革命遗址、博物馆、公园、剧场、车站、书店、超市、银行等社会场所中,学习认识有关标牌、图示、说明书等,了解公共生活规则,学会有礼貌地交流。学习有关中华优秀传统文化的短文,将读到、听到、看到的故事讲给他人听。"

该学习任务群的教学要以核心素养为导向,以学为中心视角,牢记为生活学习语文的理念,进行真实情境的创设。对于低段学生而言,真实情境就是日常生活情境或模拟的日常生活情境,学生在这类情境中习得的语言文字运用方法是最有用和可用的,形成的语言文字运用技能是最能"带得走"的。课例《扮靓周末时光》,以一年级教材中"课程表"等的阅读为基础,引导学生在图文中认识汉字,提取有用信息;同时以一年级口语交际"我说你做"(上册)"请你帮个忙"(下册)内容为基础,整合与学生现实生活息息相关的内容,培养学生在生活中主动识字的意识。考虑学生的交际心理,教师摒弃单纯知识传授、教师讲解、机械操作的传统教学方法,以学生周末生活为切入点,创设真实的生活情境联结生活与教材,引导学生在日常生活中学习并正确运用礼貌用语,文明表达自己的意图,满足自己的生活需求。学生在个人体验情境中感悟、在学科认知情境中建构、在社会生活情境中运用,体现了教学的"实用性"特点。

"实用性阅读与交流"学习任务群以"实用"为目的。"实用性阅读与交流"教学必须充分利用教材场景图,有效补充相关素材,帮助学生充分体验真实的日常生活。课例《扮靓周末时光》活动二模拟"独立外出"现场,教师充分利用教材场景插图"路边""球场",并补充生活场景图"书店""餐厅",这些图构成真实完整的日常生活情境,教师以此设计"问路""找书""换筷""捡球"一系列子任务,让学生置身不同的情境,根据不同的交流对象和目的,借助语言支架,学习"请你帮个忙"的不同表达形式。学生在"做"中学,在"行"中悟,学习语文解决生活问题的体验会更加深刻,语文学习效率会较大提升。

"实用性阅读与交流"教学要设置进阶型任务,助力言语表达,发展学生高阶思维能力。在课例中,教师为学生创设与真实语用环境相似的交际情境,设置系列进阶型情境任务,可以让学生语言运用和思维能力等核心素养的发展被"明确看见":在"公园问路"情境中,让学生体验别人遇到困难如何请人帮忙;在"书店找书"情境中,让学生借助录音笔,学会倾听,尝试生生互评;在"餐厅换筷"情境中,搭建表达支架,让学生感受语言的多种表达方式;在"球场捡球"情境中,让学生学会在别人拒绝帮忙时尝试积极应对。学生在多个情境活动中,可以习得语言表达与多向思维的方法,并有效迁移运用到实际生活的类似情境中去,进而提高语言交际能力,提升思维品质。

活动2:"实用性阅读与交流"教学策略学习

步骤1　仔细阅读后文"研读材料:获取、整合信息和整合有价值的信息,结合作者观点,深入思考:"实用性阅读与交流"教学如何引导学生获取、整合有价值的信息?

步骤2　研读二维码资源《动物王国开大会》教学设计①(一年级下册),自主探究:低段"实用性阅读与交流"教学可以采取哪些策略和方法?

步骤3　小组交流分享前两个步骤的学习成果。

步骤4　各组代表在全班汇报学习成果,教师点评、小结。

研读材料:获取、整合信息②

"实用性阅读与交流"学习任务群目标聚焦"阅读、交流",围绕"筛选整合信息,有效传递信息满足生活需要、增强社会参与意识"来整体设计。获取、整合信息是该学习任务群重要的目标。该学习任务群设计出于实用目的如阅读报纸、新闻以获取、整合有价值的时事信息等。"获取、整合信息"不仅是实用性阅读的重要目标,还是"实用性交流"的基础。怎样获取、整合信息呢? 新课程标准强调在学生自主的语文实践活动中,"通过倾听、阅读、观察"等多种途径来获取,借助记笔记、列大纲、画思维导图等方式来整理信息。

研读材料:整合有价值的信息③

课标在保留了获取信息要求的基础上,新添了"整合有价值的信息"等内容。其中,"整合"主要是对学习方式的要求,"有价值"是对学习结果的要求,两个关键词都体现了面对现代社会信息环境日益复杂的形势,鉴别信息品质的能力的重要性。这启发我们,基于核心素养的实用性阅读教学,应该从主要依靠权威媒体、阅读经典文本、理解其中相对确定的信息,转向学会用多种媒体搜集信息、从多个文本中筛选信息,进而辨析芜杂信息。当然,整合信息的最终目的是提高语言文字运用能力等,为有效地传递信息、更好地解决生活问题服务。

①　设计者:重庆市两江新区星光学校李小玉老师。

②　魏星. 实用旨归、做事路径、语用意涵:"实用性阅读与交流"任务群的内涵解读[J]. 语文建设,2022:(20):4-9.

③　郑桂华."实用性阅读与交流"学习任务群教学实施建议[J]. 语文建设,2023(5):4-9.

分享驿站

　　"实用性阅读与交流"主要包含两类语文实践活动,一是实用性文本的阅读,二是以实用为目的的表达与交流。面对现代社会信息环境日益复杂的形势,实用性阅读必须注意提取和整合有价值的信息,实用性交流必须注意传递和运用有意义的信息,二者紧密联系,互相促进。"实用性阅读与交流"教学必须引导学生在语文实践活动中,通过倾听、阅读、观察,获取、整合有价值的信息,有效传递信息,满足家庭、学校、社会生活交流沟通需要,围绕"获取信息、传递信息、满足生活需要"三个方面进行整体设计。①

　　如果用相对传统的方法教学《动物王国开大会》,教师就要引导学生逐段阅读,充分利用插图和课文,通过提问、朗读等方式提取通知的主要内容,再仔细指导学生如何写通知。这种教学,容易脱离具体交际情境,忽视交流对象,往往以理解课文内容,掌握具体的文体知识为主要教学目标。学习任务群教学理念指导下的课例《动物王国开大会》,追求目标先行,首先创设"策划初夏研学之旅并发出通知"的真实生活情境;再按照学生的生活逻辑和认知逻辑,设计三个任务;借助叙述性文本和非连续文本,让学生基于倾听、阅读等渠道获取信息,进行先后关联、整合信息并加以简单运用,满足真实的交往和沟通需要。该课例的以下教学策略与方法值得借鉴。

　　(1)任务引领,"可视化"呈现。"实用阅读与交流"教学以积极、深入和全面的语言文字运用为开端,以做事、解决问题为路径,以满足生活所需为目标。在生活中,学生期待研学之旅,该课例以"策划研学活动并通知同学"为任务引领,有利于学生激发获取、整合、传递和运用信息的主动性。而"可视化"呈现,能直观展示获取、整合、传递和运用信息的过程与方法,优化学生信息素养。常见的"可视化"呈现方式有两种:一是明示要求,引导圈画。低段学生学习热情高,但学习的专注度和持续性不够,在阅读过程中,会遗忘阅读目的。因此,将明晰的阅读要求和圈点勾画等任务呈现在学生目之所及的地方,如课件、黑板或学习单上,利于学生更好地获取、整合信息。例如,该课例要求根据天气预报图确定研学时间,用勾、圈等方式获取信息,让学生对获取的信息一目了然,可以促进学生理解阅读材料的内容,提高信息素养。二是引导体验,还原过程。除了圈点勾画,教师还可以通过明晰准确的要求引导学生去思考,做简单的推断,在寻找答案的过程中深入体验通过自主阅读获取、整合信息的全过程。该课例的学习任务二引导每一名学生在思考、推断的基础上,演示四次勾画通知内容的完整过程。这可以帮助演示的学生,加深体验,"看见"自己学习的过程,可以启迪其他学生对比自己获取信息的过程,反思、

　　① 吴欣歆,管贤强,陈晓波. 新版课程标准解析与教学指导·小学语文[M]. 北京:北京师范大学出版社:2022:103.

交流发现、获取、整合信息的过程与方法,并尝试改进。低段学生获取的信息通常是笼统、模糊、片段化的,引导学生深入体验学习过程,适时反思、还原和"看见"学习过程,更有利于学生对信息的获取和整合,促进他们对相关策略与方法的迁移运用。

（2）整体思维,多向度关联。心理学研究发现,人的大脑有四个功能区同信息的获取与整合密切相关:感受区主要负责接收信息,贮存区主要负责梳理信息,判断区主要负责评价信息,想象区主要负责把新信息和已有信息结合起来。人类接受信息有一个完整的过程:收获信息—组织新信息—判断新信息—整合新旧信息。而阅读的一般过程包括:感知、理解、评价、判断、想象、推理、解决问题等。[1] 通过阅读获取、整合信息是一个极其复杂的心智活动过程。低段学生由于心智发展还很不成熟,教师引导他们开展实用性阅读获取、整合信息,一定不能操之过急,求之过深,而要注意激活他们的整体思维,巧妙实施多向度关联。具体而言有如下几种方法。一是插图与文本关联。对于低段学生,图片比文字更具有吸引力。而精彩插图与课文文本结合紧密,可以让插图成为学生提取信息的线索。例如,课例"通知内容我知道"任务引导学生观察四次通知的四幅插图,勾画通知内容,借助图片找到给狗熊提示的动物,顺着文本去验证,这样可以较好地提高信息获取的效率。二是文本前后关联。注重文本前后关联,有利于学生完整和准确地获取信息。例如课例引导学生在发出通知之前,仔细梳理天气信息、研学活动要求、公园导览图和课文《动物王国开大会》中的通知等,同时引导学生注意关联、梳理同一文本的前后信息,这些都符合低段学生短时记忆容量有限等心理特征。三是文本信息与生活关联。"实用性阅读与交流"教学的目的就是引导学生为了更好地生活而学语文。课例"研学通知我来出"的任务紧密结合学生生活经验。例如:前面任务中提取出的研学时间、地点和事件出现在通知里,能否保证研学活动正常开展？研学活动排队乘车的时间、地点如何安排？同学外出必备物品有哪些？学生积极调用已有生活经验,根据这些问题提取、整合文本信息,真切认识到阅读能服务于生活和学习。

活动 3："实用性阅读与交流"教学设计

活动步骤

步骤 1　阅读后文"研读材料:只求'实用'",自主梳理:你对"实用性阅读与交流"学习任务群有什么新的理解？

步骤 2　深入研习二维码资源《"巧嘴巴"和"灵耳朵"校园小达人比赛》[2](二年级上册),系统梳理:该课例在帮助儿童切实利

---

① 朱作仁. 语文教学心理学究[M]. 哈尔滨:黑龙江人民出版社,1984:274.
② 设计者:重庆市两江新区星光学校周雪寒老师。

用语文学习解决生活问题方面运用了哪些策略与方法？对避免低段"实用性阅读与表达"课堂学习和生活运用"两张皮"的现象有何启发？

步骤3　小组交流、分享前两个步骤的学习成果，然后合作设计低段一课时的"实用性阅读与交流"教学方案。教学内容可参考教材二年级上册第三单元口语交际"做手工"，也可自主选择。

步骤4　小组推荐代表在全班交流、分享本组设计的方案，并对重点片段进行模拟演练。

步骤5　师生互动评议，小组改进方案，同时撰写反思。

研读材料：只求"实用"①

"实用性阅读与交流"指向日常生活中的实际运用，只求"实用"，注重定义、解释、认同、操作等，注重人与人之间的交往能力和沟通水平。

专设"实用性阅读与交流"学习任务群，更加凸显了"实用性"在语文课程中的重要地位。它包含实用性文本的阅读与实用性交流两个方面。一方面，学生阅读有关家庭、学校或其他常见的社会场所的文章，学会分析实用性文本的内容和表达策略，并迁移到课外；另一方面，学生聆听故事、观察自然、感受生活，或交流信息，或鼓动宣传，或交流情感，或普及科学知识，在语言文字的交际中参与生活、服务社会。

当今社会，信息的传递方式越来越多样、快捷、精准，交流沟通的质量和效率直接影响人们生活。"实用性阅读与交流"的"实用性"特点，要求教师高度重视学生在日常生活中的"倾听与表达"能力。低段教学必须注重创建真实的生活情境，培养学生对信息的提取与整合能力，促进"表达与交流"知识学习在实际生活中的运用，要让学生时刻感受到："对，这就是我遇到过的生活问题""我很快找到的这些信息对我很有帮助""真奇妙，学语文可以让我的生活更精彩。""实用性阅读与交流"教学设计课例《"巧嘴巴和灵耳朵"校园小达人比赛》大体按照"活动准备—边学边练—现场比赛"的程序，安排三个由易到难的情境任务："巧嘴巴说一说：古今交流方式的变化""口耳并用：球赛信息传递员""'巧嘴巴'和'灵耳朵'达人比赛"，很好地体现了"实用性阅读与交流"教学"从学生生活出发""回到学生生活中去"的特点。

（1）"从学生生活出发"。该课例从学生生活实际出发，让学生将课堂中学到的语文技能又运用到实际生活中去，实现"实用性阅读与表达"知识与技能的迁移

---

① 王崧舟.《义务教育语文课程标准（2022年版）》案例式解读［M］.上海：华东师范大学出版社，2022：90-93.

运用。打电话是二年级学生非常熟知的交流方式,但如何利用已有生活经验,学会在"打接电话"中有效甚至高效解决生活中可能遇到的实际问题,还需要指导和练习。例如,通过电话向老师请假、与朋友交流、跟家人传递信息、遇到危险报警等,学生都需要用到自己在"实用性阅读与表达"课堂上学到的技能。该课例以满足学生生活需要为出发点,沿着学校真实活动"足球比赛"这一情境主线,创设一系列的情境任务:"队长通知队员训练""帮老师通知训练""转接电话""场外电话"。这些情境任务,从简单到复杂,引领学生在"身临其境"中一步步解决生活中的实际问题。这些任务像一组套娃,看起来相似,却又有不同的语用学习价值,引导学生在师生、生生、小组,甚至现场与家长的电话互动等活动中,礼貌表达,认真听,说清楚,学会打电话解决生活问题。

　　(2)"回到学生生活中去"。学习任务群教学绝非一个一个语文知识点的授与受,"实用性阅读与表达"教学也不能拘泥于语言技巧和表达方法的学习训练,学生必须在完成真实情境任务的过程中体悟学习,同时要能运用所学完成真实情境中的任务,学语文与用语文绝不能是"两张皮"。前述课例设计了丰富的学习活动,让学生在学习中不知不觉地投入到"解决实际问题"中去,又在一次又一次地"解决实际问题"中学习实用性交流与表达的技能方法,提升核心素养。系列活动中,既有某个同学的独立表达(意在树立"典型"供所有学生学习思考),又有全员参与的同桌对话、小组对话、师生对话(使每个学生都站到交流与表达场域的"中央")。每次学习活动都力求解决一个实际问题,从信息的查阅搜集,到信息的比对,再到打电话的基本技能"有礼貌""倾听关键信息""将关键信息说清楚",最后还要综合运用所学进行现场比赛,评出"巧嘴巴和灵耳朵"小达人。所有活动分解开来,都指向真实的任务;整合在一起,便可有效达成教学目标。

主题二　中段"实用性阅读与交流"教学

　　本主题共三个活动,各活动的目标、内容、重要程度、学习难度见表 7-2-1。

表 7-2-1　本主题活动概览

活动名称	活动目标	活动内容	重要程度	学习难度
1."实用性阅读与交流"课例赏析	了解中段"实用性阅读与交流"学习内容、教学策略与方法	1. 研读材料:"使学生成为数字化时代的合格公民"。 2. 剖析课例:《美丽的小兴安岭》教学片段。 3. 探究中段"实用性阅读与交流"教学如何提升学生的数字信息素养	★★★	★★★

续表

活动名称	活动目标	活动内容	重要程度	学习难度
2. "实用性阅读与交流"教学策略学习	理解中段"引导学生学会用语言文字来做事"的观点,进一步理解"实用性阅读与交流"的学习内容、策略与方法	1. 研读材料:"引导学生学会用语言文字来做事"。 2. 研习课例:《国宝大熊猫》教学片段。 3. 探究、梳理教学策略与方法	★★★	★★★★
3. "实用性阅读与交流"教学设计	深入探究中段"实用性阅读与交流"教学策略与方法,设计教学方案并模拟演练,积累教育智慧	1. 研读材料:设计链式活动任务。 2. 研习课例:《我眼中的"新"世界》。 3. 探究梳理链式活动任务设计策略与方法,并进行教学设计与模拟演练	★★★★	★★★★

活动1:"实用性阅读与交流"课例赏析

活动步骤

步骤1　仔细阅读后文"研读材料:使学生成为数字化时代的合格公民",自主探究:设置"实用性阅读与交流"学习任务群的目的是什么?

步骤2　仔细研读二维码资源《美丽的小兴安岭》教学片段①(三年级上册),深入思考:该课例哪些设计有利于发展学生信息素养?立足数字化时代,该课例还可怎样改进?

步骤3　小组讨论交流前两个步骤的学习成果。

步骤4　小组代表分享学习收获和感悟,教师点评、小结。

研读材料:使学生成为数字化时代的合格公民②

当下,人类已经进入数字化时代。在云计算、大数据等现代信息技术的支持下,信息更新与传播的速度不断加快,信息生产的模式与数量不断迭代。在浩瀚的信息海洋中,每个人既是信息的接受者和处理者,也是信息的生产者和分享者。从网络购物到出行导航,从无人超市到在线课程,信息技术的革命既深刻改变着人们的生活、学习和工作方式,也对人的信息素养提出了更高的要求。设置"实用性阅

---

① 设计者:重庆市渝中区马家堡小学胡雨菡老师、沙坪坝区高滩岩小学谢林云老师。
② 郑国民,李宇明. 义务教育语文课程标准(2022年版)解读[M]. 北京:高等教育出版社,2022:128.

读与交流"学习任务群,目的就是与时俱进,使语文课程适应数字化时代对人的信息素养提出的新要求,培养学生在网络中搜集、处理、评判、发布信息的能力以及文明礼仪和道德修养,使学生成为数字化时代的合格公民。

分享驿站

　　第二学段"实用性阅读与交流"学习内容在新课标中有着明确规定:"阅读有关家庭生活、学校生活、社会生活的短文,学习用口头和书面的方式,客观地表述生活中的见闻片段。学习写留言条、请假条、短信息、简单书信等日常应用文,注意称谓和基本格式,文明礼貌地进行交流。学习阅读说明、叙写大自然的短文,感受、欣赏大自然的奇妙与美好。学习用日记、观察手记等,展示自己观察自然、探索科学世界的收获。学习具体、清楚、生动地讲述有关老一辈无产阶级革命家和革命英雄、劳动模范、科学家的事迹,以及反映中华传统美德的故事。"指导学生完成课标规定的以上内容,教师必须系统研究教材内容和学生在数字时代的生活需要,精心设计"实用性阅读与交流"学习任务群。

　　教材三年级上册第六单元围绕"祖国山河"这一主题编写。《美丽的小兴安岭》描写了小兴安岭一年四季的美景。在课例《美丽的小兴安岭》中,教师首先通过视频、图片等方式,让学生直观感受小兴安岭的美景,引导学生感知、倾听有价值的信息;紧接着,带领学生阅读课文片段,"走进"春季和夏季的小兴安岭。这个过程,教师"由扶到放",有利于培养学生自主获取信息的能力。欣赏春季美景时,教师引导学生抓住文中关键词句,借助《导学单1》提供的学习支架,深切感受小兴安岭的美。欣赏夏季美景时,教师放手让学生"读一读,圈一圈""勾一勾,想一想",让学生迁移运用欣赏春季美景所用学习支架。在此基础上,教师还让学生抓住关键词"浸",仔细品味,捕捉、整合关键信息;及时提供《导学单2》,引导学生结合文学阅读与创意表达,回顾春季美景的感知、理解与欣赏过程,提高选词炼字、准确形象表达关键信息的能力。以上学习,让学生能够比较清晰地看到自己的学习过程,及思维能力和语言运用能力的"生长",对于提高学生获取、整合有价值信息的能力,发展核心素养至关重要。

　　语文学习任务是素养导向的语文实践活动,华东师范大学崔允漷教授指出,实践的物质性决定了任务需要包含明确的主体行为(要做什么),实践的自觉能动性使得任务要有一个预期的达成结果(做成什么),实践的社会历史性意味着任务需要考虑人际关系(与谁一起做)和时空情境(何时何地做)。所以,语文学习任务必须涉及主体行为、达成结果、人际关系、时空情境,以及语言文字和育人导向等要素。《美丽的小兴安岭》教学片段创设了真实的情境,以任务为驱动,以交流为目的,比较充分地体现了"语文学习任务"这一特点。"走进祖国美景"明确了"做成什么","我为祖国美景代言"明确了"要做什么","招募宣传员志愿者"对"与谁一起做""何时何地做"等问题也有比较清晰的界定。这些情境任务的创设,有利于学生以真实生活需要为驱动,全面提高信息的获取、整合、交流、运用能力,成为数字化时代的合格公民。

我们要创新传统教学样态,推进个性化学习,促进学生数字信息素养全面发展。党的二十大报告指出,推进教育数字化。教育数字化的难点和重点在于师生数字信息素养的全面提升。没有良好的数字信息素养,教师和学生就不能较好地适应各种信息技术环境,学生的数字化学习更是无从谈起。从这个角度审视课例《美丽的小兴安岭》,我们会发现还有较大提升空间。《美丽的小兴安岭》教学要进一步提升学生的数字信息素养,学习活动要由课内向课外延伸,引导学生借助现代信息技术开展更有价值和意义的深度学习。例如,课前学生可以利用网络平台,进一步获取学习资源和关键信息;课上学生可以通过视频连线、网络互动等方式,进一步交流信息,分享体会,提升认识,获得更加丰富的学习体验;课后,可以利用网络平台,传播自己的解说视频和文字,为自己的"竞聘"做宣传广告。我们期待《美丽的小兴安岭》这类既可开展"实用性阅读与交流"教学,又有利于实施"文学阅读与创意表达"教学的课文,能够进一步利用现代信息技术引导学生高效学习,同步提高学生的语文技能、审美技能、生活技能和数字化时代的文化自信水平,更加全面、持续地发展学生核心素养。

活动2:"实用性阅读与交流"教学策略学习

活动步骤

步骤1 仔细阅读后文"研读材料:引导学生学会用语言文字来做事",结合作者观点,深入思考:中段"实用性阅读与交流"教学可以采取哪些策略和方法"引导学生学会用语言文字来做事"?

步骤2 研读二维码资源《国宝大熊猫》教学片段[①](三年级下册),自主探究:该课例在"引导学生学会用语言文字来做事"的过程中,采用了哪些策略与方法?对提升学生核心素养有何帮助?

步骤3 基于前两个步骤的学习,小组讨论交流:中段"实用性阅读与交流"教学的策略与方法有哪些?

步骤4 小组代表分享学习收获和感悟,教师点评、指导,同学修改补充自己梳理的策略与方法。

_____

① 设计者:重庆市两江新区金山学校彭建老师。

研读材料：引导学生学会用语言文字来做事①

在总目标引领下，"实用性阅读与交流"学习任务群目标聚焦"阅读、交流"，围绕"筛选整合信息、有效传递信息、满足生活需要、增强社会参与意识"来整体设计，以学会实用性表达和交流为落脚点。"倾听、阅读、观察"是输入和内化信息，表达、交流则是输出和外化，是传递信息。从"实用"的角度看，语文学习就是要培养学生运用祖国语言文字的能力，引导学生学会用语言文字来做事，增强语言文字的运用意识，强化表达、交流的读者意识、情境意识、问题意识、语体意识，学会根据不同语境适当调整表达方式和表述策略。

分享驿站

"实用性阅读与交流"学习任务群旨在满足学生的家庭生活、学校生活、社会生活交流沟通的需要。三年级下册第七单元《国宝大熊猫》这个习作课例的教学程序是：根据课前提出的问题，教师引导学生阅读课文，学习教师提供的资料包，筛选、整合信息，模仿本单元课文片段，撰写介绍大熊猫的文段。这种教学主要以习作训练为目的，有比较明显的"为作文而教学"的倾向。《国宝大熊猫》教学片段是典型的学习任务群的教学设计。围绕"国庆节快到了，因为人手紧缺，重庆自然博物馆的馆长准备招募熊猫展厅的志愿者为小小解说员，向提出不同问题的游客介绍大熊猫"这一真实生活情境，设计了两个相互关联的学习任务：一是根据游客感兴趣的问题，选择、整合资料，制作大熊猫名片；二是选择一位游客（同学扮演）的问题，为他介绍国宝大熊猫。这种教学以解决现实生活问题为目的，整合了教师提供的资料包、解说词、解说视频等资源，将听、说、读、写与搜集处理信息融为一体，学生在一系列主动积极的语文实践活动中，学习筛选、整合信息，准确得体解说。这种"为生活而教学"的活动，具有高度的情境性、综合性和实践性。

在"实用性阅读与交流"教学中，实用性阅读重在提取和整合有价值的信息，为"交流"提供信息、策略、方法、表达形式的支撑；实用性交流重在传递和沟通有意义的信息，学生要将阅读所得应用于真实的日常生活交际情境，解决实际问题，发展核心素养。课例《国宝大熊猫》在"引导学生学会用语言文字来做事"方面，对我们至少有三点启示。

（1）强化角色意识。西南大学荣维东教授指出，写作时，作者要有一种"角色意识"，明白自己用什么身份说话，因为写作者的不同身份，直接影响写作内容和行文风格，决定着行文的语气、语体以及内容呈现方式。② 写作即交流，"实用性

---

① 管贤强,魏星. 实用旨归、做事路径、语用意蕴："实用性阅读与交流"任务群的内涵解读[J]. 语文建设,2022(20)：4-9.

② 荣维东. 交际语境写作[M]. 北京：语文出版社,2016：159.

阅读与交流"教学要引导学生有效传递信息,满足真实生活的交流沟通需要。教学时,教师要根据真实生活需要,找到语文学习与现实生活的关联,创设现实生活中的情境,赋予学生乐于扮演的角色,如"故事大王""小小解说员""小小配乐师""小小摄影师""小小剪辑师"等。在课例中,教师创设真实任务情境,赋予学生"小小解说员"的身份,学生容易产生"角色认同感",参与兴趣浓厚,愿意主动用"解说词"向游客解说,较好地实现交流目的及核心素养的提升。

(2)适时调整表达。北京师范大学吴欣歆教授等指出,"实用性阅读与交流"教学,要引导学生增强语言文字的实用意识,强化表达与交流的读者意识、情境意识、问题意识、语体意识,学会根据不同语境适当调整表达方式和表述策略。① 这是引导学生在日常生活真实情境中学习用语言文字做事,做成事的关键。日常生活情境往往是复杂多变的,在传递信息、沟通交流的时候,表达者必须根据任务、目的、对象、进展等适时调整表达方式和表述策略。课例涉及解说词,游客自身阅历、经验不同,疑惑点、兴趣点不同,所提问题也不尽相同,所以解说词不能千篇一律,必须有一定针对性和个性。在教学过程中,教师引导学生不断调整表达策略,围绕不同游客的问题筛选准确信息,按照信息的重要程度有序排列,连贯表达;面对陌生的游客和熟悉的游客(同学),解说语气、体态等也要有所调整。

(3)搭建表达支架。课标对语文学习任务群的实施提出了富有针对性的教学建议,学习任务群的设计与实践要遵循学科逻辑、学习逻辑及生活逻辑相统一的原则。② "实用性阅读与交流"学习任务群教学,教师要根据语文学习的规律,关注学生当前认知水平和身心发展规律,及时有效地搭建学习支架。学界对学习支架的论述很多。有学者认为,学习支架包括学习的情境、方法、步骤、概念、图表、问题、知识、范例、建议、活动、学习策略和元认知反省策略等。③ 在教学过程中,学习支架的搭建并不是越多越好,教师必须根据学情,以"适切""高效"为准则进行选择、优化。中段学生思维以形象思维为主,抽象逻辑思维也有了一定发展,针对这种情况,课例在搭建学习支架方面做了比较周全的考虑。例如:阅读资料包,是筛选、整合信息的知识支架,可以为学生解说提供内容;《卢沟桥》解说视频片段以及解说词《卢沟桥上的石狮子》《黄山奇松》等文本,是具体的表达范例支架,可以帮助学生依"样例"解说;"小小解说员"评价表,从形式上看是图表支架,从功能上看是元认知反省策略支架,可以帮助学生有效运用自己掌握的元认知知识和策略,不断调整和优化自己的解说。

---

① 吴欣歆,管贤强,陈晓波. 新版课程标准解析与教学指导·小学语文[M]. 北京:北京师范大学出版社,2022:103.

② 薛法根. 语文学习任务群的教学解读与实践要义[J]. 小学语文教师,2022(9):19-23.

③ 荣维东,杨鸿霄."任务群写作"怎么教[J]. 语文建设,2022(16):16-22.

活动3:"实用性阅读与交流"教学方案设计

步骤1　自学后文"研读材料:设计链式活动任务",结合作者观点,自主探究:"实用性阅读与交流"教学如何设计链式活动任务?

步骤2　研读二维码资源《我眼中的"新"世界》①(四年级上册),自主梳理:课例设计了哪几个活动任务?这几个活动任务之间有着怎样的内在联系?

步骤3　小组分享、交流前两个步骤的学习成果,然后合作设计中段"实用性阅读与交流"教学方案。教学内容可以参考教材三年级上册第七单元口语交际"身边的'小事'",也可自主选择。

步骤4　小组代表根据教学设计进行试讲,师生互动点评,学生再次改进设计方案。

研读材料:设计链式活动任务②

在学习活动的组织中,要特别注重活动与活动之间的逻辑性,形成具有逻辑结构的活动链。无论设计哪一种活动方式,都需要架构链状推进的学习任务群,推动学生像登山一样不断接受新挑战,攀上新高度,经历充分的探究过程,获得饱满的学习体验。"链"体现了学习活动之间的逻辑关系,强调活动推进要符合学生认知规律。设计链式活动任务,首先要明确任务情境的"锚点",即学习内容中蕴含着的大概念,从而把握好任务间的内在关系。在此基础上设计清晰的学习进阶路径,聚焦本学习任务群的核心目标,在教学主线的统领下层层推进,让学生自主完成一系列的连续动作,在接受挑战性任务过程中不断有新发现,产生新思考,产出新成果,获得强烈的学习效能感。

语文实践活动在激发学生学习兴趣、培养学生语文实践能力方面具有重要作用。③"实用性阅读与交流"教学要包含听、说、读、写技能的训练,要培养学生学习的直觉思维、形象思维、逻辑思维、辩证思维和创造思维等思维方法,要提升学生审

---

①　设计者:重庆市江北区新村致远实验小学李红裹老师。

②　吴欣歆,管贤强,陈晓波. 新版课程标准解析与教学指导·小学语文[M]. 北京:北京师范大学出版社,2022:107-108.

③　徐鹏. 义务教育课程标准(2022年版)课例式解读·小学语文[M]. 北京:教育科学出版社,2022:22.

美情趣、审美体验、审美创造等审美素养,还要促进学生对中华优秀传统文化、革命文化、社会主义先进文化等文化元素的认识和理解。为完成四年级上册第三单元《爬山虎的脚》《蟋蟀的住宅》等课文而设计的"实用性阅读与交流"教学课例《我眼中的"新"世界》,安排了"我的观察,我做主""学做一名优秀的观察员""四(1)班我眼中的'新'世界观察日记分享会"等语文实践活动。这对我们设计教学方案具有以下启示。

(1)明确活动目标,丰富活动形式。设计"实用性阅读与交流"活动,必须明确语言建构与应用能力培养的目标,丰富活动形式,让学生从被动听讲到主动参与,在活动中锻炼听、说、读、写能力。分析课标"实用性阅读与交流"第二学段学习内容我们可以发现:实用性阅读与交流活动必须有机结合;实用性阅读与交流范围由学生日常生活扩展到自然世界,由中华传统文化扩展到革命文化;强调书面交流,包括留言条、请假条、短信息、简单书信、日记、观察手记等。课例《我眼中的"新"世界》依据课标学习内容要求,设计了系列学习活动目标:能通过体会文章准确生动地表达,感受作者连续细致的观察;能运用本单元学习的观察记录方法,连续观察自己喜欢的事物,并用观察日记的形式写出观察对象的变化;能结合阅读和写作体验,交流连续、细致的观察的好处,逐步养成留心观察的习惯。对于活动形式,课标给出了这样的提示:可以采用朗读、复述、游戏、表演、讲故事、情境对话、现场报道等学生喜闻乐见的形式,将识字、写字、阅读、写作、口语交际、搜集处理信息等融为一体;应加强对跨媒介阅读与交流的指导,充分利用数字资源和信息化平台,引导学生提高语言理解与运用能力,逐步增强语言表达的准确性、规范性。课例《我眼中的"新"世界》根据学习活动目标,选择深受学生喜欢的活动形式,将知识学习、能力培养融在典型活动之中,有助于学生投入语文实践,努力建构自己对世界的认知图式与认知策略。

(2)学习任务前后关联,层层递进。课标明确指出:语文学习任务群是由相关联的系列学习任务组成的,共同指向学生的核心素养发展,设计语文学习任务,要围绕特定学习主题,确定具有内在逻辑关联的语文实践活动。课标要求的这种活动与吴欣歆等学者强调的"链式活动任务"具有相同内涵。这种活动必须符合学生的认知规律,能够推动学生像登山一样不断接受新挑战,攀上新高度,经历充分的探究过程,获得丰富的学习体验。[①] 课例《我眼中的"新"世界》中的三个活动沿着"自主探究—阅读吸收—表达输出"的逻辑主线,引导学生阅读与鉴赏、整合信息、口头交流、书面表达、梳理探究、查找资料,在解决问题中综合运用各种方法和策略,调取各种学习资源,发展核心素养。活动一"我的观察我做主",让学生首先通过回顾生活,联系已有的生活经验、图片、资料等,激发观察兴趣。其次,通过

---

① 管贤强,魏星. 实用旨归、做事路径、语用意蕴:"实用性阅读与交流"任务群的内涵解读[J]. 语文建设,2022(20):8.

"资料袋"的学习,学生知道可以根据所观察事物的特点,选择不同记录方式,可图文结合,可绘制表格,这为学生后续观察活动做好准备;活动充分尊重个体差异,鼓励学生在完成任务的过程中选择适合自己的学习方式。活动二"学做一名优秀的观察员",让学生通过借助课内外范例,探索、梳理不同的观察方法,了解观察日记的写作范式,补充完善观察记录;再通过比较阅读《爬山虎的脚》《蟋蟀的住宅》《燕子窝》等文本,品味不同文章的语言,体会作者的细致观察以及如何用准确语言生动描写观察所得。活动三,办一场"我眼中的'新'世界观察日记分享会",要求小组内分享增强学习趣味,按照评价标准进行评价和修改,由此听说和读写之间的联系更加紧密,能逐步增强学生语言表达的准确性和规范性,让学生在实用文的读写中丰富社会生活阅历与体验;学生再通过全班分享,充分锻炼表达、倾听能力,分享"新"发现与"新"世界,感受生活的美好,强化对生活的热爱。这三个"链式活动任务"能够充分保证前述系列目标的达成。

主题三　高段"实用性阅读与交流"教学

本主题共三个活动,各活动的目标、内容、重要程度、学习难度见表 7-3-1。

表 7-3-1　本主题活动概览

活动名称	活动目标	活动内容	重要程度	学习难度
1. "实用性阅读与交流"课例赏析	了解高段"实用性阅读与交流"的学习内容及表现性评价的实施	1. 研读课标相关内容及专家观点。 2. 研习课例:《有你,真好》。 3. 梳理"实用性阅读与交流"教学过程中实施表现性评价的价值意义、策略与方法	★★★	★★★
2. "实用性阅读与交流"教学策略学习	探究梳理高段"实用性阅读与交流"教学培养学生解决问题能力的策略与方法	1. 研读材料:学科实践和素养的指向。 2. 研习课例:《"我们的节日风情图"主题教学设计》。 3. 探究梳理相关教学策略与方法	★★★★	★★★
3. "实用性阅读与交流"教学设计	探究"实用性阅读与交流"教学资源的开发与利用,设计教学方案,积累教学经验与教育智慧	1. 研读课标关于课程资源开发与利用的内容。 2. 研习高段"实用性阅读与交流"课例。 3. 结合六年级学生即将毕业的情况设计教学方案并模拟演练	★★★★	★★★★

活动 1："实用性阅读与交流"课例赏析

活动步骤

步骤 1　阅读二维码资源《"实用性阅读与交流"任务群学习内容》，自主梳理：第三学段的学习内容与前面两个学段有何不同？

步骤 2　阅读二维码资源《有你，真好》①（六年级上册），自主梳理：课例"任务三"安排了哪些有关联的学习活动？在组织开展这些活动的过程中，应该怎样落实表现性评价？

步骤 3　阅读后文"研读材料：表现性评价的'教育性'"，自主探究：何为表现性评价的"教育性"？高段"实用性阅读与交流"教学应该如何强化表现性评价的"教育性"？

步骤 4　各组推选代表在全班汇报学习成果，教师点评、小结。

研读材料：表现性评价的"教育性"②

表现性评价对学生而言是一次学习的经历，学生进行了一些动手的活动，所以学习的过程就是完成表现性评价的过程。表现性评价产生的信息对教师而言是具有"教育性"的。表现性评价关注的不仅仅是最后的答案，更加关注学生寻找正确答案的步骤或过程。对于教师而言，他们得到了关于学生能做什么的更好的反馈，这就是"教育性"；对学生而言，评分规则能帮助学生反思自己的表现，为学生提供有关如何提高学习的有效反馈，让学生学会对自己的学习负责，这也是"教育性"。所以教育性伴随着评价的过程，如打分、反馈和结果等，同时指向学生和教师。

分享驿站

表现性评价是与教育教学活动融为一体的评价。创设真实情境，让学生综合运用语文知识和技能解决问题，完成既是学习任务又是评价任务的活动，是教学设计的关键，也是过程性评价设计的关键。这要求详细描述评价规则，让教师和学生更加清楚努力方向，引导学生在融合完成学习任务和评价任务的过程中，全面表现和提升自己的所知与所能。课标要求"实用性阅读与交流"教学引导学生观察、思考日常生活及阅读记人叙事的优秀文本，学习通过口头表达、书面叙写，与他人交流身边令人感动、难忘的人和事。教材六年级上册课例《有你，真好》精心设计教学过程中的表现性评价，全面落实课标要求，对我们有以下启示。

---

①　设计者：重庆市两江新区人民小学杨莉红老师。

②　周文叶，陈铭洲. 指向深度学习的表现性评价：访斯坦福大学评价、学习与公平中心主任 Ray Pecheone 教授[J]. 全球教育展望，2017(7)：3-9.

（1）紧贴课标，紧扣生活，创设真实情境，加大表现性评价的统整力。课例《有你，真好》按照课标学习内容要求，引导学生与他人交流身边令人感动、难忘的人和事，将生活中的真实情境——制作并送出感恩卡贯穿始终。这是一个典型的素养导向的任务群设计，也是一个素养导向的表现性评价方案设计。课标指出，在评价中教师应引导学生注意实用性阅读与表达的目的、对象、情境，以及交流效果。表现性评价强调知识和技能在新情境中的综合运用，与传统考试注重考查学生零散知识和离散技能有着显著区别。《有你，真好》把制作并送出感恩卡作为评价任务，学生在确定感恩对象、选择感恩内容、书写感恩文字、表达感恩真情的整个过程中全力以赴。这些评价任务同时也是具有高度实用价值的学习任务，学生完成起来也聚精会神，兴致勃勃。

（2）基于素养，层层建构，关注多元评价，强化学生深度学习的主体性。《有你，真好》基于学生文化自信、语言运用、思维能力、审美创造等核心素养已有水平，组织实施"实用性阅读与交流"教学，步步深入，层层递进，不断建构和发展学生核心素养。整个过程，表现性评价力求评价内容多元、评价方式多元、评价主体多元，大力强化学生深度学习的主体性。"在教学中实施表现性评价，一个很重要的方面是如何运用评价帮助学生成为学习的主人。一方面，表现性评价的特点具有这个潜能；另一方面，只有学生深度参与其中，发挥其学习主体作用，指向高阶认知目标的学习才有可能发生。"①《有你，真好》设计的评价主体不仅有教师，还有学生自己和同学，以及收到感恩卡的人，评价主体是多元的。整个过程，学生是学习的主人，深度参与其中。从拓宽选题思路，选取典型材料，到习得核心方法，再到真实场景的表达，在和教师一道前行的过程中，学生能够自然而然学会表达与交流。教师指导学生的学习过程，同时关注学习过程指向的结果。在虚拟的真实情境中，一位学生表达出"有你，真好"，其他学生和教师以角色扮演的形式，感知发言学生表达的内容与情感，并从三个维度（"我被这些文字打动了""我看见了那个感动的瞬间""下次我也会用这种方法来表达"）反馈自己的评价意见。这种表现性评价，能很好地激励、鼓舞和唤醒学生，促进学生主体精神和核心素养真正地提升。

（3）尊重儿童，柔化方法，细化评价标准，增强表现性评价的支持性。学生是学习的主体，儿童立场、以学为本，是语文教学的起点。在此基础上再谈生活化、情境化，才如木之有根，才能让学生真正有所成长。《有你，真好》从预学到例文、微课、评价量规等柔化（儿童化）的学习支架持续助力，教师一步步指导实践，始终体现儿童立场，柔化的方法让学习变得轻松有效。给心中的那个"你"送上一份充满爱的温暖活动，让学生学以致用，有强烈的表达动机和巨大的学习动力。"评价"不再是"例行公事"，而是学生真实可感、真实可用的学习支持。在表现性评价的

---

① 周文叶,陈铭洲. 指向深度学习的表现性评价:访斯坦福大学评价、学习与公平中心主任 Ray Pecheone 教授[J]. 全球教育展望,2017(7):3-9.

引领下,学生在具体可感的情境中去做事、去用知识。学生知道每个活动要怎么做,做到什么程度,在完成任务的过程中要学什么,能够学到什么程度。通过评价的细致引导和阶梯性支持,学生能够从懂得感恩到发现更多值得感恩的人,从会选材到选择典型材料,从基于已有经验的预写到借用微课方法进行场景描写,从课堂上会写到生活中会表达,获得真正能够看得见的成长。

活动2:"实用性阅读与交流"教学策略学习

活动步骤

步骤1   阅读后文"研读材料:学科实践和素养的指向",自主探究:高段"实用性阅读与交流"教学如何发展学生核心素养?

步骤2   研读二维码资源《"我们的节日风情图"主题教学设计》①(六年级下册),独立思考:该课例哪些环节是指向学生"解决问题能力"的设计? 对你有何启发?

步骤3   小组合作研讨:高段"实用性阅读与交流"教学培养学生解决问题能力有哪些策略与方法?

步骤4   各小组代表汇报本组学习成果,教师点评、小结。

研读材料:学科实践②

所谓学科实践,指的是具有学科意蕴的典型实践,即学科专业共同体怀着共享的愿景与价值观,运用该学科的概念、思想与工具,整合心理过程与操控技能,解决真实情境中问题的一套典型做法……学科实践不仅要求学生通过实践掌握必要的学科知识,建立正确的学科方法与观念,自觉运用学科思维探索世界、求索真理,而且可以在真实性实践中培养学生解决问题的能力,可以在社会性互动中回应人生、幸福、道德等价值关切。

素养的指向③

素养指向解决现实世界的问题。惰性知识最大的问题是,只要换个新的情境,学生就无法调用。所以不能说一个头脑中堆积了大量惰性知识的人具有素养。因此,今天全世界都强调为素养而教,几乎所有的国家都制定了自己的核心素养或关键能力框架。素养指向真实性,所谓真实性就是在具体的情境中主动调动相关的知识、技能去创造性地解决问题。乔纳森等认为,教育唯一合法的目的就是解决问

---

①   设计者:西南大学附属小学周胜华老师。
②   崔允漷. 学科实践:学科育人方式变革的新方向[J]. 人民教育,2022(9):30-32.
③   刘徽,蔡潇,李燕,等. 素养导向:大概念与大概念教学[J]. 上海教育科研,2022(1):5-11.

题,其关键在于对"问题"的理解。这里的问题不是局限在学校范围内的问题,而是指向现实世界的问题。如威金斯和麦克泰格所说:"学校教育的目标是使学生在真实世界能得心应手地生活。"因此,素养就是指能在真实性情境中解决问题,使知识不再"惰性"。

　　素养的作用是解决真实情境中的问题。作为素养导向的语文实践活动,"实用性阅读与交流"教学必须"实用",必须运用语文学科的概念、思想与工具,整合语文学习心理过程与操控技能,解决真实情境中的问题,回应人生、幸福、道德等价值关切,使学生在真实世界能得心应手、幸福和谐地生活。课例《"我们的节日风情图"主题教学设计》引导学生积极调动语文知识、技能去创造性地解决问题,使知识不再有"惰性"。该课例对高段"实用性阅读与交流"教学如何培养学生解决问题的能力有以下启发。

　　(1)巧设情境,激发和保持学生解决问题的动力。学习任务群教学强调在真实性情境中运用语言文字。真实或拟真的优质学习情境,能遵从生活逻辑、学科逻辑和学习逻辑,有助于激发和保持学生解决问题的动力。如果按照传统的去情境或无情境方式教学《北京的春节》等课文,往往以语文要素的习得为终极目的,全力让学生记住到达目的地的"路线"和行进的方式方法。这种教学不能很好地激发和保持学生前行的动力,缺乏可以应用于生活情境的语文学习"地图",学生没有经历完整的问题解决过程,最终依然不易抵达目的地,他们所记忆的到达目的地的"路线"和行进方式方法等,大半也只是"惰性"知识。《"我们的节日风情图"主题教学设计》对教材进行二次开发,基于"生活逻辑+学科逻辑+学习逻辑"设计学习主题和情境任务。① 生活逻辑:"我们的节日风情图"这一学习主题紧密联系《北京的春节》《腊八粥》《藏戏》《古诗三首》《习作:家乡的风俗》等学习内容,"我们的"强调学生"在场"的主体性。系列真实性情境任务,可以让课堂所学转化为生活情境中的语言实践,让学生在具体情境中解决相对复杂的问题,发展根据具体目的和对象,借助阅读与交流解决真实问题的能力。② 学科逻辑:这个主题学习的课文大多是实用文,学生首先要认识这类文本的特点和语言功能。设计者基于对实用文说明性、知识性、逻辑性的充分认识,以文本阅读活动为载体,以举办"中国年,中国味儿"主题图片展为任务驱动,让学生集体商议办展需要做哪些准备,分组学写活动策划,邀请家长或其他班同学参加展览会。③ 学习逻辑:这些情境性任务,能够较好地激发和保持学生解决问题的动力,引导学生通过语文学科实践掌握必要的语文知识,建立正确的语文学科方法与观念,自觉运用语文学科思维探索世界,真正发展核心素养。

　　(2)引导学生经历完整的问题解决过程,促进语文实践活动真实意义的建构。

内容决定形式,结构决定品质。学习任务群的学习指向真实性问题的解决,是功能化、结构化的学习。系列学习活动的设计,必须具有结构的张力,以引导学生经历完整的问题解决过程,促进语文实践活动真实意义的建构。这种结构张力源于学习活动的链条化、完整性和逻辑性。链条化要求活动和活动之间彼此关联,形成序列;完整性要求外部文本语言的内化和学生内部思维语言的外化彼此融合;逻辑性要求活动主题能够引领活动情境,策略支持、资源支持和工具支持能够服务于情境问题的解决和活动成果的产出。《"我们的节日风情图"主题教学设计》中的三大活动任务,较好地体现了这三个特性。任务一,趣学诗文。学生从阅读三篇课文到根据课文内容选择最适切的图片为课文配图,再到选择自己喜欢的表达方式解说课文呈现的节日风情图,体现了读写结合的语文学习完整过程,外部语言的内化与内部语言的外化衔接自然,浑然一体。任务二,为图撰文,将学生从课文趣学引向真实的生活。搜集、选择图片的活动锻炼学生信息筛选的能力,也让学生经历一次向美、尚美的历程;搜集、整理资料活动丰富学生对家乡风俗的认识;而"写写家乡的风俗"指向单元核心知识的习得,学生将阅读中习得的文章详略安排等写作技能,迁移到自己的写作实践中来。任务三,"中国年,中国味儿"主题图片展是基于前两个任务的总结性实践活动,展品是学生在"为图撰文"活动中形成的个性化言语作品,通过富有仪式感的展览,唤醒学生的节日体验。学生在分享自己所见所闻、所思所想中,认知更丰富,体验更真切,文化认同感更强烈。以上系列链条化活动具有很强的完整性和逻辑性,不过学生完成这些活动任务仍然需要教师的个别指导。教师应在教学过程中及时发现学生的困难,提供必要的指导,帮助学生克服困难。这是教师"在场"的价值,是教学设计要考虑的重点,也是引导学生解决问题,发展核心素养的关键。

活动 3: 高段"实用性阅读与交流"教学设计

活动步骤

步骤 1   自主阅读二维码资源《课程资源开发与利用》,深入思考:高段"实用性阅读与交流"教学如何开发与利用课程资源?

步骤 2   仔细阅读二维码资源《"重庆,非来不可"任务群教学设计》《"重庆市区一日游"行程单教学设计》①(六年级下册),梳理探究:该课例是如何开发与利用课程资源的? 对你设计高段"实用性阅读与交流"教学有何启发?

步骤 3   针对步骤 1 和步骤 2 的问题,小组内部充分讨论,然后全班交流,教

---

① 两份教学设计的作者都是重庆市两江新区重光小学袁晕虹老师,后一份教学设计由该校李斌老师评析。

师点拨、指导。

步骤 4　小组合作,结合六年级学生即将小学毕业的情况,设计一份"实用性阅读与交流"教学方案,请注意合理开发与利用各方面学习资源。教学时间可以跨越 2 周,也可集中安排为 1 课时,请自主选择时长并合理安排教学内容。

步骤 5　小组代表根据教学设计的重点片段进行试讲演练,师生互动点评。

步骤 6　小组合作改进教学设计,撰写反思。

分享驿站

陶行知主张"生活即教育,社会即学校"。他特别强调,要根据学生的生活实际来进行教育,必须让教育与生活紧密相连,让各种社会资源都成为学生的学习资源。课标明确要求,要从核心素养形成和发展的内在规律出发,紧密结合教材内容,选择有利于组织和实施综合性语文实践活动的优质资源,构建开放多元的教学资源体系。要调动多元主体,丰富课程资源类型。既包括纸质资源,也包括数字资源;既包括日常生活资源,也包括地域特色文化资源;既包括语文学习过程中生成的重要问题、学业成果等显性资源,也包括师生在语文学习方面的兴趣、爱好和特长等隐性资源。教师要多角度分析、使用课程资源,善于筛选、组合课程资源,利用课程资源创设学习情境,优化教与学的活动,提高教学效益。"重庆,非来不可"任务群教学设计,以陶行知生活教育理念和课标精神为指导,可以带给我们以下启发。

(1)力求课程资源开发与利用的丰富性。天地万物都可视为语文课程资源。例如,教材书、相关配套阅读材料、其他图书、报刊、工具书、教学挂图;电影、电视、广播、网络;报告会、演讲会、辩论会、研讨会、戏剧表演;生产劳动与社会实践场所;图书馆、博物馆、纪念馆、展览馆;公告栏、报廊、各种标牌广告;等等。自然风光、文化遗产、风俗民情、方言土语、国内外的重要事件,日常生活的话题等,也都可以作为语文课程资源。"重庆,非来不可"任务群教学设计安排了三个学习任务。"四面重庆",主要引导学生从不同角度全面了解重庆;"红色重庆"主要引导学生学习了解重庆的红色文化;"丈量重庆"要求学生为外地游客设计一日游的行程单,以便游客深度了解重庆。学生要完成这三个任务,必须想方设法,寻求利用优质学习资源。为了给学生提供知识、路径、方法等方面支持,教师推荐了郭沫若《重庆值得留念》等文本及相关视频、图片;同时,拓宽资源获取路径,引导学生利用周末时间,走进城市探寻红色革命纪念馆,参观烈士纪念馆,通过网络平台挑选电视纪录片与电影片段、采访革命老兵等方式丰富学习资源。

(2)提高课程资源开发与利用的适切性。"弱水三千,只取一瓢饮",面对浩瀚的语文课程资源,教师、学生都要精选善用,提高适切性。在这方面,《"重庆市区一日游"行程单教学设计》做了很好示范。一是引入内容适切。例如,在学生准备为游客选择景点时,教师提供一张重庆红色旅游打卡点地图,同时附有每个景点概要介绍的图文。这便于学生对景点进行分析、比较,设计线路时不重复、不遗漏。二是引入时机适切。例如,学生根据已有生活经验说出制作行程单要考虑的众多因素后,教师及时提供一张思维导图,引导学生在众多因素中寻找"选景点"这个关键,有助于学生厘清思路。又如,在学生尝试为旅行团制作行程单之前,教师提供多种样式供学生参考,此前有学生的充分讨论,这些参考不会禁锢学生思维和创造力。三是引入方式适切。课例中每个课程资源引入的方式方法,都结合课程资源内容、使用目的、呈现手段等进行精细考虑。例如,为学生播放视频资料《行千里,致广大》是为了激发学生为重庆代言的热情,让学生理解重庆为什么是"网红城市"。课堂上用播放短视频的方式引入课程资源,可操作性强,效率高;而同样是视频资料,一些对重庆进行全方位解读的纪录片,就不适合用在课堂上,可以发给家长,让学生课后观看。

单元梳理与提升

 拓展阅读

学习小组每人查阅一篇有关"实用性阅读与交流"学习任务群的学术论文,在小组内分享阅读,进一步梳理"实用性阅读与交流"学习任务群的内涵和价值,以及教学策略与方法。

 问题探究

请结合自己对课标的系统学习,探究梳理低、中、高段"实用性阅读与交流"教学的异同。

 综合实践

仔细研习二维码资源《素养导向的任务群教学设计——以五年级下册七单元"实用性阅读与交流"教学为例》①,并参考该课例,选择适合开展"实用性阅读与交流"教学的单元,进行深度研读,尝试设计该单元教学方案。

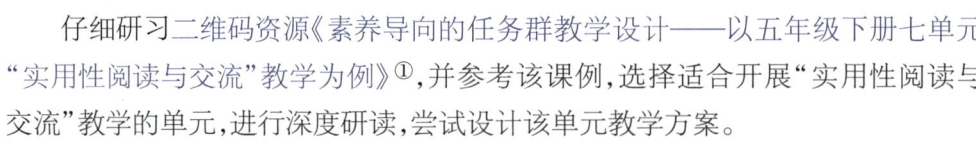 **学习反思**

系统梳理自己本单元学习取得的进步与存在的不足,注意反思自己的学习方法,并提出改进计划,努力落实。

———————————

① 设计与执教者:重庆市南岸区江南小学陈春华老师。

单元八　"文学阅读与创意表达"教学

课标要点

　　本学习任务群旨在引导学生在语文实践活动中,通过整体感知、联想想象,感受文学语言和形象的独特魅力,获得个性化的审美体验;了解文学作品的基本特点,欣赏和评价语言文字作品,提高审美品位;观察、感受自然与社会,表达自己独特的体验与思考,尝试创作文学作品。

　　教学提示:

　　可以根据学段学习要求,围绕多样的学习主题创设阅读情境。比如,第一学段"春夏秋冬""多彩世界""童心天真""英雄的童年",第二学段"饮水思源""珍爱自然""童年趣事",第三学段"英雄赞歌""壮丽山河""爱与责任""成长的脚印"……在主题情境中,开展文学阅读和创意表达活动,引导学生感受文学之美、表达自己的独特感受,促进学生的精神成长。

　　重视古代诗文的诵读积累,感受文学作品语言、形象、情感等方面的独特魅力和思想内涵,提升审美能力和审美品位;鼓励学生在口头交流和书面创作中,运用多样的形式呈现作品,发挥自己的创造性,引导学生成长为主动的阅读者、积极的分享者和有创意的表达者。

学习目标

□ 理解"文学阅读与创意表达"学习任务群的定位与功能。

□ 明确各学段"文学阅读与创意表达"的学习内容。

□ 探究学习各学段"文学阅读与创意表达"的教学策略与方法。

□ 尝试设计低、中、高段"文学阅读与创意表达"的教学方案,提高教学技能,积累教学智慧。

主题一 低段"文学阅读与创意表达"教学

本主题共三个活动,各活动的目标、内容、重要程度、学习难度见表 8-1-1。

表 8-1-1 本主题活动概览

活动名称	活动目标	活动内容	重要程度	学习难度
1. "文学阅读与创意表达"课例赏析	剖析课例,感悟"文学阅读与创意表达"学习任务群的定位与功能,及教学艺术	1. 研习课例:《"美景就在儿歌里"教学设计》。 2. 研读材料:"文学阅读与创意表达"的独特价值。 3. 感悟"文学阅读与创意表达"低段教学特点	★★★	★★★
2. "文学阅读与创意表达"教学策略学习	理解低段"文学阅读与创意表达"的学习内容;掌握其教学策略与方法	1. 研读课标相关内容,理解"文学阅读与创意表达"低段教学内容与目标。 2. 研习课例:《"学讲革命先辈的故事"教学设计》。 3. 讨论梳理:低段"文学阅读与创意表达"教学策略与方法	★★★★	★★★
3. "文学阅读与创意表达"教学设计	设计低段"文学阅读与创意表达"教学方案,并积累教学智慧	1. 研习课例:《"家乡"主题诗文阅读与创意表达教学设计》,及其中单篇课文《黄山奇石》的教学设计。 2. 尝试设计《日月潭》阅读与创意表达教学方案,并模拟演练,不断改进	★★★★	★★★★

活动 1:"文学阅读与创意表达"课例赏析

活动步骤

步骤 1   课前阅读课标"文学阅读与创意表达"学习内容和教学提示,初步梳理自己对该学习任务群的基本认识。

步骤 2   研读二维码资源《"美景就在儿歌里"教学设计》①(二年级上册),深入思考:

(1)为达成"在诵读、想象中感受儿歌音韵和谐之美、文画合一之美"这个教学目标,教师设计了哪些教学活动? 这些活动在引导学生获得个性化审美体验方

① 设计与执教者:重庆市南岸区珊瑚实验小学杨林老师。

面有何特色?

（2）为了引导学生"创意表达"，教师设计了哪些教学活动？这些活动在引导学生表达个性化思考方面有何特色？

步骤3　阅读后文"研读材料：文学阅读与创意表达的独特价值"，对照《"美景就在儿歌里"教学设计》，自主梳理：该课例体现了"文学阅读与创意表达"学习任务群的哪些价值？

步骤4　小组交流分享前三个步骤的学习成果。

步骤5　小组代表在全班分享学习收获，教师点评小结。

研读材料："文学阅读与创意表达"学习任务群的独特价值①

本学习任务群能够促进学生欣赏语言文字，评析经典文学形象，积累优质语料和情感体验，体会语言文学的丰富内涵，建立语言与审美之间的直接联系；能够引导学生发挥联想和想象，感受文学作品建构的奇妙世界，发展想象思维和直觉思维；能够引导学生获得丰富的审美体验，发展感受美、表现美和创造美的基本能力，形成追求真善美的审美取向，涵养高尚、健康的审美情趣，以及积极端正的人生态度。……基于多种媒介、多种形式的口语和书面创作、交流、研讨等读写活动则贯穿本学习任务群的始终。由此可见，"文学阅读与创意表达"是发展学生核心素养的重要载体。

分享驿站

文学作品在语文教材选文中比重较大，这类作品在培养学生审美创造、语言运用等核心素养方面具有不可替代的价值。课标对此高度重视，专门设置"文学阅读与创意表达"学习任务群。该学习任务群排在六个学习任务群的中间位置，前面衔接基础型学习任务群"语言文字积累与梳理"，与"实用性阅读与交流""思辨性阅读与交流"共同构成发展型学习任务群，后面紧密关联"整本书阅读"和"跨学科学习"两个拓展型学习任务群。实用性阅读、文学性阅读、思辨性阅读、整本书阅读构成的阅读体系，将口头和书面表达与交流整合其中，与"语言文字积累与梳理""跨学科学习"融合互动，全面发展学生核心素养。

一、低段"文学阅读与创意表达"学习任务群的内容与要求

"文学阅读与创意表达"学习任务群包含"文学阅读"与"创意表达"两个方面，二者紧密关联，有机融合。比如，课标要求第一学段"阅读富有想象力和表现力的儿童文学作品""学习用口头或者图文结合的方式创编儿童诗和有趣的故事"，这两个要求之间的密切关联显而易见。文学阅读、创意表达都特别关注儿童

---

① 郑国民，李宇明. 义务教育语文课程标准（2022年版）解读［M］. 北京：高等教育出版社，2022：146-147. 小标题为本书编者所加。

文学作品,强调丰富的想象力和纯真美好的情感体验。阅读儿童文学作品有助于想象力的发展,启迪学生创编儿童诗和有趣的故事,而这种创编活动,又能促进学生对儿童文学的阅读,加深对作品想象力和艺术创意的感知与体认。《"美景就在儿歌里"教学设计》引导学生巧借文本改编儿歌,找到儿歌创编密码并尝试运用。这种设计将文学阅读与创意表达很好地结合,促进了文学语言输入与输出的融通。

二、低段"文学阅读与创意表达"学习任务群的特点

"文学阅读与创意表达"学习任务群与其他学习任务群一样,都具有鲜明的实践性。课标在相关要求中,使用"阅读""学习讲述""诵读""感知""欣赏""创编""尝试富有创意的表达""学习表现手法,描述自己成长中的故事"等措辞,明确强调该学习任务群教学要扎扎实实开展语文实践活动。《"美景就在儿歌里"教学设计》,重组教材二年级上册中的七首儿歌(《场景歌》《树之歌》《拍手歌》《田家四季歌》《十二月花名歌》《数九歌》《分不清是鸭还是霞》),引导学生在归类阅读中快乐朗读、有趣表达。课例设计的统领性情境任务是:"学校将举行'美好语文'朗读比赛,二年级学生录制主题为'美景就在儿歌中'的短视频参赛"。这个大任务又包括"找儿歌""读儿歌""编儿歌"三个紧密关联的子任务。这些子任务持续驱动学生在快快乐乐的儿歌朗读中"识字与写字""阅读与鉴赏",在探究儿歌表达秘密中"梳理与探究",在改编儿歌、创编儿歌中"表达与交流"。整个学程,学生积极主动参加语文实践活动,核心素养可以得到较好发展。

值得注意的是,该课例在改编儿歌、创编儿歌的活动中引导学生"创意表达",这一环节不一定要在城乡所有低段语文教学中推广。课标对低段学生"创意表达"的要求仅仅是:学说普通话,逐步养成说普通话的习惯,有表达交流的自信心;对写话有兴趣,留心周围事物,写自己想说的话,写想象中的事物,在写话中乐于运用阅读和生活中学到的词语。低段孩子能够改编、创编朗朗上口、童真洋溢的儿歌固然可喜,若不能,教师也切不可操之过急。因为"学习写作仿佛小孩子学走路,该练习站稳时不能够强求他走路,该练习走路时不能强求他跑步……写好作文应从'站稳'即练习说话、写话做起,这是写好作文的前提"①。

低段学生文学阅读与创意表达过程中的书面表达,只能以"写话"来要求学生。写话就是把要说的话写下来,怎么想就怎么说,怎么说就怎么写。写话的内容不限,长短不限,几个词组、一句话、几句话、一个小片段,或一篇小短文,都可。顾振彪指出:"从写话入手,可以避免学生对作文的畏惧,从而能够表达出自己的真情实感。"②写话教学以培养儿童遣词造句的能力和乐于表达的情感为主要目标,须为学生用书面语言进行自我表达和与人交流奠定基础。写话教学的关键在于让孩子易于动笔。写话是综合性活动,受制于感知、注意、记忆、思维、想象等所有智

---

① 高影. 小学低年级段写话教学大家谈(一)[N]. 中国教师报,2006-5-31(6).
② 顾振彪. 请注意四个问题:关于小学作文教学[J]. 小学语文,2014(7-8):4-5.

力因素。低段小学生书面语言学习刚刚起步,识字量、词汇量少,书面语言图式有限,写话时必然捉襟见肘,实现从随意的口头表达到规整的书面表达,是不小的一道坎。要越过这道坎,绝非轻而易举,写话教学内容的选择和教学策略的运用都必须致力于化难为易。①

　　教师要遵循学生身心发展规律和儿童语言学习的规律,立足学段目标,明确写话教学的目标与内容体系,循序渐进,螺旋上升。低段学生刚开始写话,教师要降低写话的要求,最大限度地激发孩子的写话愿望,消除他们对写话的神秘感和恐惧感,始终把"对写话有兴趣"放在首位,帮助他们建立写话的自信心。教师可鼓励学生从最简单的话写起,分开层次逐步提高对写话内容的要求。当写话的要求降低到与学生智能水平相适切的程度,每个学生就能找到感觉,真正享受自由表达,写真话、实话、心里话的乐趣,从而为中、高段习作,乃至终生写作打好基础。

活动 2:"文学阅读与创意表达"教学策略学习

　　步骤 1　阅读二维码资源《小学"文学阅读与创意表达"任务群学习内容》,自主梳理三个学段学习内容要求的异同,尝试探究如何整合第一学段"文学阅读"与"创意表达"两方面学习内容。
　　步骤 2　小组内部交流分享梳理探究的成果。
　　步骤 3　仔细阅读二维码资源《"文学阅读与创意表达"教学提示》《"学讲革命先辈的故事"教学设计》②(二年级上册),尝试探究低段"文学阅读与创意表达"教学策略与方法。
　　步骤 4　小组讨论:聚焦构成学习任务群的四个基本要素——学习主题、学习情境、学习任务、学习活动,归纳提炼低段"文学阅读与创意表达"教学策略与方法。
　　步骤 5　各小组代表分享交流,教师小结点评。

　　"文学阅读与创意表达"任务群三个学段的学习内容均包含"革命文化""人与自然""儿童文学"等主题,学习要求由易到难,由浅入深,螺旋上升。该学习任务群包括"文学阅读"与"创意表达"两个方面的教学,课标要求融合实施。比如,课标"阅读并学习讲述"的要求,就融合了"文学阅读"与"创意表达"两个要素。又如,课标要求"诵读表现自然之美的短小诗文,感受大自然的美景与变化"。这主

———————————————
①　施茂枝. 语文教学:学科逻辑与心理逻辑[M]. 北京:教育科学出版社,2013:146-147.
②　曹爱卫. 第一学段"文学阅读与创意表达"任务群教学思考与实践[J]. 小学教学设计,2022(28):8-11.

要强调"文学阅读",但也同步关注"创意表达",因为要"感受大自然的美景与变化",必须有发自肺腑的个性化"诵读",这样的"诵读"虽然不能也不必与吟诵或朗诵艺术相提并论,但一定会有学生自己的创意,应该属于创意表达。综上可见,"文学阅读与创意表达"教学的基本策略就是融合指导学生的"文学阅读"与"创意表达",帮助学生获得初步审美体验的同时,同步培养文学阅读与创意表达的兴趣与能力,全面发展核心素养。当然,要落实这个基本策略,还必须紧扣学段要求,结合教材内容,精心设计"文学阅读与创意表达"学习任务群的主题、情境、任务和活动。

学习主题在学习任务群教学中起着提纲挈领的作用。依据第一学段儿童心理特征,低段学习任务群教学主题必须强化趣味性,体现儿童本位。确定学习主题,可以依据课标"教学提示"中列出的主题,由总到分,化大为小。例如,"春夏秋冬"这一主题涵盖了一年四季,可以作为一个总主题分解落实到整个第一学段的教学当中;结合实际生活与教材表现自然之美的短小诗文,可以分别设计"秋天来了""走进冬天""你好,春天""迎接夏天"等分主题。当然,也不必局限于课标列举的主题,教师可以参考课标所列的学习内容,结合学生实际自拟主题。值得注意的是,学习主题既要避免纯粹依据文学知识来设计,也要防止简单按照文学作品体裁来安排,可以安排统整性更强、涵盖面更广的学习项目主题,将学生的生活实际、文学知识与作品类型、教材编排的语文要素等整合在一起。

在学习情境方面,课标强调创设真实而富有意义的学习情境。北京师范大学王宁教授指出,真实情境是衡量学习任务群实施是否到位的首要标准。学习任务群教学中的"情境"不同于过去课堂教学经常用以激趣导入的小情境,而是贯穿始终、统领整个学习任务群教学的大情境。这个大情境对学生来说必须"真实",要么是"生活的真实",学生现实生活确有需求,要么是"学习的真实",虽为虚拟或假设,但一定符合语文学习的规律和需要。"文学阅读与创意表达"的学习情境必须具有统领性、真实性、发展性,创设情境始终要指向学生核心素养的发展。教师通过熟悉而新奇的情境激活学生学语言、用语言的内驱力,让学生在阅读与鉴赏、表达与交流、梳理与探究等语文实践活动中完成学习的自主建构和意义生成。①

在学习任务方面,课标指出语文学习任务群由相互关联的系列学习任务组成。学习任务群教学必须设计一个能够支撑教学目标的任务框架,由一个具有向心力、驱动力、整合力和发展力的核心学习任务和多个具有内在逻辑关联的子任务组成。《"美景就在儿歌里"教学设计》紧扣单元主题,以"学校将举行'美好语文'朗读比赛,录制主题为'美景就在儿歌中'的短视频"这一核心任务统整学习情境、学习内容、学习方法和学习资源等,"找儿歌""读儿歌""编儿歌""录儿歌"几个子任务紧密关联,层层推进,引领学生主动学习。《"学讲革命先辈的故事"教学设计》紧扣学习主题,围绕学习情境,设置单元大任务"应聘电台故事小达人,讲好革命先辈

① 何夏寿."文学阅读与创意表达"学习任务群的理解与实施[J].语文教学通讯,2022(18):19-22.

故事",统整驱动教材二年级上册第六单元《八角楼上》《朱德的扁担》《难忘的泼水节》《刘胡兰》四篇课文的学习。其中,单篇课文《八角楼上》也涉及一个微型任务群。其总任务是"讲好故事《八角楼上》",子任务是"我来读故事""我来讲故事""我和主席说说话""主席事迹我来写"。"文学阅读与创意表达"学习任务群的任务框架与内容体量无论大小,都必须体现情境性、实践性、综合性的特点,都必须指向教学目标的有效达成和学生核心素养的逐步提升。

在学习活动方面,课标将语文实践活动归纳为"识字与写字""阅读与鉴赏""梳理与探究""表达与交流"四类。每个学习任务群教学,都离不开这四类实践活动,都会是几类活动的灵活组合、综合实施。"文学阅读与创意表达"的教学目标侧重促进学生审美创造方面核心素养的发展,其中的学习活动,参考审美发生的三个阶段(即准备阶段、观照阶段、效应阶段)理论,大致可以分为四个类型,即激发审美动力和兴趣、发现和感受美、欣赏和评价美、表达与创造美。这为有序设计"文学阅读与创意表达"学习活动提供了参照。第一学段,重在学生语言的积累和模仿,并获得初步的审美体验,感受文学阅读的乐趣。文学阅读要侧重让学生在朗读、诵读、想象等语文实践活动中积累优美的语言文字,发现美、感受美。创意表达要侧重引导学生模仿运用文学阅读中积累的句式进行口头创编,以表现美,创造美。比如,《"美景就在儿歌里"教学设计》通过"挑战读、分享说、展示读"三个学习活动,让学生在有滋有味的朗读中积累语言,想象画面,分享交流,感受美景;通过"探秘儿歌,发现表达密码;巧借文本,改编儿歌;大显身手,创编儿歌;练读儿歌,录制视频"等学习活动,让学生在学习积累文学语言的基础上能够有情有趣地表达,较好地发展核心素养。

活动 3:"文学阅读与创意表达"教学设计

步骤 1 仔细研读二维码资源《"家乡"主题诗文阅读与创意表达教学设计》①(二年级上册),独立思考以下问题:

(1)如何整体建构类似于课例这样的体量较大的"一组诗文阅读与创意表达"教学方案的框架?

(2)在一个较大的学习任务群框架之下,如何细化设计"一篇(首)短小诗文阅读与创意表达"教学方案?

(3)低段"文学阅读与创意表达"教学设计的策略与方法有哪些?

步骤 2 小组内部互动研讨三个问题。

步骤 3 小组代表在全班分享研讨成果,教师点评、小结。

——————————————

① 设计者:重庆市北碚区实验小学陈娅利老师。

步骤4　参考二维码资源《黄山奇石》阅读与创意表达教学设计①(二年级上册),尝试设计同一单元课文《日月潭》的阅读与创意表达教学方案。

步骤5　模拟演练:分小组模拟试讲所设计教学方案的重点片段,同学相互评议,并不断改进教学设计。

分享驿站

低段"文学阅读与创意表达"学习任务群的文学作品丰富多彩,有童话、儿歌、短诗、儿童故事等,不仅内容贴近学生生活,而且形式生动活泼,大多还配有童真童趣的插图。教师教学时可根据低段学生形象思维强于逻辑思维的特点,巧妙设计学习活动,提升参与感,让学生兴致勃勃地识字、学词,感知、想象,同时如"牙牙学语"一般创意表达,初步体验文学阅读与审美创造的乐趣。下面,结合对《"家乡"主题诗文阅读与创意表达教学设计》等课例的剖析,提出三点教学建议。

(1)阅读选文突出典范性,支持、促进识字、阅读与表达的交融学习。"露从今夜白,月是故乡明",每个人对于"家乡"都有着特殊情感,很多诗人、作家都曾用诗文表达对家乡的深情。低段阅读教学文本需从不同体裁、不同时代、描写不同地域的典范性作品中选择。《"家乡"主题诗文阅读与创意表达教学设计》选择了与"家乡"紧密关联的古诗和精美散文,还涉及民族地区。这样的选文能够很好地激发低段学生的好奇心,让他们对学习充满兴趣和期待。同时,低段学生对于事物的观察往往只注意整体,他们对家乡可能只有笼统概念,缺乏具体认知,所以这个课例选择了形象生动、新奇有趣的诗文让他们诵读、模仿、感悟,使学生形成自己的知识图谱和情感体验。这类典范性诗文,学生喜欢,读得懂,教师还能够让他们借助图片和语境很好地识字、学词,获得文学阅读的审美乐趣,享受模仿表达的成功喜悦。

(2)情境创设注重实践性,引导、驱动学生的自主、合作、探究学习。课标指出,"应聚焦中国学生发展核心素养,培养学生适应未来发展的正确价值观、必备品格和关键能力"。什么是适应未来发展的关键能力? 有学者认为关键能力是在特定情境中,能够运用包括知识、技能与态度在内的心理的、社会的资源,应对复杂问题的能力。可见,学习过程中的情境至关重要。课标明确要求"教师要多角度分析、使用课程资源,善于筛选、组合课程资源,利用课程资源创设学习情境,优化教与学活动,提高教学效益"。从低段教学开始充分利用教材、学生生活等方面课程资源创设真实学习情境,将书本知识学习与生活实际融合,促进学生自主、合作、探究学习,是当前语文教学改革的重要路径。《"家乡"主题诗文阅读与创意表达教学设计》创设了为"云端家乡展"提供资源,评选"最佳家乡代言人"这一真实情

---

① 设计者:重庆市北碚区实验小学陈娅利老师。

境,学生逐一完成"在词句学习中寻找美景""在作家笔下感受美景""在我的家乡中寻美景"三项任务,同步学习语文知识。在完成为家乡设计名片、写宣传语、画宣传画等活动中,学生迁移运用所学知识,自主探究,合作创新,文学阅读与创意表达紧密结合,有助于其深化对家乡的认知,升华热爱家乡的情感,较好地发展核心素养。

（3）使用过程性评价,落实学生的主体性要求,使学生全面、持续发展。德国著名教育家第斯多惠说过,教学的艺术不在于传授本领,而在善于激励、唤醒和鼓舞。过程性评价方式,是教师激励、唤醒和鼓舞学生的法宝。课标高度重视评价的导向作用,提出课程评价应"注重评价主体的多元与互动,以及多种评价方式的综合运用,充分利用现代信息技术促进评价方式的变革"。在《黄山奇石》教学设计中,教师对学生学习态度、学习习惯、学习效果及时进行口头评价,有助于激发低段学生的学习动力,提高学习自信。课例还借助表格引导学生自评、互评,运用信息技术进行"云端"评价。这些多元与互动评价都特别重视学生主体性的发挥、发展,能够充分激励、鼓舞他们在不断超越自我的语文学习过程中获得全面、持续的发展。

主题二　中段"文学阅读与创意表达"教学

本主题共三个活动,各活动的目标、内容、重要程度、学习难度见表8-2-1。

表8-2-1　本主题活动概览

活动名称	活动目标	活动内容	重要程度	学习难度
1."文学阅读与创意表达"课例赏析	剖析课例,进一步感悟"文学阅读与创意表达"学习任务群的定位与功能,及教学艺术	1. 研习课例:《"我的多彩童话故事"教学设计》和《剃头大师》教学录像片段。 2. 研读材料:文学阅读的多重功能。 3. 感悟、梳理中段"文学阅读与创意表达"教学的特点和艺术	★★★	★★★
2."文学阅读与创意表达"教学策略学习	理解中段"文学阅读与创意表达"任务群的学习内容;掌握其教学策略与方法	1. 研读课标相关内容,探究教学策略与方法。 2. 研习课例:《盘古开天地》教学录像片段。 3. 梳理、分享、提炼中段"文学阅读与创意表达"教学策略与方法	★★★★	★★★

续表

活动名称	活动目标	活动内容	重要程度	学习难度
3. "文学阅读与创意表达"教学设计	设计中段"文学阅读与创意表达"教学方案，提高教学技能，积累教学智慧	1. 研习课例："少年之成长"教学设计，及其中《小英雄雨来（节选）》教学设计。 2. 探究梳理和复习小结"文学阅读与创意表达"教学策略。 3. 参考课例，尝试设计《我们家的男子汉》教学方案并研讨改进	★★★★★	★★★★

活动1："文学阅读与创意表达"课例赏析

步骤1　仔细阅读后文"研读材料：文学阅读的多重功能"，结合作者观点，谈谈自己对"文学阅读与创意表达"的认识。

步骤2　研读二维码资源《"我的多彩童话故事"教学设计》①（四年级下册），尝试分析：为了培养学生"审美创造"这一核心素养，该教学设计是怎样安排学习任务与学习活动的？

步骤3　研习二维码资源《剃头大师》教学录像片段②（三年级下册），对照课标的相关要求，尝试概括自己对中段"文学阅读与创意表达"教学特点与艺术的认识。

步骤4　小组讨论：基于前三个步骤的学习，谈谈自己对中段"文学阅读与创意表达"教学任务的进一步理解。

步骤5　学生代表在全班分享学习收获，教师点评小结。

研读材料：文学阅读的多重功能③

文学阅读具有文化传承、语言教育、社会认知、审美熏陶等多重功能。

首先，阅读与欣赏本民族的经典文学作品，就是对本民族文化的学习与传承；阅读与欣赏古今中外优秀的文学作品，就是对世界优秀文化的学习与传承。

其次，通过文学阅读，可以在文学作品构成的情境中超越时空限制，认识多样

---

① 设计者：重庆市石柱县师范附属小学刘林军老师。
② 执教者：重庆市石柱县师范附属小学晋启萍老师。
③ 王崧舟. 立象以尽意　情动而辞发：《义务教育语文课程标准（2022年版）》"文学阅读与创意表达"解读[J]. 语文教学通讯，2022(27)：10-16.

社会,理解不同人生,从而获得对世界的间接经验和认知。

再次,文学作品饱含了作者的人生经验与智慧,在阅读过程中,分享作者的认识与思考,学会从多个角度看待问题,自然会受到思想启迪与情感熏陶。

最后,文学阅读作为审美活动,可以欣赏和学习美的创造,作家在写作时总会将自己要表达的思想内容通过富有意味的形式呈现出来,这些艺术表达具有强大的美的创造力。

分享驿站

课标专门设置了"文学阅读与创意表达"学习任务群,体现了语文课程对文学教育的高度重视。与实用性、思辨性阅读相比,文学阅读更有利于培养学生纯正高雅的文学趣味,及相应的文学鉴赏与创造能力。"文学阅读与创意表达"学习任务群要求学生阅读和欣赏童话、儿歌、故事、诗歌、散文、小说、戏剧等文学作品,并通过口头和书面交流自己的阅读感受与理解,尝试创作文学作品。落实这一系列要求,可以综合发展学生文化自信、语言运用、思维能力等核心素养,对于学生"审美创造"素养的提升,更是具有极其重要的作用。"文学阅读与创意表达"学习任务群的中段教学有以下任务。

(1)中段"文学阅读与创意表达"教学,要继续引导学生在文学阅读中初步感受美,获得个性化的审美体验。课标所列学习内容,包括了"革命文化""人与自然""儿童文学""人与社会"几类主题,教材也围绕这些主题编选了大量文质兼美的文学作品。学生阅读这些作品,是在学习与传承中华民族和全世界的优秀文化;是在获得对世界的间接经验,丰富认知,启迪思想,陶冶情感;是在欣赏、学习作者表现与创造美的艺术方法,发展审美创造素养。《"我的多彩童话故事"教学设计》引导学生:初读,发现"宝葫芦""巨人""美人鱼"三个角色的特点;再读,梳理《宝葫芦的秘密(节选)》《巨人的花园》《海的女儿》三本童话开头和故事变化的特点;第三次读,找出表现人物超能力的地方和最有趣的对话句。在富有情趣的反复阅读中,学生感受文本美的语言,感知作品美的形象,感悟作者美的创造。在与作者、文本的对话中,学生欣赏到属于自己的"宝葫芦""巨人""美人鱼",获得了深刻的个性化审美体验。

(2)中段"文学阅读与创意表达"教学,必须继续引导学生在语文实践活动中充分理解美,形成一定的审美鉴赏能力,能够评价文学作品。审美鉴赏要求审美感知与理性判别充分结合,需要调动想象、思维、情感等心理因素,从中获得美的享受和启迪。发展学生的文学鉴赏能力,首先需要抓住字、词、句、段。教师要引导学生反复朗读,或者个性化诵读,感受作品的意境与形象,加深对作品思想感情的体悟。课例《剃头大师》在这方面就很有特色。其次,要注意指导学生学习文学作品时必须掌握的语言文字基本知识,循着教材设计的"语文要素"系统,做到学习有计划,有恰切的训练量,大力促进语文知识的迁移运用。在《"我的多彩童话故事"教学设计》中,"任务三"的"活动2:精创对话语句",引导学生在三篇课文中梳理对话的四种表达形式,并从中找出最有趣的对话,进行模仿写作。这需要学生理解、掌握句号、逗号、冒号、引号的一般用法,与课标"阅读与鉴赏"第二学段要求密切吻合,可以促进语文基本知识的有效学习与运用。最后,要指导学生着眼于整体,精细鉴赏局部。文学作品精彩内容片段的鉴赏必须结合文本主题思想,力求通过局部鉴赏更深刻地体会和把握作品的思想感情。《"我的多彩童话故事"教学设计》任务三的前两项活动,引导学生反复"走进"文本,品读表现"超能"的语句和有趣的对话,可以加深学生对作品思想感情的体会。任务一引导学生阅读整部作品节选出的课文;任务二引导学生共读三本书;任务三引导学生再研读节选的部分精彩内容。这是比较典型的着眼于整体、鉴赏局部的教学设计,有利于学生更全面深入地体会和把握作品的思想感情,提高审美创造素养。

（3）中段"文学阅读与创意表达"教学,要特别注意引导学生积极创编儿童诗歌和故事,学会创造美,发展审美素养。课标该任务群第二学段学习内容明确要求:"阅读富有想象力和表现力的儿童文学作品,欣赏富有童趣的语言与形象,感受纯真美好的童心,学习用口头或者图文结合的方式创编儿童诗和有趣的故事,发展想象力。"《"我的多彩童话故事"教学设计》紧扣课标这一要求,任务一激励学生在原有经验基础上完成自由创作,这是学习的起点。紧接着,学生通读三篇课文,修改自己创作故事角色的名字,就可感悟写作密码。任务二引导学生开展整本书阅读,并模仿着为自己的故事列提纲,进一步丰富童话情节。这是学生第二次学习运用写作密码。任务三,教师带领学生修改童话,再一次回到课文之中,梳理童话故事中表达超能力的语句和有趣的对话,发现童话故事开头与结尾的秘密,学生可以再一次学习运用作家的写作密码。整个学习任务群教学,童话故事创编、阅读、修改、完善,层层递进,学生在这过程中一直在追求自己心中的那个美好故事,审美创造素养得到持续发展。

活动2:"文学阅读与创意表达"教学策略学习

活动步骤

步骤1　请阅读二维码资源《第二学段语文实践活动要求》,仔细梳理其中与"文学阅读与创意表达"教学直接关联的内容,并谈谈自己的认识。

步骤2　研习二维码资源《盘古开天地》教学录像片段①(四年

---

①　设计与执教者:重庆市沙坪坝第一实验小学贺丹丹老师。

级上册),找出自己最欣赏的地方,同时结合课标相关要求深入思考:该课例对中段"文学阅读与创意表达"教学有何启发?

步骤3 各组代表汇报、分享本组同学的主要观点。

步骤4 各小组评议,教师点评,学生提炼完善自己梳理的教学策略。

一、文学阅读

在"文学阅读与创意表达"教学中,文学阅读是基础,开展以经典阅读为主的高质量文学阅读是该学习任务群教学的第一要务。

中段"文学阅读与创意表达"教学要特别注意处理好教材整个单元的学习与单篇课文阅读的关系。一般而言,单元教学可以分三步:第一步,初步感知整个单元,拎出核心学习任务;第二步,逐课学习,主要是通过积极的语文实践活动"触摸"文本,"入乎其内";第三步,整合学习,从主题、结构、语言、风格等方面"出乎其外",并在这些方面促进读写融通和学习方法的相机选择,有重点地进行单元整体梳理与探究、迁移与应用。[①] 在以上三步教学中,教材整个单元的教学要在一个较大的学习任务群的统筹之下实施,而单篇课文阅读要基于整个单元较大的学习任务群,再设计一个较小的学习任务群来进行。这两个学习任务群套嵌在一起,可较好达成"文学阅读与创意表达"教学目标。

围绕单篇课文开展的小学习任务群教学,要根据课标要求,在全文阅读基础上落实好"重要段落和语句的理解"。阅读全文是对整篇文章的全面感受和整体把握。在此基础上,学生会发现文中艺术化的重点描摹、细致刻画,一些富有感染力的形象会给学生留下深刻的印象。教师必须引导学生重点关注这些地方,并深入理解,仔细推敲,反复品味。这个过程,始终不能脱离对文本语言和形象的感受,要在对经典语言和形象的感受中积淀、想象,实现文字理解与情感共鸣的水乳交融。不过,这种理解具有多义性,是读者带着自身的生活体验来认识的,不一定有统一观点,也不可能一次性完成[②],教师应该积极倡导高度个性化的文学阅读与创意表达。

二、创意表达

文学阅读是"文学阅读与创意表达"教学的第一要务,但并不意味着创意表达可以放置到次要位置。该学习任务群教学,自始至终都要高度重视创意表达。其目的,一是通过创意表达深化、促进文学阅读;二是利用文学阅读获得的资源与成果,促进学生审美创造,发展语言能力,提高核心素养。创意表达的内涵极其丰富,学生对经典课文的吟诵与朗读,对重点词句、片段,发表的个人见解,都可以看作创

① 杨九俊. 学习任务群:语文学习的创新样态[N]. 中国教育报,2022-06-10(9).

② 王爱华."文学阅读与创意表达"学习任务群的内涵、意义与实施建议[J]. 语文建设,2022(24):18-22.

意表达。鼓舞学生创意表达的策略与路径也很丰富,其中相对简单和典型的一个做法是:大力引导学生放胆写作,结合对童话、神话、民间故事和儿童小说等文学作品的阅读与鉴赏,写作想象作文,充分发展学生的创意想象与语言表达能力。爱因斯坦认为,想象力比知识本身更重要,因为知识是有限的,而想象力概括着世界上的一切,推动着进步,并且是知识进化的源泉。鲁迅在《看图识字》中讲,孩子是可以敬服的\他常常想到星月以上的境界,想到地面下的情形,想到花卉的用处,想到昆虫的语言;他想飞上天空,他想潜入蚁穴……两位伟人分别强调了培养学生想象力的重要性与可行性。在想象习作教学过程中,教师要引领学生张扬自由心性,尽情放飞生命梦想,使每一次习作都成为学生想象力的一次磨练,成为学生生命体验的一段经历,这样做有助于他们创造之树根深叶茂。

想象习作教学必须把想象的自由还给学生。奇特的想象是思维的突破,它能让学生超越时空束缚,进入妙不可言的童话世界和五彩缤纷的梦幻王国。有教师在《放飞想象写真个性》教学中,从学生熟悉的几个词语,如眼、耳、鼻、舌等入手,带领他们开始神奇的想象之旅。教师激情鼓励,学生兴趣盎然,想象被唤醒,思维被激活,梦幻空间无限拓展,习作的内驱力和自信心大大提升。教师珍视、呵护儿童的天真好奇,学生就无拘无束地驰骋想象,张扬个性,大胆构思了一个个妙趣横生的童话故事。

活动 3:"文学阅读与创意表达"教学设计

步骤 1   头脑风暴:中段"文学阅读与创意表达"教学应该如何设计?请根据该学习任务群的定位与功能、学习内容等自由发言。

步骤 2   同学互相补充,教师点评指导。

步骤 3   研读二维码资源《"少年之成长"教学设计》①(四年级上册),探究梳理:该课例对自己围绕教材一个单元设计较大学习任务群教学有何启发?

步骤 4   研读二维码资源《小英雄雨来(节选)》教学设计②(四年级下册),深入思考:该课例对自己围绕一篇课文设计小学习任务群教学有何启发?

步骤 5   学生代表谈自己在大、小学习任务群教学设计方面所受的启发,教师点评。

步骤 6   参考前面两个课例,小组合作设计四年级上册"少年之成长"这个大学习任务群之中的《我们家的男子汉》"文学阅读与创意表达"的教学方案。

---

① 设计者:重庆市巴南区教师进修学院陈孝文老师。
② 设计者:重庆市巴南区教师进修学院陈孝文老师。

步骤7 各组模拟演练自己设计的重点片段,教师点评指导,学生改进设计。

分享驿站

语文学习任务群具有情境性、实践性、综合性的特点,设计语文学习任务,要围绕特定学习目标与主题,确定有内在逻辑关联的语文实践活动。课例《小英雄雨来(节选)》的教学目标主要有两个,一是能在文学阅读情境中,积累字词,认识生字词;二是能在真实的学习情境中,借助小标题把握课文内容,感受、体会雨来的英雄形象,丰富自己的情感体验和精神世界。基于教学目标,课例设计了"少年雨来之成长"这个学习主题,确定了"讲好小英雄雨来的故事""赏好小英雄雨来的形象""感悟成长的真谛"三个逐层递进的语文实践活动。

(1)中段"文学阅读与创意表达"学习任务群的主题如何提炼?课标明确建议的主题有"饮水思源""珍爱自然""童年趣事"等,都较好地扣住了语文课程的人文性。参照课标建议,以及《小英雄雨来(节选)》这篇课文所在单元的"成长"主题,教师提炼了"少年雨来之成长"的学习主题。《小英雄雨来(节选)》教学设计的学习任务,主要参考了课标提出的"文学阅读与创意表达"的学习内容。其中,侧重"文学阅读"的是阅读故事,感受幸福生活,阅读儿童文学作品,欣赏语言与形象,感受纯真美好;侧重"创意表达"的是讲述故事,表达向往和崇敬之情,结合生活体验,尝试用文学语言表达情感,用口头或图文结合的方式创编儿童诗和有趣的故事。《小英雄雨来(节选)》教学设计,虽然没有单独呈现创编儿童诗和有趣故事的环节,但围绕教材整个单元设计的"少年雨来之成长"教学,安排了书写"我"的成长故事这一学习任务,可以促进文学阅读与创意表达的较好结合。

(2)完成"文学阅读与创意表达"的教学方案。教学方案的基本思路是:围绕学习主题确定一组教学目标,根据教学目标创设学习情境,确定学习任务,再设计一套与学习任务相匹配的学习活动。上述课例通过拟订小标题、讲故事、赏形象、感悟成长等学习活动,使学生在文学阅读体验中把握课文主要内容,了解雨来的机智勇敢,感受雨来的英雄形象,并初步理解成长的内涵和真谛。在阅读过程中引导学生对重点段落和语句深化理解,可以促进他们对人物形象的感受,对语言的品味。比如,聚焦"雨来掩护李大叔被抓以及和鬼子不屈斗争"的段落,通过梳理、朗读、讲述雨来的表现,学生可以很好地感受雨来的英雄形象和作家刻画形象的语言艺术,在深化文学阅读的同时进行创意表达。《小英雄雨来(节选)》教学设计还紧扣小说的文体特征,抓住人物形象、故事细节与环境描写,引导学生扎扎实实地经历以下阅读过程:第一,观其貌。让学生直面文本,与文本进行对话,对文本中的主要人物、故事情节、叙事结构等进行初步把握和审美感知。第二,寻其味。让学生涵泳、陶醉于文本语言所描述的情境之中,用心体味、捕捉和追寻文本的情趣和意蕴。第三,悟其道。让学生在揣摩体会文本的过程中,使自己心灵与文本所搭建的生命结构之间产生深层次的契合,进入一种豁然开朗、心领神会、赏心怡情的境界。

教学设计没有"完成时",即使在教学实施过程中,教师也必须高度敏感,积极作为,大力引导学生在文学阅读与创意表达的和谐对话中,主动与教师一道用行动建构高品质的学习任务群。对此,赞科夫的有关论述具有深刻的启发意义。他说:"如果班级里能够创造一种推心置腹地交谈思想的气氛,孩子们就能把自己的各种印象和感觉、怀疑和问题带到课堂上来,展开无拘无束的谈话,而教师以高度的机智引导并且参加到谈话里去,发表自己的意见,就可收到预期的教育效果。"①赞科夫这番话,强调了建构良好阅读对话活动的重要因素——班级"推心置腹"的气氛;学生的"印象和感觉""怀疑和问题",以及"无拘无束"的状态;教师"高度的机智"与"参加"等。这些要素,是"文学阅读与创意表达"教学有效推进的重要课程资源。课堂上,教师要深度发掘和有效利用来自班集体、个体学生和教师自身的资源,同时完成临场即时性教学设计和现场开展生成性教学活动,支持学生的文学阅读与创意表达更加自由、真切和深刻地展开。

主题三 高段"文学阅读与创意表达"教学

本主题共三个活动,各活动的目标、内容、重要程度、学习难度见表8-3-1。

表8-3-1 本主题活动概览

活动名称	活动目标	活动内容	重要程度	学习难度
1. "文学阅读与创意表达"课例赏析	剖析课例,深入理解"文学阅读与创意表达"学习任务群的定位与功能,及教学艺术	1. 研习课例:《"走近鲁迅"教学设计》。 2. 研读材料:《创意表达》。 3. 感悟高段"文学阅读与创意表达"教学的特点和艺术	★★★	★★★
2. "文学阅读与创意表达"教学策略学习	深入探究高段"文学阅读与创意表达"教学设计与实施策略	1. 头脑风暴:自主探究高段"文学阅读与创意表达"教学策略。 2. 研习课例:《桥》教学录像片段。 3. 参考UbD基本程序,探究"文学阅读与创意表达"教学设计策略	★★★★	★★★★★

① 赞科夫.和教师的谈话[M].杜殿坤,译.北京:教育科学出版社,1999:5.

续表

活动名称	活动目标	活动内容	重要程度	学习难度
3. "文学阅读与创意表达"教学设计	设计高段"文学阅读与创意表达"教学方案，并模拟演练	1. 研习课例：《桥》教学设计与实施片段。 2. 尝试设计：根据单元教学方案的大框架，细化设计其中一篇课文的教学。 3. 模拟演练：选择自己设计的重点片段进行试讲并不断改进设计	★★★★	★★★★

活动1："文学阅读与创意表达"课例赏析

活动步骤

步骤1　阅读二维码资源《第三学段"文学阅读与创意表达"学习内容与相关要求》，仔细梳理自己对"文学阅读与创意表达"学习任务群定位与功能的进一步认识。

步骤2　研读二维码资源《"走近鲁迅"教学设计》①（六年级上册），分组讨论下面三个问题：

（1）课例是如何体现"文学阅读与创意表达"学习任务群定位与功能的？

（2）四个任务及其学习活动之间有何联系？

（3）课例中的表达实践活动有何特色？

步骤3　阅读后文"研读材料：创意表达"，交流学习体会。

步骤4　学生代表和教师对本次活动进行小结。

研读材料：创意表达②

新课标用"创意表达"而不用"创意写作"的概念，除刻意凸显基础教育阶段文学写作训练有别于大学里的专业学位教育之外，还有一个用意是强调素养教育时代语文教学的整合性：创意表达的核心是创意写作，但其外延要远大于创意写作，创意写作并不是创意表达的全部。"表达"一词，整合了信息时代言语输出的各种形式、目的与功能：形式上整合了书面表达、口语表达、图像表达等；目的与功能上，整合了抒发情感、表现现实、劝说与论辩、娱乐、联系、学习等各种功能。这样的整合，更符合生活中说写一体化、表达功能复合化的特点，也契合文学创作和实用写作跨界交融、你中有我、我中有你的融通特点。

---

① 设计者：重庆市丰都县第一小学隆洪乔老师。

② 叶黎明."文学阅读与创意表达"学习任务群：关系、向度及创新路径[J]. 语文建设,2023(3)：11-15.

　　"文学阅读与创意表达"学习任务群特别强调学生的审美体验、审美品位、审美创造,主要学习内容是文学语言、文学形象、文学作品的基本特点及尝试性的文学创作,主要学习方式是感知感悟、联想想象、欣赏评价等。有学者指出,该学习任务群"创意表达"的"创"有四种情形:表达媒介创新、资源或材料创新、内容或角度创新、方法创新;其共同奥妙是通过"阅读+"或"表达+",将阅读、表达中两个或多个事物联系在一起,在联系的基础上创造新的观点、新的思想、新的形象、新的形式等。① 实施"文学阅读与创意表达"教学,教师必须准确把握该学习任务群的定位和功能,全面理解其学习内容和要求,综合考虑教材内容和学生情况,有效整合学习情境、学习内容、学习方法和学习资源,安排连贯的语文实践活动。研习《"走近鲁迅"教学设计》,可以清晰感知"文学阅读与创意表达"学习任务群的育人价值与课程功能。"文学阅读与创意表达"教学有以下策略与方法。

　　(1)定位:文学性活动应紧扣审美核心。该学习任务群以审美创造为价值取向,无论是阅读教学还是表达教学,都要引导学生开展"文学性"活动。文学活动具有文化传承、语言教育、社会认知、审美熏陶等多重功能。"文学教育的终极目的,就是让人追求真善美,远离假恶丑。其本质与核心,就是美。"②"文学阅读与创意表达"教学理应以"文学审美"为核心价值追求,凸显文学价值,体现文学内涵,引导学生获得文学审美的独特体验。③《"走近鲁迅"教学设计》以鲁迅作品语言、形象、情感为审美对象,并结合高段学习内容要求,积极引导学生创意表达,培养学生创造美的高阶能力,充分体现文学审美属性。比如,任务二"活动1:感受经典的人物——闰土",让学生通过表格形式,品味语言,引导学生感受闰土这一小说人物形象的丰富内涵,具有文学阅读的典型特征。其中"拓展阅读《故乡》,对比闰土的变化,借助资料。思考闰土为什么会发生这么大的变化,鲁迅先生为什么要这么写闰土"环节,聚焦小说写作特点,将文学阅读由关注内容提升到关注形式的高阶鉴赏层次,对学生审美能力提高大有裨益。"制作《鲁迅经典语录集》""鲁迅故事会""真情电台"等也是典型的文学性活动,有利于促进语言艺术在文学生活场景中的合理运用。系列活动以"跨越百年走近鲁迅"这一主题为统揽,彼此紧密联系,将教材整个单元的学习内容融为一体,由查找资料、初步感知,到反复品读,再到创意表达,层层进阶。系列听、说、读、写活动都彰显着文学的特性和审美的核心价值追求,且在内容整合、方法选取上充分体现了第三学段要求。

　　(2)发挥任务的驱动性功能。语文学习不是直接学习规则性的语文知识,而

　　① 叶黎明."文学阅读与创意表达"学习任务群:关系、向度及创新路径[J].语文建设,2023(3):11-15.
　　② 黄耀红.百年中小学文学教育史论[M].长沙:湖南师范大学出版社,2008:9.
　　③ 何夏寿."文学阅读与创意表达"学习任务群的理解与实施[J].语文教学通讯,2022(18):19-22.

是通过听、说、读、写实践活动培养和提高语言运用能力和语感水平。学习任务群教学必须结合学生生活创设真实的学习情境,设计具有挑战性的学习任务,进阶式开展语文实践活动。《"走近鲁迅"教学设计》安排了四大任务,每个任务下又设置了多项活动。系列活动整合识字与写字、阅读与鉴赏、表达与交流、梳理与探究等语文实践活动,具有较强的驱动性。比如,结合鲁迅文章难懂,小学生心存畏难情绪的实际情况安排"跨越百年走近鲁迅"线上纪念馆布展活动,让学搜集、筛选资料,将自己觉得有价值的资料以文字、图片、音频、视频等方式分区展示出来;同时,制作纪念馆宣传单,设计版面,创作宣传语。在这系列活动中,学生可以初步建立"鲁迅印象",为进一步学习鲁迅作品及先生的精神作铺垫。这样的驱动性任务,形式新颖,富有探究性与挑战性,能够激发学生持续深入学习的兴趣和动力。课例安排的学习任务既有鲜明的文学特征,又充分考虑了学生的学习基础和课标要求。比如,学习内容涉及鲁迅小说《故乡》、散文诗《好的故事》、亲人周晔和文学名家萧红的回忆文章、诗人臧克家的纪念诗歌等。学生要对作品语言、形象、情感、主题、表现手法等进行全面领悟和体验,能讲述、复述、评析,在口头或书面交流中尝试创意表达,学习运用细节描写的手法进行文学性描述。这些内容要求与课标"文学阅读与创意表达"高段相关要求完全吻合,较好地体现了该学习任务群的功能。

活动 2:"文学阅读与创意表达"教学策略学习

活动步骤

步骤 1 头脑风暴:第三学段"文学阅读与创意表达"教学设计与实施的策略与方法有哪些?

步骤 2 自主研习二维码资源《桥》教学录像片段①(六年级上册),谈谈该课例对自己的启发。

步骤 3 参考 UbD②基本程序:"确定预期结果→确定合适的评估证据→设计学习体验和教学",自主探究"文学阅读与创意表达"教学设计与实施策略。

步骤 4 各组派代表分享自主探究的成果,教师点评指导,小组合作完善教学策略。

分享驿站

高段"文学阅读与创意表达"教学如何设计与实施? 通过头脑风暴,参考 UbD基本程序,我们可总结出以下策略:在学习主题方面,要寻找多重目标之间的有机

---

① 执教者:重庆市渝中区人和街小学骆应华老师。

② UbD(Understanding by Design),即追求理解的教学设计,其基本程序与步骤见:威金斯,麦克泰格.追求理解的教学设计[M].闫寒冰,宋雪莲,赖平,译.上海:华东师范大学出版社,2021:17-19.

联系,以核心素养为本进行整合提炼;在教学目标方面,要基于情境,紧扣核心素养进行系统梳理;在学习评价方面,要精准评价学习成果和学生过程性表现,诊断学习目标的达成度;在情境任务方面,要创设具体的真实情境,设置语文实践的真实任务;在学习活动方面,要安排具体的听、说、读、写活动去落实情境任务,达成学习目标;在学习资源方面,要为学生完成学习任务提供充足的语言材料,引导学生主动搜索并利用资源;在技术支持方面,要合理运用现代信息技术,支撑学生多样化的言语实践。下面,结合课例,择要简析。

（1）设计与情境紧密融合的教学目标。学习任务群教学的难点在于如何将发展学生核心素养的学习目标落实到教材具体单元和课文的学习之中。要突破这一难点,教师必须充分利用教材,提取单元导语、课文内容中具有共性的信息,联结学生的生活经验和情感体验,系统梳理教学目标,并把教学目标紧密融合到真实的任务情境中。比如,教材五年级上册第一单元围绕人文主题"一花一鸟总关情"编排了《白鹭》《落花生》《桂花雨》《珍珠鸟》四篇课文。这个单元的语文要素是:初步了解课文借助具体事物抒发感情的方法;写出自己对一种事物的感受。单元学习重点是"借物抒情",而且四篇课文都是很经典的借物抒情文章。那么,该单元引导学生尝试"借用一种事物,表达自己的感情",就成为"以读促写,学以致用"教学目标的合理选择。这个目标,创意表达训练要素的定位与文学阅读的要求紧密融合,符合教材"读写结合"的编排特点。完成这样的教学目标,学生应该置身于怎样的情境中才会有较大的内驱力呢? 该单元课文所描写的事物,都倾注了作者的喜爱之情。学生在日常生活中,也一定拥有自己的心爱之物。教师可以引导学生结合课文阅读分享自己的心爱之物或引导学生"创办童年博物馆,展览心爱之物",以实现"借用一种事物,表达自己的感情"的目标。参考 KUD 目标框架,[①]教学目标则可细化为:学生必须知道(K)什么是借物抒情,每位作者通过哪些方式与事物建立联结,寄托不同的感情;学生必须理解(U)作者是如何描述与自己关系密切的事物的,是如何抒发自己独特情感的;学生必须做到(D)读懂课文,学习运用课文借物抒情的方法写出自己对一种事物的情感。

（2）设计聚焦真实表现的学习评价。与传统教学强调学习之后再检测评价相比,UbD 基本程序的特色是将"评价设计"前置,紧随"目标设计"之后,倡导教师"像评估员一样思考",把评价指标视为目标的具体化,确保更好地实现目标。在这种理念指导下,学习任务群教学评价必须聚焦学生的真实表现,既关注针对大任务完成情况的阶段性评价,又关注针对小活动参与情况的过程性评价;既评价学生的情感态度、合作精神,又评价学生的语言质量以及在活动推进过程中的能力发展,做到个性化评价、过程性评价与表现性评价融合实施。"一花一鸟总关情"这个单元的教学评价,可以聚焦学生学习的真实表现设计具体的评价标准:能够知道

---

① 包括学生应该知道(know)什么、理解(understand)什么、做(do)什么三个方面。

文学作品字里行间蕴含着作者要表达的思想感情;能够体会作者借助具体事物抒发情感的方法;能够仿照课文,把自己的心爱之物描写清楚,表达自己的喜爱之情;能够在"童年博物馆"的展览中展出、解说自己的心爱之物。[①] 这几条评价标准与教学目标契合,真正能检验学生学习是否达标,同时也能较好地促进学生学习。

（3）设计指向理解的学习活动。基于 UbD 的、指向理解的学习活动,倡导自主、合作、探究等学习方式,通过创设真实的情境、真实的学习任务,引领学生多感官真实参与,像科学家一样学习、发现和创造,努力发展自己的核心素养。在这个过程中,学生学到的都是活知识,对学习内容的理解都是持久性的。前文所举课例中,学生在学习课文作者如何借助具体事物抒发思想感情的同时,关联自己的心爱之物及其故事,学习运用借物抒情的方法描写自己的作品,作为展览分享心爱之物时的解说词。全年级学生共同参与创办"童年博物馆",并在其中展示自己的心爱之物,每个班都设分馆,各班互相参观。所有学生完成学习任务都必须参与三方面的语文实践活动(见图 8-3-1)。这些活动前后关联,共同达成对教学目标的持久性理解,可以较好体现 UbD 教学理念,充分发展学生核心素养。

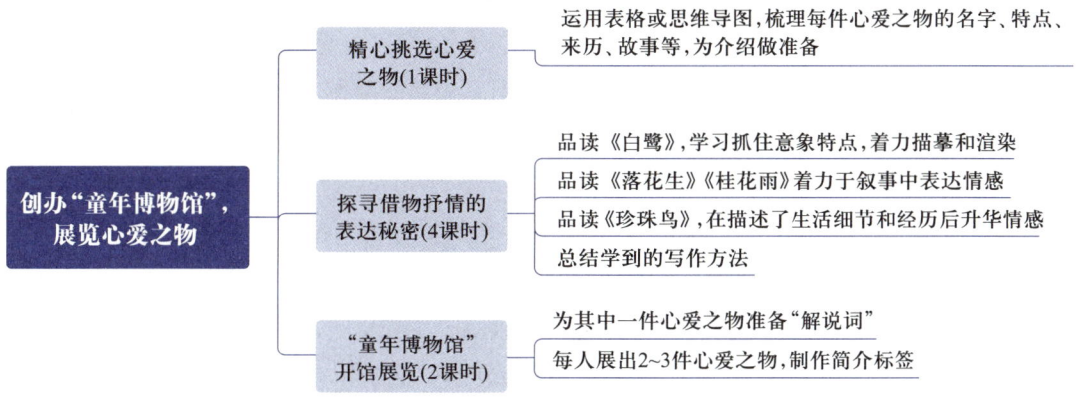

图 8-3-1　"创办'童年博物馆',展览心爱之物"学习活动示意图

活动 3:"文学阅读与创意表达"教学设计

　　步骤 1　复习梳理:应该如何设计教材某单元或其中某篇课文的"文学阅读与创意表达"教学? 该学习任务群高段教学策略与方法有哪些?
　　步骤 2　学生代表分享复习梳理的成果,教师点评。

　　① 郭雅楠. 创办童年博物馆,展览心爱之物:五下第一单元大单元教学设计[DB/OL]."我在小学教语文"公众号,2022-07-12.

步骤3　研习二维码资源《桥》教学设计,以及《桥》教学录像片段(二)①(六年级上册),独立思考:该课例对你设计一篇课文的阅读与创意表达教学有何启发?

步骤4　学生代表交流分享,教师小结指导。

步骤5　阅读二维码资源《"在大自然中纵情想象"教学设计》②(六年级上册),并根据这个教学方案的大框架,小组合作设计其中《草原》一课的阅读与创意表达教学方案。

步骤6　每组自选重点片段进行内部试讲,并根据试讲情况改进设计后再模拟演练。

步骤7　各组汇报重点片段的模拟演练,教师点评、总结。

分享驿站

　　高段"文学阅读与创意表达"教学原则上应该围绕教材每个单元的内容进行整体设计,而每篇课文、每堂课的教学都必须成为单元连贯教学流程中的一个环节。所以,单篇课文教学的情境任务设计要放在单元整体教学框架中去考虑,以便更有目标和重点地组织教学。小说《桥》是教材六年级上册第四单元中的一篇课文,该单元教学有四个学习任务:读小说,做人物名片,记下震撼心灵的那一刻;再读小说,完善人物名片,评析平凡人不平凡的故事;创作人物名片,写故事;故事交流,叙说普通人的故事。单篇课文《桥》的教学设计,主要围绕该单元第二项学习任务展开。

　　学生的学习过程必须紧扣教学目标,教师的评价也应紧扣教学目标,并由此实现"教—学—评"的一致。教学设计首先要制订教学目标。《桥》的教学目标是:① 能在具体的问题情境中,关注小说环境、情节以及题目的含义,感受人物形象,感悟平凡人不平凡的精神世界,唤醒内心的真、善、美;② 完善人物名片,评析人物,进行创意表达。课例紧扣以上目标,设计了《桥》的学习过程评价表,然后把对教学目标的评价通过学习任务单嵌入学习过程,使学习与评价融为一体,把显性的学习任务(如完善人物名片)与隐性的教学目标(如读懂小说)结合起来,启发学生知道自己在哪里,还要到哪里去,从而提高学习效率。

　　围绕教学目标,以上课例设计的学习活动很有特色。例如,"合作绘制情节波动图"和"商议老汉选择的艰难指数"两个活动,可以促进学生深度阅读,个性化表达,系统探究与梳理,充分认识和准确评价老汉这一人物形象,透彻感悟平凡人不平凡的精神世界。学生完成这些活动任务的过程就是学习如何读懂小说并获得独特审美体验的过程。开展这样的学习活动体现了语文课程从知识本位到能力本位,再到素养本位的彻底转型,有利于学生核心素养的全面提高。

①　设计与执教者:重庆市江北区玉带山小学吴晓蓉老师。
②　设计者:重庆市江北区滨江小学张娟老师。

根据《"在大自然中纵情想象"教学设计》的大框架,设计其中《草原》(六年级上册第一单元)一课的阅读与创意表达教学方案,可以参考单篇课文《桥》的教学设计吗?答案是肯定的。虽然《桥》是小说,《草原》是散文,但作为单篇课文的《草原》,其教学设计依然要紧扣单元教学目标任务安排扎实有效的语文实践活动,并且注意突出"在大自然中纵情想象"这一主题,引导学生在阅读鉴赏中展开想象,并通过口语或书面语表达有创意地想象。启迪学生想象,并非语文教学的专属,其他学科教学也责无旁贷,而指导学生用恰当的语言表达审美的想象,则是语文教学的专职。有专家指出,想象性习作"应该以想象的语言表达能力的培养为主要目标。这种想象的语言表达能力,所追求的目标是想象、情感和语言表达的统一,即通过得体的语言形式表达想象,以有效地表现作者内心的情感、态度与价值观等"①。教师引导学生在《草原》学习过程中想象,必须遵循儿童语言发展规律,唤醒他们的生活感悟和言语潜能,鼓励他们自由表达,不断丰富语言积累,提高语言表达能力。

当然,"文学阅读与创意表达"教学,鼓励学生自由表达想象并发展语言能力的同时,还要兼顾正确价值观的导向。自由表达无疑是学生表达创意想象的权利与路径。作为以育人为根本目标的创意表达,培养学生自由的心性、想象与表达的能力固然重要,但切莫以自由为幌子,纵容学生语言表达存在庸俗、血腥、暴力、恐怖与无视生命尊严等问题,教师要旗帜鲜明地进行基本情感态度与价值观的引导,使学语文与学做人高度统一。

单元梳理与提升

 拓展阅读

认真研读《语文建设》杂志刊发的三篇文章:《"文学阅读与创意表达"学习任务群:关系、向度及创新路径》(叶黎明,2023 年第 2 期)、《"文学阅读与创意表达"学习任务群的内涵、意义与实施建议》(王爱华,2022 年第 12 期)、《"文学阅读与创意表达"教学初探——以五年级上册第七单元教学为例》(李俐、郭乐静,2023 年第 2 期),梳理提炼论文的重要观点,并在小组内交流分享。

 问题探究

课标要求在"文学阅读与创意表达"教学中引导学生"尝试创作文学作品"。

---

① 叶黎明.写作教学新论[M].上海:上海教育出版社,2012:233.

请小组合作探究:我们应该怎样引导? 应注意哪些事项?

 综合实践

仔细研习二维码资源《素养导向的任务群教学设计——以统编教材五年级上册第三单元"文学性阅读与创意表达"教学为例》①及其中的《牛郎织女》教学录像片段②,并参考该课例,从教材中选择适合开展"文学性阅读与创意表达"教学的单元,深度研读,尝试设计该单元教学方案。

 学习反思

结合本单元学习,进行系统反思:你对"文学阅读"和"创意表达"二者关系的理解和把握还存在问题吗? 如果存在,应该如何解决?

① 设计:重庆市南岸区教师进修学院胡平老师。
② 执教:重庆市南岸区珊瑚实验小学林怡老师。

单元九　　　　　　　"思辨性阅读与表达"教学

 课标要点

　　本学习任务群旨在引导学生在语文实践活动中,通过阅读、比较、推断、质疑、讨论等方式,梳理观点、事实与材料及其关系;辨析态度与立场,辨别是非、善恶、美丑,保持好奇心和求知欲,养成勤学好问的习惯,负责任、有中心、有条理、重证据地表达,培养理性思维和理性精神。

　　教学提示:

　　应根据学生思维发展的特点,在不同学段创设适宜的学习主题和学习情境。比如,第一学段"生活真奇妙""我的小问号",第二学段"大自然的奥秘""生活中的智慧""我的奇思妙想",第三学段"社会公德大家谈""奇妙的祖国语言""科学之光""东方智慧"……将文本阅读和自主探究结合起来,为学生提供广阔的思考、表达和交流空间。

　　应设计阅读、讨论、探究、演讲、写作等多种学习活动,引导学生学习发现、思考、探究问题的思路和方法。应注意不同学段的特点,避免操之过急、求之过深。

 学习目标

☐ 明确"思辨性阅读与表达"的目标定位与内容选择。

☐ 探究学习各学段"思辨性阅读与表达"的教学策略与方法。

☐ 尝试设计低、中、高段"思辨性阅读与表达"教学方案,提高教学技能,积累教学智慧。

主题一   低段"思辨性阅读与表达"教学

本主题共三个活动,各活动的目标、内容、重要程度、学习难度见表 9-1-1。

表 9-1-1 本主题活动概览

活动名称	活动目标	活动内容	重要程度	学习难度
1. "思辨性阅读与表达"课例赏析	初步了解"思辨性阅读与表达"教学的目标定位与内容选择,感悟相关教学策略与方法	1. 研读材料:"思辨性阅读与表达"目标定位与内容选择及《"思辨性阅读与表达"教学提示》。 2. 剖析课例:《"遇到问题怎么办"思辨性阅读与表达教学设计》。 3. 交流对"思辨性阅读与表达"低段教学目标内容与策略方法的感悟	★★★	★★★
2. "思辨性阅读与表达"教学策略学习	理解本任务群低段学习内容和教学要求;掌握低段教学设计策略与方法	1. 研读材料:"思辨性阅读"教学。 2. 剖析课例:《"我的小问号"思辨性阅读与表达教学设计》。 3. 探讨本学习任务群低段教学设计策略与方法	★★★★	★★★★
3. "思辨性阅读与表达"教学设计	进一步探讨"思辨性阅读与表达"教学策略与方法,并运用到方案设计与模拟演练中,提高教学技能,积累教学智慧	1. 研读课例:《"大自然真奇妙"思辨性阅读与表达教学设计》。 2. 研读材料:《让学生快乐思辨》。 3. 合作设计本学习任务群低段教学方案,并进行模拟演练	★★★★	★★★★

活动 1:"思辨性阅读与表达"课例赏析

步骤 1   仔细阅读后文"研读材料:'思辨性阅读与表达'目标定位与内容选择",谈谈自己对"思辨性阅读与表达"的初步认识。

步骤 2   研读二维码资源《"遇到问题怎么办"思辨性阅读与表达教学设计》①(二年级上册),深入思考:该教学设计有哪些特点?

步骤 3   仔细阅读二维码资源《"思辨性阅读与表达"教学提示》,对照前面案

---

① 设计者:重庆两江新区云慧小学胡钰铭老师。

例,尝试概括自己对低段"思辨性阅读与表达"教学的认识。

步骤4　小组讨论:基于前三个步骤的学习,交流各自对"思辨性阅读与表达"低段教学目标与内容、策略与方法的感悟。

步骤5　各组代表在全班分享学习感悟,教师小结指导。

研读材料:"思辨性阅读与表达"目标定位与内容选择①

"思辨性阅读与表达"学习任务群的关键词是"思辨",注重理性的逻辑思维与辩证思维,指向语文课程要培养的核心素养中的"思维能力",对接语文课程总目标第7条的"逻辑思维"。"逻辑思维"这个目标,是从方法、能力、习惯、精神四个方面设计的:一是思维方法,包括比较、分析、概括、推想等;二是思辨能力,辩证地思考及有理有据、负责任地表达自己的观点;三是思考习惯,乐于探索、勤于思考等;四是理性精神,养成实事求是、崇尚真知的态度等。"逻辑思维"课程目标是"思辨性阅读与表达"学习任务群的上位目标与内容取向,也是定位本学习任务群目标的参照。

"思辨性阅读与表达"学习任务群的学习内容有两类:一是思辨性阅读;二是思辨性表达,包括书面表达与口头表达。思辨性阅读的学习内容以故事类文本为主,重点在于思考其中的道理,学习其中的思维方法;思辨性表达的学习内容以生活和学习中的问题为主,重点在于学习分析现象、讨论问题,有理有据地口头或书面表达自己的观点。

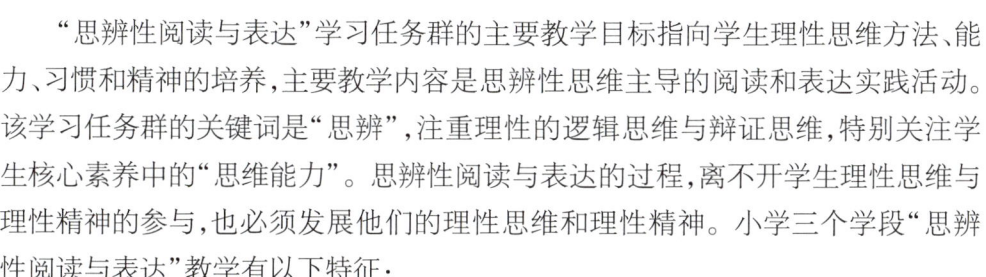

"思辨性阅读与表达"学习任务群的主要教学目标指向学生理性思维方法、能力、习惯和精神的培养,主要教学内容是思辨性思维主导的阅读和表达实践活动。该学习任务群的关键词是"思辨",注重理性的逻辑思维与辩证思维,特别关注学生核心素养中的"思维能力"。思辨性阅读与表达的过程,离不开学生理性思维与理性精神的参与,也必须发展他们的理性思维和理性精神。小学三个学段"思辨性阅读与表达"教学有以下特征:

（1）从思辨的内容看,三个学段的学习内容逐级递增,外延逐步扩大。思辨性阅读内容,从围绕"事物与观点"发展到"事实与观点"的辨别。思辨性表达内容,围绕"看法、观点"表达,从"自由表达、充分表达"发展到"有理有据、有条理地表达"。作为低段教学案例,《"遇到问题怎么办"思辨性阅读与表达教学设计》引导学生探讨"用多种方法称大象的体重",不断鼓励学生观察相似事物的异同,让学生自由表达、充分表达,保护学生好奇心、求知欲,体现了第一学段特点。

---

① 薛法根.理性思维:做负责任的表达者——"思辨性阅读与表达"任务群的内涵解读[J].语文建设,2022(8):4-9.题目为本书编者所加。

（2）从思辨的要求看,三个学段的学习要求逐渐提高,难度逐步加大。思辨性阅读要求,从阅读科学短文、智慧故事,到阅读有关科学发现、技术发明的故事,从哲人故事、寓言故事,再到短论、简评,阅读的理性思维含量逐级增加。思辨性表达从"乐于分享自己解决问题的办法"的要求,到"运用口头和图文结合的方式,表达自己的观点和思考"的要求,再到"有理有据地口头或书面表达自己的观点"的要求,要求逐步提高。前述课例紧扣主题,引导学生阅读一系列智慧故事,旨在鼓励学生"乐于分享自己解决问题的办法"。

（3）从思辨的方法与技巧看,三个学段也是由易到难,逐步递进的。第一学段侧重"阅读、观察、请教、讨论";第二学段侧重"列提纲、画思维导图、辨析、质疑、提问",第三学段要求"用思维导图辅助,简洁清楚地表述思维过程,并学习思维方法"。前述课例主要针对"称象"等具体问题的解决引导学生"阅读、观察与讨论",要求掌握思辨性阅读与表达的基础性方法。

各学段"思辨性阅读与表达"教学既要体现基础性,又要体现递进性和衔接性。按照这样的原则,课标紧扣"事物、问题、事实、观点与证据"等方面分学段安排思辨课程内容。第一学段的教学内容主要聚焦对"事物与问题"的思辨,让学生阅读有趣的短文,保护学生的好奇心,引导学生勤学好问,观察相似事物的异同,在比较中有所发现,乐于思考其中的道理,学习其中的思维方法。第一学段思辨性表达主要围绕生活和学习中遇到的问题展开,重点引导学生发现身边常见事物的奇妙之处,提出并讨论学习与生活中的真实问题,学习分析现象、讨论问题,分享自己的想法与解决问题的办法。

在前述课例中,《曹冲称象》是一篇有趣的短文,在"遇到问题怎么办"的主题情境中,以"曹操想知道这头大象到底有多重,怎么办?"引发学生的思考和讨论。教师先引导学生对大臣和曹冲的不同称象方法进行梳理,随后结合内容比较这两种方法的高下,最后分析归纳相关内容。学生思辨能力的提高,经历了"梳理—比较—分析"的过程。此外,课例还重视关联生活,设置"遇到问题怎么办"播报台,让学生主动回忆、链接生活,观察身边的事物,引导学生保持对日常生活的好奇心和敏锐度。学生基于本课学习,发散思考,将"转变思维、化整为零"的思维方式迁移运用到生活中。学生再次思考"遇到问题怎么办",就可以尝试自己解决问题。该课例说明,聚焦对"事物与问题"的思辨,是低段"思辨性阅读与表达"教学的主要内容,"比较"则是低段学生提高思辨能力的重要策略。

"思辨性阅读与表达"教学的学习起点不是教材中的课文,而是生活中遇到的真实问题,"思辨情境"的创设必须具有真实性,至少要考虑三个方面因素:一是,巧妙营造学生自主思考、自由表达的和谐氛围;二是,抓住关键关键,凝练有思辨价值的核心问题;三是,精选素材,让思辨性阅读与表达有的放矢。前述课例在这三个方面都做得较好:一是,引导学生回忆自己学习生活中遇到问题的应对情况,巧妙营造积极思考、自由表达观点的氛围;二是,结合本单元课文学习和日常生活,凝练出具有思辨价值的核心问题——"怎么办最好";三是,紧扣《曹冲称象》《玲玲的画》《一封信》这些有趣的短文展开思辨性阅读与表达,情境创设聚焦真问题、真需要,具有真实性特点。

"思辨性阅读与表达"是学生思维发展的重要路径。前述课例"活动一",课前搭建"遇到问题怎么办"播报台,让学生搜集最近自己应对有难度问题时的个人表现,师生讨论归纳出三种应对状态,调动学生学习积极性,提升思维活跃度。为了突破学习运用"化整为零"思维方式这一难点,课例通过"围绕问题,小组讨论""大象重量我来称"这两个活动,让学生在比较中明白"转变思维、化整为零"的奥秘,并将此迁移至真实生活问题的解决中。这和课前调查实践活动相衔接,有助于加深学生对"生活中遇到问题怎么办"的理解和体验。系列学习活动,能让学生理性思维的轨迹清晰可见,"归纳—梳理—比较—运用"的学习过程可以较好地锻炼和提升学生的思辨能力。

活动 2:"思辨性阅读与表达"教学策略学习

活动步骤

步骤 1　阅读后文"研读材料:'思辨性阅读'教学",自主探究:低段"思辨性阅读"教学,如何引导学生"忠实地读懂"? 如何强化"有支持的阅读"?

步骤 2　研读二维码资源《"我的小问号"思辨性阅读与表达教学设计》①(二年级下册),对照"研读材料:'思辨性阅读'教学",自主梳理:该教学设计是如何引导学生"忠实地读懂"的? 又是如何强化"有支持的阅读"的?

步骤 3　小组讨论:基于前两个步骤的学习,各自分享自己探究梳理的成果。

步骤 4　各组推选代表在全班交流,教师点评小结。

研读材料:"思辨性阅读"教学②

小学语文"思辨性阅读"是一种与感悟体验式阅读相区别的阅读类型,强调阅读的态度、方法、思维的"思辨"性,旨在发展学生的理性思维和理性精神。课标从"发展理性精神和态度""获取'思辨'性认知技能"两个维度,具体规定了小学语文"思辨性阅读"的课程目标,明示了"思辨性阅读"的文本类型。"思辨性阅读"教学设计,要重视"忠实地读懂",强化"有支持的阅读",引导"质疑、追问地阅

①　设计者:重庆市两江新区巴蜀蓝湖郡小学付春燕老师。
②　魏小娜,陈永杰. 小学语文"思辨性阅读"教学探析[J]. 语文建设,2022(8):16-19. 题目为本书编者所加。

读",关注"求证、评价地阅读"。

分享驿站

　　西南大学魏小娜教授对小学语文"思辨性阅读"教学的探究很有价值。她们强调"思辨性阅读"教学要重视"忠实地读懂",强化"有支持的阅读"。这是基础性要求,低段教学要着重落实。他们强调引导"质疑、追问地阅读",关注"求证、评价地阅读"。这是发展性要求,在低段教学中也要注意渗透,力求循序渐进,逐步加大力度。"思辨性阅读"与"思辨性表达"密不可分,"质疑、追问地阅读""求证、评价地阅读",本身就是在融合实施"思辨性阅读与表达"。

　　魏教授等人主张,"忠实地读懂"是"思辨性阅读"的第一步,要求读者怀着一种好奇、自信、公正、谨慎的态度,读懂文本的内容、观点、结构等。"忠实地读懂",意味着要注重文本观点的生成过程,而不是接受文本之外的现成结论。具体包括三点:一是准确地理解,尽量不将"非作者的意思"带入,引领学生直接感知文本,避免各种观念、资源、信息和技术对学生阅读产生干扰。二是,完整地理解,要基于全文信息完整地把握,前后联系,切忌粗枝大叶地理解,或断章取义。三是,有根据地阅读,充分依据文本获得观点,推测和猜想要有依据和推理过程。[①]

　　《"我的小问号"思辨性阅读与表达教学设计》任务三为了让学生"忠实地读懂"《要是你在野外迷了路》这篇课文,巧妙营造了学生自主思考、自由表达观点的氛围,创设了"发现'我的小问号',制作问号口袋书,探究大自然的秘密"这一主题情境任务。这一情境的创设可以通过"口袋书"将学生的学习成果可视化,强化学生语文学习的成就感,同时为学生"忠实地读懂"课文提供有力支持。课标指出,低段思辨性阅读的主要途径是"阅读、发现、思考",加之《要是你在野外迷了路》是一首以自然科学知识为题材的儿歌,因此,该课教学应让儿童在自主质疑、主动求解中获得科学知识,培养科学兴趣,发展核心素养。

　　为实现上述目标,课例主要进行了三次情境任务创设:首先,凝练了具有思辨价值的"问题情境",引导学生"忠实地读懂"课文,能够回答"课文写了哪些'天然的指南针',它们是怎么帮助人们辨别方向的"等问题,促进学生准确提取文本信息,提高阅读的基础性能力。其次,创设两次形象化的"媒体情境",提供可使用的思辨材料,强化"有支持的阅读"。"活动一"通过微视频引导学生走进大自然,发现小秘密,提出问题,让学生敢问、愿问,为提出有价值的问题做好铺垫。"活动二"通过微视频帮助学生理解"'沟渠里的积雪'是怎么指引方向的",将学生的思辨尽可能引向纵深及细节处。

　　除了以上情境创设,课例还在各个任务环节设置了多样化的"生活情境"。比

---

①　魏小娜,陈永杰. 小学语文"思辨性阅读"教学探析[J]. 语文建设,2022(8):16–19.

如,创设"要是老师在野外迷了路,该怎么办呢"这一情境,引导学生变身为"大自然指南针",尝试说清楚不同时间下不同指南针是如何指引方向的。学生通过讨论和质疑来思辨,使思辨性阅读与表达紧密结合,提升理性思维能力。"活动三"鼓励学生以小组为单位,走进大自然观察,去"质疑、追问地阅读"大自然这本无字之书,将心中的小问号写下来。最后,教师引导学生通过联系生活、请教他人、查阅资料等方式,去"求证、评价地阅读",并制作《我的"小问号"——大自然的秘密》口袋书,将学习成果转化为进一步学习的资源。以上设计,虽然与课文内容的关联有待进一步加强,但也符合低段"思辨性阅读与表达"重在培养学生思辨意识与习惯,激发学生思辨兴趣与热情的特点。

活动 3:"思辨性阅读与表达"教学设计

活动步骤

步骤 1   阅读后文"研读材料:让学生快乐思辨",自主探究:低段"思辨性阅读与表达"教学,如何引导学生"快乐思辨"?

步骤 2   研读二维码资源《"大自然真奇妙"思辨性阅读与表达教学设计》[①](二年级上册),对照《让学生快乐思辨》,自主梳理:该教学设计是如何引导学生"快乐思辨"的?

步骤 3   基于前两个步骤的学习,小组合作设计"大自然真奇妙""思辨性阅读与表达"学习任务群中《小蝌蚪找妈妈》的教学过程,注意参考该学习任务群中《植物妈妈有办法》的活动过程设计。

步骤 4   各组说明设计方案的框架,模拟演练重点片段,教师点评,学生反思讨论并改进设计。

研读材料:让学生快乐思辨[②]

思辨性阅读与表达,侧重理性思维,对偏重形象思维的学生来说,是一种思维的挑战,如果没有积极的情感推动,就会陷入索然无味的学习困境。我们的教学设计就是要让学生带着好奇心与求知欲,主动地投入到思辨性学习活动中,在快乐的深度学习中产生思维的火花。更重要的是,要让学生在分析、比较、推理、归纳等深度学习的过程中,体验理性思维带来的快乐,获得一种思维拔节的愉悦感。

---

①   设计者:重庆市两江新区人民小学郭宁老师。

②   薛法根. 高质量语文学习的三个"度":思辨性阅读与表达任务群设计评述[J]. 语文教学通讯,2022(18):36-38.题目为本书编者所加。

　　小学儿童生性活泼,"思辨性阅读与表达"教学的基本要求就是能够让他们快乐思辨,对于低段学生而言,这一点尤其重要。那怎样才能让学生快乐思辨呢?薛法根老师指出,一方面,要从学生的学习需要出发,创设真实的问题情境,强化学生独特的角色体验,实施积极的过程性评价,让整个学习过程都充满情趣。另一方面,要设计具有挑战性的学习任务,提供支持性策略,尽可能消除学生低效、无效甚至负效的浅表思维、惯性思维、惰性思维,让学生经历透过表象看真相、透过特殊看一般的逻辑思维过程,延展有效思维的长度,锤炼思维的深刻性、灵活性与批判性。[①]《"大自然真奇妙"思辨性阅读与表达教学设计》在上述两个方面进行了有效尝试。

　　在情境创设方面,注重真实性和体验感。有真问题才会有真需要,有真需要才会有真体验。课例中《植物妈妈有办法》教学"子任务二"的活动一,"我"的旅行开幕式,帮助学生明白植物旅行是传播种子,激发学生寻找"小种子"的兴趣,较好地创设了真实的问题情境,让学生能够直面"真问题"。活动三,寻找"我"的旅行伙伴,引导学生通过自主阅读明白诗歌蕴含的道理,由文章解读链接真实生活,促进学生能力提升。在课例中,真实问题情境的创设还特别注意学习任务的真实进阶,避免学生一直停留在从课文中直接寻找答案,或者凭借已有经验轻松作答的浅表思维层次。比如,采用《"小种子旅行记"记录表》,引导学生将"旅行团成员"与具体"旅行内容"进行切分理解,使学习难度逐步提高。又如,"我知道的种子伙伴"活动,设置难度有梯度的两个问题,由"思考生活中的种子旅行"到"思考阅读文章的收获"的双重思考,加深学生对"仔细观察思考才能收获知识"的体验与认可。情境创设强化学生角色体验,课例让学生扮演"小种子",设计"见面会""旅行记""分享记"三个内容不同、形式相似的情境任务,让学生在多种活动中体验"小种子"旅行的不同阶段历程。"见面会"中,学生从词语入手,寻找自己的种子"角色",开启"种子体验"。"子任务二"的活动二——"我"的旅行方法多,要求从多个维度填写旅行内容,并分享自己旅行的奇特。该活动引导学生融入课文内容,沉浸在"种子角色"中,体验旅行的奇特。"子任务三"——小种子分享记,要求绘制旅行纪念册。活动延续学生"种子"身份的同时,进一步拓宽学生视野,让他们寻找自己的伙伴、目的地与奇遇。这些设计丰富多彩,让学生有身临其境之感,思辨性阅读与表达的快乐情趣自然会比较浓厚。

　　在学习任务设计方面,课例安排了一系列具有一定挑战性的语文实践活动,强

---

　　① 　薛法根. 高质量语文学习的三个"度":思辨性阅读与表达任务群设计评述[J]. 语文教学通讯,2022(18):36-38.

化学生的思辨体验。"思辨性阅读与表达"学习任务群强调在阅读理解过程中,引导学生用文本信息支持自身结论,正确理解文本的隐含信息,基于证据和逻辑作出判断。[①] 课例"子任务一"中的活动二——"我"来舞台做介绍,要求学生用自己的话表达种子的样子,分析诗歌内容与插图,思考该如何"转述"自己的身份特征,注重学生的思考体验。在"子任务二"活动二中,学生探究"我"是怎么旅行的,并分享"我"的旅行。他们阅读诗歌文本,理解课文中"降落伞""带刺的铠甲"等词语的隐藏含义,并进一步判断种子是如何旅行的,强化思辨体验。"小组合作练习"与"又见'新成员'"等活动,引导学生对比不同种子的旅行方式,仔细观察相似事物的异同点,鼓励学生自由、充分表达。思辨性思维主导的阅读和表达,是"阅读—'思'与'辨'—表达"融为一体的语文实践活动。以上系列语文实践活动都具有一定挑战性,可以有效强化学生的思辨体验,促进思维能力、语言运用等核心素养的提升。

除了情境创设和任务设计,课例在加强过程性评价,持续引导学生快乐思辨方面也有一定探索。学生"思辨"的过程是复杂而又多姿多彩的,教师需要借助多样的组织方式和可靠的学习工具,给予学生及时且精准的点评。[②] 课例中,"评选最神奇的'旅行记'"就是对学生学习过程进行的表现性评价,教师会针对学生回答及时点评,鼓励学生大胆发言。"班内介绍自己的旅行"环节也是对学习过程进行的表现性评价,教师会从学生介绍的肢体语言、动作与口语表达的清晰度等多个角度评价。《"小种子旅行记"记录表》引导学生将思维成果固化为文字,真实呈现内隐的思维过程。教师针对学生表格填写情况进行点评,可以促进学生持续思辨,深入反思。当然,教学全程评价的主体不仅仅是教师,该课例如果对学生的自我评价、生生互评等进行更细致的设计,学生思辨性阅读与表达能力一定会更上一层楼。

主题二 中段"思辨性阅读与表达"教学

本主题共三个活动,各活动的目标、内容、重要程度、学习难度见表9-2-1。

---

① 侯杰颖,向昆. 依托统编教材,落实"思辨性阅读与表达"任务群的学习内容[J]. 语文建设,2022(20):14-17.

② 薛法根. 高质量语文学习的三个"度":思辨阅读与表达任务群设计评述[J]. 语文教学通讯,2022(18):36-38.

表9-2-1　本主题活动概览

活动名称	活动目标	活动内容	重要程度	学习难度
1. "思辨性阅读与表达" 课例赏析	了解 "思辨性阅读与表达" 教学的本质、特征及价值,初步探究本学习任务群中段教学的策略与方法	1. 研读材料:审辩式阅读教学。 2. 剖析课例:《 "争当科学小博士" 思辨性阅读与表达教学设计》。 3. 探究梳理中段 "思辨性阅读与表达" 教学策略与方法	★★★	★★★
2. "思辨性阅读与表达" 教学策略学习	理解本学习任务群中段教学内容要求;掌握教学策略与方法	1. 研读材料:思辨内容的统整性与思辨过程的完整性。 2. 研习课例:《 "寻找故事中的智慧" 思辨性阅读与表达教学设计》。 3. 探究梳理本学习任务群中段教学策略与方法	★★★★	★★★★
3. "思辨性阅读与表达" 教学设计	进一步探究教学策略与方法,并用于教学设计,提高教学技能,积累教学智慧	1. 研读材料:如何突出 "思辨性"。 2. 剖析课例: "品读历史故事,感受古人智慧" 思辨性阅读与表达教学设计。 3. 小组合作设计《扁鹊治病》教学方案并模拟演练	★★★★	★★★★

活动1: "思辨性阅读与表达" 课例赏析

　　步骤1　阅读后文"研读材料:审辩式阅读教学",自主探究:中段"思辨性阅读与表达"教学,如何帮助学生激发阅读动力、培养思考习惯、优化阅读思维?

　　步骤2　研读二维码资源《"争当科学小博士"思辨性阅读与表达教学设计》①(四年级下学期),对照"审辩式阅读教学"的相关知识,自主梳理:该教学设计是如何帮助学生激发阅读动力、培养思考习惯、优化阅读思维的?

　　步骤3　基于前两个步骤的学习,小组讨论:中段"思辨性阅读与表达"教学有哪些策略与方法?

　　步骤4　各组代表分享汇报,教师点评小结,学生对自己梳理探究的成果进行

_____

① 设计者:重庆市两江新区发展研究院徐颖老师。

提炼改进。

研读材料:审辩式阅读教学①

　　审辩式阅读是一种基于审辩式思维理论的深度阅读方式。审辩式阅读教学是培养学生审辩式阅读能力的教学活动,其实质是引导学生积极发展深度阅读技能和理性思维素养。审辩式阅读教学是语文阅读教学活动的亚类型,思想性、思辨性、建构性和创生性是审辩式阅读教学的基本特征。审辩式阅读教学对学生知识的积累、素养的形成和内在潜能的激励以及生活志向的引领有着独特的价值功能,可有效地帮助学生激发阅读动力、培养思考习惯、优化阅读思维和探寻生活意义。

分享驿站

　　"思辨性阅读与表达"的关键词是"思辨",教学的主要内容是"阅读",是组织引导学生开展"思辨性阅读",提高阅读能力,并基于或通过思辨性阅读,学习思辨性表达,进而全面提高学生思辨能力和理性精神。"思辨性阅读"要求在阅读活动中,以获取真知或解决问题为目的,并基于文本进行理性反思。这样的阅读与重视朗读、体悟的感悟体验式阅读不同,是怀着一种好奇、自信、公正、谨慎的理性精神与态度,借助特定的认知技能,采用一种严谨的、理性的、自我指导的思维进行的阅读,特别强调阅读的态度、方法及思维的思辨性。② 这是一种理性的阅读、对话式的阅读、批判性的阅读,也是一种建构性的阅读。

　　课标"思辨性阅读与表达"第二学段的学习要求相较第一学段有较大提高。在阅读内容方面,课标要求学生阅读有关科学的短文、解决生活问题的故事,尝试发现大自然的奥秘,读懂故事中的道理;在阅读方法方面,要求学习辨析、质疑、提问等方法,找到文本中的事实和细节,进行有依据地阅读;在表达的内容和形式方面,除运用口头和图文结合的方式外,学生还应通过列提纲、画思维导图等方式,尝试梳理观点与事实、材料之间的关系,从而逻辑清晰地阐述自己的观点。中段"思辨性阅读与表达"教学的重点是激发阅读动力、培养思考习惯、优化阅读思维,主要教学策略与方法如下:

　　(1) 设置驱动性问题情境,点燃思维火花。思辨性阅读教学离不开紧扣文本的深入对话。这一对话,需要在师生、生生、学生与文本之间充分展开。设置富有思维含量的驱动性问题情境,可以增强学生对话学习的动力,促进他们深度参与情境性活动,解决情境性问题,顺利实现知识的感知、理解、内化和迁移运用。在"争

---

　　① 　向天成,赵微. 审辩式阅读教学的本质,特征及其价值意蕴[J]. 郑州师范教育,2020(6):26-31. 题目由本书编者所加。作者认为,思辨性是审辩式阅读教学的本质特征,思辨是促进学生的阅读思维技能和理性思维习惯积极生成的集中体现。基于作者观点,本书编者认为这里的"审辩式阅读"与2022年版课标"思辨性阅读"的内涵基本一致。

　　② 　魏小娜,陈永杰. 小学语文"思辨性阅读"教学探析[J]. 语文建设,2022(8):16-19.

当科学小博士"思辨性阅读与表达教学设计中,《琥珀》一课的学习,以微课的形式,将学生带入小朋友与科学家爷爷的对话情境之中。这个对话本身就表达了不同角色的思考,能够激发学生寻找依据,解决问题,进行思辨的欲望。其中,爷爷反问的两个问题,拓展学生已有认知,关联课后题二和课后题三的学习任务。学生的学习与解决生活真实问题联系起来就更有价值。知识理解原本无影无踪的思维过程,在驱动性问题情境中转化为外显的语言活动。情境中众多能够让学生"共情"的人、事、物,赋予概念化的语文知识学习更多的意义,学生的思维能够一直处于"点燃"状态。

（2）搭建学习支架,让思维可视化。教师可以引导学生将语文领域内的知识元素根据其内在关联建立起可视化的语义网络,即"思维导图"。对于中段学生来说,借助思维导图之类的学习支架,能够更好地提取文本信息,理解文本,发展理性思维,促进言语与思维的共同发展。《琥珀》这篇课文的教学难点就在于帮助孩子理解琥珀形成的过程,并找出作者如此推测的依据。在课例中,教师给出课文结构图,将学生思考过程中容易模糊或者不确定的要素以选择填空的形式出示。结构图这个学习支架,降低了学生理解文本的难度。借助结构图,学生可以更高效率地完成对文本的双线阅读:一是完整读,整体感知文本;二是对比读,细品文字艺术。思辨性阅读要求学生不依赖已有的答案和方法,从不同角度思考和研究问题。本课例借助学习支架,引导学生从整体入手阅读课文,强化训练整体思维,然后由整体到局部,由表及里、层层深入地开展学习,为解决问题探索不同路径,不断形成新的认知,学生的思维能够一直处于"可视"状态。

（3）准确理解,对比分析,展开思维过程。学生的思维过程是繁杂丰富的、动态的,"思辨性阅读与表达"教学要培养学生良好的思考习惯,优化其阅读思维,就必须紧扣文本,引导学生准确理解,对比分析,通过文本细读展开思维过程,厘清思辨逻辑。有学者指出,"每个人都是带着自己的隐秘的经验进入阅读的……最成功的文本细读不是研究者依据一种理论对文本作任意分析,而是研究者将自己的阅读心得与文本的内在逻辑合二为一,才能够达到细读所需的主客体的和谐"[①]。学生要获得这样的阅读心得,就需要对文本信息进行准确理解,整体把握,对不同信息进行仔细比较分析,学会用文本信息支持自己的结论,基于证据和逻辑作出判断。在课例中,学生为完成课文结构图,就需要整体阅读,对比阅读,在推理、论证和反思中建构理性思维模型。不同的学生可能选择的信息是不同的,每一种信息的选择背后都是学生个性化的思考。因此,学生在质疑的过程中,带着理性的思考阅读文本,全面掌握、深入理解信息,寻求和对比不同观点,分析依据。学生在探究与反思中综合运用合理的思维方法,展开完整的思维过程,可以获得高质量思维成果,快速发展理性思维素养,也能较好完成教材"语文要素"方面的学习任

---

① 陈思和.文本细读在当代的意义及其方法[J].河北学刊,2004(2):109-116.

务——"学习提问和解决问题"。

在课例中,学习《琥珀》的三个活动围绕教材三个课后习题,环环相扣,有序展开,前一个活动是后一个活动的基础与铺垫,后一个活动是前一个活动的发展与延伸。三个活动可分为三个层次:一是课前预习,自问自答;二是分析文本,交流互动;三是思辨课堂,深层探究。最后,通过教师小结,三个学习活动的落脚点又回到课前活动中人们关于过去、现在、未来的思考。由此可见,"思辨性阅读与表达"教学中的创设问题情境、搭建学习支架、引导文本细读,以及师生对话,都要始终关乎"人",要从"人"出发,最终回到"人"本身。这种教学过程中的"思辨",是开放的,始终面向主客观世界,不拘泥于自身的已知而指向未来,指向不断地建构与创新。由此,"思辨性阅读与表达"教学就可以更好引导学生探寻生活和生命成长的意义。

活动2:"思辨性阅读与表达"教学策略学习

活动步骤

步骤1 仔细阅读后文"研读材料:思辨内容的统整性与思辨过程的完整性",深入思考:中段"思辨性阅读与表达"教学应该如何体现思辨内容的统整性与思辨过程的完整性?

步骤2 研读二维码资源《"寻找故事中的智慧"思辨性阅读与表达教学设计》①(三年级下册),自主梳理:该课例哪些地方体现了思辨内容的统整性与思辨过程的完整性?

步骤3 合作探究:基于前两个步骤的学习,小组合作,对中段"思辨性阅读与表达"教学的策略与方法进行探究和梳理。

步骤4 学生分享学习收获和感悟,教师小结。

研读材料:思辨内容的统整性与思辨过程的完整性②

1. 思辨内容的统整性

课标并没有分"思辨性阅读"和"思辨性表达"两个部分来设计,而是采用统整的思想进行一体化设计。也就是说,"思辨性阅读"与"思辨性表达"并非泾渭分明、互不相容,两者围绕"思辨"这一核心相互依存且相互推动。教学应以"思、辨"为中枢统摄阅读和表达,在真实的实践情境中实现双向聚焦、相互影响、相互造就。

2. 思辨过程的完整性

课标强调要"引导学生学习发现、思考、探究问题的思路和方法",这就需要设

---

① 设计者:重庆市两江新区人民小学罗云倩老师、重庆市两江新区金渝学校解雪梅老师。
② 魏星."思辨性阅读与表达"的内涵及其实现[J].江苏教育,2022(57):7-11.

计结构化的学习内容,让学生经历质疑问难、分析论证、综合生成及反思评价的过程。教学应让学生充分地读、追问地读、求证地读、评价地读,进而将自己阅读的体验、发现、质疑等有条理、有证据、有质量地与别人交流或笔头输出。

分享驿站

　　课标规定中段"思辨性阅读与表达"教学内容是:阅读有关科学的短文,尝试发现日月星辰、风雨雷电、山川草木等大自然的奥秘,依据事实和细节,运用口头和图文结合的方式,表达自己的观点和思考;阅读解决生活问题的故事,尤其是中华智慧故事,结合自己在生活中遇到的问题学习思考的方法,尝试运用列提纲、画思维导图等方式,表达故事中的道理;在日常学习和生活中,主动记录、整理、交流自己发现的问题和思考,学习辨析、质疑、提问等方法。这些内容,要求将"思辨性阅读"与"思辨性表达"有机融合,引导学生完整经历思辨的过程。下面,结合"寻找故事中的智慧"思辨性阅读与表达教学设计,简要分析体现思辨内容统整性与思辨过程完整性的教学策略与方法。

　　(1)引导学生基于文本解读展开积极思辨。"思辨性阅读与表达"学习任务群旨在培养学生的理性思维和理性精神,其核心要义是"思辨",即思考和辨析,辩证地思考。思辨贵于"思",精于"辨","思"与"辨"循环往复。"思辨性阅读与表达"教学,首先要引导学生有依据、负责任、忠实地解读文本,综合运用文字、表格、思维导图、列提纲等有条不紊地加工处理信息,尝试梳理观点和事实、材料之间的关系,逻辑清晰地表达自己的观点。在此基础上,或与此同时,学生习得阅读策略和方法,进行质疑反思,批判建构,提高阅读与创新能力,发展理性思维,锤炼理性精神。整个过程应结合学生生活实际,使学生能运用语文课堂中学习的辨析、推断、综合等思维方法,解决生活中的实际问题,发展核心素养。《"寻找故事中的智慧"思辨性阅读与表达教学设计》很多环节都引导学生基于文本积极思辨。比如,引导学生抓住守株待兔的农夫的想法、做法、结果,画一座"故事山",从"结果"出发,逆推农夫"做法"和"想法"的错误,给农夫提出建议。又如,比较陶罐和铁罐的语言、神态描写及前后变化,画一个"情节轴,总结陶罐和铁罐的性格特点,分析寓意。再如,运用《陶罐与铁罐》一课的学习方法学习《池子和河流》,联系阅读经验、生活体验进行比较分析,说说池子和河流的观点,并对其进行判别。

　　(2)用思辨性任务持续驱动学生的综合性学习。课标要求通过阅读、讨论、探究、演讲、写作等多种学习活动,引导学生掌握发现问题、思考问题、探究问题的思路和方法。教师必须聚焦"思辨",用思辨性任务持续驱动学生的综合性学习,使每节课目标明确、内容充实、逻辑贯通。前述课例设计的三个任务——品读、乐读、趣讲,都紧扣"寻找故事中的智慧"这一思辨性任务,从课内阅读到课外阅读,再到生活运用,循序渐进地开展"识字与写字""阅读与鉴赏""梳理与探究""表达与交流"教学。整个教学设计,基于学生已有发展水平,利用文本呈现的思辨情境,引导学生进入文本语境,开展综合性语文实践活动,感受思维场域的真实与精彩;同时,以文本为引子,模拟社会生活情境,关联学生生活,让学生认同寓言的独特价值,激发学生思维的活力与灵性。比比谁是"聪慧小读者"等活动,让学生在真实的情境任务中,更好地认识自己,汲取智慧。这些设计,以整合为特征,重视情境化学习过程的持续推进,帮助学生在理解中质疑,在比较中阐述,在推理中论证,在还原故事逻辑的过程中厘清寓言作品阐述观点的方法,逐渐理解寓言智慧。系列综合性学习活动在思辨性任务持续驱动下,全程都具有很强的情境性、实践性,能够有效引导学生汲取、内化寓言智慧,学会负责任、有中心、有条理、重证据地表达。

活动 3:"思辨性阅读与表达"教学设计

活动步骤

步骤 1　仔细阅读后文"研读材料:如何突出'思辨性'",深入思考:中段"思辨性阅读与表达"教学应该怎样突出"思辨性"?

步骤 2　研读二维码资源《"品读历史故事,感受古人智慧"思辨性阅读与表达教学设计》①(四年级上册),自主梳理:该课例中《西门豹治邺》的教学是怎样突出"思辨性"的?

步骤 3　参考《西门豹治邺》的教学设计,小组合作,设计《扁鹊治病》的教学方案。

步骤 4　各组代表在全班分享设计框架,模拟演练重点片段。

步骤 5　师生互动评议,教师小结指导,学生反思改进。

研读材料:如何突出"思辨性"②

突出活动的理性思维含量,应体现"三导":以问题导入,设计具有趣味性、吸引力和挑战性的问题,激发与推动学生的主动阅读与积极探究;以结果为导向,设定可预见、可达成与可评判的结果形态,如要点分享、证据呈现、书面报告等,逆向设计与所选择的活动类型相适切的学习方式;以理性思维导航,运用比较、分析、概括、推理、实证等思维方法,辩证地、批判地思考问题,不作情感的断言。

阅读活动"边读边思",注重辨别"现象与真相、故事与道理、事实与细节及观点与证据";讨论活动"边听边议",注重"倾听与思考、提问与自述、总结与追问、认同与调整";演讲活动"边讲边看",注重"观点阐述与事例引用"的匹配度、逻辑性

---

① 设计者:重庆两江新区金州小学丁莹丽老师。

② 薛法根. 理性思维:做负责任的表达者——"思辨性阅读与表达"任务群的内涵解读[J]. 语文建设,2022(8):4-9.

与说服力;写作活动"边想边写",注重"真切地看、辩证地想、有理据地写、负责任地发表"。

分享驿站

　　《追求理解的教学设计》一书主张,设计者在开始教学设计时就要详细阐明作为教学目标的预期结果,并根据预期结果所要求的行为表现来设计教学活动。这种逆向设计能够较好保证"教—学—评的一致性",其主要步骤是:确定预期结果—确定合适的评估证据—设计学习体验和教学。[①] 围绕教材一个单元或其中某一课设计"思辨性阅读与表达"教学方案,可以参考这三个步骤。

　　四年级上册第八单元的人文主题为"历史人物故事",包括《王戎不取道旁李》《西门豹治邺》《故事二则》三篇课文,以及《口语交际:讲历史人物故事》等内容。《"品读历史故事,感受古人智慧"思辨性阅读与表达教学设计》紧扣单元主题确立教学目标,要求学生阅读课文,并运用所学方法,有根据地表达自己的观点和看法。根据这些预期目标,综合设计学生要提供的达标证据和提供这些证据要经历的学习活动,就可以较好完成该单元教学方案。课例选择该单元三篇课文作为基础性文本引导学生阅读,并适当关联其他历史人物故事,如《曹冲称象》《司马光砸缸》等;然后,借助《口语交际:讲历史人物故事》这一表达平台,安排"英雄榜·历史人物"评选活动。学生通过课文阅读"走近历史人物",并在阅读中全程主动思辨,掌握"讲述历史人物"的方法,最终能够有理有据地"评选历史人物",有条理、重证据地表达。

　　学习活动是教学设计的重点。薛法根老师认为"思辨性阅读与表达"学习任务群中的学习活动包括三类:一是阅读活动,二是探究活动,三是表达活动,如讨论、演讲、写作等。三类活动的设计和组织都应突出思辨性、连贯性、充分性。[②] 前述课例以问题导入,紧扣"英雄榜·历史人物"评选这一核心任务,引导学生"学""讲""评",深入探究谁是真正的历史英雄。多项学习活动紧密关联,难度逐级上升,能够激发学生主动阅读的积极性。学生通过勾画、比较、推断等方式梳理材料和观点,并以表格的方式直观呈现。其中有细读环节,比如,找出西门豹是怎么说、怎么做的,并深度探究这样说和做的目的和好处。有了如此扎扎实实的阅读探究历程,学生讲述历史人物、评选历史英雄就会有理有据。在教学全过程中,一系列以结果为导向的学习活动,帮助学生在"思辨性阅读"中学习思辨性表达方法,"思辨性表达"又促进"思辨性阅读",阅读与表达双向聚焦"思辨",相互支撑,相互促进,相得益彰。

　　① 威金斯,麦克泰格. 追求理解的教学设计[M].闫寒冰,宋雪莲,赖平,译. 上海:华东师范大学出版社,2021:17-19.
　　② 薛法根. 理性思维:做负责任的表达者:"思辨性阅读与表达"任务群的内涵解读[J]. 语文建设,2022(8):4-9.

主题三　高段"思辨性阅读与表达"教学

本主题共三个活动,各活动的目标、内容、重要程度、学习难度见表 9-3-1。

表 9-3-1　本主题活动概览

活动名称	活动目标	活动内容	重要程度	学习难度
1. "思辨性阅读与表达" 课例赏析	了解高段"思辨性阅读与表达"教学的特征,感悟其教学策略与方法	1. 研读材料:五年级"思辨性阅读与表达"学习任务设计例谈。 2. 研习课例:《"探寻智慧的力量"思辨性阅读与表达教学设计》。 3. 初步探讨高段"思辨性阅读与表达"教学策略与方法	★★★	★★★
2. "思辨性阅读与表达"教学策略学习	理解高段"思辨性阅读与表达"教学内容要求,掌握教学策略与方法	1. 研读材料:语文思辨教学。 2. 研习课例:《"精彩极了"和"糟糕透了"》思辨性阅读与表达教学设计。 3. 探究交流高段"思辨性阅读与表达"教学策略与方法	★★★★	★★★★
3. "思辨性阅读与表达" 教学设计	参考案例设计高段思辨性阅读与表达教学方案,并模拟演练,提高教学技能,积累教学智慧	1. 研习课例:《"有理有据,明理求真"思辨性阅读与表达教学设计》。 2. 参考课例,自主设计《两小儿辩日》教学方案。 3. 所设计案例的集体分享、模拟演练与持续改进	★★★★	★★★★

活动 1:"思辨性阅读与表达"教学案例赏析

活动步骤

步骤 1　课前自主学习后文"研读材料:五年级'思辨性阅读与表达'学习任务设计例谈",以及小学语文教材的相关内容,梳理自己的收获与体会。

步骤 2　结合课前学习,研读二维码资源《"探寻智慧的力量"思辨性阅读与表达教学设计》①(五年级下册),自主梳理该案例带给你的启发。

---

① 设计者:重庆两江新区巴蜀蓝湖郡小学李娜老师。

步骤3　学习小组内部充分交流各自的学习收获。

步骤4　各组推选代表在全班交流,教师小结指导,同学修改提炼自己的学习成果。

研读材料:五年级"思辨性阅读与表达"学习任务设计例谈①

针对课标"思辨性阅读与表达"第三学段的学习内容,可以在教材中筛选相关资源并设计如下学习任务:

五年级上册第六单元《"精彩极了"和"糟糕透了"》,设计学习任务"爱的辩论赛",帮助学生联系上下文思考:对于巴迪的第一首诗,你认为母亲"精彩极了"的评价好,还是父亲"糟糕透了"的评价好? 在辩论赛中,学生联系生活,交流对巴迪父母表达爱的方式的看法,表达见解,力求言之有理。

五年级下册第六单元的主题为"思维的火花",可视为专门的"思辨性阅读与表达"单元,其中包括课文《自相矛盾》《田忌赛马》《跳水》,可设计学习任务"智慧的力量"。首先,让学生阅读单元课文,思考人物面对哪些问题,当时情况怎样,他们采取了哪些方法,哪些方法有效。其次,用表格、图示或者思维导图呈现出故事发展的过程。最后,引导学生联系生活,思考这些做法对我们有什么启发。

分享驿站

高段"思辨性阅读与表达"教学必须加大思辨性思维训练力度。思辨性思维也被称作批判性思维,是一种有目的、可自我调控的深度思维,强调抓住证据,根据充分的主客观条件作出准确判断,要求能够对别人的观点进行质疑,对自己的判断进行反思。思辨性思维的培养,是提高学生思维能力这一核心素养的关键。高段"思辨性阅读与表达"教学强调思辨性思维训练是语文课程培养"理性阅读者、负责任表达者"的迫切需要,是素养导向的语文实践育人的重要体现,但应注意学段特点,避免操之过急、求之过深。"五年级'思辨性阅读与表达'学习任务设计例谈"紧扣课标所列第三学段学习内容,筛选教材中相关资源,设计"爱的辩论赛""智慧的力量"等思辨性学习任务,既体现了思辨性思维训练力度的加大,又能把训练强度与难度控制在适宜范围,其操作方法值得借鉴。

"探寻智慧的力量"思辨性阅读与表达教学设计根据高段学生思维发展特点,结合学段要求,紧扣学习主题,围绕学习情境,设计了"明人物思考过程""说人物思考过程""评人物思考过程""用习得思考方法"等学习任务与活动,可以启发我们更全面深入地理解、掌握、运用高段"思辨性阅读与表达"教学策略和方法。课标"思辨性阅读与表达"第三学段要求"阅读哲人故事、寓言故事、成语故事等,感

受其中的智慧,学习其中的思维方法。"五年级下册第六单元围绕"思维的火花"编排了《自相矛盾》《田忌赛马》《跳水》三篇课文以及《习作:神奇的探险之旅》,有利于学生学习中华优秀传统文化,锻炼思维,培养结合实际情况思考问题的意识与思维方式。课例根据课标要求和教材内容,综合设计前述"明、说、评、用"等学习任务与活动,引导学生基于文本,紧扣课文了解人物思维过程,能准确理解并讲述清楚。这是一个步步深入的过程,紧密对接课标要求和教材内容,符合学生年龄特征,值得学习参考。

"思辨性阅读与表达"包含"思辨性阅读"与"思辨性表达"两个部分,其中前者是重点。设计教学活动,一定要基于文本、结合本文、紧扣文本找到"阅读"与"表达"的最佳融合点。《田忌赛马》一文写孙膑通过观察,推演出获胜把握比较大的对阵方法,帮助田忌在第二次赛马中获得了胜利。"借助图示,说清赛马过程""品读语言,理解孙膑思维过程"等活动,很好地体现了"基于文本、结合文本、紧扣文本"的教学策略与方法。学生初步阅读课文,借助图示,说清楚第二次赛马过程,同时,品读课文语言,推演孙膑的思维过程,并讲述清楚。这是引导学生在思辨性阅读中学习尝试思辨性表达,在思辨性表达中深化巩固思辨性阅读,阅读与表达融合聚焦于"思辨",可以很好地培养学生的理性思维和理性精神。

活动 2:"思辨性阅读与表达"教学策略学习

活动步骤

步骤 1 仔细阅读后文"研读材料:语文思辨教学",自主探究:如何"基于文本、结合文本、紧扣文本"实施"思辨性阅读与表达"教学?

步骤 2 研读二维码资源《"精彩极了"和"糟糕透了"》思辨性阅读与表达教学设计①(五年级上册),自主探究:该课例是怎样"基于文本、结合文本、紧扣文本"设计"思辨性阅读与表达"教学的?

步骤 3 学习小组内部充分交流讨论以上问题,并提炼高段"思辨性阅读与表达"教学的策略与方法。

步骤 4 各组代表交流分享自己提炼的教学策略与方法,教师点评、小结。

研读材料:语文思辨教学②

准确界定并理解"思辨"的含义,教育学生不盲从盲信、偏听偏信,不主观臆断、固执己见、感情用事,学会客观、冷静、理性地说话、写文章、看问题,应该成为语

---

① 设计者:重庆两江新区金州小学吴江林老师。
② 荣维东. 关于"思辨性阅读与表达"任务群的思辨性解读[J]. 语文建设,2023(1):4-10.

文思辨教学的应然内容。在阅读教学中,教师要引导学生基于文本、扣住文本,而不是简单地凭感觉、习惯和已有套路去学习思考,不能放任那种不问是非对错的廉价的表扬,而要在保护学生好奇心、自信心、求知欲的同时,引导他们冷静思考、严谨求实、有理有据、谨慎判断。在写作教学中,要讲求负责任、有中心、有条理、重理据而又准确地表达。

分享驿站

　　语文思辨教学,引导学生"冷静思考、严谨求实、有理有据、谨慎判断""不盲从盲信、偏听偏信,不主观臆断、固执己见、感情用事,学会客观、冷静、理性地说话、写文章、看问题",最基本、最可靠的策略与方法就是"基于文本、扣住文本"。学生"简单地凭感觉、习惯和已有套路去学习思考"是不行的。教师仅凭热情、理念去说教、"指引"乃至"示范",更不行。"思辨"是抽象的、深度的、理性的思维能力,语文思辨教学,必须在文本阅读的基础上、过程中,进行分析、综合、演绎、归纳、推理、想象、联想等多方面思维活动。而这些思维活动展开的过程,也是"思辨性表达"的过程。当然,"思辨性表达"涉及信息的选择、重组、转换等,完成这些复杂的任务也离不开对文本的深度探究与学习借鉴。而这个过程可以直接帮助学生明确论点,论证观点,得出结论。

　　高段"思辨性阅读与表达"教学要求加大思辨性思维训练力度。课标在第三学段"思辨性阅读与表达"中明确要求:阅读关于中华传统美德、社会公德等方面的短论、简评,结合校园或社会生活中的实际事例,学习有理有据地用口头或书面方式表达自己的观点;在日常生活和学习中,发现并思考成语、对联、谚语、绕口令等多种语言现象的特点,体会不同的表达效果;阅读有关科学发现、技术发明的故事,用画思维导图等方式辅助,简洁清楚地表述科学家发现、发明的过程,学习科学家的创造精神,体会猜想、验证、推理等思维方法。从中可以发现思辨性阅读的对象包括短论、简评、成语、对联、谚语、绕口令,有关科学发现、技术发明的故事等。教材编选了一些合适的阅读文本,但是肯定不能完全满足教学所需,教师还必须参考课标要求,结合教材选文,精心选择,合理推荐。

　　根据课标要求,高段"思辨性表达"主要包括三类学习活动:一是用口头或书面的方式有理有据地表达自己的观点;二是根据"思辨"文本语言表达的特点,对语言表达效果作出评价,这涉及语言鉴赏,是对语言文字本身的思辨;三是用思维导图等支架工具,简述科学发现、发明过程,学习科学精神和思维方法。其中,第二类活动,学生玩赏语言,品味表达,推敲词句,诵读经典,评价语言表达精准严密的逻辑或丰富迷人的意境,可以与"文学阅读与创意表达"结合,但也不可离开文本。第一、三类思辨性表达,学生可以"结合校园或社会生活中的实际事例",也可以"用画思维导图等方式辅助",但仍然要"基于文本、扣住文本",通过阅读、比较、推断、质疑、讨论等方式,梳理观点、事实与材料及其相互关系,辨析态度、立场及其特定语境,辨别是非、善恶、美丑,学习负责任、有中心、有条理、重证据地表达。

　　辩论是加大高段思辨性思维训练力度的有效方式,它要求学生将思辨性阅读与思辨性表达紧密结合,不光有"思"与"辨",还要能言善"辩"。它整合听、说、读、写等语文实践活动,能够高度集中地体现语文课程工具性与人文性统一的特点和语文教学对情境性、实践性与综合性的追求。《"精彩极了"和"糟糕透了"》教学设计,引导学生开展"爱的辩论赛"活动,可以有效促进他们基于证据的理性思考与多角度、有条理的分析论证。这篇课文所在单元以"父母之爱"为主题,学生除了要体会作者描写的场景、细节中蕴含的感情,还要学会用恰当的语言表达自己的看法和感受。学生参加辩论,必须经历"不断质疑—寻找证据—论证观点"的思维进阶过程。教学设计的任务一,"阅读15—17段,了解巴德长大后对这件事的想法"后,再去寻找体现父母之爱的细节,这是从结果出发寻求证据。任务二、三,将课文学习与该单元口语交际相结合,让学生从课文过渡到生活,完成真实的学习任务,参加"爱的辩论赛"。通过辩论"鼓励型和批评型父母哪种更有利于孩子成长",学生学会关注家庭生活和社会现象,拓展语文学习空间,激发探究问题、解决问题的兴趣和热情。在辩论过程中,学生不仅体验如何正向论证自己的观点,还要尝试反驳对方观点,理性思维可以得到较好的锻炼。

活动3:"思辨性阅读与表达"教学设计

活动步骤

　　步骤1　复习梳理:基于本单元学习,列举3—5条自己认为"思辨性阅读与表达"教学最重要的策略与方法。

　　步骤2　研读二维码资源《"有理有据,明理求真"思辨性阅读与表达教学设计》①(六年级下册),谈谈该课例哪些地方较好地使用了你认为比较重要的教学策略与方法。

　　步骤3　参考"有理有据,明理求真"思辨性阅读与表达教学设计的内容框架,细化设计《两小儿辩日》的教学方案,注意引导小学生精读原文,学习借鉴两小儿的辩论方法。

　　步骤4　小组内部交流分享各自设计的方案,并尝试改进。

　　步骤5　同学代表在全班讲述自己设计的方案,模拟演练重点片段,教师点拨指导,同学互动评议并改进自己的设计。

---

①　设计者:重庆两江新区星光学校向俏老师。

分享驿站

　　复习梳理本单元学习内容可以发现,"思辨性阅读与表达"教学最为重要的策略与方法是"基于文本、扣住文本",引导学生在深度阅读文本的过程中思辨,在思辨的过程中表达,融合实施"思辨性阅读"与"思辨性表达"的教学。比如,《"精彩极了"和"糟糕透了"》教学设计,安排四次不同的表达活动,层层递进,引导学生学习如何做一个负责任的表达者。在任务一中,"采访作家巴德的活动"是基于课文内容、从巴德的角度进行表达的活动。该任务属于理解课文内容、吸收信息、形成观点的过程。在任务二中,"联系生活,关注自己父母之爱表达的方式,说出感受",将课文启示与学生生活相关联,属于反馈信息、输出观点的过程。在任务三中,学生参加"爱的辩论赛",在前面两次表达的基础上,进一步收集资料,整理信息后进行辩论,属于加工信息、论证观点的过程。最后,"制作爱的心意卡",是学生在更大范围内综合信息、提炼观点、形成观念的过程。在经历激烈辩论之后,学生需要联系生活,在对立的观点中找到平衡与和谐的支点,既加深自己对"父母之爱"的感受和认识,又提升理性思维和理性精神。综上,四次思辨性表达都是"基于文本、扣住文本""基于阅读、融于阅读"的,"思辨性阅读"与"思辨性表达"有机结合,形成了"吸收—输出—内化—提升"的螺旋式上升过程。当然,这个完整、扎实的学习过程,还可以往前推,前边学生的文本阅读为整个过程奠定了坚实基础。比如,任务一中的"借助表格,梳理父母评价的不同及其原因",任务二中的"阅读课文,绘制巴德情绪变化图",都促使学生提取、整理、加工课文关键信息,有助于后续"思辨性阅读"与"思辨性表达"的融合实施。

　　《两小儿辩日》是六年级下册五单元课文《文言文二则》中的一则,言辞简短,但因为是文言,又蕴含着精妙的辩论逻辑与技巧,教学必须"基于文本、扣住文本",引导学生慢读细读,读通读顺,读熟读透,读得兴致勃勃,读得有滋有味,读得逻辑清晰,并能够随口背诵。在此基础上,才可延伸到辩论,而这个延伸,还要以"再现情境,趣演故事",学习模仿两小儿的辩论为过渡。因为辩论作为一种难度较大的"思辨性表达"活动,如果"操之过急、求之过深",一定会适得其反,让学生所得甚少。至于辩论活动的具体设计,可以借鉴《"有理有据,明理求真"思辨性阅读与表达教学设计》中"发布任务,我想辩""巧借资源,准备辩""交流实践,我能辩"等环节的安排。

　　当然,仅有大环节、大框架的安排,还远远不够。教师应该对学生的辩论方法和技巧作必要指导。比如,"交流实践,我能辩"环节,可以引导学生逻辑严谨、言辞缜密、态度鲜明地展示自己的观点,或对别人的观点有礼有节地反驳。要在主辩陈述、正反攻辩、自由辩论、总结陈词的过程中,质疑、批判、推理、分析,采用不同事例论证同一观点,或用不同依据批判不同观点都行。整个过程,要充分发挥学生主体作用,培养逻辑思维和批判性思维,引导学生辩证地思考问题,有理有据、负责任地表达观点。

教师还应该给学生提供,或者指导学生自主选择使用必要的学习工具或支架。学生可以利用现代信息技术工具,搜集学习资源,扩大认知背景,拓展思辨时空。思维认知支架可以帮助学生综合运用文字、表格、思维导图等提取和整理关键信息,让缜密、理性的思维可视化。言语表达支架可以引导学生鉴赏经典辩词,揣摩学习如何利用更加精准的语言清晰陈述自己的观点。《"有理有据,明理求真"思辨性阅读与表达教学设计》在工具支架的提供和指导选择方面有较好的设计。比如,在活动二中,学生课前借助网络、书籍等搜集资料,选择事例,并用资料卡梳理材料,归纳观点,促进思维可视化、深化、系统化。在活动三中,学生借助言语表达支架进行辩论发言,思维更清晰,逻辑更严密,锻炼和培养学生理性思维和理性精神的效果也会更好。

单元梳理与提升

 拓展阅读

请研读《语文建设》2023 年第 1 期刊发的 4 篇文章:《关于"思辨性阅读与表达"任务群的思辨性解读》(荣维东)、《"思辨性阅读与表达"任务群设计原则与实施路径》(郎镝)、《在思辨性阅读与表达中培养理性精神》(岳亚军)、《思辨意识·判断能力·理性表达——义教阶段"思辨性阅读与表达"教学的三个任务》(余党绪),特别留心初中"思辨性阅读与表达"与小学的异同,并在学习小组内分享收获与体会。

 问题探究

课标在"课程理念"第四条和"思辨性阅读与表达"教学提示中都要求"鼓励学生自由表达",请结合本单元学习,自主探究:小学语文教师怎样才能较好地"鼓励学生自由表达"?

 综合实践

仔细研习二维码资源《素养导向的任务群教学设计——以六年级下册五单元"思辨性阅读与表达"教学为例》①及其中《两小儿辩日》教学录像片段②,参考该课

---

①　设计者:重庆市南岸区南坪实验小学金科校区陈燕老师。
②　执教者:重庆市南岸区南坪实验小学金科校区傅潇霄老师。

例,选择适合实施"思辨性阅读与表达"教学的单元深度研读,尝试设计该单元教学方案。

 学习反思

　　结合本单元学习,系统反思:设计和实施"思辨性阅读与表达"教学,你还有哪些困难? 你打算如何应对?

单元十　"整本书阅读"教学

 **课标要点**

　　本学习任务群旨在引导学生在语文实践活动中,根据阅读目的和兴趣选择合适的图书,制订阅读计划,综合运用多种方法阅读整本书;借助多种方式分享阅读心得,交流研讨阅读中的问题,积累整本书阅读经验,养成良好阅读习惯,提升整体认知能力,丰富精神世界。

　　教学提示:

　　应统筹安排课内与课外、个人与集体的阅读活动,宜集中使用每学期整本书阅读课时,兼顾教师指导和学生自主阅读,保证学生在课堂上有时间阅读整本书。……应创设自由阅读、快乐分享的氛围,善于发现学生阅读整本书的成功经验,及时组织交流与分享;善于发现、保护和支持学生阅读中的独到见解。

　　整本书阅读教学,应以学生自主阅读活动为主。引导学生了解阅读的多种策略,运用浏览、略读、精读等不同阅读方法;通读整本书,了解主要内容,关注整体与局部、局部与局部之间的关系;重视序言、目录等在整本书阅读中的作用。

　　注意考察阅读整本书的过程,以学生的阅读态度、阅读方法和读书笔记等为依据进行评价。教师可以围绕读书的主要环节编制评价量表,制作阅读反思单,引导学生从阅读方法、阅读习惯等方面进行自我反思、自我改进。

 学习目标

□ 赏析课例,研读课标,明确各学段"整本书阅读"教学的内容、特点及基本方法。

□ 基于教学课例的研习,深入探究学习各学段"整本书阅读"教学策略。

□ 运用所学策略与方法,尝试设计各学段"整本书阅读"教学方案,提升教学实践能力,积累教育智慧。

主题一   低段"整本书阅读"教学

本主题共三个活动,各活动的目标、内容、重要程度、学习难度见表 10-1-1。

表 10-1-1   本主题活动概览

活动名称	活动目标	活动内容	重要程度	学习难度
1. "整本书阅读"课例赏析	研读课标,赏析课例,初步了解第一学段"整本书阅读"教学的内容、特点及基本方法	1. 研读课标第一学段整本书阅读的学习内容及相关文献资料。 2. 研习课例:《猜猜我有多爱你》整本书阅读教学设计。 3. 探究梳理第一学段"整本书阅读"教学的内容、特点及基本方法	★★★	★★★
2. "整本书阅读"教学策略学习	基于教学案例的研习,深入探究学习第一学段"整本书阅读"教学策略	1. 阅读文献资料,梳理探究低段整本书阅读教学环节、课型等。 2. 研读课例:《神笔马良》整本书阅读教学设计。 3. 综合学习低段"整本书阅读"教学策略与方法	★★★★	★★★★
3. "整本书阅读"教学设计	尝试运用所学策略与方法,自主设计第一学段"整本书阅读"教学方案	1. 阅读相关文献,进一步探究"整本书阅读"教学策略与方法。 2. 研习课例:《小鲤鱼跳龙门》整本书阅读教学。 3. 自选书目设计低段"整本书阅读"教学	★★★★	★★★★

活动 1:"整本书阅读"课例赏析

活动步骤

步骤 1   仔细阅读课标第一学段"整本书阅读"学习内容,深入思考:课标所列内容涉及哪些教学目标要求? 有哪些方法能促进低段整本书阅读教学达到这些目标要求?

步骤 2   基于个人理解开展小组讨论,并推荐小组代表在全班交流。

步骤 3   自主阅读二维码资源《猜猜我有多爱你》整本书阅读教学设计和《猜

猜我有多爱你》整本书阅读教学录像片段①,仔细探究梳理:低段整本书阅读教学的实践路径有哪些? 教学过程必须考虑哪些重要因素?

步骤4　小组讨论以上问题,推荐代表在全班交流。

步骤5　阅读后文"研读材料:读整本书教学的基本方法",梳理短文主要观点及对自己的启发,并主动在全班分享交流。

步骤6　教师点评,学生反思、小结。

研读材料:读整本书教学的基本方法②

叶圣陶在《略读指导举隅》一书中论述了整本书阅读的实施策略,系统阐述了略读就是读整本书教学的基本方法。他指出,"学生从精读方面得到种种经验,应用这些经验,自己去读长篇巨著以及其他的单篇短什,不再需要教师的详细指导,这就是'略读'"。其中的"长篇巨著"就相当于我们现在所谓的"整本书阅读"。对于"略读"的"略"字,叶圣陶进行了比较详尽的解释:"一半系就教师的指导而言:还是要指导,但是只需提纲挈领,不必纤屑不遗,所以叫作'略'。一半系就学生的功夫而言:还是要像精读那样仔细咬文嚼字,但是精读时候出于努力钻研,从困勉达到解悟,略读时候就已熟能生巧,不需多用心力,自会随机适应,所以叫作'略'。"可见,叶圣陶当年设定的以读"长篇巨著"为主的略读课,就是指教师指导下的学生半独立阅读。

分享驿站

课标对低段"整本书阅读"教学的基本要求是:阅读富有童趣的图画书等浅易的读物,体会读书的快乐;阅读、朗诵优秀的儿歌集,感受儿歌的韵味和童趣;阅读自己喜欢的童话书,想象故事中的画面,学习讲述书中的故事。达到这些教学要求的基本方法是指导学生开展半独立阅读,落实叶圣陶所谓的"略读"。在"略读"中,教师的指导"只需提纲挈领,不必纤屑不遗",学生的阅读"要像精读那样仔细咬嚼",但"不需多用心力,自会随机适应"。这需要教师根据阅读目的和学生兴趣选择或指导学生选择合适的图书,制订阅读计划,引导学生指读、朗诵、想象、讲述、分享,运用多种读书方法体会读书的快乐,感受读物的韵味、童趣,发展语言运用、思维能力、审美创造等方面核心素养,丰富精神世界。教师不能仅仅布置读书任务草草了事,也不可机械枯燥地要求学生死记知识点,刷题背诵,而要依据学情,精心设计,降低学生心理负担,引导他们在"不多用心力,随机适应"的轻松愉悦氛围中,悄然实现课内、课外阅读的相互促进。

《猜猜我有多爱你》阅读教学立足学情,紧扣课标,旨在引导学生阅读富有童

---

①　设计与执教者:重庆市巫溪县城厢小学彭祥芬老师。

②　余惠斌. 整本书阅读应指向阅读能力培养[J]. 语文建设,2021(4):13-16.

趣的图画书等浅易读物,体会读书的快乐。这本书故事性强,内容简单,绘画精美,充满趣味,能很好地激发学生阅读兴趣。整个教学过程,包括导读课"师生初读"、课后"亲子共读"、读后分享拓展"爱的发布会"等环节。该课例结合低段学生学情,通过"爱的发布"这一有趣的活动引导学生自主阅读,促进他们广泛交流,提升阅读热情,学习阅读方法,培养阅读习惯,发展核心素养。研习该课例,我们能发现低段整本书阅读教学的以下方法与程序。

(1)激发热情,唤起个人阅读期待。如何找到契机点燃一年级学生的阅读热情?该课例紧紧抓住教材创设"爱的发布"这一学习情境,联结儿童真实生活,引导学生充分观察图片,说一说读书的乐趣;然后,以谜语形式,引出主人公小灰兔,拉近学生和书中人物的距离,并相机推荐,激发学生强烈的阅读期待。为降低学生课外阅读难度,教师以带读、跟读等方式引导第一次阅读,减轻学生畏惧心理,激励学生主动尝试阅读,为课外亲子共读交流奠定基础。

(2)任务前置,引领亲子阅读实践。"家庭,是儿童最放松的地方,大人和孩子可以选择自己认为最舒适的阅读姿势,采用最熟悉的阅读方式,轻松地对话,边读边演,边跑边跳,边读边画,感受不一样的阅读快乐。"[①]课例中的图画书虽然内容简单,但承载着提升学生阅读能力,培养其逻辑思维能力、想象力、创新精神的重任,所以设计为期一周的家庭亲子共读很有必要。准备"爱的发布会",可以前置任务,将有效的阅读计划隐含其中,更好地调控亲子阅读进程,保证课外阅读质量。

(3)围绕任务,展示分享阅读成果。课标要求"整本书阅读"教学必须借助多种方式分享阅读心得,交流研讨阅读中的问题,积累整本书阅读经验,养成良好阅读习惯,提高整体认知能力。其中,涉及的一系列分享、交流、研讨活动,无论是其话题设计,还是交流方式,都要立足学生的各方面情况,让整本书阅读交流课多些妙趣,变得"好玩"。[②]该课例在亲子共读整本书之后,结合低段学生的学情及综合能力,设计了"爱的发布会"分享活动。学生可以在5个不同项目中自主选择喜欢的项目进行展示,大胆分享阅读成果。交流会自由且积极,较好地实现了整本书阅读的目标。教师摒弃咬文嚼字、分析句子含义、识记生字等要求,紧紧围绕情境,引领学生感悟、理解整本书表达的主题——爱。

(4)推荐拓展,鼓励学生持续阅读。经过《猜猜我有多爱你》整本书阅读,学生丰富阅读体验,掌握一定阅读方法后,再围绕"爱"这一主题,持续阅读,获得更加丰富的阅读体验,提升综合素质。

---

① 张巧艳. 为孩子大声朗读吧:在《和大人一起读》中品尝朗读的快乐[J]. 小学语文,2018(7-8):124-126.

② 丁良桂. 让整本书阅读交流课变得"好玩"[J]. 小学教学,2022(5):60.

活动 2："整本书阅读"教学策略学习

活动步骤

步骤 1　仔细阅读后文"研读材料:整本书阅读的导读课",结合作者观点,深入思考:低段整本书阅读教学可以设计哪些环节?应该如何设计?

步骤 2　研读二维码资源《神笔马良》整本书阅读教学设计①(二年级下册),仔细探究梳理:指导低段学生整本书阅读,可以采取哪些有效策略与方法?

步骤 3　小组合作梳理:低段整本书阅读教学的环节及策略等。

步骤 4　各组代表在全班分享交流学习成果,教师点评、小结。

研读材料:整本书阅读的导读课②

整本书阅读教学分为三种课型:导读课、推进课和交流延展课。导读课是整本书阅读的第一步。在导读课上,教师要做的就是让学生对即将开始的阅读过程充满期待,采取一些策略与方法激发学生的阅读兴趣,让学生愿意翻开书进行阅读。例如,从封面入手,引导学生观察书名、作者、图画等,获取信息,预测故事内容;从书中的精美片段入手,带领学生通过朗读进入阅读情境;设置悬念,先概括前面的情节,在故事转折、矛盾冲突加剧处戛然而止,鼓励学生大胆猜测情节走向以及人物的最终关系,引导学生从书中寻找答案等。这样引导,学生有了阅读期待,自然也就产生了阅读兴趣。

分享驿站

教师要系统性地指导整本书阅读,尊重学生阅读体验,搭建形式多样的学习支架,启迪学生探索运用有效的阅读方法,提高整本书阅读能力。低段整本书阅读教学的常见课型是导读课、推进课和交流延展课。

一、教学环节

整本书阅读教学最基础的工作是安排好教学环节,并根据不同环节教学目标及重点,设计不同课型。有教师提出四环节的指导框架:"导入—概览—共学—延学"。导入方式主要有情境创设、复习旧知、游戏导入、问题导入等。其后,教师可以从封面、简介、目录、内容等方面引导学生概览全书。"共学"是核心环节,需要教师提出阶梯式问题,学生围绕问题开展探索,并通过小组探讨逐一解决,达成教

---

①　设计者:重庆市巫溪县城厢小学彭祥芬老师。
②　贾向华. 小学阶段有效开展整本书阅读的几点尝试[J]. 语文建设,2020(16):74-75.

学目标。"延学"是整本书阅读课堂教学的拓展环节,也是强化学生阅读兴趣、持续推进阅读活动的重要一环。[①]

《神笔马良》阅读教学设计基本遵循了"导入—概览—共学—延学"的框架。导入采用观看经典动画的方式,抓住二年级学生形象思维与好奇心强的心理特点,引导学生预测故事主人公命运的未来发展,激发学生阅读整本书的兴趣,变学习任务为生活乐趣。观察封面谈发现、关注目录知内容、欣赏插图猜内容等活动,均属概览环节。观察封面,学生在二年级上学期学习中已经积累了经验,从这个简单的"旧知"过渡到目录这个"新知",学生经历从"起点"到"生长点"的进阶学习过程,可以自主探究并把握关键信息,养成重视封面、目录的阅读习惯。

共学推进环节,教师充分利用书中生动形象的插图,开展插图"对对碰",讲故事发展。为降低难度,教师提示关键句子,再提供关联词作为表达支架,启发学生把故事情节熟记于心,为后续活动做铺垫,也为二年级下学期学习复述故事打下基础,帮助他们逐步掌握阅读方法,提高阅读能力。课例还设计了"品读语言,感受有趣""品讲片段,感受神奇""品析人物,感悟品格"等活动,如阶梯一样层层递进,合理构建整个"共学"课堂,学生可以兴趣盎然、自信满满地交流各自阅读心得。

在延学环节中,教师创设"萌娃讲故事"活动,借助网络平台拓展学习空间,促进阅读成果展示、交流。学生将课内习得的讲故事方法迁移到更多故事的讲述中,可以进一步感受整本书阅读的魅力,养成热爱阅读、喜欢表达的好习惯。这个拓展设计,与"共学"环节中的"品讲片段,感受神奇"等活动紧密联系,让教师指导和学生自主阅读有效互动,有助于强化学生阅读兴趣,延续高效阅读活动。

当然,"导入—概览—共学—延学"四环节也不是固定不变的。例如,有教师提出,二年级下学期可以按照以下程序展开整本书阅读:(1)了解主要内容:听录音、默读、和其他人一起读。(2)读懂封面信息:读题猜故事内容,读图猜故事情节。(3)学习目录检索:读目录找故事章节,读目录猜故事情节,创编新目录。(4)理解难词或难句意思:结合插图或生活实际想象画面,询问他人,猜测故事情节发展。(5)理解故事主旨。(6)表达交流。[②]《神笔马良》阅读教学设计对以上程序也有所参考,同时进行了创新。比如,教师大胆放手,鼓励学生小组合作,制订计划,在学生畅所欲言交流时,抓住学生疑难之处,相机点拨,激发学生灵感,形成学生感兴趣的阅读计划表,为学生顺利进入三年级学习夯实基础。该课例说明,整本书阅读教学并没有固定的程序。如果教师心中有儿童,能够站在儿童的角度思考,认真领会课标精神,深入理解教材编排意图,就会有丰富多彩的创意。所谓"教学有法,教无定法"就是这个道理。

---

①   王少锋. 小学语文整本书阅读教学设计探析[J]. 语文教学通讯,2022(8):59-61.
②   郑梨花. 基于新课标的"整本书阅读"任务群实施策略:以第一学段整本书阅读群学习为例[C]//对接京津——协调推进基础教育会议论文集,河北廊坊,2022 年 10 月 25 日。

二、教学策略

仔细研读《神笔马良》阅读教学设计,我们还可发现低段整本书阅读教学的以下策略。

(1)关注封面信息,学习目录检索。低段学生阅读整本书犹如孩童学步,必须经历"教—扶—放"的过程。该课例考虑到大多数学生是在教师指导下首次运用图书目录,所以教师引导学生读目录中三个故事的题目,启发学生利用故事名称后的页码,查找故事,领会目录的作用。学生实践操作,动脑思考,相比教师直接讲述知识与方法,事半功倍。

(2)利用思维特点,发挥插图作用。适合低段学生阅读的书籍,大多配有精美插图。低段学生形象思维占有明显优势,插图不仅吸引其注意,还使之在潜移默化中受到美的熏陶。《神笔马良》一书,三个故事中的插图紧扣文本重要内容,教师在"插图配对,趣讲发展""品讲片段,感受神奇"等活动中都在力求合理利用插图。"插图对对碰"游戏,引导学生根据关键信息,贴图排序,实则带领学生梳理故事情节,学生无意识中便可掌握一种向他人介绍自己读过图书的方法。之后,教师关注故事片段,出示故事里的三幅插图,引导学生利用默读策略,集中梳理马良对战财主遇到的困难和解决办法。学生图文结合,把故事重点内容读懂读精,并联系表达支架,再次开口讲故事。最后,学生利用插图讲更多故事情节和重点内容。

(3)引导学生综合运用预测、想象、理解、表演等多种阅读方法。三年级上册第四单元为"预测"单元。学生在二年级下学期时,就初步接触了"预测"这种阅读方法。课前导读,教师播放动画片《神笔》片段,引导学生大胆猜一猜:马良这个穷苦孩子后面会发生什么变化? 教师提问没有"预测"这个词,但其提问是符合低段学情的,完全可以调动学生思维。此时,学生并没阅读故事内容,进行预测也是有目的地想象。整本书的故事往往人物众多,性格鲜明。低段学生情感体验不够细腻丰富,感悟人物品格存在难点。稍不注意,教学就会陷入一问一答的无奈说教。在课例中,教师先让学生用表格形式梳理出所有人物,以"最喜欢哪个人物""不喜欢哪个人物""为什么"等问题引导学生积极想象,仔细阅读,主动讨论,点赞人物品格,主动讲述个人独特理解,获得丰富的情感体验。以后学生阅读其他故事,也可能进行类似的思考:这个故事有多少个人物? 我喜欢谁? 不喜欢谁? 为什么? 基于这种有效的预测、想象和理解,教师还可引导学生根据读本表演,再现故事内容,联结真实生活,让整本书阅读趣味无穷。

(4)实施激励性评价。低段学生特别在乎教师和家长的表扬,为了激发和强化他们持续阅读的动力与热情,必须经常实施激励性评价,让读书的成就感和喜悦能够不间断地伴随孩子成长。在该课例中,教师不断用鼓励、肯定的语言调动学生表达、探究的欲望。与此类似,"萌娃讲故事"活动中,比一比谁讲的故事最多,每讲一个故事可获得一张表扬信,以及《猜猜我有多爱你》阅读中"爱的发布会"活动颁发纪念徽章等,都是符合低段学生学习心理特征的激励性评价,都能较好地促进学生有信心、有恒心地读好整本书。

活动3:"整本书阅读"教学设计

活动步骤

步骤1   仔细阅读后文"研读材料:丰富图书资源",深入思考:这个材料对于整本书阅读教学的设计与实施有何启发?

步骤2   全班交流,教师点拨指导。

步骤3   深入研习二维码资源《小鲤鱼跳龙门》整本书阅读教学设计、《小鲤鱼跳龙门》整本书阅读教学录像片段(二年级上册)[1],探究梳理:低段"整本书阅读"教学方案应该如何设计?

步骤4   模仿《小鲤鱼跳龙门》整本书阅读教学设计,选择适合低段学生阅读的一本书,自主设计一个教学方案。可以只设计其中导读课、推进课、交流延展课等课型中的一类,或某课型中的一个重点片段。

步骤5   全班交流分享,教师点评、指导。

研读材料:丰富图书资源[2]

丰富图书资源,当着眼以下两点:一是更加全面。小学生整本书阅读应以文学阅读为主,适当配以科技类书籍,同时从儿童的思维特点出发,提供优质图画书,让每一个小学生都全面地接触书籍世界,并根据自己的爱好、特长来选择自己的阅读方向。百花齐放,万紫千红,书籍世界犹如花园,自然就能吸引学生。二是做好规划。因材施教,因地制宜,上海市松江区在2012年就通过讨论、筛选、实践,确定了一批符合学生特点、年级要求的读物。从二年级开始到五年级小学毕业,每年10本,4年共读40本左右,同时统筹安排,构建相应的课程学习方案,即完成《"每月读一本"课程学习活动标准框架》,与书目配套编写、使用。

分享驿站

整个小学阶段整本书阅读教学必须系统规划。教师和家长要为学生推荐好书,学生也可自选和互相推荐图书。上海市松江区通过讨论、筛选、实践,确定了一批符合学生特点、年级要求的读物,值得借鉴。一所学校、一个年级,或者一个班级都可以采取类似的方法。比如,一个班的所有任课教师、家长、学生,就可以

---

① 设计与执教者:重庆市巫溪县城厢小学彭祥芬老师。
② 谈永康. 小学整本书阅读教学现状分析与再思考[J]. 语文建设,2021(4):8–12.

在语文教师组织下,群策群力,制订班级共读书单;在此基础上,也可借鉴松江区的做法,统筹安排,设计整本书阅读教学方案,完成"每月读一本"的学习活动。《小鲤鱼跳龙门》教学设计对于设计整本阅读教学方案的策略与方法有如下启示。

(1)解析文本,明确目标方向。《小鲤鱼跳龙门》是二年级上册第一单元"快乐读书吧"中推荐的图书。学生阅读《小鲤鱼跳龙门》的目标方向,就是要感受童话的奇妙想象,感悟故事主要人物的精神品质,体会故事蕴含的道理,获得审美享受,体验读书的无限快乐。《小鲤鱼跳龙门》阅读教学设计基于文本内容,精准锁定阅读目标方向,可以较好地发展学生核心素养。

(2)创设情境,让阅读变"悦"读。"情境教学是教师在课堂上有意识、有目的地创设或引入经典场景,激发学生的学习情绪,从而引导其进行态度情感体验,帮助学生产生想象共鸣的教学方法。"①怎样让二年级学生富有乐趣、轻松愉快地阅读整本童话书? 课例采用情境教学法,引导学生"去童话王国交朋友";利用信息技术,使故事主要人物小鲤鱼有了人的生命特质,在课堂上和学生说话、玩游戏,充分调动了学生的好奇心和参与意识。该课例的学习情境贯穿教学始终:导读课,用情境激发兴趣,让学生带着交朋友的心情开启阅读童话故事之旅;推进课,学生沉浸在情境中,和好朋友玩游戏;交流延展课,以"介绍我的好朋友"读书分享会为情境,让学生尽情分享,展示阅读收获。

(3)搭架设梯,让想象不空想。课标要求低段学生阅读自己喜欢的童话书,想象故事中的画面。二年级学生天真活泼、想象力丰富,教学时,为了让学生自然而然地想象故事中的画面,而非为想象而想象,教师就要为学生"搭架设梯"。在课例中,学生通过自由读和听音频的方式,熟悉童话内容。教师引导学生思考:如果你是小鲤鱼,听了奶奶的故事,你会做什么? 想什么? "走走小鲤鱼'走过的路'"环节:给学生发放一张"小鲤鱼寻龙门路线图",学生自行补充画图,无疑会在脑海中搜寻故事插图、内容。感悟人物形象时,教师提问:假如小鲤鱼回去的时候,又遇到了大鱼,大鱼这时候会说什么? 在"文体对比,感受童话魅力"活动中,教师出示几张动物、植物图片,引导学生想象,像童话故事中的语言那样说一两句话。这些基于童话内容、关键问题、书中插图等进行的学习支架设计,引导学生有方向、有内容地想象。整个课例,学生奇妙的想象可以无形地贯穿教学始终,他们可以跟随一个个人物、一个个情节、一幅幅画面去想象,感受童话的神秘和美好。

(4)把握特点,提高复述能力。课标要求低段学生在整本书阅读中能够复述书中的故事。第一学段是打基础,以详细复述为主,要求学生用接近原文的语言表

---

① 李吉林. 小学语文情境教学:李吉林与青年教师的谈话[M]. 北京:人民教育出版社,2006:6.

达,按照原文的行文顺序,学生主要依靠记忆来完成复述。[①] 二年级上学期,学生已经学习过借助课文插图和文中关键词句复述故事。《小鲤鱼跳龙门》故事情节清晰明了,学生借助插图或者表格、情节图,就能较好地复述故事。在课例的推进课上,教师提前设计了一份需要学生补充的图文并茂的情节图,学生在难度不大的情况下,兴致勃勃地梳理情节,教师顺势引导学生观察整幅图,联系图上的文字,复述故事。在交流延展课的"花样展示阅读成果"环节,有学生展示了书中其他故事的情节图,实现了方法的迁移运用,以及能力素养的提升。童话作品非常讲究结构,常有反复结构、对比结构等,教师引导学生根据童话的结构特点,快速梳理、记忆故事情节,有效降低故事复述的难度,并增强其趣味性,大大提高课堂的有效性。

主题二 中段"整本书阅读"教学

本主题共三个活动,各活动的目标、内容、重要程度、学习难度见表 10-2-1。

表 10-2-1 本主题活动概览

活动名称	活动目标	活动内容	重要程度	学习难度
1. "整本书阅读"课例赏析	初步了解第二学段整本书阅读教学的内容、特点及基本方法	1. 研读课标第二学段整本书阅读的学习内容。 2. 研习课例:《安徒生童话》整本书阅读教学。 3. 研读材料:《小说的阅读指导》,并以小说为例,探究梳理第二学段整本书阅读教学的内容、特点及基本方法	★★★	★★★★
2. "整本书阅读"教学策略学习	深入探究学习第二学段整本书阅读教学的策略与方法	1. 研读《整本书阅读的导读单》,梳理探究相关策略与方法。 2. 研读课例:《中国古代寓言故事》整本书阅读教学设计	★★★★	★★★★
3. "整本书阅读"教学设计	尝试运用所学策略与方法,自主设计第二学段整本书阅读教学方案	1. 研读《整本书阅读的评价》。 2. 研习课例:《中国神话传说》整本书阅读教学。 3. 自选书目,模仿课例,小组合作设计中段整本书阅读教学方案	★★★★	★★★★

① 杨静. 复述的整体解读与教学策略[J].小学语文教学,2021(7):12-13.

活动1:"整本书阅读"课例研习

步骤1 仔细阅读课标第二学段"整本书阅读"学习内容,深入思考:课标所列内容涉及哪些教学目标要求? 中段整本书阅读教学达到这些目标要求的方法有哪些?

步骤2 基于个人理解开展小组讨论,并推荐小组代表在全班交流。

步骤3 仔细阅读后文"研读材料:小说的阅读指导",小组合作探究:指导中段学生阅读小说应该注意什么? 童话阅读应该怎样指导?

步骤4 自主阅读二维码资源《安徒生童话》整本书阅读教学设计①(三年级上册),仔细探究梳理:中段整本书阅读教学的实践路径有哪些? 教学过程必须考虑哪些重要因素?

步骤5 各小组代表在全班分享学习成果,教师点评、小结。

研读材料:小说的阅读指导②

小说是整本书阅读的主体。儿童小说可以分为成长小说、幽默小说、动物小说、科幻小说等。教师可以根据不同的类型进行指导。成长小说关注"心灵",幽默小说关注"语言",动物小说关注"情节"和"形象",科幻小说关注"想象"。因为小说有完整的情节、典型的人物,因此设计讨论话题比较容易,既可以讨论人物的性格,又可以讨论语言特色。通过交流,学生觉得还有很多未曾发现、没有体验的细节,便有兴趣继续读下去。对现实问题进行追问和思考是交流的重点。

课标对中段"整本书阅读"的学习内容要求是:阅读表现英雄模范事迹的图书,如《小英雄雨来》《雷锋的故事》等,讲述英雄模范的动人故事;阅读儿童文学名著,如《稻草人》《爱的教育》等,感受作品传达的真善美,用自己喜欢的方式讲述故事大意;阅读中国古今寓言、中国神话传说等,学习其中蕴含的中华智慧,口头或书面分享自己获得的启示。显然,这些要求比低段要高。为达到要求,教师应根据作品不同体裁的不同特征,引导学生综合运用多种方法阅读整本书,积累经验,养成良好习惯,提高认知能力,丰富精神世界;教师要将单篇教学和灌输,转化为深度的阅读支持和指导,充分调动并发挥学生的主体作用,让学生在自主阅读中联系生

---

① 设计者:重庆市渝中区中华路小学李泽萍老师。
② 李怀源. 由叶圣陶"读整本书"思想谈小学整本书阅读[J]. 课程・教材・教法,2009(4):31-34.

活,发展核心素养。

一、小说的阅读指导

儿童小说类型不同,其指导也各有侧重:成长小说侧重关注"心灵",幽默小说侧重关注"语言",动物小说侧重关注"情节"和"形象",科幻小说侧重关注"想象"。小说是以刻画人物形象为中心,通过完整的故事情节和环境描写反映社会生活的文学体裁,儿童小说也不例外。指导儿童小说的阅读,可以紧扣小说人物、环境、情节这三个核心要素创设学习情境,选择学习内容,安排学习任务,开展学习活动。人物方面,涉及主要人物和次要人物,整本书阅读都可关注。师生可以通过人物外貌、动作、语言、心理和神态描写的赏析,抓住人物特点,分析人物个性,洞悉小说的灵魂,学习作家的写作方法,受到英雄模范人物的感染,获得人生启迪。环境方面,可能涉及自然环境、社会环境、心理环境、生活环境和生态环境等。整本书阅读可以引导学生关注不同环境中的事件、人物,并使其主动联系自己的生活环境,加深对书本的理解。情节方面,包括开端、发展、高潮和结局,是小说中最能抓人心、引人看、让人想的东西。指导整本书阅读,既要重视和利用情节线索,引导学生把握作品思想内容,开展复述、略写等语文实践活动,又要避免学生陷入情节而不能自拔。

课标提示中段学生阅读《小英雄雨来》《爱的教育》等中外小说,必须感受作品传达的真善美,并用自己喜欢的方式讲述故事大意。紧扣小说人物、环境、情节三要素引导学生展开自主阅读即可较好达标。课标要求中段学生必须阅读英雄模范故事、《稻草人》等中长篇童话,以及中国古今寓言、中国神话传说等,这些内容,可参考小说的阅读指导方法,促进学生文化自信、语言运用、思维发展、审美创造等核心素养的发展。

二、童话的阅读指导

中段学生处于阅读能力发展的敏感期、窗口期。随着识字量增多,生理和心理的逐渐发展,他们对文字的理解力有了进一步提高,对未知世界的好奇心以及探索新鲜事物的求知欲也与日俱增。这一阶段的孩子已不满足于直观的图像和文字的表层含义,他们的阅读品位有所提高,他们喜欢阅读能开阔视野的书籍,渴望在书海中探寻熟悉或陌生的世界。不过,那些故事性强的寓言故事、童话故事、神话故事、儿童小说因具有丰富的想象和生动有趣的情节,依然最适合这一阶段学生阅读。其中,童话是离儿童最近的文学。经典的童话不是一个简单的道理就能够概括的,童话中的善良、勇敢、柔软、温暖和希望,能给孩子的人生打下亮丽底色。

三年级上册三单元"快乐读书吧"安排了童话阅读。该单元要求学生感受童话丰富的想象,并试着编童话,写童话。和一、二年级读童话故事旨在培养兴趣不同,该单元要求围绕故事情节,引导学生感受童话丰富的想象,进一步体会童话的特点,并发展创新想象和表达能力,试着编写童话。《安徒生童话》教学设计紧扣

"插上想象的翅膀,畅游童话王国"这个学习主题,充分激发学生阅读童话故事的兴趣,确定了系列学习目标;设计了基于大单元、大任务、真实情境的学习任务,如:制订阅读计划、探寻阅读方法、感受人物形象、发现童话特点、讲童话故事等。

《安徒生童话》教学设计还安排了基于整本书阅读的跨学科学习活动:"我是小设计师""我是小编剧"等。在任务驱动下,教师可以引导学生把读童话、品童话、改童话、演童话紧密关联,进一步感受童话的奇妙和美好,为编写童话奠定坚实基础。演童话剧时,教师可以引导学生揣摩以下这类问题:"假如我就是小美人鱼,我会有怎样的心情? 我会怎么想,又会怎么做?"在排练与表演过程中,学生与故事中的人物同悲欢,共喜乐,这种共情,可以促进学生对童话的真切理解。总之,《安徒生童话》教学,根据作品体裁特征,引导学生综合运用多种阅读方法,丰富阅读体验,养成良好习惯,进行语言运用与审美创造,既能帮助学生感受童话所传达的美好情感,又可培养学生的想象力和创造力,较好地完成文学作品整本书阅读与创意表达的任务。

<h2 style="text-align:center">活动 2:"整本书阅读"教学策略学习</h2>

活动步骤

步骤 1　阅读后文"研读材料:整本书阅读的导读单",自主探究:导读单在整本书阅读教学过程中有何功用? 应该如何设计? 如何运用?

步骤 2　基于自主学习,在小组内交流对以上问题的思考。

步骤 3　研读二维码资源《中国古代寓言故事》整本书阅读教学设计①(三年级下册),小组合作探究:指导中段学生整本书阅读,可以采取哪些策略与方法?

步骤 4　各组代表在全班分享学习成果。

步骤 5　互动评议各组代表发言,教师点评、拓展,学生反思、小结。

<h3 style="text-align:center">研读材料:整本书阅读的导读单②</h3>

随着整本书阅读课程化的推进,如何创新导读策略、优化导读形式成为一线教师思考的新话题。导读单是推动整本书阅读的一种有效手段,在具体设计时应把握趣味性、目标性、精简性和层级性的原则,采用预测激趣、方法渗透、问题设置、思维导图和延伸创作等设计样式,创生读前、读中和读后的学教路径。从而进一步发挥导读单在帮助学生激发兴趣、迁移方法、提升能力等方面的教学效用,将学生的阅读思维引向纵深处。

---

① 设计者:重庆市渝中区中华路小学李泽萍老师。
② 姜凌佳. 小学语文整本书导读单的设计[J]. 教学与管理,2020(3):37-40.

　　导读单是学生整本书阅读的指南,也是整本书阅读教学浓缩的教案,可以指引学生读前、读中和读后的学习路径。读前的"导读课"、读中的"推进课"、读后的"交流延展课",或搭建两本书阅读的"桥梁课",都可以使用不同类型、内容或功用的导读单。设计导读单,应遵循趣味性、目标性、精简性和层级性等原则。其中,层级性原则要求教师考虑学生阅读能力的差异,分层设计导读单。教师一方面可以由浅入深,逐步引导,必要时分设"必做"与"选做"任务,以适应不同能力水平的学生;另一方面可以根据学生共同的关注点或学习需求,统一设计导读单,将导读单作为整本书阅读的有效支架。

　　导读单的设计与运用必须一体化考虑。例如,导读课使用的导读单,要在学生还没接触书籍内容之前,激发学生兴趣。教师可在导读单中引用书中的精彩片段或插图,引导学生个性化品读,强化阅读期待。推进课的导读单,要特别针对大多数学生只重情节,忽略文字细节的问题,设计锚定关键句段进行品读赏析的内容。导读单也可以结合文本精彩片段、关键细节,设置带有思辨性的话题引导学生深度探究、系统梳理,必要的语言文字积累任务也可结合对细节的探究与品读纳入导读单。交流延展课的导读单,要基于学生的阅读收获与共鸣,引导学生梳理整本书中的人物形象、语言特色等,主动展示与分享成果,在画画、写写、演演等创新学习过程中丰富阅读体验,发展核心素养。[1] 小学中段是多数学生阅读水平发展的分水岭和思维发展的关键期。这个阶段的学生形象思维依然占有优势,抽象逻辑思维也有了较好的发展。中段整本书阅读教学应兼有低段的趣味化特征和高段的理性追求。其具体实施,可参考以下策略与方法。

　　(1)用好表格、思维导图等工具。表格、思维导图等具有较强的直观性,能比较清晰地呈现多维复杂关系或思维过程,比较合适用作中段学生整本书阅读的工具。《中国古代寓言故事》整本书阅读教学设计,表格较多,可以较好地支持学生的阅读活动。学生如果能够借助思维导图、鱼骨图等,还可以进一步明确从哪些方面去读整本书,怎样梳理书中形形色色的人物和曲折生动的情节,如何领悟妙不可言的寓意。学生借助表格、思维导图等工具,可以更好地把握全书内容与思想,思维与语言得到更好的历练,全面提高阅读与鉴赏、表达与交流能力。

　　(2)精读与略读相结合。中段学生应有一定的阅读速度,阅读整本书不能像读课文那样"细嚼慢品",往往需要采用略读、浏览等方式。但这样有可能对书中一些重要的地方理解不准确,或者产生疑惑。因此,教师要引导学生采用"略读为主、精读为要"的方式阅读整本书。以《中国古代寓言故事》为例,其中寓言表达寓意主要有两种情况:一是在篇末点出,如《望洋兴叹》的结尾"有的人懂得了一点儿

――――――――――
　　① 姜凌佳. 小学语文整本书导读单的设计[J]. 教学与管理,2020(3):37-40.

道理,就目空一切,认为自己了不起……那就会一直错下去,成为天下众人所耻笑的对象";二是蕴于文中,寓意没有直接表述出来,需要读者仔细阅读,认真揣摩、深入理解和整体把握。如《眉眼嘴鼻》,全文生动呈现了眉毛、眼睛、嘴巴和鼻子以自我为中心的争论,它们都过分强调自己的作用和价值,学生读后深浅不一地领悟团结协作、共生共荣的重要性。还有较多寓言蕴含着多重寓意,如《黔之驴》《老虎与刺猬》等。对于第一种寓言,学生如果只是略读,也许很快可以"逮住尾巴",抓出寓意,但不一定每一位学生都能真正理解自己抓到的寓意。对于第二种寓言,则有必要精读探究。这类寓言的寓意往往不直接表达,中段学生理解起来存在一定困难。所以,教师要引导学生在略读粗知情节的基础上,有意识地结合自己的疑惑,去回味、品读书中的重要片段,通过反复读,逐字逐句、深入细致地读,达成对文本深层意蕴的理解。

（3）比较阅读,延展提升。中段整本书阅读教学,教师可以指导学生采用提问、预测、联结、比较等方法和策略更好地把握和理解整本书。其中,比较阅读是整本书阅读的重要方法,也是中段学生可以较好掌握的阅读方法。对比的过程有助于学生有话可说,并说得有根有据。学生在对比中发现,在发现中思考,在思考中收获,能快速发展思维和语言运用能力。《中国古代寓言故事》阅读教学设计,引导学生通过不同寓言人物角色、故事寓意的对比,发现寓言故事的"同中之异,异中之同",从而进一步学习、探究,把握整本书的精髓。在交流延展课中,课例将《中国古代寓言故事》《克雷洛夫寓言》《伊索寓言》相提并论,引导学生思考:三本书中的寓言故事产生于不同的国家、不同的时期,但其中都存在"固执"的人物形象,这是为什么呢? 通过预测想象和阅读探讨,学生会发现这些"固执"人物提供的反面案例,让寓言更具有说服力和趣味性。引导学生比较阅读不同国家、时代、内容及寓意的寓言,可以更好地促使学生思考,启迪学生智慧,也可以让他们更加牢固地掌握寓言"以小故事讲明大道理"的文体知识,积累更加深刻而又丰富的阅读体验,可谓一举多得。

活动3:"整本书阅读"教学设计

活动步骤

步骤1 阅读后文"研读材料:整本书阅读的评价",梳理短文的主要观点及对自己的启发,并主动在全班分享交流。

步骤2 深入研习<u>二维码资源《中国神话传说》整本书阅读教学设计</u>和《中国神话传说》整本书阅读教学录像片段[1]（四年级上

---

① 设计与执教者:重庆市渝中区中华路小学李泽萍老师。

册),探究梳理:中段整本书阅读教学应该如何设计?

　　步骤3　小组合作设计:请参考模仿相关课例,选择适合中段学生阅读的一本书,设计一份教学方案,也可重点设计其中的导读单,或者评价方案。

　　步骤4　小组推荐代表在全班交流分享本组的设计,师生互动评议。

研读材料:整本书阅读评价①

　　整本书阅读评价需要在"评价即学习"理论的指导下,突破以往评价的监控、检测功能限制,尊重学生的评价主体地位,引导学生在评价动态过程中反思学习。整本书阅读的目标与语文课程要培养的学生核心素养是紧密相关的,教师应将整本书阅读与核心素养之间的联系作为评价目标预设来源,引导学生立足真实情境,在解决实际问题中验证阅读猜想,并从基础知识的积累与运用、阅读的量度与广度、阅读的行为与态度、阅读方法与策略的掌握等方面,设置阅读评价量规。如,掌握整本书故事情节,了解整本书人物特点,学会默读,掌握速读技巧,自主评价阅读结果,自主跟进阅读进度,等等。

分享驿站

　　设计整本书阅读教学,教师要回答好三个问题:其一,这是一本什么书? 教师要对书的基本内容、主题思想、语言特点等了然于胸。其二,学生为什么要读这本书? 教师要结合课标、教材与学生的基本情况等选择设计阅读教学目标与内容。其三,学生应该怎么读这本书? 教师要根据学生的兴趣点、疑难点等,设计兴趣激发、策略指导的程序、方法,以及评价等。

　　《中国神话传说》这本书以其恢宏磅礴的想象,塑造了一批形象鲜活的神,他们或有勇于抗争的意志,或有善于创造的智慧,或有舍我其谁的担当。引导学生阅读本书,对于提升学生文化自信、语言运用、思维能力和审美创造等核心素养具有重要价值。下面,以这本书的阅读教学为例,简要分析中段整本书阅读教学设计的基本方法。

　　(1)系统设计学习任务。学习任务一般有两个层级。第一层级是总任务,是把整本书阅读教学目标、内容、情境、方法、资源和评价整合在一起的核心任务,该核心任务应该具有驱动力,使学生能够奔着明确的目标,全力以赴地投入阅读。第二层级是子任务。为了使核心任务更清晰地呈现出达成目标的路径,一般需要对核心任务进行分解,形成子任务,体现不同层次教学目标的内在联系,揭示学生完成核心任务的方法与路径。《中国神话传说》整本书阅读的核心任务是"读中国神话,寻神奇之美",子任务有"初识神话,感受神奇""走进神话,探寻神奇""交流神话,追梦神奇"。这三个子任务统领逐层推进的多个语文实践活动,例如,"了解作

――――――――――――

　　① 王少锋.小学语文整本书阅读教学设计探析[J].语文教学通讯,2022(8):59-61.

品,初识神话""认识人物,欣赏奇貌""听故事,讲故事""拟订计划,开启阅读""展示计划,交流进度""说出困难,清除障碍""品读片段,感受神奇""借助学习单,发现神奇之处""制作神话人物名片""交流分享,成果展示""写颁奖词,追梦神话"等。系统设计以上总任务与子任务,可以促进学生初步感受人物形象,了解故事主要内容,感受神奇的想象,体会民族精神充分发展核心素养。

（2）恰切引导运用阅读策略。运用阅读策略的引导必须结合文本的基本特征、课标要求、教材内容与学生情况。《中国神话传说》塑造了众多人物形象,人物关系也较为复杂,如果教师引导学生通过画人物图谱、关系图谱进行归类梳理,认识人物并理清人物关系,就能有效降低学生阅读的难度。作为口耳相传的神话故事,讲述是最直接的传承方式。那么怎么讲述神话呢?课例引导学生借助"山型图"讲故事只是一种策略。除此之外,教师还可以借助情节导图引导学生围绕不同的人物去追踪他们做了些什么,经历了些什么,进而厘清故事主要情节和脉络。例如,《人类的起源》这一章,学生可以讲《女娲造人》,也可以讲《女娲补天》,还可以借助思维导图完整讲述关于女娲的所有传说。诸如此类的阅读策略,只要符合文本特征、课标要求和学生实际,就能帮助学生对故事主要内容和思想情感理解得更全面、准确和深刻。

（3）多元评价贯穿全程。整本书阅读时间跨度长、学习容量大,学习评价必须全过程落实。这种评价是过程性多元评价,评价主体、评价内容、评价方法等都必须多元。在评价主体方面,学生自己、家长、教师、同学等都可以参与评价。教师要积极发挥评价的主导作用,观察学生的阅读表现,并通过激励性评价促进学生在小组阅读活动中的合作与交流等。学生是整本书阅读的主体,应当学会对阅读过程进行观察和反思,了解自己的阅读效果。学生可以自评,也可以互评;可以评价自己阅读的成效与习惯,也可以评价同学阅读的表现与分享的阅读成果。家庭中的表现性评价,可以激发孩子的阅读兴趣,帮助孩子学会有效阅读,提高阅读与鉴赏能力。评价有助于学生在反思中认识自己,逐步养成终身阅读的良好习惯。评价者应通过多种方式将阅读计划的制订、阅读任务的落实、阅读策略的运用、阅读成果的分享、阅读过程的反思、阅读习惯的养成等,都纳入评价范围。《中国神话传说》阅读教学设计,就具体安排了各项阅读任务的过程性评价。此外,教师还可以设计和使用读前指向学情研判的诊断性评价工具调查卷、读中指向过程指导的形成性评价工具导读单、读后指向成果分享的总结性评价工具展示台,系统实施贯穿全程的读前、读中、读后评价,可以事半功倍地提升整本书阅读的教学效率。①

---

①　沈志媚. 小学整本书阅读教学评价载体的构建[J]. 教学与管理,2020(9):49-51.

主题三 高段"整本书阅读"教学

本主题共三个活动,各活动的目标、内容、重要程度、学习难度见表 10-3-1。

表 10-3-1 本主题活动概览

活动名称	活动目标	活动内容	重要程度	学习难度
1. "整本书阅读"课例赏析	初步了解第三学段整本书阅读教学的内容、特点及基本方法	1. 研读课标第三学段整本书阅读的学习内容及相关文献资料。 2. 研习课例:《三国演义》整本书阅读教学。 3. 探究梳理第三学段整本书阅读教学的内容、特点及基本方法	★★★	★★★
2. "整本书阅读"教学策略学习	深入探究学习第三学段整本书阅读教学策略与方法	1. 阅读文献资料,梳理探究高段整本书阅读教学的目标、过程与促进策略。 2. 研读课例:《西游记》整本书阅读教学。 3. 综合学习高段整本书阅读教学策略与方法	★★★★	★★★★
3. "整本书阅读"教学设计	尝试运用所学策略与方法,合作设计第三学段整本书阅读教学方案	1. 研读材料:读书是手段,而不是目的。 2. 研习课例:《小英雄雨来》整本书阅读教学设计。 3. 自选适合高段学生阅读的一部长篇小说,小组合作设计教学方案	★★★★	★★★★

活动 1:"整本书阅读"教学案例赏析

活动步骤

步骤 1 仔细阅读课标"整本书阅读"第三学段学习内容,深入探究:课标所列内容涉及哪些教学目标要求?与第一、二学段有何不同?高段整本书阅读教学需要注意什么?

步骤 2 基于个人探究开展小组讨论,并推荐小组代表在全班交流。

步骤 3 阅读二维码资源《三国演义》整本书阅读教学设计和《三国演义》

整本书阅读教学录像片段①,小组合作梳理:高段整本书阅读教学的实践路径与指导方法有哪些?

步骤4　各小组推荐代表在全班交流,教师点评。

步骤5　阅读后文"研读材料:整本书阅读教学中的交流展示,谈谈自己所受到的启发。

研读材料:整本书阅读教学中的交流展示②

初期展示:教师组织班级范围内交流展示,观察记录学生的表现,进行点评并提出修改意见。学生将自己研究报告中的主要观点和思考制作成演示文稿,面向全班学生进行展示。

中期修改:教师对初期展示表现相对欠佳的学生进行个别指导,重在引导学生参与活动、体验研读过程的乐趣。学生根据教师提出的修改建议,进一步修改完善自己的研究报告。

后期展示:教师精选10件左右作品,精心指导、深入打磨,面向全校展示与分享,颁发相应证书予以鼓励。学生在前期修改的基础上再按照新的展示要求完善展示内容与形式。

分享驿站

课标"整本书阅读"第三学段的学习内容是:阅读反映革命传统的作品,如《可爱的中国》《小兵张嘎》《闪闪的红星》等,讲述自己感受到的家国情怀和爱国精神;阅读文学、科普、科幻等方面的优秀作品,如《寄小读者》《十万个为什么》《海底两万里》等,学习梳理作品的基本内容,针对作品中感兴趣的话题展开交流;梳理、反思小学阶段的阅读生活,运用口头或书面方式,与同学分享自己整本书阅读的经历、体会和阅读方法。与前两个学段相比,第三学段最大的不同在于"讲述""梳理""交流""反思""分享"的要求更高。达到这些目标要求的基本方法是进一步引导学生开展半独立的自主阅读,经历更加扎实的阅读成果的梳理提炼与交流展示过程。在初期展示、中期修改、后期展示等环节的深度体验中,学生可以通过多种形式参与语文实践活动,提升核心素养。下面,以《三国演义》教学为例,简要分析高段整本书阅读教学的策略与方法。

(1)系统梳理阅读目标,着力发展核心素养。课例围绕《三国演义》的阅读,在读前、读中、读后三个环节有效统筹课内和课外阅读活动,努力支持促进学生个人与集体的深度阅读。让每一位学生爱上这部名著并保持古典名著阅读的兴趣与热情,是这次整本书阅读教学的关键目标。紧扣这一目标,根据多数学生是初次正

---

① 设计与执教者:重庆市渝北区鲁能巴蜀小学程誉萱老师。

② 庄照岗.整本书阅读教学的过程监控[J].语文建设,2022(23):17—22.

式阅读整部古典名著的学情,教师在导读环节以学生熟悉的课文《草船借箭》为开端,借用影视片段,激发学生兴趣。在阅读推进课中,学生根据自己的兴趣选择相应任务进行探究,尽可能将阅读目的和兴趣紧密结合。在此基础上,学生根据个人实际情况选择合适的阅读方法,制订合理的阅读计划,较好地实现课内和课外阅读的结合。在课内阅读方面,教师在激发学生兴趣后,引导学生确立完整的课堂阅读目标,即利用目录整体感知全书结构,把握名著脉络;从情节、语言、人物多个维度深入探究名著的思想内容。在"品读人物,煮酒论英雄"中,教师让学生发现自己喜欢的人物特征,个性化理解人物形象,通过品读语言和研读重要情节等方式,反复深入文本把握全书特色。在课堂阅读中,学生对书中重要情节、人物的理解及相关小课题的探究,体现了略读与精读的结合。与低、中段相比,高段学生整本书阅读指导的重点在于增加阅读深度,让他们能够静心阅读大部头名著,灵活运用多种方法,主动思辨,丰富自己独特的阅读感受。课内阅读的有效推进,可以让学生得法于课内,得益于课外。循着课内外紧密结合的思路,课例综合设计了整本名著读完后的分享活动,引导学生通过完成课本剧、思维导图、课题研究报告等方式创造性地整合全书阅读成果,并在分享总结中进一步感受经典名著的文化魅力,让学生心灵与名著文本共振,启发学生进行更多的思考,获得更多的启迪,进一步激发学生阅读同类名著的兴趣。以上过程设计,系统聚焦了学生文化自信、语言运用、思维能力和审美创造等核心素养,实现了目标与内容、过程与方法的和谐统整。

(2)寻找支点,以点带面,引领学生走进经典名著深处。在经典名著的整本书阅读指导过程中,教师必须解决有限的课时与无限的阅读内容之间的矛盾。为此,教师在课堂上要引导学生以点带面阅读,在短时间内习得方法,使他们拥有强烈的自主阅读愿望,课外再放手让他们自由阅读,主动探究,深入经典核心内容,品读自己感兴趣的情节、人物或语言。教师需要寻找能够帮助学生多角度品析经典名著的支点,要么是重要人物,要么是关键情节。之后,进行课堂阅读指导时,教师再通过对这个人物或情节的深入研读,引导学生掌握阅读方法,提升鉴赏能力,强化探究欲望。《三国演义》的阅读指导课,课堂上自然无法面面俱到,也不必面面俱到。课例聚焦诸葛亮等重要人物,引导学生赏析相关语言,回答相关问题,多角度剖析人物特点,全方位认识人物个性。在此基础上,教师从微观层面梳理全书与诸葛亮等重点人物密切相关的成语、歇后语、诗文名句等,使学生理解名著塑造人物形象的艺术手法。通过多维度理解重要人物,学生就能探究提炼关键词,高度概括人物特征,并紧扣关键词展开分享与交流。阅读成果展示环节,学生如果分享自己研读诸葛亮的成果,可以讲述的内容很多。例如,"隆中对"把握天下局势的远见卓识;"舌战群儒"应对东吴谋士的磅礴气势;"草船借箭"预测天气,揣摩曹操的洞若观火;"火烧赤壁"运作战事的胸有成竹……这一切,都可围绕"智慧"这个关键词展开。可见,选好重要人物,多角度研习,提炼能够解码人物特征的关键词,能更好地锚定整本名著阅读的支点,进而撬动整本书的自主阅读。

(3)丰富精神世界,提升阅读价值。整本书阅读的每一次教学活动目标绝不仅仅是让学生读懂一本书,或教会学生如何阅读一本书,教师要直面学生精神生命的成长,引导学生积累阅读经验,丰富精神世界。高段学生已经有一定的阅读基础,教师要引导他们读深、读透整本书,读出智慧与力量,读出精神与思想。课例引导学生关注人物形象,品读重点情节,在研究小课题的过程中,忠义、智慧、忧国忧民、宽仁厚德等承载着中国人品格的词汇,有助于涵养学生民族情感,促进学生精神成长。读三国,品英雄,就是接受精神洗礼的过程。所以,教师设计整本书阅读教学目标时,一定要考虑学生的精神生长点,及学生阅读的策略与方法。课例通过课前导读、整本书的通读、重点人物与情节的精读,再到延展阅读,学生在潜移默化中习得方法,完成对名著语言、形象与思想精华的把握;通过英雄故事演一演、课题研究成果分享等形式,学生内化所得,提炼成果,并输出分享。这些指向核心素养发展的活动,深化了学生的阅读体验,提升了名著阅读的价值。

活动2:"整本书阅读"教学策略学习

步骤1 仔细阅读后文"研读材料:整本书阅读教学的过程",结合作者观点和本单元前两个主题的学习,自主探究并系统梳理:整本书阅读教学的过程可以怎样设计?应该从哪些方面制定目标?为了达成各方面目标,应该采用哪些策略与方法?

步骤2 基于各自对上述问题的探究梳理,小组合作研习二维码资源《西游记》整本书阅读教学设计①和《西游记》整本书阅读教学录像片段②,归纳提取该课例的教学策略与方法。

步骤3 小组代表在全班分享交流学习成果。

步骤4 教师结合案例点评、小结。

研读材料:整本书阅读教学的过程③

有不少研究者对整本书阅读教学过程进行了探索和总结,如余党绪的"原生态阅读、批判性理解、转化性写作"三阶段;来凤华的"读、思、议、写、拓"五环节;吴欣歆的"选书、预热、通读、讨论、展示"五步骤。这三种代表性的实践过程实则都内含了阅读、思考、表达三种学习活动。而从有效教学的视角看它们,教师分别要

---

① 设计者:重庆市渝北区鲁能巴蜀小学魏雅婷老师。
② 执教者:重庆市渝北区鲁能巴蜀小学程誉萱老师。
③ 李丽,刘飞. 整本书阅读教学的核心问题及其课程化建构[J]. 天津师范大学学报(基础教育版),2021(10):61-66.

在激发阅读兴趣、教会阅读方法和建构文本意义三个方面下功夫。结合整本书阅读教学的统整性特征,其实践逻辑大致为由引读(兴趣激发)到思读(方法指导)再到评读(意义建构)。

分享驿站

　　教学过程的设计,要服务于教学目标的达成。高段整本书阅读的教学目标要求,相对于前两个学段,更具系统性。有专家指出,整本书阅读教学必须从人文主题、阅读策略、阅读能力三个层面研制"三阶"目标。一阶人文主题目标,要结合整本书所渗透的人文思想、情感倾向与价值观等制订,旨在引导学生传承中华优秀传统文化,弘扬社会主义核心价值观;二阶阅读策略目标,要参考教材重点安排"预测""提问""快速阅读""有目的的阅读"等阅读策略制订,旨在引导学生掌握基本的阅读策略,内化形成关键能力;三阶阅读能力目标,要将阅读能力细化成"专注力""理解力""思考力""表达力"等,并依据教材安排的螺旋上升的语文要素训练内容制订,旨在引导学生"自能读书,不待教师讲"。①

　　《西游记》阅读教学参照"三阶"目标体系,融合设置了三个显性的教学目标:用图表梳理内容梗概,呈现取西行取经通关图;以孙悟空的人物形象切入,体会不同人物的性格特征;以"三"的重复叙事为主题,分组研究,理解"三"的传统内涵。这三个目标紧扣相关人文主题,突出阅读策略的优化与阅读能力的提升,要求思辨性阅读和文学阅读同步实施,符合高段学生认知心理特征和核心素养提升要求。

　　《西游记》阅读教学以"品读经典,观神魔世界"为主题。导读课,通过课文片段引入,回顾方法,激发学生阅读整本名著的兴趣,帮助学生实现从"要我读"到"我要读"的心理转变。整本书阅读的精细指导必须立足课堂,在学生自主阅读前,教师要提供阅读方法支架。《西游记》阅读教学在读法传授环节,教师介绍阅读章回小说的基本方法,如看封面、回目等,很有必要。当然,高段学生已经具有一定的阅读能力基础,对如何品析自己感兴趣的字词和有特色的表达句式、段落、章节等,已有较好策略,所以导读课不必细碎讲授更多方法,通过任务引导学生多勾画、批注和积累、梳理即可。

　　《西游记》阅读教学,教师引导学生运用图式将整本"厚书"较快读"薄",可以降低学生阅读长篇巨著的畏难情绪。按照时间、地点、事件、人物关系等梳理故事梗概,能有效提高《西游记》之类章回体长篇小说的阅读效率。在课例中,教师在导读课上要求学生提前梳理、制作西行取经路线图,并提供整理支架,即抓取师徒每过一关的地点、人物、事件。学生根据书的回目,通过小组分工合作,可以较快地

　　① 刘清杰,王琴玉. 整本书自主阅读"双体系"的建构与实施:以《中国古代寓言》整本书阅读教学为例[J]. 小学语文教学,2022(Z2):71-74.

完成路线图,并据此展开高效阅读。除了路线图,《西游记》第二十回"猪八戒背媳妇"之类的情节,也可用故事图式呈现内容,引导学生高效率阅读。整本书阅读要注重涵养学生静心阅读的品性,不一定处处讲究速度,但引导学生通过图式等方式快速把握全书内容思想是必要的。因为"整本书阅读"的"整"本身就要求从宏观、全局、整体把握,只有站在"整"的高度,才能抵达"深"的层次。[①]

在阅读策略方面,《西游记》阅读教学还注重引导学生结合使用通读、跳读和精读等多种方式。通读要求从整体上把握全书内容,这是整本书阅读的前提和基础。跳读即选读,教师有选择性地引导学生阅读相关章回,提取关键信息,全面剖析人物特征。精读,包括引导学生选择自己喜欢的片段进行赏析,积累诗词、成语、歇后语,并深度探究《西游记》中重复叙事的"三"。在阅读过程中,教师还结合经典创设情境,引导学生关联生活,获取成长力量。课标要求学生在广阔的学习和生活情境中学语文、用语文,提高交流沟通、团队协作和实践创新能力。在《西游记》阅读教学中,教师对唐僧师徒的团队协作精神进行拓展,引导学生将自己与书中角色进行对比,并思考自己选择希望的同行者,说出原因。完成任务时,学生与"双休日社区调研"等生活情境关联,可以从书中找到自己的影子,也可借鉴书中人物反观自己,快速汲取精神成长的力量。

活动 3:"整本书阅读"教学方案设计

活动步骤

步骤 1　仔细阅读后文"研读材料:读书是手段,而不是目的",深入思考:小学阶段整本书阅读的特性与目的是什么? 高段整本书阅读教学设计应该如何避免与其他类型阅读的同质化现象?

步骤 2　小组讨论以上问题,教师点拨指导。

步骤 3　深入研习二维码资源《小英雄雨来》整本书阅读教学设计[②],探究梳理:高段整本书阅读教学应该如何设计?

步骤 4　请综合借鉴本主题 3 次活动研习的 3 个课例,选择适合高段学生阅读的一部长篇小说,小组合作设计一份完整的教学方案,也可重点设计其中的导读课、指导课或交流延展课。

步骤 5　小组代表在全班交流分享,师生互动点评。

---

①　何捷. 从学习任务群视角,重识整本书阅读[J]. 教育研究与评论(小学教育教学),2022(6):12-19.

②　设计者:重庆市渝北区鲁能巴蜀小学程誉萱老师。

研读材料:读书是手段,而不是目的[①]

从人的发展角度看,读书是塑造人的手段,而不是终极目的。书作为阅读中的工具,其意义与功能首先取决于读者的需要,如小学、初中、高中水平与需要不同,使得整本书阅读功能因学情而有了不同层级需要。长期以来,受"代圣人立言"读书教育的影响,读书成为目的,忽视了学生的能力与需要,整齐划一的读书要求遮蔽了阅读主体的重要性。每一种阅读应具有其独特的本质与功能,但当前整本书阅读与其他类型阅读同质化现象严重,整本书丰富的内容提供了更多的阅读价值与可能,这也使得在现实教学中许多"整本书阅读"演变为短篇、散篇等阅读的"扩展版",精读、泛读、浏览、教读、自读等各种形式盲目混杂,没有体现出整本书阅读的特性与目的。

叶圣陶曾言:"试问,要养成读书的习惯,不教他们读整本的书,习惯怎么养得成?"[②]从课标对第三学段整本书阅读的学习内容要求可见,教师应该逐步引导小学生养成阅读真正意义上的"整本书"的习惯。与一般性文集汇编等图书相区别的是,真正意义上的"整本书"必须内容连续完整、结构统一,语言风格一致。当前阅读教学重视篇章短、阅速快的碎片化阅读,轻视整体性的长阅读,重视阅读答题技巧和一个个"任务"的完成,轻视综合性的深度阅读等现象比较严重。在这种背景下,整本书阅读的重要目的就在于矫正这些浅表性、碎片化、功利化阅读,大力培养学生专注读书的习惯与兴趣,同时还要尽可能拓展阅读思维的深度,培养语感,提升语言能力,创设体悟情境,助力审美鉴赏,渗透文化意识,提升综合素养。[③]

小学阶段整本书阅读要体现上述特性与目的,必须严格落实课标要求,创设自由阅读、快乐分享的氛围,善于发现学生阅读整本书的成功经验,及时组织交流与分享,善于发现、保护和支持学生阅读中的独到见解。同时,教师应以学生自主阅读活动为主,引导学生了解阅读的多种策略,运用浏览、略读、精读等不同阅读方法,通读整本书,了解主要内容,关注整体与局部、局部与局部之间的关系。[④] 自主阅读是整本书阅读的重点,引导学生掌握多种阅读策略是课堂整本书阅读教学的关键。阅读策略可以被定义为一种主动的、目标导向的行为,旨在控制和调整解码文本、理解字词和构建文本意义的阅读过程。[⑤] 决定阅读策略学习与运用水平的

---

①　贺卫东. "整本书阅读"教学的本质、功能与问题消解[J]. 课程·教材·教法,2020(7):72-78.

②　叶圣陶. 叶圣陶语文教育论集[M]. 北京:教育科学出版社,1980:82.

③　贺卫东. "整本书阅读"教学的本质、功能与问题消解[J]. 课程·教材·教法,2020(7):72-78.

④　中华人民共和国教育部. 义务教育语文课程标准:2022年版[M]. 北京:北京师范大学出版社,2022:33.

⑤　王湛月,魏小娜. 阅读策略的内涵、类型与测评方法探析[J]. 语文教学通讯,2022(10):56-57.

关键因素是学生的主观能动性。相对于其他类型的阅读而言,整本书阅读教学更要注意发挥和发展学生的自主性,涵养学生读书的静笃与专注,关注学生的个性与差异,鼓励学生的批判与创见。

为了避免学生主体性被遮蔽,整本书阅读教学一定不能设计大量整齐划一的读书要求,更不能演变为短篇、散篇等阅读的"扩展版",应尽可能消解阅读的功利与浮躁,引导学生多读闲书,培养他们的"闲心"。这是学生终身发展的生命诉求。如果整本书阅读涵养的闲心、静心及和谐喜乐之心,那么儿童青少年会更加健康快乐地成长,这一定善莫大焉。从这个意义讲,整本书阅读教学设计,也可"无为而无不为",最大限度为学生提供自由阅读的空间,最大限度为学生身心"减负",最大限度引导学生在自主阅读活动中享受读书的快乐。

单元梳理与提升

 拓展阅读

请仔细研读朱自强教授的《论整本书的不同艺术形态及其阅读教学方法》(《课程·教材·教法》2022 年第 12 期),系统梳理整本书阅读的语文教育价值和教学方法等,并在学习小组内分享与交流。

 问题探究

课标要求整本书阅读教学以学生自主阅读活动为主。请深入探究"自主阅读活动"的内涵及组织指导策略与方法。

 综合实践

请采取多种方式调查当前小学生课外阅读活动存在的问题,调查对象可以侧重于城镇或者农村,也可侧重不同学段。在系统调查的基础上,小组展开讨论,提出解决问题的对策与建议。

 学习反思

在推进整本书阅读的过程中,教师应成为先行者、同行者和推行者。[①] 请根据自己每年阅读整本书的数量、质量、时间等情况,反思自己的得失及经验教训,并结合自己的情况,探讨小学整本书阅读教学的难点及突破方法。

---

① 孙世梅.整本书阅读推进中的教师定位[J].语文建设,2020(6):14-17.

单元十一　　　　　"跨学科学习"教学

 课标要点

　　本学习任务群旨在引导学生在语文实践活动中,联结课堂内外、学校内外,拓宽语文学习和运用领域;围绕学科学习、社会生活中有意义的话题,开展阅读、梳理、探究、交流等活动,在综合运用多学科知识发现问题、分析问题、解决问题的过程中,提高语言文字运用能力。

　　教学提示:

　　充分发挥跨学科学习的整体育人优势,增强跨学科学习的计划性和目标意识。根据不同学段学生生活的范围、学习兴趣和能力,精心选择学习主题和内容,组织、策划多样的学习活动。考虑每学期的课时安排,把握活动周期和难度。

　　要引导学生在广阔的学习和生活情境中学语文、用语文,提高交流沟通、团队协作和实践创新能力。注意引导学生掌握问题探究的基本步骤和方法,学会提炼、表达、呈现学习成果,着重培养学生综合运用多学科知识解决实际问题的能力。

　　评价主要以学生在各类探究活动中的表现,以及活动过程中完成的方案、海报、调研报告、视频资料等学习成果为依据。教师可以针对主要学习环节和内容制订评价量表,邀请相关学科教师、家长、社会人士参与评价。

 学习目标

□ 剖析课例,了解"跨学科学习"的价值意义与教学方法,感悟其教学设计与实施艺术。

□ 研读课标各学段"跨学科学习"内容要求、教学建议等,学习探究各学段"跨学科学习"教学的策略与方法。

□ 能够设计各学段"跨学科学习"教学方案,并相互研讨评价,主动反思改进,提高教学技能,积累教育智慧。

主题一　低段"跨学科学习"教学

"跨学科学习"相较于"语言文字积累与梳理""实用性阅读与交流""文学阅读与创意表达""思辨性阅读与表达""整本书阅读"而言,具有更强的综合性。基于语文学科的"跨学科学习"必须融合渗透在其他5个语文学习任务群之中,而相关策略与方法本教材已有较多讨论。所以,本单元低、中、高段"跨学科学习"教学三个主题,都集中内容安排为一个活动,增强综合性和实践性,重点讨论各学段专题式"跨学科学习"的教学。本主题的活动目标、活动内容、重要程度、学习难度见表 11-1-1。

表 11-1-1　本主题活动概览

活动名称	活动目标	活动内容	重要程度	学习难度
低段"跨学科学习"教学	了解"跨学科学习"的价值意义;探究低段"跨学科学习"的特点及教学策略;学习设计"跨学科学习"教学方案	1. 研习低段"跨学科学习"教学4个课例。 2. 研读材料:第一学段"跨学科学习"内容要求。 3. 学习设计低段专题式"跨学科学习"教学方案	★★★★	★★★★★

活动步骤

步骤 1　课前认真研习二维码资源《"寻宝渝中"跨学科学习专题活动设计》(二年级上册)、《"寻宝渝中"之"写文物古迹推荐词"》(二年级上册)、《"美食荟萃"跨学科学习专题活动设计》(二年级下册),自主探究:语文"跨学科学习"的价值与教学方法。

步骤 2　交流分享课前研习成果,教师点评、指导。

步骤 3　阅读后文"研读材料:第一学段'跨学科学习'内容要求",结合第一学段"识字与写字""阅读与鉴赏""表达与交流""梳理与探究"等方面课程目标要求,自主探究:低段"跨学科学习"的特点与教学策略。

步骤 4　认真研习二维码资源《"我眼中的大自然"任务群教学简案》(一年级下册)、《中国美食》(二年级下册)教学简案与作业设计,《中国美食》作业设计说明①,梳理两个课例中的跨学科学习内容,进一步探究"跨学科学习"的教学策略。

步骤 5　参考步骤 1 研习的课例,结合一、二年级教材相关内容和学生实际情况,自主设计低段专题式"跨学科学习"教学方案。

———————————

① 本主题活动"寻宝渝中"等 4 个课例由重庆市渝中区枇杷山小学钟静老师完成。

步骤6　交流各自设计的教学方案,教师点评,学生反思改进。

研读材料:第一学段"跨学科学习"内容要求

(1)围绕爱图书、爱文具、爱学习等主题,走进图书馆、阅览室、书店、文具店,在借用、购买、整理图书和文具的过程中,学习识字、说话、计算、设计、美化,学习与他人沟通、交流,养成爱书、爱文具的好习惯。

(2)在班级、学校或家庭养护一种绿植或者小动物。综合运用语文、科学、数学等多学科知识,学习日常观察和记录。

(3)参与学校、社区举办的节日和风俗活动,留意身边的传统节日、风俗习惯等文化现象,感受和学习生活中的中华优秀传统文化。

分享驿站

"跨学科学习"是一种力求学科交叉融合的课程观和学习方式,要求兼具综合性、实践性、情境性与探究性。课标将"跨学科学习"作为与"整本书阅读"同等重要的"拓展型学习任务群"列入语文课程内容,意味着我们探讨的"跨学科学习"必须以语文学科为基础,跨越学科界限,在多个学科视野下引导学生拓展学语文、用语文的空间和平台,全面发展学生核心素养。

一、"跨学科学习"的价值

根据课标对"跨学科学习"学习内容等方面的要求,我们认为"跨学科学习"的价值主要有三点。

(1)扩展语文学习时空。语文学习绝对不应该局限于课堂和学校,学生生活与语文学习必须高度融合。跨学科学习所跨越的,不仅是一门一门学科,还是学生生命成长所关涉的一切空间与时间。课堂、学校、家庭、社会,乃至自然界,都可以学语文、用语文;上课期间、节假日,也都可以学习、运用语文。

(2)丰富语文学习方式和内容。2011年版课标明确要求积极倡导自主、合作、探究的学习方式,此后语文学习方式有了很大改进。不过,语文学习如果仅仅局限在语文学科内部,语文教学只做语文的事,听、说、读、写等相对单一的语文学习方式难免会大行其道,垄断一切。听、说、读、写对于语文学习固然极为重要,但与学生生活融为一体的真实的语文学习,必须整合非语文学习方式,例如,天马行空的艺术想象、严谨规范的科学实验、环环相扣的数学推理等。跨学科学习要求在综合运用多学科知识发现问题、分析问题、解决问题的同时提高语言文字运用能力。这种学习直面学生生活,直接联通学生的语文学习与生命世界,彻底超越了以字词句段和听、说、读、写等为追求的传统语文教学方式。当然,语文课程领域的"跨学科学习",其目标与内容依然指向语文,指向语文课程培养的学生核心素养。语文教师不能"种了别人的田,荒了自己的地",也不能将语文学科与科学、音乐、美术、体育、信息技术等学科简单组合叠加。语文课程领域的"跨学科学习"必须努力落实语文学习的综合性、实践性、情境性与探究性,更加高效地发展学生文化自信、语言运用、思维能力、审美创造等核心素养。

（3）跨学科学习对于"识字与写字""阅读与鉴赏""表达与交流""梳理与探究"等方面课程目标的达成具有全面的支撑与促进作用。不过,细心研判,这种学习对"梳理与探究"课程目标的支撑作用最为明显。比如,第一学段"梳理与探究"课程目标要求有三点:观察字形,体会汉字部件之间的关系,梳理学过的字,感知汉字与生活的联系;观察大自然,热心参加校园、社区活动,积累活动体验,结合语文学习,用口头或图文等方式整理、表达自己在活动中的见闻和想法;对周围事物有好奇心,能就感兴趣的内容提出问题,结合其他学科的学习和生活经验交流讨论,尝试提出自己的看法。几乎每一点要求都直接关联着跨学科学习。

二、低段"跨学科学习"的特点

本主题活动研习的四个低段"跨学科学习"课例,都较好地落实了第一学段"梳理与探究"课程目标,也符合一、二年级学生的认知特点和语文学习规律,充分体现了低段跨学科学习的特点:一是,语文知识、技能的学习与运用与儿童生活紧密结合;二是,着力促进学生进行有意义的问题探究;三是,循序渐进地引导、强化学生跨学科学习的意识。课标要求第一学段跨学科学习内容从课堂延伸到家庭、学校、图书馆、阅览室、社区、书店、文具店等日常学习生活场所,要求学生与他人沟通交流,开展以爱生命为主题的绿植、小动物养护及其观察、记录活动等。"寻宝渝中"课例引导学生真正走进自己长期学习与生活的"渝中母城",开展"手绘渝中旅游地图""渝中故事我来讲""推荐渝中宝藏"等活动。"美食荟萃"课例引导学生认识各色菜肴、推荐营养菜单、发布美食。"我眼中的大自然"课例组织学生制作与大自然有关的民间玩具,并推荐给更多人。《中国美食》作业设计要求学生结合从美术课《农家宴》上学到的方法为自己最喜欢的菜做一张图文并茂的"身份证"。这些设计完全符合课标要求,有目的、有计划地将语文知识、技能的学习与运用领域扩展到学生日常生活空间,丰富了语文课程内容,提升了语文课程为学生生活、为学生成长服务的价值。

三、低段"跨学科学习"的教学策略

根据教学方式方法与时间安排的不同,上述四个课例的跨学科学习,可以分为两类:一是"专题式跨学科学习","寻宝渝中""美食荟萃"两个课例即属于此类。二是"融合式跨学科学习","我眼中的大自然"及《中国美食》作业设计两个课例中的跨学科学习主要属于此类。

所谓"专题式跨学科学习",是围绕某学习主题,综合教材的相关学习内容,在恰当学习时间节点专门集中安排的跨学科学习。如"寻宝渝中"课例,在基本完成二年级上册第三单元学习内容后,集中安排一节跨学科学习指导课,然后组织学生在家长的协助下展开为期一周的课外自主学习,最后再集中安排一节课分享、交流学习成果。"美食荟萃"课例整合了教材二年级下册相关内容(第三单元民谣《传统节日》及课文《中国美食》、第二单元课文《千人糕》、第一单元《口语交际:注意说话的语气》、语文园地七"日积月累"及写话《我想推荐一道菜》等),在第三单元内容基本完成后,结合学生生活实际安排了 2 课时综合性、实践性跨学科学习。

所谓"融合式跨学科学习",是在语文学习过程中,根据教材相关内容的学习需要,灵活、分散、渗透安排的跨学科学习。如"我眼中的大自然"课例,学习内容涉及富含中华传统文化的课文《春夏秋冬》、儿歌《小青蛙》,以及"快乐读书吧"、《口语交际:听故事,讲故事》等内容,教学全程 5~7 课时。其中,引导学生运用科学课的知识,走进大自然,去发现、感受大自然的美,结合一年级下学期美术"民间玩具",画一画自己和大自然玩游戏等内容,就是在"语言文字积累与梳理"教学中灵活安排的跨学科学习。在《中国美食》作业设计中,大部分作业都是相对单纯的"语言文字积累与梳理"作业,而课后拓展作业"我来创作,传递文化"则是灵活安排的、渗透其间的跨学科作业。

课标要求跨学科学习必须增强计划性和目标意识,要根据不同学段学生生活的范围、学习兴趣和能力,精心选择学习主题和内容,组织、策划多样的学习活动。要考虑每学期的课时安排,把握活动周期和难度,第一至第三学段以观察、记录、参观、体验为主。当然,"专题式"与"融合式"是两个相对而言的概念,我们在辨析时不一定能够,也没有必要截然区分它们。我们讨论跨学科学习是"专题式"还是"融合式"主要是为了给教学实践工作提供基本参考。

主题二　中段"跨学科学习"教学

本主题的活动目标、活动内容、重要程度、学习难度见表 11-2-1。

表 11-2-1　本主题活动概览

活动名称	活动目标	活动内容	重要程度	学习难度
中段"跨学科学习"教学	探究梳理中段"跨学科学习"的特点及教学策略与方法;小组合作设计教学方案	1. 研习中段"跨学科学习"教学的两个课例。 2. 研读材料:第二学段"跨学科学习"内容要求及相关课程目标要求、学业质量标准。 3. 合作设计中段专题式"跨学科学习"教学方案	★★★★	★★★★★

活动步骤

　　步骤1　课前认真研习二维码资源《"我带萌娃游校园"跨学科学习专题活动设计》①、《"我带萌娃游校园"汇报总结课堂实录》、《"我带萌娃游校园"汇报总结》教学录像②,自主探究:中段"跨学科学习"的特点及教学策略与方法。

　　步骤2　交流分享课前研习成果,教师点评、指导。

　　步骤3　阅读后文"研读材料:第二学段'跨学科学习'学业内容要求",结合第二学段"梳理与探究"等方面课程目标要求和有关"跨学科学习"学业质量标准,进一步归纳中段"跨学科学习"的特点及教学策略与方法。

　　步骤4　认真研习二维码资源《"避暑胜地我来推"跨学科学习专题活动设计》③,结合"我带萌娃游校园"课例,归纳提炼中段"跨学科学习"的教学策略与方法,并在全班分享与交流。

　　步骤5　参考前述课例,结合三、四年级教材相关内容和学生实际情况,小组合作设计中段专题式"跨学科学习"教学方案。

　　步骤6　小组代表汇报本组设计的方案,师生互动评议。

研读材料:第二学段"跨学科学习"内容要求

　　(1)尝试运用科学、艺术、信息科技等学科相关的知识和技能,富有创意地设计并主动参与朗诵会、故事会、戏剧节等校园活动。

　　(2)参观物质文化遗产,了解非物质文化遗产;关注传统节日节气、民俗风情、民间工艺、历史和传说等;探寻日常生活中的龙凤、松竹梅兰等中华文化意象。积极参加学校、社区举办的文化主题活动,在活动中学习语文,获得多样的文化体验。

　　(3)选择自己发现和关心的日常语言、行为、校园卫生、交通安全、家庭教育等方面的有关问题进行调查研讨,尝试写出简单的研究报告,与同学交流。

分享驿站

　　一、中段"跨学科学习"的特点

　　仔细分析课标第二学段"跨学科学习"学习内容要求,以及与之密切相关的第二学段"梳理与探究"课程目标,可以归纳出中段"跨学科学习"的三个特点。

　　(1)语文知识、技能学习与运用的领域较低段更为广阔。课标明确要求把学生的语文学习与科学、艺术、信息技术等课程联系起来,通过朗诵会、故事会、戏剧

---

　　① 设计者:重庆市巴蜀小学周龙芬老师。
　　② 执教与文字整理:重庆市巴蜀小学王国平老师。
　　③ 设计者:重庆市两江新区华东师范大学附属中旭学校陈成老师、两江新区巴蜀蓝湖郡小学李娜老师。

节等校园活动的设计与举办,拓宽语文知识与技能学习的渠道与平台,在完成真实任务的系列活动中深化语文学习。课标还进一步要求加强中华优秀传统文化学习,把"参观物质文化遗产,了解非物质文化遗产",以及"传统节日节气、民俗风情、民间工艺、历史和传说""龙凤、松竹梅兰等中华文化意象"纳入学习内容,强化学生的文化体验与有效探究。在联系生活方面,课标要求调查与研讨日常语言、行为、校园卫生、交通安全、家庭教育等方面问题,尝试写出简单研究报告,引导学生关注生活,培养社会责任感。

(2)跨学科学习方式方法更为丰富。课标列举了"设计""参观""探寻""体验""调查""研讨""交流"等学习方法,强调了跨学科学习"过程与方法"维度的目标,如"参观物质文化遗产"活动,需要选择参观对象,设计活动方案,联络有关人员,编写活动指南,撰写解说稿件,整理活动照片,运用多媒体总结宣传,等等。这一系列语文学习活动更加强调知识、技能的情境化运用与核心素养的整体发展。学生自主选择,分工合作,密切沟通,灵活运用多学科"活的知识和技能"。

(3)更重视培养学生合作实践意识与能力。第二学段"跨学科学习"学习内容要求的每一条都高度重视学生合作实践的意识与能力。例如,"富有创意地设计并主动参与""积极参加学校、社区举办的文化主题活动""进行调查研讨,尝试写出简单的研究报告,与同学交流"。与跨学科学习紧密关联的第二学段"梳理与探究"课程目标也有大量类似的要求。例如,"学习组织有趣味的语文实践活动,在活动中学习语文,学会合作""能提出学习和生活中的问题,有目的地搜集资料,共同讨论,尝试运用语文并结合其他学科知识解决问题"。

本主题活动研习的"我带萌娃游校园""避暑胜地我来推"两个专题式"跨学科学习"课例,都符合课标要求,较好地体现了中段"跨学科学习"的上述特点。比如"我带萌娃游校园",学生为解决新生对校园环境不熟悉的真实问题,运用语文、道德与法治、美术、数学、科学等多学科知识,分组合作,连贯有序地完成"确定选点,设计路线"等四个活动任务。语文知识、技能的学习运用与服务他人紧密结合,跨越多学科的学习方式方法更为丰富,全过程更加强调合作意识与能力的培养。

二、中段"跨学科学习"的教学策略

"跨学科学习"教学,必须充分落实课标相关目标与内容要求。教师要结合教材,在恰切主题的引领下,统筹设计情境、任务、活动与评价,将听、说、读、写,搜集处理信息,采访调查等多样化学习活动有机融合;要联结课堂内外、学校内外,整合多学科知识去解决实际问题,在组织引导学生"真正做事"的过程中整体提高学生的核心素养。"真正做事"要求以真实生活情境为任务载体,引导学生展开实践探究活动,学以致用,以用促学,主动建构知识经验与实践创新能力。实践探究是跨学科学习的核心任务,在运用多学科知识、技能探究解决社会生活真实问题的过程中,学生积极参与,亲身体验,创意设计,主动表达,可以充分发展解决问题、合作创新的能力,以及语言运用能力等。研习三个课例,可以获得有关中段"跨学科学习"教学策略的几点启示。

（1）必须巧妙设计真实情境中的"大任务"。"我带萌娃游校园""避暑胜地我来推"都是真实情境中的"大任务"。"大任务"可以驱动、引导、统领整个跨学科学习专题活动,而且贯穿始终。"大任务"以学生的学习为主线,重组学习内容,进而达到学科逻辑、学习逻辑、生活逻辑之间的协调。跨学科学习"大任务"必须引导学生把识字与写字、阅读与鉴赏、表达与鉴赏、梳理与探究等语文实践活动结合起来进行深度学习、创造性学习。设计跨学科学习"大任务",可以根据学生日常学习生活需要,多角度引导学生,如:制作一件礼物,体验一种角色,策划一次活动,完成一项研究,推荐一个项目,开展一次辩论,解决一道难题……这些任务的共同点是都具有情境性、开放性、综合性和实践性,需要学生整合运用多学科知识、技能。

（2）紧扣"大任务"设计系列学习活动。在"我带萌娃游校园"课例中,"确定选点,设计路线""学习介绍,充分准备""带游校园,自评小结""展示成果,汇报总结"四个活动是逐步进阶的。在"避暑胜地我来推"课例中,"查阅资料,初步整理""分享资料,开阔思路""筛选资料,撰写推文""避暑胜地我来推"四个活动也是逐步进阶的。逐步进阶的活动环环相扣,一般按照事情发展的先后顺序安排,学习内容由浅入深,由易到难。另有一些"大任务"之下的系列学习活动,则可能是彼此并列的。例如,在"中秋探月"的"大任务"下,可以有"神话与月""诗歌与月""国画与月""音乐与月""科普与月""航空与月"等次级主题学习活动,这些学习活动彼此并列,互相呼应,呈现跨学科学习的广阔空间,指引跨学科学习的不同路径,彰显跨学科学习多方面的价值张力。

（3）为学生提供或者引导学生自主开发与利用优质学习资源。课标要求语文课程资源的开发与利用必须坚持立德树人的目标导向,贯彻落实社会主义核心价值观,促进学生身心健康发展;必须遵循核心素养形成和发展规律,紧密结合语文教材内容,选择有利于组织和实施综合性语文实践活动的优质资源,构建开放多元的学习资源体系;同时,应调动多元主体,丰富资源类型,合理开发与利用纸质资源、数字资源,或者日常生活资源、地域特色文化资源等。教师要充分利用语文学习过程中生成的重要问题、学业成果等显性资源,以及师生语文学习方面的兴趣、爱好和特长等隐性资源。教师和学生都要充分发挥自身优势与潜力,积极开发和利用各类课程资源,重视信息化环境下的资源建设,关注语文学习过程中生成性资源的整理和加工,运用课程资源促进学习方式的转变。跨学科学习因其具有高度的综合性、实践性、情境性和探究性,对学习资源(课程资源)的开发与利用有着更高要求。我们可以循着三条基本路径努力落实课标精神。

首先,注重整合教材资源。传统语文教学过度重视课本,教师往往以教材为唯一遵循。当前语文教学,尤其是跨学科学习必须大量开发与利用教材以外的资源,但这并不意味着可以忽视和摒弃教材。教材是语文课程目标与内容的重要载体,是语文课程立德树人的重要依据,是相对最富"含金量"的语文课程资源。所以,教师要充分解读教材内容,了解单元、单篇课内教学资源的配备情况,然后开发利用适切的课程资源推进教学。① 课例"避暑胜地我来推""我带萌娃游校园"都较好整合利用了教材资源。教材有大量内容可以为跨学科学习提供支持。例如,将四年级上册第三单元"我是小小观察员"这个"大任务",分解为"跟着作家学观察""跟着小作家来表达""晒晒我的观察日志"三个"子任务"。充分依托和整合教材内容,回答和解决好诸如"作家在观察什么? 又在怎样观察? 记下了什么样的观察结果? "我"可以观察啥? 应该怎样填写和绘制观察记录?"等问题,学生的跨学科学习便可高效推进。

其次,大力挖掘生活资源。小学生的生活丰富多彩,生活中的各种素材是天然的学习资源,能有效拓展学习空间,增强学习动力,深化学习体验。设计跨学科学习主题活动要注重就地取材,寻找、挖掘、利用贴合学生学习生活实际的学习资源。课例"避暑胜地我来推",结合很多学生暑期都会外出这一实际情况进行设计。将生活与语文教材资源结合起来,可以因时、因地、因人制宜,拓宽语文学习路径,引导学生在语文实践活动中健康快乐成长。例如,有学校种植了大量枇杷树,枇杷成熟的时节,教师就可以结合四年级下册第一单元"田园生活"等内容,以"欢度校园枇杷节"为"大任务"开展跨学科学习。

最后,充分利用网络等媒体资源。随着多媒体信息技术的发展,现代媒体工具已经成为语文学习不可或缺的重要资源。课标明确要求,积极利用网络平台拓展学习空间,丰富学习资源,整合多种媒介的学习内容,提供多层面、多角度的阅读、表达和交流的机会,促进师生在语文学习中的多元互动。"避暑胜地我来推"课例的前置任务,要求学生通过实地走访、网上搜集、查阅书刊等方式,搜集身边可被利用的"避暑胜地"资源,赋予学生自主开发与利用学习资源的权利,可以有效促进学习方式变革。在任务三中,教师引导学生根据自己写好的避暑胜地推文,创造性地制作演示文稿、微视频、宣传单等在班级参加"避暑胜地推荐会",充分利用朋友圈、美篇等,宣传自己喜欢的避暑胜地,这是对学习资源进行再利用、再创造,可以全面发展学生核心素养。

主题三　高段"跨学科学习"教学

本主题的活动目标、活动内容、重要程度、学习难度见表11-3-1。

---

① 徐国珍. 小学语文课程资源开发与利用[J]. 语文建设,2022(16): 4-7.

表 11-3-1   本主题活动概览

活动名称	活动目标	活动内容	重要程度	学习难度
高段"跨学科学习"教学	探究梳理高段"跨学科学习"的特点及教学策略与方法；小组合作设计教学方案	1. 研习高段 2 个"跨学科学习"教学的课例。 2. 研读材料：第三学段"跨学科学习"学习内容要求及相关课程目标要求、学业质量标准。 3. 合作设计高段专题式"跨学科学习"教学方案	★★★★	★★★★★

活动步骤

步骤1   课前认真研习二维码资源"情系中国结"跨学科学习系列材料①(六年级上册)和"美好毕业季"跨学科学习案例系列材料②(六年级下册)，自主探究：高段"跨学科学习"的特点及教学策略与方法。

步骤2   交流分享课前研习成果，教师点评、指导。

步骤3   阅读后文"研读材料：第三学段'跨学科学习'内容要求"，结合第三学段"梳理与探究"等方面课程目标要求和学业质量标准，进一步归纳提炼高段"跨学科学习"的特点及教学策略与方法，并在全班分享与交流。

步骤4   参考"情系中国结""美好毕业季"两个课例，结合五、六年级教材相关内容和学生实际情况，小组合作设计高段专题式"跨学科学习"教学方案。

步骤5   小组代表汇报本组设计的方案，师生互动评议。

研读材料：第三学段"跨学科学习"内容要求

（1）积极参加校园文化社团，参与学校和社区举办的戏曲、书法、篆刻、绘画、刺绣、泥塑、民乐等相关文化活动，体验、感知、传承中华优秀传统文化，运用多种形式分享自己的经验与感受。

（2）综合运用语文、道德与法治、科学、劳动等多方面的知识和技能，通过小组研讨，集体策划、设计参观考察活动方案，运用跨媒介形式分享研学成果。

（3）选取衣食住行、学校、地球、太空等某个方面，设计人工智能时代的未来生活，运用多样形式丰富自己的语言表达，呈现与分享奇思妙想。

---

① 设计与执教者：重庆市巴蜀小学刘婷老师。
② 本案例由重庆市巴蜀小学陈艳、李兰、程誉萱、程明敏、李启琼等老师共同完成。

一、高段"跨学科学习"的特点

仔细分析课标第三学段"跨学科学习"学习内容要求、学业质量标准,以及与之密切相关的第三学段"梳理与探究"课程目标,可以归纳出高段"跨学科学习"的三个特点。

(1)更关注现实的学习与生活情境。例如,在"跨学科学习"学习内容方面,课标要求"参与学校和社区举办的戏曲、书法、篆刻、绘画、刺绣、泥塑、民乐等相关文化活动""选取衣食住行、学校、地球、太空等某个方面,设计人工智能时代的未来生活"。在学业质量方面,要求在简单的调查、访谈等活动中记录真实生活;能根据活动需要,结合自己的知识积累和生活经验提出要探究、解决的主要问题;记录探究的过程及结论,写简单的研究报告;能组织讨论和专题演讲,发表自己的观点;能根据校园、社会活动的需要,自己或与同学合作撰写活动计划、实施方案或活动总结。在"梳理与探究"课程目标方面,要求策划简单的校园活动和社会活动,对所策划的主题进行讨论和分析,学写活动计划和活动总结;对自己身边的、大家共同关注的问题,或影视作品中的故事和形象,通过调查访问、讨论演讲等方式,开展专题探究活动,学习辨别是非、善恶、美丑。

(2)学习方式和主题更利于深度学习。在学习方式方面,高段"跨学科学习"主要涉及校园文化社团学习、小组研讨、集体策划、参观考察、运用跨媒介、设计未来生活等。学生运用这些学习方式,可以进一步拓展跨学科学习的深度与广度。如,校园文化社团是学生自愿组建形成的文化艺术团体,有助于促进学生全时段、全空间的主动学习。又如,参观考察是学校教育和社会教育紧密结合的综合性、实践性学习方式,深受学生喜欢,有利于在"行万里路"的过程中开阔学习视野,培养创新精神和实践能力,强化团队意识,发展核心素养。在学习主题方面,高段"跨学科学习"的要求相对更加聚焦。例如,在戏曲、书法、篆刻、绘画、刺绣、泥塑、民乐等相关文化活动中体验、感知、传承中华优秀传统文化。以上学习方式和主题,有利于学生在宏阔的时空背景中自由探索,主动发展。

(3)更强调学习成果的导向作用。例如,第三学段"跨学科学习"在学习内容方面,要求"用多种形式分享自己的经验与感受""运用跨媒介形式分享研学成果""呈现与分享奇思妙想"。在学业质量标准方面,课标要求提出必须探究、解决的主要问题,与同学合作探索解决问题的具体方法,记录探究的过程及结论,写简单的研究报告;独立或与同学合作撰写活动计划、实施方案或活动总结。

本主题活动研习的"情系中国结""美好毕业季"两个专题式"跨学科学习"课例,符合课标要求,较好地体现了高段"跨学科学习"的上述特点。比如,"美好毕业季"课例,高度关注学生真实的学习生活情境,引导学生在宏阔时空背景中总结过往,享受当下,展望未来。"情系中国结"课例,学习内容高度专题化、项目化,"创意绘制""设计论坛界面""欣赏舞蹈,诵读诗歌"等学习活动,扎扎实实地促进了学生的深度学习。两个课例都特别强调过程性目标与学习成果分享紧密结合。如,"情系中国结"课例中的搜集与整理资料、动手编织万字结、创意设计论坛,既有过程性要求,又有成果的分享或评比。"美好毕业季"课例中的演讲稿、自创诗歌等成果,都离不开学生的深度学习,而系列作品的分享,又促进了学生的跨学科学习。

二、高段"跨学科学习"的教学策略

研习两个课例,还可以加深我们对"跨学科学习"教学策略的认识。课标"教学建议"部分,要求充分发挥跨学科学习的整体育人优势,增强跨学科学习的计划性和目标意识。"美好毕业季"课例,引导学生从以知识为中心的碎片化学习转向问题解决的整体性学习,很好地践行了"整体育人"理念。班级毕业典礼暨联欢活动如何开展?典礼暨联欢活动视频如何剪辑和发布?班级毕业纪念册要安排哪些栏目与内容?自己的个人毕业纪念册应该怎样设计才最有纪念意义?如何用演讲稿或诗歌充分表达自己的思想情感与理想抱负?这些问题是学生小学毕业前后面临的真实问题。围绕这些问题,教师基于全面发展、个性发展、和谐发展的育人观,积极提高课程站位,根据核心素养的内涵组织、指导了这个专题式"跨学科学习"活动。与该活动密切相关的教材内容是六年级下册第六单元综合性学习"难忘的小学生活"。以梳理与探究、表达与交流等语文实践活动为基础,教师结合班主任工作,整合道德与法治、信息技术、美术、音乐等学科教学,利用将近半学期的时间,有目的、有计划地组织、指导学生完成系列跨学科学习任务,尽可能实现人与人之间、学科与学科之间的协同,学生统整知识,提高能力,发展思维,解决问题,其身心素质、德性与审美素养、创造力与文化底蕴等各方面都得到了不同程度的优化。

规划设计"跨学科学习"教学,必须根据学生的现实情况、课标规定的每个学段的课程目标与学习内容要求,以教材为依托,通过对教材创造性的重组和拓展,建立学科知识与现实生活、真实问题之间的联系,妥善安排学习时间。跨学科学习必须课内外结合,可以合理安排一定课余时间,但切忌无视学生身心发展规律,额外增加学生学业负担。原则上,跨学科学习的主要任务应该在课堂教学中完成,语文教师应该充分利用语文课程原有的教学时间。如果确有需要,语文教师可以与其他课程教师协商,合作调配使用课堂教学时间。"情系中国结"课例的设计与实施就较好地体现了以上策略。首先,该课例紧扣课标第三学段"跨学科学习"的学习内容要求:"体验、感知、传承中华优秀传统文化,运用多种形式分享自己的经验与感受。"其次,该课例与教材六年级上册第三单元教学密切结合。该单元有《竹节人》《宇宙生命之谜》《故宫博物院》等课文,其中《竹节人》安排了三个教学任务:写玩具制作指南,教别人玩竹节人这种玩具;体会传统玩具给人们带来的快乐;

讲一个有关教师的故事。该课例的学习活动与《竹节人》的教学一脉相承,引导学生带着问题去阅读,广泛阅读、收集、整理资料,在动手实践中学习知识与技能,自觉传承和发扬中华优秀传统文化。其进程可以较好地统整美术、音乐、劳动、信息技术等课程的学习内容和时间。

设计和实施"跨学科学习"教学,必须高度重视过程性评价。课标要求"跨学科学习"评价主要以学生在各类探究活动中的表现,以及活动过程中完成的方案、海报、调研报告、视频资料等学习成果为依据。教师可以针对主要学习坏节和内容制订评价量表,邀请相关学科教师、家长、社会人士参与评价。评价要关注学生综合运用多学科知识思考问题、解决问题的态度和能力。评价以鼓励为主,既充分肯定学生的发现和创造,又引导学生自我反思提升,不断提高跨学科学习的质量。"情系中国结"课例从阅读与鉴赏、表达与交流、梳理与探究等方面入手设计了不同评价量表,较好地践行了学习过程的多元发展性评价理念。其中,课前准备评价表、"最美万字结"评价表、阅读与鉴赏评价表、表达与交流评价表、梳理与探究评价表都是过程性学习评价的有效工具,主要作用在于促进学生学好语文知识与技能,感受学习的意义和价值,及时反思调整,增强文化自信等核心素养。该课例最后的"非遗技艺传承人"评价,于这次学习活动而言,是终结性评价,于学生持续不断的语文学习而言,又是过程性评价。这个评价紧扣整个学习活动的主要情境和核心任务,可以充分保障较好地实现这个专题式"跨学科学习"活动的整体育人价值。

"跨学科学习"教学必须密切关注学生的情感体验,充分激发学生的生命潜能。"跨学科学习"与 2011 年版课标所列"语文综合性学习"的功能定位、价值意义、策略路径等基本一致,都强调结合学生生活经历,加深学生对人生、社会的认识,培养学生高尚的情操、审美素养、积极的人生态度,引导学生形成积极正确的价值观。[①] "美好毕业季"课例在这方面对我们启发尤为深刻。学生策划实施的毕业典礼与联欢活动,设计制作的班级和个人毕业纪念册,精心准备并深情演讲的《我是中国少年郎》《时光不旧,未来可期》《美好童年奠基精彩人生》《过去与未来》等,以及一句句赠言、一幅幅图画、一首首诗歌,虽然不少地方明显可见"为赋新词强说愁"的稚嫩与青涩,也存在"依葫芦画瓢"的模仿与借用,但大多可谓"激情与智慧齐飞,思想与言语共舞",充分彰显了新时代小学生的巨大生命潜能、高尚审美情操、积极人生态度和正确价值观念。引导小学语文"跨学科学习"成功进入这般境界,教师最可依靠的教学策略有两点:一是高度尊重、信任学生的生命潜能,认可每一位学生都能大放生命异彩,并给予鼓励;二是把整个心灵献给孩子,让自己的情感脉搏与孩子一道律动,让自己的生命与孩子的生命相映生辉,共同成长。"美好毕业季"课例中的师生作品,从多方面较好地体现了这两点策略的重要价值

---

① 靳彤. 语文综合性学习理论与实践[M]. 北京:中国社会科学出版社,2007:68.

和显著成效。其实,整个语文教育,乃至一切教育,都可以把这两点作为行动的指南。

单元梳理与提升

拓展阅读

自主阅读研究语文跨学科学习的一组学术论文(陆志平《语文跨学科学习要体现其特有价值》,见《人民教育》2022 年第 23 期;王丹《核心素养导向下的小学语文跨学科学习研究》,见《语文建设》2022 年第 24 期;郭子超《语文跨学科学习的资源整合及其实现——基于中华优秀传统文化的视角》,见《天津师范大学学报(基础教育版)》2023 年第 2 期;蔡阳合《基于小学语文核心素养的跨学科学习评价体系探究》,见《中国教育学刊》2023 年第 S1 期),选择其中 1~2 篇梳理核心观点,撰写阅读体会,并在小组内交流、分享。

问题探究

在加快建设教育强国进程中,跨学科主题学习与中小学生科学素养提升得到了有关各方进一步的高度重视,教育部《基础教育课程教学改革深化行动方案》对这两点也提出了明确要求。请在本单元学习基础上,概要了解《义务教育科学课程标准(2022 年版)》精神理念,然后与同学合作探究:基于语文实践活动的跨学科学习如何实现小学生语言运用等核心素养与科学素养的同步提升?

综合实践

在研读"美好毕业季"课例的基础上,调查访问几名小学六年级学生和语文教师、班主任,然后撰写该课例的研习报告,系统分析其优点与不足,并提出自己的改进构想。

学习反思

相比本教材前 10 个单元的每个活动,本单元 3 个主题的每个活动内容更丰富,综合性更强,学习难度也随之增加。请系统反思本单元学习历程,总结自己的学习情况,并采取有效措施进一步提高学习质量。

主要参考文献

[1] 中华人民共和国教育部. 义务教育语文课程标准:2022 年版[M]. 北京:北京师范大学出版社,2022.

[2] 郑国民,李宇明. 义务教育语文课程标准(2022 年版)解读[M]. 北京:高等教育出版社,2022.

[3] 王崧舟.《义务教育语文课程标准(2022 年版)》案例式解读[M]. 上海:华东师范大学出版社,2022.

[4] 徐鹏. 义务教育课程标准(2022 年版)课例式解读·小学语文[M]. 北京:教育科学出版社,2022.

[5] 叶圣陶.叶圣陶教育文集:第三卷[M]. 北京:人民教育出版社,2008.

[6] 李吉林. 小学语文情境教学:李吉林与青年教师的谈话[M]. 北京:人民教育出版社, 2006.

[7] 温儒敏. 温儒敏论语文教育[M]. 北京:北京大学出版社,2010.

[8] 王荣生. 语文教学内容重构[M]. 上海:上海教育出版社,2007.

[9] 吴欣歆,管贤强,陈晓波. 新版课程标准解析与教学指导·小学语文[M]. 北京:北京师范大学出版社,2022.

[10] 施茂枝. 语文教学:学科逻辑与心理逻辑[M]. 北京:教育科学出版社,2013.

[11] 陈平原."发现"的乐趣[J]. 语文建设, 2013(6):4-5.

[12] 陈先云. 文道统一原则在小学语文教科书选文中的具体运用[J]. 课程·教材·教法,2021(4):73-80.

[13] 董庭菲. 课内外语言材料的特点体认与分类整理:第一学段"语言文字积累与梳理"学习任务群教学讨论[J]. 语文建设,2022(9):4-8.

[14] 方中雄,王凯. 学习方式变革:实践样态与发展思考[J]. 中小学管理,2018(3):24-27.

[15] 何夏寿."文学阅读与创意表达"学习任务群的理解与实施[J]. 语文教学通讯,2022(6):19-22.

[16] 金星,李如密.智慧学习空间背景下的语文项目教学范式:内涵阐释与构建方式[J]. 课程·教材·教法,2022(12):110-116.

[17] 李吉林. 为儿童快乐学习的情境教学[J]. 课程·教材·教法,2013(2):3-8.

[18] 李丽,刘飞. 整本书阅读教学的核心问题及其课程化建构[J]. 天津师范大学学报(基础教育版),2021(10):61-66.

[19] 李宇明. 不同媒介的语言特征与网络语言的发展[J]. 中国广播,2016(9):17-19.

[20] 刘飞,黄伟. 新课程理念下语文课堂教学体系重建:基于《义务教育语文课程标准(2022年版)》的分析[J]. 天津师范大学学报(基础教育版),2022(4):1-6.

[21] 刘徽,蔡潇,李燕,等. 素养导向:大概念与大概念教学[J]. 上海教育科研,2022(1):5-11.

[22] 荣维东,唐玖江.《义务教育语文课程准(2022年版)》的主要变化、学理依据与实施策略[J]. 课程·教材·教法,2022(9):11-19.

[23] 申宣成. 语文学习任务群的背景、内涵与结构逻辑探析[J]. 语文建设,2022(11):4-8.

[24] 王荣生. "语文学习任务"的含义[J]. 课程·教材·教法,2022(11):4-13.

[25] 王崧舟,陆虹. 厚积而薄发　知类而通达:新课标"语言文字积累与梳理"解读[J]. 语文教学通讯,2022(21):18-24.

[26] 王崧舟. 秉纲而目自张　执本而末自从:《义务教育语文课程标准(2022年版)》"核心素养"解读[J]. 教学月刊小学版(语文),2022(6):8-18.

[27] 魏小娜,陈永杰. 小学语文"思辨性阅读"教学探析[J]. 语文建设,2022(4):16-19.

[28] 魏星. 实用旨归、做事路径、语用意蕴:"实用性阅读与交流"任务群的内涵解读[J]. 语文建设,2022(20):4-9.

[29] 温儒敏. "部编本"语文教材的编写理念、特色与使用建议[J]. 课程·教材·教法,2016(11):3-11.

[30] 文艺,崔允漷. 语文学习任务究竟是什么?[J]. 课程·教材·教法,2022(2):12-14.

[31] 吴勇. 基于核心素养的小学写作教学重构:2022年版《义务教育语文课程标准》表达层面的热词解读及实施建议[J]. 语文教学通讯,2022(18):11-18.

[32] 薛法根. 高质量语文学习的三个"度":思辨性阅读与表达任务群设计评述[J]. 语文教学通讯,2022(18):36-38.

[33] 薛法根. 语文学习任务群的内涵解读与实践建构[J]. 人民教育,2022(13-14):23-25.

[34] 姚梅林. 从认知到情境:学习范式的变革[J]. 教育研究,2003(2):60-64.

[35] 叶黎明. "文学阅读与创意表达"学习任务群:关系、向度及创新路径[J]. 语

文建设,2023(2):11-15.

[36] 张华. 论核心素养的内涵[J]. 全球教育展望,2016(4):10-24.

[37] 赵景欣,彭耀光,张文新. 中华优秀传统文化传承与学生发展核心素养研究
[J]. 中国教育学刊,2016(6):23-28.

[38] 郑桂华."实用性阅读与交流"学习任务群教学实施建议[J]. 语文建设,2023
(3):4-9.

[39] 周文叶,陈铭洲. 指向深度学习的表现性评价:访斯坦福大学评价、学习与公
平中心主任 Ray Pecheone 教授[J]. 全球教育展望,2017(7):3-9.

[40] 朱于国. 学习任务群框架下的语文知识图谱[J]. 语文建设,2022(8):4-10.

后　记

　　本教材是重庆第二师范学院国家一流本科专业"小学教育"建设项目阶段成果。所有编写者理论功底扎实,学术视野开阔,并具有长期从事城乡小学语文教学一线工作的丰富经验。按姓氏笔画排序,他们是:

　　王小毅,正高级教师、特级教师、重庆市渝中区教师进修学院小学语文教研员、人教社小学《语文》统编教材培训专家、"王小毅名师工作室"主持人。

　　任运昌,重庆第二师范学院教授、重庆市教师教育专家、教育部"国培计划"专家,曾经在农村小学、省级示范小学及全国名校重庆市巴蜀小学担任语文老师。

　　李启琼,全国优秀辅导员、重庆市"渝中名班主任"、重庆市巴蜀小学语文高级教师、巴蜀蓝湖郡小学主任、"李启琼名班主任工作室"主持人。

　　李斌,特级教师、重庆市名师、重庆市两江新区重光小学校长、重庆市小学语文学科带头人、全国小语"十大青年名师"、中国语文报刊协会写作教学专业委员会常务理事、"李斌名师工作室"主持人。

　　徐颖,高级教师、重庆市骨干教师、重庆市两江新区教育发展研究院小学语文教研员、人教社小学《语文》统编教材培训专家、全国小语"十大青年名师"、西南大学中小学名师培养导师、"徐颖名师工作室"主持人。

　　郭蕾,特级教师、重庆市教育科学研究院小学语文教研员、重庆市教育学会小学语文教学专业委员会副理事长、人教社小学《语文》统编教材教师用书编写者和培训专家。

　　程明敏,全国优秀教师、重庆市最美教师、重庆市巴蜀小学教育集团执行校长、巴南巴蜀实验小学校长、重庆市小学语文名师、重庆市教育评估研究会教师教育专委会常务理事、"程明敏名师工作室"主持人。

　　谭仕政,高级教师、重庆市骨干教师、重庆市渝中区石油路小学校长、全国百佳语文教师,重庆市中小学教师专业基本功大赛全能一等奖、辅导员风采大赛一等奖、优质课竞赛一等奖获得者。

　　本教材编写分工情况如下:任运昌组织编写团队合作提出了全书编写理念、框架、体例与提纲。各单元编写负责人是:单元一、八,王小毅;单元二、九,徐颖;单元三、五,郭蕾;单元四,谭仕政;单元六、七,李斌;单元十、十一,程明敏。各单元配套资源主要由编写负责人提供,李启琼、任运昌对配套资源进行了审校、修改或调整。任运昌对全书部分内容进行了深度修改和调整补充,并负责全书统稿。

本教材的编写和配套资源建设参阅了大量学术文献,广泛吸收了众多专家学者的研究成果,也较多采纳了部分编写者所主持名师工作室优秀学员及多位一线卓越教师的教研成果,在此谨表谢意!对引用、参考和配套链接的文献,我们尽可能一一列出翔实信息,如有个别遗漏,敬请作者拨冗联系,我们将专致谢忱。

本教材第一版编写专家陈昌发、吴维山、杨蔚、董晓宇(按姓氏笔画排序)等因工作原因未能继续参加第二版教材编写,但长期以来通过不同形式为编写组提供了宝贵支持。在此向他们表示衷心感谢!

本教材编写工作得到了领导、专家、同事的大力支持,在此一并致谢!感谢高等教育出版社教师教育出版事业部编辑的悉心指导!感谢重庆市南岸区教师进修学院小学语文教研员、高级教师胡平带领部分优秀教师参与"小学语文课程与教学"的课程共建并为本教材提供配套资源!感谢重庆第二师范学院各位校领导,以及教师教育学院、文学与传媒学院、教务处、科研处、期刊部、儿童教育研究院领导和同事的热忱帮助!感谢重庆市人文社科重点研究基地"重庆市统筹城乡教师教育研究中心"、"重庆市儿童教育发展研究中心"、重庆市重点学科"教育学"建设团队,以及重庆第二师范学院校级科技创新平台"6—12岁儿童发展协同创新中心"提供的资助与支持!

任运昌
2025 年 2 月 16 日

读者意见反馈

为收集对教材的意见建议,进一步完善教材编写并做好服务工作,读者可将对本教材的意见建议通过如下渠道反馈至我社。

咨询电话　400-810-0598

反馈邮箱　gjdzfwb@pub.hep.cn

通信地址　北京市朝阳区惠新东街4号富盛大厦1座
　　　　　高等教育出版社总编辑办公室

邮政编码　100029